KB268081

배움이 자연스러운 수업에서
행복한 아이가 자란다

배움이 자연스러운 수업에서
행복한 아이가 자란다

초판발행일 | 2026년 3월 20일

지 은 이 | 최섭 외 11명
펴 낸 이 | 배수현
디 자 인 | 천현정
홍　　보 | 배예영
물　　류 | 이슬기
문　　의 | 안미경

펴 낸 곳 | 가나북스 www.gnbooks.co.kr
출 판 등 록 | 제393-2009-000012호
전　　화 | 031) 959-8833(代)
팩　　스 | 031) 959-8834

ISBN 979-11-6446-138-7 (03370)

배움이 자연스러운 수업에서 행복한 아이가 자란다

오현진 유경아 이승효 이푸른 주세빈 최예람 늘배움연구회
최섭 고경욱 김수민 김이진 민지영 박대명

가나북스

　우리가 사랑으로 지켜드리지 못해 하늘의 별이 되신 박인혜 선생님. 서이초의 아픔이 지나간 자리에도 교사들의 마음에는 여전히 두려움의 그늘이 드리워져 있습니다. 사회의 시선은 여전히 차갑고, 그 차가움 속에서 교사들은 학생을 향한 사랑조차 조심스레 꺼내 들 수밖에 없습니다. 아이들을 위한 교육 도서를 펼치기보다 생존부터 걱정해야 하는 현실 속에서, '선생님'이라는 이름은 언제부터인가 존중의 상징이 아니라 버텨내야 하는 무게가 되어버렸습니다. 두려움에 떨고 있는 교사의 울림은 아이들에게도 옮겨 갑니다. 그 떨림은 교실의 공기를 바꾸고, 아이들의 배움을 멈추게 합니다. 두려움 속에서는 아이도, 선생님도 온전히 자라기 어려운 현실에 놓여 있는 것입니다.

　혹시 일본 교육 영화 〈괴물(2023)〉을 보셨나요? 영화에서 던지는 "누가 괴물일까요?"라는 질문에는 여전히 답하기 어렵습니다. 이 영화에서처럼 서로를 불신하고 죽음으로 내모는 사회를 만든 괴물은 누구일까요? 학생이 괴물일까요? 교사가 괴물일까요? 관리자가 괴물일까요? 학부모가 괴물일까요? 저는 모두 아니라고 생각합니다. 눈

일본영화 '괴물(2022)'의 한 장면

에는 보이지 않지만 그동안 쌓아왔던 신뢰가 무너진 지금의 '사회 시스템'이야말로 진짜 괴물이 아닐까요?

　하지만 저는 이러한 절망 속에서 오히려 '행복'에 대해 다시 생각하게 되었습니다. 그리고 그 행복을 찾아 고민하던 중, 다시 바라보게 된 것은 바로 '교사'라는 직업이었습니다. 서울대 의대를 졸업해 병원을 운영하는 친구, 대형 로펌에서 변호사로 일하는 친구와도 "각자 하는 일이 정말 행복한 일일까?"라는 대화를 나눈 적이 있습니다. 여러 번의 고민과 대화 끝에, 저는 하나의 결론에 이르게 되었습니다.

행복은 결국 '사랑을 주고받는 관계'에서 온다.
교사는 사랑을 주고받기에 가장 좋은 직업이다.

물론 의사나 변호사 등 많은 직업이 자부심과 보람을 줄 수 있습니다. 하지만 그 일이 곧 '사랑을 주고받는 일'은 아닙니다. 그에 비해 교사에게는 정성껏 수업을 준비하고 교실에 들어가기만 해도, 아이들로부터 작지만 따뜻한 사랑이 되돌아옵니다. 저는 수업을 마칠 때 아이들에게 "사랑합니다"라고 말합니다. 그러면 많은 아이들이 "사랑합니다"라고 되돌려줍니다. 이처럼 단순하지만 깊이 있는 사랑을 받을 수 있는 직업, 그것이 바로 교사라는 직업입니다. 그래서 저는 감히 이렇게 말하고 싶습니다.

교사는 세상에서 가장 행복하기 쉬운 직업이다.

어쩌면 이 사실을 성인들도 알고 계셨기 때문에, 예수님도, 부처님도, 소크라테스도, 공자님도 모두 '선생님'으로서 살아가셨던 것이 아닐까요?

학교는 '친구와 선생님을 사랑으로 도와주며 함께 배우고 성장하는 공간'입니다. 하지만 많은 현실의 학교는 영화 〈괴물〉에서 묻듯 '누가 진짜 괴물인가?'라는 질문이 여전히 유효한, 생존을 위한 공간으로 남아 있습니다. 아이들을 야만적인 경쟁에 몰아넣고 섬처럼 고립시키는 시스템, 교사를 불신하는 사회, 이 모든 것이 어쩌면 더 큰 괴물을 계속해서 만들어내고 있는지도 모릅니다.

교사가 행복해야 아이들도 행복할 수 있습니다. 그래서 저는 '늘배움연구회' 선생님들과 함께 교육의 본질인 '수업'으로 다시 돌아가고자 했고, 이 책은 그 바람에서 비롯되었습니다. 늘배움 선생님들과 함께한 이 작업이 '교사의 본질은 사랑을 중심에 두고 아이들과 행복을 만들어 가는 일'이라는 사실을 상기시키는 작은 마중물이 되기를 바랍니다. 행복한 교사와 학생은 결국 '행복한 수업'에서 만나며, 이 책이 선생님들이 아이들과 함께하는 수업 속에서 행복을 발견하도록 돕는 길동무가 되기를 진심으로 소망합니다.

학생들과 사랑을 나누며
행복 수업을 만들고 싶은 교사 최섭 드림

1장
수업뿌리 다지기

1차시. 배움이 자연스러운 수업이란?

1. 들어가며(좌충우돌 성장기)

실패를 회피할 수 있도록

저는 올해로 교직 경력이 15년쯤 되었지만, 만족할 만한 수업을 꾸준히 이어가기 시작한 것은 고작 2년 전부터였습니다. 부끄럽게도 아직도 2년차 신규 교사와 다를 바 없는 수준이지요. 그래서 만약 이 글을 읽는 선생님께서 이미 "나는 내 수업에 만족한다."라고 자신 있게 말씀하실 수 있다면, 지금 당장 이 책을 다른 선생님께 건네주시길 권합니다. 아직도 이 글을 읽고 계신다면, 그래도 제 이야기가 조금은 도움이 될 수 있을 것이라 기대하신 듯합니다. 얼마 전, 갓 발령받은 신규 선생님을 만났는데, 그분께서 "게임 형식으로 수업을 하고 있다"라고 말씀하셨습니다. 그 순간 저의 좌충우돌 교사 성장기가 눈앞에 주마등처럼 스쳐 지나갔습니다. 도시락을 싸들고 찾아가 "게임 수업만이 답은 아니다"라고 전해주고 싶었지만, 혹시 오지랖이 될까 참을 수밖에 없었습니다.

우리는 이미 긴 시간을 교육받아 왔습니다. 이 책을 집어 든 선생님이라면, 분명 좋은 수업을 위한 지식과 재료, 준비를 충분히 갖추고 계시리라 믿습니다. 다만 '좋은 수업'에 대한 생각들이 우후죽순처럼 얽혀 혼란스러운 부분이 있으실 수 있습니다. 결국 겪어보아야 알 수 있는 일일지도 모르지만, 그동안의 고민을 이 책을 통해서 공유하면서 오지랖이 될까 참았던 마음을 풀어보려 합니다.

좌충우돌 교사 성장기

지금은 수업을 사랑하는 사람이 되었지만, 사실 처음 교직에 들어섰을 때는 수업이 무섭기만 했습니다. 처음 발령받은 날, 6학년 중간담임으로 배정받았던 4월 15일 아침이 아직도 생생합니다. 교감선생님께서 교육청으로 차를 끌고 데리러 오셨고, 학교에 내려서 6학년 교실에 발을 들이는 순간, 저는 마치 전쟁터에 잘못 낙하한 병사가 된 것 같았습니다.

수업에서 마주한 놀라운 사실이 몇 가지 있었습니다. 저는 가르치는 것을 1도 모르는 무능한 교사였다는 것. 아무리 일찍 출근해서 저녁 8시까지 수업 준비를 해도 모든 수업을 실패하게 된다는 것, 나는 본투비(Born to be) 교사가 아니었구나... 하는 것이었습니다. 이러한 자괴감 속에서 하루하루를 보냈고, 특히 본투비 교사인 친구들을 보았을 때, 그 절망감은 상상 이상이었습니다. 교실에서 자연스럽게 아이들과 소통하고, 수업 내용을 능숙하게 풀어내는 그 모습을 보며 좌절감이 몰려왔습니다. 나는 왜 저렇게 할 수 없을까? 왜 나는 수업하는 것이 이렇게나 버거운 걸까? 그런 자괴감 속에서 수업 준비는 더 길어지고, 지친 마음은 점점 더 무거워졌습니다. 결국 뇌가 정지된 상태에서 하는 선택은 고등학교 시절 받았던 수업 방식을 그대로 따라 초등학생들과 수업 하게 되는 것이었습니다. 그렇게 "내가 이때까지 뭘 배우다 여기에 왔지?"라는 생각으로 혼란스러운 날들이 이어졌습니다.

교사 성장의 시작

더 어려웠던 것은 교사 혼자서는 성장할 수 없다는 사실을 그때 절실히 느꼈음에도 불구하고, 다른 선생님들의 수업을 볼 기회가 없다는 것이었습니다. 마치 의대생이 교수님의 수술을 어깨너머로 보며 배우듯, 교사도 여러 선생님의 수업을 관찰하고 배워야 합니다. 하지만 현실은 달랐습니다. 다른 교사의 수업을 온전히 보는 기회는 의사 선생님들의 수술을 보는 기회보다 잡기가 더 어려운 것 같았습니다.

다행히 저는 이전 학교에서 '혁신학교'와 '배움의 공동체' 운동을 동시에 진행하는 학교에서 수업연구부장을 맡아 약 100여 편의 수업을 촬영하고 볼 수 있는 특혜를 얻었습니다. 다양한 수업을 보고 협의하며, 10여 년간의 협의 자료를 정리하며 사례를 모았습니다. 유초중등 학교 외 방과후 늘봄 모든 선생님을 아우르는 자료를 만들고자 하는 꿈을 꾸며 이번 책 집필 프로젝트를 시작하게 되었습니다.

수업을 사랑하게 되다

운 좋게 교과서를 집필할 기회도 얻고, 좋은 수업을 여러 번 볼 수 있는 경험을 가지며 수업의 의미를 다시 깨닫게 되었습니다. 지금도 가끔 잘되던 수업이 안 되면 혼자 점심시간에 면벽

수련을 하며 수업이 실패한 이유를 곱씹곤 하지만, 이제는 수업이 너무 행복하고 소중한 시간으로 변했습니다.

저는 교사의 전문성을 위해 나만의 교과서를 만들고, 아이들이 던져주는 보석 같은 질문들을 모아두며, 좋은 활동지를 축적해 나가는 것을 행복으로 여기고 있습니다. 마치 의사가 자신의 환자 케이스를 누적해서 나만의 치료방법을 개발해 나가듯 전문성을 쌓고 있다는 느낌이 듭니다. 언제까지 아이들과 함께 배울 수 있을지는 모르겠지만, 이제는 평교사로 퇴임할 때까지 수업을 하는 것도 행복할 것 같다고 감히 상상해 보기도 합니다. 김종원 작가는 "사랑해야 성장하는 이유는 사랑하면 모든 것을 바치기 때문이다."라고 했습니다(김종원, 2025). 수업을 사랑해야 수업을 하는 힘도 성장할 수 있습니다.

2. 인간과 교육

인간이란?

학생이 누구인지, 교사가 누구인지 알아보기 전에, 인간이라는 존재의 본질에 대해, 인간의 존재 이유에 대한 철학적인 성찰이 필요합니다. 인간은 몸(body), 정신(spirit), 영혼(soul)으로 이루어진 존재입니다. 플라톤은 『국가(Republic)』에서 인간을 욕구(appetite)과 이성(reason), 영혼(spirit)으로 이루어진 존재로 구분하였으며, 인간이 행복하기 위해서는 이 세 가지를 잘 조절해야 한다고 했습니다. 데카르트(Descartes, 1996) 또한 인간을 물질적인 신체(body)와 비물질적인 영혼(mind)의 결합체로 보았습니다. 따라서 교육은 단순한 신체적 기술 습득이나 지식 전달을 넘어서, 아이들이 가진 영혼의 성숙을 이루도록 도와주는 과정되어야 합니다. 교사는 아이들이 한 명의 인간으로서 행복을 추구하고 의미 있는 삶을 살아가도록 몸의 건강뿐만 아니라 정신적 성숙과 영혼의 성장을 함께 이루도록 도와야 하는 것입니다.

스위스의 교육자 페스탈로치(Pestalozzi, 1801)는 "교육은 인간에게 행복을 부여하는 데 기여한다."라고 주장하였습니다. 페스탈로치는 특히 인간의 내면적 성장과 정서적 안정을 중요하게 여겼으며, 교육이 아이들에게 따뜻한 사랑과 보호 속에서 이루어질 때 가장 효과적이라고 보았습니다(Pestalozzi, 1801). 그는 교육이 단순한 지식 전달이 아니라, 인간의 전인적 성장과 도덕적 품성을 기르고 행복을 추구하도록 돕는데 중점을 두어야 한다고 강조한 것입니다.

교육은 아이들에게 단순히 학문적 성취를 넘어서, 삶 속에서 행복을 찾고 스스로 자아를 실현하도록 돕는 과정입니다. 'educate: e(밖으로)+ducere(이끌어 내다)'라는 말처럼 교육은 교사의 사랑이 담긴 질문을 통해 아이들이 깊이 사고하며 자신만의 답을 찾아가도록 이끄는 것입니다. 그러나 어른들의 특정한 하나의 시선을 아이들에게 주입하는 것은 그들의 눈으로 세상을 바라보고 성장할 기회를 빼앗게 됩니다. 교육은 아이 스스로의 시선과 경험을 존중할 때 비로소 의미가 있습니다. 여기에 다양한 시선과 관점을 배우는 경험이 더해지고, 아이를 향한 교사의 사랑이 결합될 때 진정한 성장이 이루어집니다. 그 순간 아이들의 내면에서 변화가 일어나며, 삶을 바라보는 방식 또한 새로워집니다. 결국 한 아이의 철학은 학생이 스스로 만들어가는 언어의 역사이고, 그 언어는 교사의 사랑 속에서 자라나는 것입니다(김종원, 2025). 그리고 이러한 사랑에 감동한 아이*가 새로운 시선을 용기있게 찾아가고 스스로 자신의 철학을 만들어 나가는 것입니다.

 (* 이 책은 유초중등 학생을 가르치는 모든 선생님들을 대상으로 하고 있습니다. 교사와 학생이라는 표현을 주로 사용하겠지만, 인격적인 관계를 포괄하는 의미에서 몇몇 챕터에서 '아이'라는 표현을 혼용하여 사용할 수 있음을 양해 부탁드립니다.)

행복이란?

인간의 행복에서 사랑은 매우 중요한 부분을 차지합니다. 에리히 프롬(Fromm, 1956)은 인간이 평생 어머니로부터 받는 무조건적인 사랑을 갈망한다고 설명하며, 사랑이 인간의 본질적 욕구임을 강조했습니다. 조지 베일런트(Vaillant, 2012)는 행복을 결정짓는 가장 중요한 요소가 돈이나 성공이 아니라 사랑과 정서적 유대라고 주장했습니다. 이는 행복이 단순히 외적인 조건에서 오는 것이 아니라, 타인과 맺는 깊은 관계 속에서 형성된다는 점을 보여줍니다. 사랑은 개인에게 정서적 안정과 자아 존중감을 심어 주며, 더 나아가 타인과의 관계 속에서 성장할 수 있도록 돕습니다. 아이들이 학교에 오는 이유 또한 친구들과 선생님을 사랑으로 돕고 성장하기 위함입니다. 따라서 교육에서도 사랑과 감정적 유대는 중요한 역할을 하며, 아이들은 따뜻한 관계 속에서 존중받으며 배울 때 더욱 큰 행복을 경험할 수 있습니다.

수업에서 영혼의 교류가 일어난다

인간은 영혼으로 이루어진 존재이므로, 수업은 단순히 지식을 전달하는 행위가 아닙니다. 수업에서는 교사와 학생이 서로의 내면을 이해하고 영혼의 교류로 이어지는 과정이 이루어져야 합니다. 막스 반 마넨(Van Manen, 2012)은 교육적인 관계가 형성되는 순간을 "영적인 순간"이라고 표현하며, 교사가 학생을 이해하고 진정성 있는 만남을 가질 때, 교육이 단순한 정보 전달을 넘어 인간적인 의미를 가지게 된다고 이야기 하였습니다. 파머와 자이언스(Palmer & Zajonc, 2010) 역시 교육이란 지식의 축적을 넘어서 학생들의 지성(intellect), 감성(emotion), 영성(spirituality)이 조화를 이루는 과정이어야 한다고 주장하였습니다. 이들은 교육이 인간을 성장시키는 과정이며, 이를 통해 학생들이 자신의 내면을 탐색하고 성찰하는 기회를 가져야 한다고 강조하고 있습니다.

이와 같은 맥락에서, 이지성(2016)은 교육이 단순한 학문적 성취를 위한 것이 아니라, 인간이 스스로의 양심을 따르고 올바른 길을 걸어가는 과정이어야 한다고 주장하였습니다. 그는 학생들이 지식을 쌓는 것만큼이나 영혼을 성장시키는 과정이 중요하다고 본 것입니다. 또한, 이는 사토 마나부(Sato, 2010)의 논의와도 연결됩니다. 그는 학(學) 자의 의미 속에 과거의 지혜와 전통을 배우기 위해서, 동료들과의 상호작용 속에서 서로의 영혼을 통해 교류하고 성장하는 과정이 담겨 있다고 설명하였습니다. 즉, 교육은 단순히 개인의 학습이 아니라 공동체 속에서 영혼을 교류하는 배움의 과정이며, 이를 통해 학생들은 더 깊은 인간적 성숙을 이루어 냅니다.

결국, 수업은 교사와 학생의 영혼이 만나는 대화이며, 교육은 지식 전달을 넘어 학생들의 내면적 성장과 성찰을 이끄는 길이어야 합니다. 지성, 감성, 영성이 조화를 이루는 수업이 이루어질 때, 학생들은 단순한 학습자가 아니라 의미 있는 삶을 사는 독립된 존재로 성장할 수 있습니다.

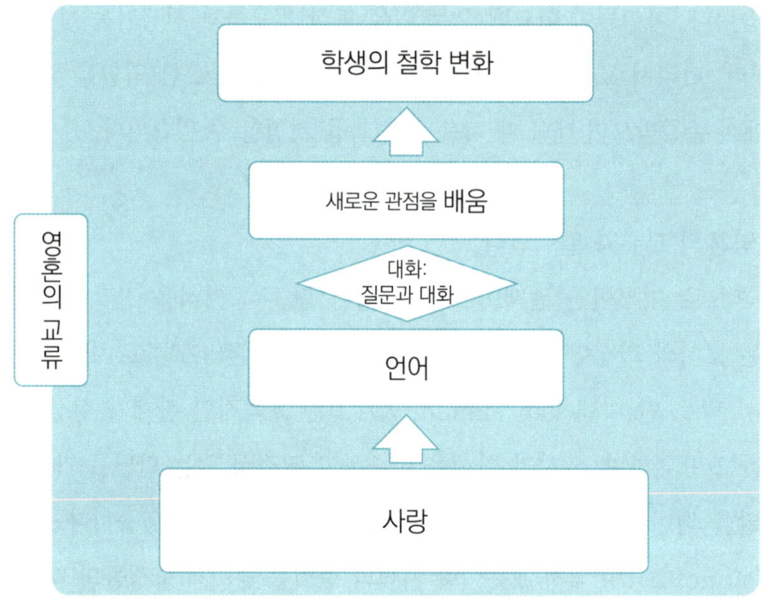

수업에서의 영혼의 교류 과정

3. 배움이 자연스러운 수업이란?

자연스러운 배움이란?

자연스러운 배움은 아이가 스스로 가진 호기심을 따라 배우는 과정입니다. 아이는 궁금한 것을 탐구하며 자신의 속도에 맞게 생각을 넓혀가고, 필요하지 않다고 느끼는 것은 자연스럽게 내려놓습니다. 이 과정에서 아이는 단순히 지식을 쌓는 것을 넘어 배우는 일 자체를 즐기게 되며, 스스로 배움을 이끌어 가는 힘을 기르게 됩니다. 배움이 자연스러운 아이는 공부를 해야 한다는 의무감보다 알고 싶은 마음이 앞서고, 배우는 순간 속에서 자신이 성장하고 있음을 느낍니다. 새로운 경험 앞에서도 두려움보다 호기심이 커지며, 삶의 모든 순간을 탐구와 성찰의 기회로 삼습니다. 결국 자연스러운 배움은 학교 안의 학습을 넘어 삶 속으로 이어지는 배움이며, 아이가 자신의 행복을 위해 호기심을 가지고 세상과 자신을 이해하고 성장해 가는 살아 있는 과정인 것입니다.

배움이 자연스러운 수업이란?

배움이 자연스러운 수업은 교사가 일방적으로 가르치는 수업이 아니라, 아이의 호기심과 생각이 자유롭게 흐르도록 돕는 '대화' 중심의 수업입니다. 이 수업은 교사와 학생, 학생과 친구, 학생과 텍스트, 학생과 환경이 서로 영향을 주고받으며 하나의 생태계처럼 움직입니다. 즉, 교실은 단순히 지식을 전달하는 공간이 아니라 함께 배우고 성장하는 유기적 공간이 됩니다. 이 속에서 아이는 질문을 통해 사고를 확장하고, 교사는 그 질문 속에서 아이의 마음을 읽으며 더 깊은 성찰로 이끌어 줍니다. 따라서 배움이 자연스러운 수업은 교사가 중심이 아니라 아이가 주체가 되어 배우는 수업이며, 교사는 아이 곁에서 방향을 제시하고 흐름을 함께 만들어 가는 동반자인 것입니다.

배움이 자연스러운 수업에서의 관계

배움이 자연스러운 수업은 여러 관계가 어우러질 때 완성됩니다. 학생과 교사, 학생과 친구, 학생과 텍스트, 그리고 학생과 환경이 서로 영향을 주며 유기적으로 연결될 때 비로소 배움이 살아납니다.

① 학생과 교사의 관계

교사라는 직업은 단순히 지식을 전달하는 존재로 태어난 것이 아닙니다. 전쟁 직후 페스탈로치가 부모를 잃거나 가난으로 돌봄을 받지 못한 아이들을 위해 세운 학교에서 교사는 부모의 사랑을 대신해 따뜻한 품을 건네는 존재로 있었습니다. 동시에 교사는 아이의 몸과 정신, 그리고 영혼의 성장을 돕는 촉진자로서의 역할을 수행했습니다. 반 마넨(Van Manen, 2012)은 이러한 교육적 관계를 단순히 가르치고 배우는 차원을 넘어, 교사와 학생이 서로의 내면을 나누고 의미 있는 상호작용을 이루는 과정이라고 설명하였습니다. 따라서 교사는 아이를 있는 그대로 존중하고 사랑해야 하며, 사랑의 눈길로 바라볼 필요가 있습니다.

또한, 교사는 학생을 동기유발하고 가슴뛰게 하는 **퍼실리테이터**(facilitator), 호기심을 가지고 활동을 할 수 있도록 돕는 **트레이너**(trainer) **역할**, 정확한 지식을 알기 쉽게 전달하는 컨설턴트 역할, 학생들에게 마중물인 질문을 던지고 경청하는 **코치**(coach) **역할**, 감동과 사랑으로 품어서 성장시키는 멘토 역할을 할 필요가 있습니다(최재웅, 2014).

② 학생과 다른 학생과의 관계

배움은 개인적 경험뿐만 아니라 사회적 상호작용을 통해 더욱 풍부해집니다. 비고츠키(Vygotsky, 1978)는 사회적 상호작용이 학습의 중요한 요소라고 보며, 학생들이 또래 친구들과 협력하고 토론하는 과정에서 사고가 확장된다고 설명하였습니다. 이러한 관계를 통해 학생들은 협력과 공감, 소통의 가치를 배우게 됩니다.

③ 학생과 텍스트와의 관계

텍스트는 단순한 정보 제공 수단이 아니라, 학습자가 지식을 구성하고 사고를 확장하는 도구가 됩니다. 프레이어(Freire, 1970)는 학생들이 텍스트와 상호작용하며 비판적으로 사고할 때, 진정한 학습이 이루어진다고 주장하였습니다. 따라서 학생이 교과서나 학습 자료를 수동적으로 받아들이는 것이 아니라, 능동적으로 해석하고 적용할 수 있도록 호기심을 자연스럽게 불러 일으키는 텍스트를 수업에 가져오는 것이 중요합니다.

④ 학생과 환경과의 관계

교육 환경은 학습 과정에 중요한 영향을 미칩니다. 브론펜브레너(Bronfenbrenner, 1979)는 인간 발달이 환경적 요인과 밀접한 관계를 맺고 있으며, 학습 또한 물리적·사회적 환경 속에서 이루어지는 과정이라고 설명하였습니다. 따라서 학습 공간의 구성, 교실 문화, 학교 환경은 학생의 성장과 학습 태도에 큰 영향을 미칩니다.

배움이 자연스러운 수업은 아이를 배움의 주체로 세웁니다. 아이는 스스로 질문을 만들고 탐구의 방향을 선택하며 배움의 과정을 즐깁니다. 교사는 아이가 스스로 성장하도록 기다려 주고 그 과정을 신뢰하며 지켜봅니다. 아이가 실패를 경험하더라도 그 안에서 배움의 의미를 찾을 수 있도록 도와주는 것이 교사의 역할입니다. 이러한 수업 속에서 아이는 자신이 배우는 이유를 깨닫고, 배움이 삶과 연결되어 있음을 느끼며, 결국 배움의 즐거움 속에서 행복하게 성장합니다. 따라서 배움이 자연스러운 수업은 단순히 지식만 쌓는 수업이 아니라 삶을 배우는 수업이며, 여러 관계가 자연스럽게 연결되어 학생의 성장을 돕는 여정입니다.

배움이 자연스러운 수업에서의 관계

4. 배움이 자연스러운 수업에서 행복한 아이가 자란다

자연의 리듬과 함께하는 성장

배움이 자연스러운 수업은 행복한 아이의 성장을 도울 수 있습니다. 이 수업에서는 아이가 배우는 과정 속에서 즐거움을 느끼고, 스스로의 속도로 자라날 수 있도록 하는 것이 핵심입니다. 루소(Rousseau, 1979)는 『에밀』에서 아이의 성장은 자연의 리듬을 따라야 한다고 말했습니다. 억지로 배우게 하기보다 스스로 탐구하고 배우게 할 때, 아이는 자신만의 속도로 안정된 성장을 이룰 수 있습니다. 이는 식물이 햇빛과 물, 영양분이 고르게 공급되는 환경에서 건강하게 자라는 모습과 닮아 있습니다. 식물은 바람의 방향이나 계절의 변화에 맞춰 스스로 균형을 잡으며 자라나듯, 아이 또한 배움이 자연스러울 때 몸과 마음과 영혼이 건강하게 성장합니다.

한 명 한 명의 아이마다 성장 속도가 다릅니다. 어떤 아이는 빠르게 배우고, 어떤 아이는 시간이 걸립니다. 그러나 중요한 것은 속도가 아니라 방향입니다. 피아제(Piaget, 1952)는 발달 단계에 따라 아이의 사고가 달라진다고 보았습니다. 따라서 교사는 아이를 동일한 기준으로 평가하기보다, 각자의 속도와 리듬을 존중하며 성장할 수 있도록 돕는 조력자가 되어야 합니다.

빠른 성장을 강요받은 식물이 뿌리를 깊이 내리지 못하듯, 아이도 조급한 교육 속에서는 내면의 힘을 키우기 어렵습니다. 교사는 아이가 자신의 호기심에 따라 천천히 배우더라도 그것을 기다려 주어야 하며, 그 과정 속에서 배움의 기쁨을 느끼게 해야 합니다. 아이가 스스로 발견하고 배우는 경험은 자신에 대한 신뢰를 키우고, 학습을 통해 자신이 성장할 수 있다는 믿음을 형성하게 합니다.

배움이 자연스러운 수업을 위한 교사의 역할: 교사와 농부의 역할 비교

루소는 아이들에게 지나친 간섭을 하기보다 자연스럽게 성장할 수 있도록 도와야 한다고 강조하였습니다(Rousseau, 1979). 이러한 관점에서 교사는 학생들이 자신의 가능성을 펼칠 수 있도록 환경을 조성하고 적절한 도움을 제공하는데, 이는 농부가 식물이 건강하게 자랄 수 있도록 돕는 역할과 맞닿아 있습니다. 결국 배움이 자연스러운 수업에서의 교사의 역할은 학생들이 스스로 탐색하고 배울 수 있도록 돕는 것이며, 이는 식물이 자연의 리듬에 따라 성장하도록 돕는 농부의 그것과 유사한 것입니다.

초기 단계 : 보호와 보살핌

갓 싹튼 식물은 바람이나 동물로부터 보호받아야 합니다. 농부는 흙으로 바람막이를 만들고 지지대를 세워 식물이 건강하게 성장할 수 있도록 돕습니다. 초기 성장 단계에서는 충분한 양분과 보살핌이 필요하며, 이를 통해 식물은 안정적으로 뿌리를 내리고 자랄 수 있습니다.

교육의 초기 단계에서 아이들도 외부의 위협과 경쟁에 쉽게 영향을 받습니다(Piaget, 1952). 교사는 아이들에게 따뜻한 보살핌과 믿음을 주며 안정적인 학습 환경을 제공해야 합니다(Dewey, 1938). 초기 성장 단계의 아이들이 배움을 긍정적인 경험으로 받아들이도록 돕기 위해서는, 보다 안정된 환경 속에서 야만적인 경쟁으로부터 세심한 보호와 보살핌이 필요한 것입니다. 이러한 이유로 초등학교 저학년까지의(유치원도 포괄할 수 있도록) 아이들에게는 교육학적으로 경쟁을 삼가하도록 권고하고 있습니다.

뿌리의 성장: 보이지 않는 성장을 지원하는 과정

뿌리는 식물이 건강하게 성장하는 데 가장 중요한 역할을 하지만, 눈에 보이지 않는 존재입니다. 겉으로는 보이지 않는 뿌리이지만 실제로는 줄기의 2배, 3배 크기로 자라나야 식물을 지탱할 수 있습니다. 농부는 뿌리가 튼튼하게 자리 잡을 수 있도록 물을 주고 뿌리 주위의 토양의 상태를 관리합니다. 또한, 뿌리 깊숙히까지 충분한 물과 영양이 공급되지 않으면 식물은 성장할 수 없습니다. 단순히 겉만 적시는 정도로 물을 흩뿌리는 것이 아니라, 뿌리 깊은 곳까지 물이 충분히 닿을 수 있도록 흠뻑 적셔 주어야 합니다. 뿌리가 깊고 넓게 퍼질 수 있도록 신경 써야 하며, 보이지 않지만 튼튼한 뿌리가 있어야 줄기와 잎이 건강하게 성장할 수 있습니다.

보이지 않는 뿌리의 성장처럼 교육에서도 겉으로는 드러나지 않는 내면적 성장이 중요한 역할을 합니다(Vygotsky, 1978). 보이지 않는 뿌리가 식물의 성장을 지탱하듯이 교육에서도 영혼의 성장이 본질적인 기반이 되며, 학생들은 단순히 신체적으로 성장하는 것보다 정신과 영혼이 더 깊고 넓게 자라야 하고 교사는 이를 위해 끊임없는 사랑을 전해주어야 합니다. 아이들은 본래의 모습 그대로 사랑을 받을 때 내면이 건강하게 성장하며, 이는 눈에 보이는 성취보다 더 본질적인 배움의 과정이 됩니다(Vygotsky, 1978).

이러한 보이지 않는 영혼이 성장하는 것이 기본적으로 지원된 상태에서 본질에 가까운 이해에 발디딜 수 있습니다. 루소(2008) 역시 식물을 대할 때 단순히 이름을 외우는 것보다 스스로 구조를 관찰하며 본질을 이해하는 태도가 중요하다고 말했는데, 이는 교육에서도 학생들이 개념을 암기하는 데 그치지 않고 충분히 탐구하며 본질에 다가가야 함을 시사합니다. 따라서 학생들은 텍스트와 충분히 만나고 반복적으로 경험할 때 배움을 온전히 내면화할 수 있으며, 단순히 진도를 빠르게 나가는 것이 아니라 개념을 깊이 탐구하고 이해하는 과정 속에서 본질적인 배움을 경험해야 합니다(Bransford, Brown, & Cocking, 2000). 마치 농부가 뿌리 깊숙이까지 물과 영양을 공급해야 식물이 건강하게 자라듯이, 교사는 지식 전달을 넘어서 학생들이 깊은 사고력과 영혼을 키울 수 있는 환경을 마련해야 하는 것입니다.

줄기와 방향 : 바른 성장을 돕는 방법

식물이 곧고 건강하게 자라기 위해서는 지지대가 필요합니다. 줄기가 삐뚤게 성장하면 나중에 바로잡기가 어렵습니다. 농부는 식물이 올바른 방향으로 성장할 수 있도록 지지대를 세우고, 필요에 따라 가지치기를 하며 균형을 잡아줍니다.

학생들도 성장 과정에서 올바른 방향을 설정하는 것이 중요합니다. 교사는 학생들이 올바른 방향으로 성장할 수 있도록 돕되, 너무 강압적으로 통제하지 않아야 합니다(Rousseau, 1979). 또한, 식물에게 음악이 성장을 촉진하듯이, 아이들에게 정서적 안정과 긍정적인 환경이 제공되어야 합니다(Costa, Civiero, Lucchini, & Suman, 2019). 허용적이고 따뜻한 분위기 속에서 학생들은 자연스럽게 배우고 성장할 수 있습니다.

잎과 소통: 세상과의 연결 지원

잎은 햇빛과 공기를 받아 광합성을 하면서 식물이 살아가게 하는 중요한 역할을 합니다. 잎이 건강해야 식물이 에너지를 얻고 자랄 수 있습니다. 농부는 식물이 충분한 햇빛을 받을 수 있도록 환경을 조성하며, 공기의 흐름을 원활하게 유지해 줍니다.

교육에서도 학생들은 세상과 소통하며 배우고 성장해야 합니다(Bruner, 1960). 교사는 학생들이 다양한 경험을 하고 세상과 연결될 수 있도록 도와야 합니다. 열린 학습 환경과 다양한 학습 기회를 제공하여 아이들이 호기심을 가지고 세상을 바라보고 세상과 적극적으로 관계를 맺을 수 있도록 도와야 하는 것입니다.

꽃과 열매: 성취와 결실의 과정

식물이 너무 이른 시기에 꽃을 피우면 성장에 필요한 양분이 분산되어 식물의 성장이 더뎌질 수 있습니다. 그래서 농부는 때때로 너무 이르게 핀 꽃을 꺾어버리기도 합니다. 이는 식물이 더욱 튼튼하게 자라고 풍성한 열매를 맺을 수 있도록 하기 위한 과정입니다. 식물이 건강하게 성장하면 결국 꽃을 피우고 열매를 맺습니다. 하나의 식물에서 100배, 1000배의 열매가 맺히기도 합니다. 이 열매는 식물이 스스로 만들어 내는 선물이며, 농부는 이 열매를 수확하며 기쁨을 느낍니다.

교육도 이와 마찬가지입니다. 아이들도 충분한 학습과 성장이 이루어지지 않은 상태에서 조기에 성과를 요구받으면 학습의 즐거움을 잃을 수 있습니다(Dewey, 1938). 성장이 충분하지 않은 상태에서 지나치게 이른 성과를 기대하면 아이들은 학습의 본질을 경험하지 못하고 단순한 결과에만 집착할 가능성이 높은 것입니다. 교사는 학생들이 서두르지 않고 자연스럽게 성장할 수 있도록 지원해야 합니다. 반면, 사랑과 배움 속에서 성장한 아이들은 자신만의 꽃을 피우고, 100배, 1000배의 사랑의 열매를 맺으며 세상을 더욱 풍요롭게 합니다. 결국 아이들이 맺는 열매는 배움과 사랑의 결실로 돌아옵니다.

자연스러운 환경에서 자란 식물이 건강하게 꽃을 피워내고 열매를 맺듯이, 아이들도 자연스러운 수업 속에서 성장할 때 비로소 자신의 가능성을 꽃피우고 사랑을 열매 맺는 한 인격체로 성장합니다. 교육은 지식을 단순히 전달하거나 경쟁을 통해 우량한 아이를 선별하는 야만적인 작업이 아닙니다. 아이들은 자연스러운 수업을 통해 배움의 기쁨을 느끼며 성장하고, 그 경험을 바탕으로 주변에 사랑을 나눌 줄 아는 사람으로 자라납니다.

교사와 농부의 대응 비교

	식물	아이들	농부의 대응	교사의 대응
초기 단계	바람이나 주변 동물에 매우 취약함	폭력이나 경쟁에 매우 취약함	견종법 처럼 흙으로 바람막이를 세워서 지켜줌 지지대를 세워주고, 망을 씌워줌	따뜻스럽게 대해주고 믿음으로 지지해주고 폭력으로부터 지켜주는 보호자가 되어줌
	초기에 따로 보살핌이 필요함	초기에 사랑과 보살핌이 따로 필요함	논에 옮겨심기 전에 모내기판에서 먼저 키움	사회로 나가기 전 학교에서 먼저 키움
	부모가 열매로 준 양분을 먹고 초기에 싹틈	어렸을 때 부모로부터의 사랑이 매우 필요함	초기에 양분을 충분히 줌	어렸을 때 사랑을 주고 잘 먹여줌
뿌리	충분히 물을 주어야 뿌리까지 닿고 그 뿌리에서 물을 빨아들임	수업에서 제재를 충분히 만나고, 반복적으로 텍스트를 경험해야 배움	물이 뿌리까지 닿도록 물을 흩뿌리지 않고 충분히 흠뻑 줌	진도 치기 보다는 수업에서 텍스트와 계속해서 충분히 만날 수 있도록 도와줌
	물을 머금고 커감	사랑을 머금고 성장함	물을 줌 영양분과 햇빛을 줌	학생들에게 있는 그대로 사랑을 줌
	뿌리는 보이지 않지만 식물의 기본이 됨	눈에 보이는 변화가 나타나진 않지만 자연스러운 수업을 받고 사랑을 머금고 성장을 하는 것이 교육의 기본이 됨	뿌리의 성장이 보이지 않더라도 끊임없이 물을 줌	아이들의의 성장이 보이지 않더라도 끊임없이 사랑을 줌
	뿌리의 발육이 우선함	수업에서 사랑을 받고 보이지 않는 영혼의 성장이 우선함	보이지 않는 뿌리의 성장을 중요시 여김	보이지 않는 영혼의 성장을 우선시 여김
	뿌리가 줄기의 길이의 2-3배임	보이는 몸보다 보이지 않는 정신과 영혼이 2~3배 크기임	보이지 않는 뿌리가 잘 자라도록 신경씀	유아기, 아동기 때 몸이 자라는 것 보다 보이지 않는 정신과 영혼이 자라도록 2~3배 더 신경써야 함

줄기	삐뚤게 심으면 엉뚱한 곳으로 자라남	다른 방향으로 그대로 방임하면 돌이키기 힘듦	부러뜨리지 않고, 지지대를 똑바로 세워서 스스로 올곧은 방향으로 나아갈 수 있도록 도와줌	잘못된 방향으로 간 결과를 공유하고, 올바른 방향으로 나아갈 수 있는 철학을 알려줌
	음악을 들으면 식물의 성장이 촉진됨	음악을 들으며 부드럽고 허용적인 분위기에서 더 성장함	부드러운 음악을 틀어주고 식물을 키움	음악을 틀어주고 허용적인 분위기를 만들어 줌
	섣불리 방향을 바꾸면 줄기가 꺾임	급하게 소리치고 두려움으로 바꾸려고 하면 상처받음	줄기가 최대한 부러지지 않게 돕지만 너무나 잘못된 방향으로 가려고 하는 경우 가지치기를 하게 해 줌	변화하고 자라나는 것은 아이들이라는 것을 믿고, 올바른 방향으로 나아가도록 도와줌 안되는 내용은 안된다고 단호하게 이야기해야함
	가지를 원하는 대로 뻗어나감	자기가 원하는 방향으로 배우고 싶어함	방향만 알려주고 식물이 원하는 방향으로 자랄 수 있도록 함	다양한 철학과 방향을 소개하고, 학생이 자신이 원하는 방향을 선택할 수 있도록 도움
잎	햇빛과 공기를 주어야 양분을 생성함	세상과 소통하고 싶고 세상을 배우고 싶어함	햇빛을 가리지 않고 맑은 공기를 줌	세상과 관계맺고 배우고 소통할 수 있도록 다양한 세상의 제재를 수업에 가져옴
꽃	어린 식물이 꽃을 피우고 열매를 맺으려고 함	몸과 마음과 영혼이 충분히 자라지 못한 상황에서 이른 영재로 자라나 세상에 나옴	너무 이른 꽃은 성장할 양분을 빼앗겨 버리기 때문에 처음의 꽃은 크기 전에 꺾어버림	너무 빨리 세상에 나오지 못하게 기본기를 조금 더 닦고, 몸, 마음, 영혼을 더 키우는 작업을 도와줌 때로는 너무 빨리 세상에 나오는 것을 경계함 항상 겸손할 수 있도록 도와줌
열매	하나의 식물에서 100배 1000배의 열매를 만들어 냄	사랑을 만들어 냄	열매를 선물로 받음	교사도 사랑을 받음 한 사회에 사랑이 확산될 수 있도록 함

사랑이 뿌리가 되어 자라는 배움

5. 정리

　교사 성장의 시작은 교사는 혼자서는 성장할 수 없다는 사실을 바탕으로, 수업을 사랑하는 마음으로 향하고자 하는 태도에서 시작합니다. 인간은 몸과 정신과 영혼으로 이루어진 존재이며, 수업의 본질은 교사와 학생이 사랑이라는 정서적 유대 안에서 대화를 나눌 때 아이의 철학과 삶의 태도가 성장하는 데에 있습니다.

　배움이 자연스러운 수업은 아이들이 중심에 서서 호기심을 따라 탐구하고, 질문과 대화로 자연스럽게 생각을 넓혀 가도록 돕는 수업입니다. 또한 배움이 자연스러운 수업에서의 관계는 학생과 교사, 학생과 친구, 학생과 텍스트, 학생과 환경이 유기적으로 연결될 때 비로소 완성되며, 교사는 농부가 식물을 보살피듯 학생 곁에서 사랑으로 품고 지지하며 돕는 존재여야 합니다.

호기심과 배움에 대한 사랑(탐구)

　아이들은 태어날 때부터 세상에 대한 끝없는 호기심과 배우고자 하는 열망을 지니고 있습니다. 말과 글을 배우기 전부터 주변을 만지고, 흔들고, 부수어 보면서 스스로 세계를 탐색합니다. 이러한 탐구적 태도는 아이들에게 가장 자연스러운 삶의 방식이며, 배움은 그 자체로 기쁨이 됩니다.

　그러나 어른들의 잘못된 교육 방식은 이 자연스러운 열망을 꺾어 버립니다. 아이들이 스스로 배우고 싶어 하는 마음보다 점수와 상장, 스티커와 같은 외적 보상을 앞세울 때, 배움은 더 이상 즐거움이 아니라 경쟁의 도구로 변합니다. 그 결과 아이들은 모험을 두려워하고, 실험을 꺼리며, 모르는 것을 탐구하려 하지 않게 됩니다.

　호기심은 단순한 장난이 아니라, 지성과 창의성의 원천입니다. 하지만 아이들이 "왜?"라는 질문을 던질 때 어른들이 이를 귀찮아하거나 억누르면, 아이들은 점차 질문을 멈추고 침묵을 배우게 됩니다. 열 살이 되면 대부분의 아이들이 더 이상 묻지 않게 되고, 질문하는 소수의 아이들은 오히려 경멸과 비웃음을 경험합니다.

　따라서 교육의 핵심은 아이들 안에 있는 호기심과 배움에 대한 사랑을 꺾지 않고 지켜 내는 데 있습니다. 아이가 세상을 탐구하는 과정을 존중할 때, 배움은 강요와 억압이 아니라 삶과 이어지는 즐거운 여정이 됩니다. 아이들이 본래 지닌 사심 없는 배움의 사랑을 보호하고 확장해 주는 것, 그것이 바로 교육이 지향해야 할 길입니다.

1. 내가 수업을 사랑하지 못하는 가장 큰 걸림돌은 무엇인가요?

2. 내가 생각하는 배움이 자연스러운 수업이란 무엇인가요?

3. 나는 수업에서 어떻게 할 때 가장 큰 보람과 효능감을 느끼나요?

참고 문헌

☞ 김종원. "부모의 질문력." 서울: 다산북스, 2025.

☞ 이지성. (2016). 내 아이를 위한 인문학 교육법 [A guide to humanities education for my child]. 차이정원.

☞ 최재웅. (2014). 수업의 신: 공부의 신을 만드는 선생님들의 강의 바이블. 경기도: Paul&Mark.

☞ Bransford, J. D., Brown, A. L., & Cocking, R. R. (2000). How people learn: Brain, mind, experience, and school. National Academy Press.

☞ Bronfenbrenner, U. (1979). The Ecology of Human Development: Experiments by Nature and Design. Harvard University Press.

☞ Bruner, J. S. (1960). The Process of Education. Harvard University Press.

☞ Costa, F., Civiero, P., Lucchini, M., & Suman, A. (2019). Effects of music on plant growth: A systematic review. Journal of Plant Science Research, 2(1), 45-56.

☞ Descartes, R. (1996). Meditations on First Philosophy (J. Cottingham, Trans.). Cambridge University Press. (Original work published 1641)

☞ Dewey, J. (1916). Democracy and Education: An Introduction to the Philosophy of Education. Macmillan.

☞ Dewey, J. (1938). Experience and education. Macmillan.

☞ Dirksen, J. (2016). Design for how people learn (pp. 198-199). New Riders.

☞ Freire, P. (1970). Pedagogy of the Oppressed (M. B. Ramos, Trans.). Continuum.

☞ Fromm, E. (1956). The art of loving. Harper & Row.

☞ Kuperberg, G. R., Paczynski, M., & Ditman, T. (2006). Making sense of discourse: An fMRI study of causal inferencing across sentences. NeuroImage, 33(2), 343-361.

☞ Palmer, P. J., Zajonc, A., & Scribner, M. (2010). The heart of higher education: A call to renewal. John Wiley & Sons.

☞ Pestalozzi, J. H. (1801). How Gertrude teaches her children (L. Holland & F. C. Turner, Trans.). Swan Sonnenschein & Co. (Original work published in German)

☞ Peterson, T. (1999). Examining loss of soul in education. Education and Culture, 15(1/2), 9-15.

☞ Piaget, J. (1952). The Origins of Intelligence in Children. Norton.

☞ Plato. (2004). Republic (C. D. C. Reeve, Trans.). Hackett Publishing. (Original work published ca. 380 BCE)

☞ Rousseau, J. J. (1979). Emile, or On Education (A. Bloom, Trans.). Basic Books. (Original work published 1762)

☞ Rousseau, J.-J. (2008). 루소의 식물 사랑 (진형준, 역). 살림출판사. (원저 출간 1782, Les rêveries du promeneur solitaire)

☞ Sato, M. (2010). 수업이 바뀌면 학교가 바뀐다 [When lessons change, schools change]. 교육과학사.

☞ Vaillant, G. E. (2012). Triumphs of experience: The men of the Harvard Grant Study. Harvard University Press.

☞ Van Manen, M. (2012). 가르친다는 것의 의미 [The meaning of teaching]. 학지사.

☞ Vygotsky, L. S. (1978). Mind in society: The development of higher psychological processes. Harvard University Press.

2차시. 허용적인 분위기

1. 허용적인 분위기란?

허용적인 분위기란 학생들이 자신의 생각이나 질문을 자유롭게 표현할 수 있고, 틀려도 괜찮다고 느낄 수 있는 분위기로 심리적으로 안전한 환경을 말합니다. 이런 분위기에서는 실수에 대한 두려움 없이 다양한 의견을 주고받으며, 학습에 대한 흥미와 창의성도 자연스럽게 높아집니다(Smith & Lee, 2022). 그러나 실제로 많은 아이들은 학교에서 어른이라면 감당하기 힘들 정도의 두려움과 걱정, 긴장을 대부분의 시간 동안 경험하고 있기에(Holt, 2010), 허용적인 분위기의 조성이 더욱 절실합니다.

우리는 이러한 허용적인 분위기가 왜 중요한지, 교육 현장뿐만 아니라 전혀 다른 곳에서도 확인할 수 있습니다. 2010년 9월, G20 서울 정상회의 폐막식에서 버락 오바마 미국 대통령이 연설을 마치고 "이제 한국 기자들의 질문을 받겠습니다"라고 말했을 때, 놀랍게도 아무도 손을 들지 않았습니다. 이 상황은 단순한 무반응이 아니라, 질문하는 것을 주저하고 두려워하는 우리 사회와 교육의 현실을 보여주는 사례라고 할 수 있습니다. 어릴 때부터 '틀려도 괜찮다', '질문해도 된다'는 분위기 속에서 자라지 못한다면, 이렇게 중요한 순간에도 말을 꺼내기 어려워지는 것이지요. 이러한 망설임은 실수에 대한 낙인이나 의문을 제기하는 것을 막는 사회적·교육적 규범에서 비롯된 더 깊은 문제를 보여줍니다. 틀리는 것이 안전하거나 질문하는 것이 용기 있는 행동으로 여겨지지 않는 환경에서 자라면, 중요한 순간이나 위험한 상황에서도 개인이 목소리를 내기 어렵게 됩니다.

결국 우리가 지향해야 할 것은 단순히 학생들에게 지식을 전달하는 것이 아니라, 생각과 질문이 자유롭게 오가는 문화를 만드는 것입니다. 틀리는 것을 두려워하지 않고, 다른 의견을 내는 것이 존중받는 경험이 쌓여야 비로소 학습자가 주체적으로 성장할 수 있습니다. 이런 허용적인 분위기는 교육 현장뿐 아니라 직장, 사회 전반에도 긍정적인 영향을 미칩니다. 서로의 의견을 경청하고 실수를 학습의 기회로 바라보는 문화 속에서 개인은 도전할 용기를 얻고, 집단은 창의성과 혁신성을 확보하게 됩니다(Edmondson, 2018). 따라서 허용적인 분위기를 조성하는 것은 단순한 교육 기법이 아니라, 미래 사회를 대비하기 위한 중요한 투자라고 할 수 있습니다.

그렇기 때문에 교육 현장에서는 학생들이 두려움 없이 의견을 표현하고 실수해도 괜찮다고 느낄 수 있는 허용적인 수업 분위기가 특히 중요합니다. 이러한 분위기 속에서 학생들은 자신의 생각을 자유롭게 탐구하고 서로의 의견을 경청하며, 실패를 통해 배우는 경험을 자연스럽게 받아들이게 됩니다.

학생들에게 허용적인 수업 분위기가 중요한 이유를 구체적으로 살펴보면 다음과 같습니다.

1) 심리적 안정감 제공
학생들이 실수나 실패를 두려워하지 않고 자유롭게 질문하고 의견을 낼 수 있는 분위기를 조성해 줍니다. 이는 학습 동기와 적극적인 참여를 높이는 데 매우 중요합니다.

2) 창의성과 비판적 사고 촉진
다양한 생각과 의견을 존중받는 환경에서는 학생들이 틀에 박히지 않은 새로운 아이디어를 내고, 깊이 있는 사고를 발전시킬 수 있습니다.

3) 자기 주도적 학습 강화
허용적인 분위기 속에서는 학생들이 스스로 탐구하고, 자신의 생각을 발전시키려는 주도성을 가질 가능성이 높아집니다.

4) 사회성 및 협력 능력 향상
서로 다른 의견을 존중하고 소통하는 과정에서 학생들은 사회적 기술, 협력 능력, 공감 능력을 키울 수 있습니다.

5) 긍정적인 수업 분위기 조성

수업에 대한 전반적인 만족도와 몰입도가 올라가고, 이는 결과적으로 학업 성취에도 긍정적인 영향을 미칩니다.

한마디로, 허용적인 수업 분위기는 **학생들의 학습, 사고, 사회성 모든 면을 성장시키는 핵심적인 바탕**입니다.

허용적인 수업 분위기가 조성되면 학생들은 자신감을 가지고 더 적극적으로 수업에 참여하게 됩니다. 하지만 진정으로 허용되는 교실 환경을 조성하려면 단순히 참여를 장려하는 것 이상이 필요합니다. 그것은 교사와 학생의 관계에 크게 좌우됩니다. 학생들이 교사를 신뢰하면 위험과 두려움을 감수하고 질문하고 의미 있는 대화에 참여할 가능성이 더 높습니다. 그렇기 때문에 허용적인 수업 분위기를 조성하기 위해서는 무엇보다도 교사의 노력이 강조된다고 할 수 있습니다.

2. 허용적인 분위기를 만들기 위한 교사의 노력

예전에는 교사가 수업 분위기를 철저히 통제하고 학생들은 조용히 듣기만 하는 경직된 교실이 많았습니다. 예를 들어, 한 학생이 수업 중 질문을 하거나 다른 의견을 말하려고 하면, "지금은 그런 거 묻는 시간이 아니야"라는 반응을 들을 수 있었고, 그러면 학생은 자연스럽게 말하기를 주저하게 되었습니다.

지금의 교실에서는 학생들이 자유롭게 자신의 생각을 말하고, 그 말이 존중받고 인정되는 허용적인 분위기가 강조됩니다. 예를 들어, 한 학생이 수학 시간에 "저는 이 문제를 이렇게도 풀어봤어요"라고 이야기합니다. 이 때 교사가 "오, 그런 방법도 가능하겠네. 너의 생각을 들어보니 새롭다"라고 반응한다면, 그 순간 교실은 더 이상 일방적인 지식 전달의 공간이 아닌, 서로의 생각을 나누는 안전한 공간이 됩니다. 이런 분위기 속에서 학생들은 "내가 무슨 말을 해도

 배움이 자연스러운 수업에서 행복한 아이가 자란다

괜찮구나"라는 심리적 안전감을 느끼게 되고, 발표나 토론에 더 적극적으로 참여하려는 마음이 생깁니다.

결국, 이러한 교실을 만들기 위해 교사에게 가장 중요한 것은 높은 지식이나 완벽한 설명 능력이 아니라 학생의 생각을 진심으로 들어주고 존중하는 정서적인 태도입니다. 한 아이의 조심스러운 말 한마디에도 귀 기울이고, 실수에도 따뜻하게 반응해주는 교사의 자세가 아이들의 입을 열게 하고 교실 분위기를 바꾸는 가장 큰 힘이 됩니다(Jennings & Greenberg, 2009).

교사의 태도

허용적인 수업 분위기를 만들기 위해 필요한 교사의 정서적인 태도는 다음과 같습니다.

1) 이해와 관용, 열린 자세
- 교사는 학생 개개인의 다양성을 인정하고, 자기 신념과 다른 의견도 존중하는 태도를 가져야 합니다.
- 고정관념 없이 학생을 바라보고, 편견 없이 다양한 관점을 수용하는 열린 마음이 필요합니다. 이러한 태도는 학생을 정확히 이해하고 상황을 공정하게 판단할 수 있는 기반이 됩니다.

2) 경청과 존중, 인내
- 학생의 말에 진심으로 귀 기울이고, 그 말에 '쓸모 없음'을 판단하지 않는 태도가 중요합니다.
- 아이들은 이해가 충분하지 않은 상태에서는 지혜로운 판단이나 행동을 하기가 어렵습니다. 따라서 교사는 학생이 스스로 생각할 수 있도록 기다려줄 수 있는 인내가 필요합니다. 예를 들어, 발표를 망설이는 학생에게 "천천히 해도 괜찮아"라고 다정히 말해주거나, "더 생각해보겠습니다"라는 표현을 쓸 수 있음을 알려주는 것도 한 가지 방법입니다.
- 답을 못 했을 때도 부드럽게 "괜찮아, 나중에 생각나면 말해줘" 또는 "어떻게 도와주면 좋을까?"와 같은 말로 상황을 넘기는 유연성도 필요합니다.

3) 친절하고 차분한 태도

- 교사의 목소리 톤과 표정, 말투가 편안할 때 학생은 심리적으로 안전하다고 느낍니다. 차분하고 친절한 대응은 학생의 불안감을 줄이고 수업에 집중하도록 돕습니다.

4) 사랑과 공감

- 교사의 미소, 따뜻한 말, 학생의 감정에 공감하는 태도는 수업 분위기를 부드럽고 안정감 있게 만듭니다. 학생들은 자신을 진심으로 아끼는 교사에게 더 마음을 열고 배우고 싶어 합니다.

5) 학생 의견의 재진술

- 목소리가 작은 학생의 발언을 교사가 또렷이 다시 전달해주는 것은, 그 의견을 존중하고 가치 있게 여긴다는 신호입니다. 이는 학생의 자존감과 발표 의욕을 높이는 데 큰 도움이 됩니다. 다만, 교사의 재진술이 자칫 습관적으로 행해졌을 때는 학생의 자신감과 의욕이 오히려 떨어질 수 있으니 주의해야 합니다.

6) 가치 판단 보류와 유연성

- 교사는 학생의 발언을 옳고 그름으로 단정짓기보다는, 다양한 시각을 열어주고 "그렇게 생각할 수도 있겠네"와 같은 반응을 보여주는 것이 좋습니다. 비교나 평가 없이 학생의 생각을 존중하는 분위기 속에서 학생은 보다 자유롭게 표현할 수 있습니다.

이처럼 정서적인 태도는 말투, 반응, 표정 등 교사의 작은 행동 하나하나에 드러나며, 교실 분위기를 근본적으로 변화시키는 힘이 됩니다.

교사의 전문성과 수업 운영 능력

허용적인 수업 분위기를 만들기 위해서는 교사의 정서적인 태도 외에도 다음과 같은 요소들이 함께 뒷받침되어야 합니다.

1) 수업 설계 역량

- 학생 참여를 유도할 수 있는 활동 중심의 수업, 질문과 토론을 포함한 개방형 수업 방식이 중요합니다.
- 📵 정답이 하나인 문제보다 다양한 답을 허용하는 과제를 제시하면 학생들이 더 편하게 의견을 표현할 수 있습니다.

2) 교사의 발문

- 정답이 정해져 있는 닫힌 발문은 오늘 학습할 단원 제목이나 핵심 단어와 같은 난이도가 낮은 수준에서 누구나 대답할 수 있는 발문으로 계획합니다. 학생들이 다양한 생각과 의견을 나눌 때에는 열린 발문을 하고, 이때 친구들의 대답이 '다른' 발언이지 '틀린' 발언이 아님을 인식시킵니다.
- 학생들에게 친숙한 소재는 발표에 대한 두려움을 낮춰 줍니다. 학생들에게 친숙한 소재로 발문을 하게 되면 발표의 물꼬를 틀어주어 다양한 발표로 이어질 수 있습니다.

3) 평가에 대한 유연한 관점

- 학생의 참여나 시도 자체를 인정하는 과정 중심의 평가와 관찰 중심의 피드백이 필요합니다. 발표를 잘하느냐보다 발표하려는 시도 자체를 긍정적으로 평가하는 것이 허용적인 분위기를 만듭니다.

4) 교사의 언어 사용 능력

- 학생의 발언을 긍정적이고 수용적인 말투로 되받아주는 능력이 필요합니다. 이러한 능력은 개인이 타고날 수도 있겠지만 스스로 의식하고 연습해 나가는 것도 중요합니다.
- 📵 "그건 틀렸어" 대신 "그렇게 생각할 수도 있겠네. 그런데 이런 관점도 있어"와 같이 반응하는 언어 감수성이 필요합니다.

5) 관찰력과 민감성

- 말하지 않는 학생의 표정, 분위기, 작은 행동, 눈빛도 알아차릴 수 있는 정서적 민감성이 필요합니다. 이를 통해 누가 긴장하고 있고, 누가 참여를 주저하는지 파악할 수 있습니다.

6) 교실 운영 기술

- 의견이 충돌하거나 분위기가 흐트러질 때도 수업을 긍정적이고 질서 있게 유지하는 기술이 필요합니다.
- 🎯 토론 중 갈등이 생겼을 때 "지금은 서로 다른 관점을 듣는 시간이에요"라고 중재하는 능력이 필요합니다.

요약하면, 정서적 태도는 기반이고 교사의 전문성과 수업 운영 능력은 그것을 실현하는 도구라고 할 수 있습니다.

교사의 말

허용적인 수업 분위기를 만드는 데 있어 교사의 정서적 태도만큼이나 강조되는 것은 바로 '교사의 말'입니다. 교사가 어떤 언어를 사용하느냐에 따라 학생들의 감정, 반응, 수업 참여도는 크게 달라질 수 있습니다. 작은 말 한마디가 학생의 마음을 열기도 하고, 닫기도 하기 때문입니다. 교사의 철학과 태도가 말을 만들기도 하지만, 일단 말을 하면 그런 철학이 만들어지기도 하니 구체적인 말들을 살펴보고 실천해보면 좋겠습니다(Mercer & Howe, 2012).

1) "미안해요"

"미안해요. 설명을 너무 급하게 지나갔네요. 더 천천히, 다시 설명해 볼게요."와 같은 말은 학생들에게 교사가 완벽하지 않아도 괜찮다는 메시지를 주며, 실수를 인정하고 함께 고쳐 나갈 수 있는 분위기를 만듭니다. 아이들은 교사의 말을 그대로 믿고 신뢰하기 때문에, 교사는 자칫 자신의 말이 언제나 옳고 능숙하다고 착각하기 쉽습니다. 그러나 말은 화려하게 잘하기 위한 것이 아니라, 자신이 한 일을 설명하기 위한 도구일 뿐입니다(김종원, 2025). 누구나 오류에 빠질 수 있다는 사실을 잊지 않아야 하며, 스스로의 판단과 생각이 틀릴 수도 있음을 인정할 때 비로소 오류를 받아들이는 용기를 가질 수 있습니다. 교사가 항상 정당하고 옳은 것처럼, 마치 전지전능한 신이라도 되는 것처럼 굴 필요는 없는 것입니다(Holt, 2010).

2) "고마워요", "수고했어요"

교사가 따뜻하고 인간적인 말을 자연스럽게 사용할 때 교실의 분위기는 훨씬 부드러워집니다.

 배움이 자연스러운 수업에서 행복한 아이가 자란다

"고마워요", "수고했어요" 같은 말은 단순한 예의 표현을 넘어, 존중과 배려가 살아있는 교실을 만드는 기반이 됩니다. 이런 언어를 들은 학생들도 자연스럽게 감정을 표현하고 서로를 존중하게 됩니다. "힘들었을 텐데 집중해서 참여하려고 노력해줘서 고마워요", "좋은 의견을 나누느라 수고했어요. 그 덕분에 친구들이 많은 것을 배울 수 있었어요."와 같이 구체적으로 표현하려는 노력이 필요합니다.

3) "당당히 물어봐도 괜찮아"

학생들이 모르는 것을 질문하는 것을 부끄럽게 여기지 않도록, 교사는 먼저 그런 분위기를 만들어야 합니다. "모르는 걸 물어보는 건 부끄러운 게 아니야"라는 말 한마디는 질문에 대한 두려움을 없애고, 교사에게 도움을 요청할 수 있는 허용적인 분위기를 만들어 줍니다.

4) "잘하는 것보다 배우는 게 더 중요해"

교사의 말은 학생들이 '실수해도 괜찮다'고 느끼게 만드는 핵심입니다. "결과보다 과정이 중요해", "천천히 해도 괜찮아", "지금은 배우는 중이니까 틀려도 괜찮아"와 같은 말은 학생들이 실수를 두려워하지 않고 도전하게 도와줍니다. 발표나 활동을 꺼리는 아이들도 점차 마음을 열고 참여하게 됩니다.

5) 생각의 '과정'을 중요하게 여기는 질문

교사는 "맞았어", "틀렸어"보다 "왜 그렇게 생각했니?"라고 묻는 것이 좋습니다. 이런 질문은 학생의 사고 과정에 관심을 갖고 있다는 메시지를 전달하며, 학생 스스로도 자신의 생각을 돌아볼 기회를 가질 수 있습니다. 다른 친구들의 생각을 듣고 비교하며 사고의 폭도 확장됩니다.

6) "같은 말을 해도 괜찮아"

발표 시간에 다른 친구가 비슷한 말을 먼저 했을 경우, 뒤에 말하려던 학생은 망설이게 됩니다. 이럴 때 교사가 "비슷한 생각을 가지고 있다면 같은 말을 해도 괜찮아"라고 말해준다면, 학생은 자신감을 얻고 자신의 목소리를 낼 수 있게 됩니다.

이처럼 교사의 말 한마디 한마디는 단순한 대화가 아니라, 학생의 자존감을 키우고 수업의 질을 바꾸는 **교육적 메시지**입니다. 학생이 편안하게 말할 수 있는 교실, 실수해도 안전한 공간을 만들고 싶다면, 먼저 교사의 언어부터 따뜻해져야 합니다.

한계 정하기 – 허용과 단호함의 균형

허용적인 수업 분위기라고 해서 모든 발언을 무조건 받아들이는 것은 아닙니다. 학생들은 폭력적이거나 수업과 전혀 관련 없는 이야기를 할 때가 있습니다. 이럴 때 교사가 그저 들어주기만 한다면, 다른 학생들의 인권과 학습권이 침해될 수 있습니다. 따라서 인권을 침해하는 발언, 수업과 관련 없는 발언에 대해서는 단호하게 경계를 설정하고, 맺고 끊을 줄 아는 태도가 필요합니다.

- 예 "그 이야기는 친구들에게 도움 되는 이야기일까? 도움이 되지 않는 이야기라면 하지 않는 거야."
- 예 "우리가 정할 수 없는 것(가족, 이름, 나이, 외모, 목소리, 피부색 등)에 대해서는 서로 평가하는 것이 아니야."

학생들과 함께 '어떤 말이 허용될 수 있는가'에 대한 기준을 정해 두는 것도 중요합니다. 교사가 일방적으로 판단하기보다는, 수업 중 부적절한 발언이 나왔을 때 그 말이 학급 전체에 어떤 영향을 주었는지 친구들과 함께 나누며 학생 스스로 돌아볼 기회를 제공해야 합니다. 학생들은 기본적으로 학급이라는 공동체에 소속되고 싶어 하기 때문에, 이런 경험은 자기 조절 능력을 키우는 데에도 도움이 됩니다(Jennings & Greenberg, 2009).

또한 수업 흐름과 무관한 발언을 하는 학생에게는 수업의 주제를 다시 상기시키거나, 관련된 질문을 통해 자연스럽게 수업으로 다시 이끌어올 수 있습니다. 수업과 관련 없이 생각의 꼬리가 이어질 때, 수업과 관련된 것인지 판단할 수 있도록 사전에 이야기해 두는 것도 좋습니다. 필요할 경우, "그 이야기는 쉬는 시간에 듣고 싶어"라고 정중히 거절할 수도 있습니다. 쉬는 시간에 친구와 해야 하는 대화를 수업 시간에 이어서 하는 경우에는, 지금 하는 이야기가 수업과 관련이 있는지를 확인하며 수업에 집중할 수 있도록 도와주어야 합니다.

결국 허용적인 교실이란 '아무 말이나 다 허용되는 공간'이 아니라, 서로를 존중하며 말할 수 있는 안전하고 질서 있는 공간입니다. 그리고 그 기준을 명확히 하고 지켜주는 교사의 역할이 중요합니다.

학생들의 반응이 소극적인 경우 – 침묵 속에서도 배움은 일어난다

수업 중 학생들의 반응이 소극적이거나 대답이 없다고 해서 반드시 관심이 없는 것은 아닙니다. 이런 경우 교사는 침묵의 원인을 파악하고, 학생들이 말할 수 있는 여건을 조성해 주어야 합니다(Cazden, 2001).

1) 발표의 의미를 함께 나누기

먼저 발표가 왜 필요한지에 대해 학생들과 이야기를 나눕니다. 발표는 단순한 정답 말하기가 아니라 자신의 생각을 정리하고 타인과 소통하는 중요한 배움의 과정임을 알려줍니다.

2) 충분한 생각 시간 주기

학생이 생각할 시간을 가진 후 천천히 말할 수 있도록 기다려 주는 여유가 필요합니다. 친구의 발표를 듣고 힌트를 얻은 뒤 말하게 해도 좋습니다.

3) 질문을 다시 말해주기

대답이 없을 땐 질문이 어려웠을 수 있습니다. 학생 눈높이에 맞게 질문을 풀어주거나 예시를 들어 설명해 주세요.

4) 이해되지 않은 부분 물어보기

"어디가 어렵니?", "무엇이 궁금했니?"와 같이 학생이 편하게 표현할 수 있는 질문 환경을 만들어 주세요. 학생들이 질문을 부끄러워하지 않고 자유롭게 물어볼 수 있도록 격려합니다.

5) 교사와 먼저 확인해 보기

부끄러움을 타는 학생은 먼저 교사에게 조용히 보여주고, 교사의 격려를 받은 후 발표할 수 있도록 유도하면 자신감을 가질 수 있습니다.

6) 작은 단위로 발표 기회 주기

전체 앞에서 발표하는 것이 부담스러운 학생의 경우, 짝이나 소그룹에서 먼저 생각을 나누는 과정이 도움이 됩니다. 또한 전체 발표 중에 대답이 잘 나오지 않을 때에는 다시 모둠 활동이나 짝 활동으로 되돌리는 것도 괜찮습니다.

이처럼 학생의 침묵을 단순히 '무반응'으로 보기보다, 배움으로 이어질 수 있는 준비 과정으로 이해하고 인내심 있게 접근하는 것이 필요합니다. 이러한 접근은 학생들이 불안감을 줄이고, 자신감을 쌓아가며, 점차적으로 자기 표현 능력을 키워 나갈 수 있도록 돕습니다.

3. 틀리면서 배우는 수업

실수와 실패는 '배움을 향해 내딛는 첫 걸음'이라고 정의할 수 있습니다. 실수와 실패가 배움의 과정이자 배움의 기회이고 당연한 과정이라는 것을 학생들에게 늘 상기시켜 주어야 합니다. 정답보다 오답에서 훨씬 많이 배울 수 있다는 믿음을 바탕으로 누가 잘하고 못하는지 평가가하지 않음으로써, 학생들 스스로가 자신의 취약성을 드러낼 용기를 얻습니다. 즉, 실수에서 함께 배우고 성장하는 교실은 보다 안전하고 자유로운 곳이 될 수 있습니다(Hattie, 2012).

1) 틀려도 괜찮아요

학생들이 수업의 과정을 하나의 연습 기회로 받아들이는 것이 중요합니다. 이렇게 생각할 때 학생들은 결과에 대한 부담을 내려놓고 더 편안한 마음으로 수업에 참여할 수 있습니다. 틀리거나 몰라도 괜찮은 교실, 서로의 시도와 질문이 존중받는 교실이 될 때 학생들은 모르는 것을 드러내고 묻고 가르치며 함께 배우는 과정을 경험합니다. 그 속에서 혼자 배울 때보다 더 큰 성장을 이루고, 과목에 대한 흥미와 자신감도 키워갈 수 있습니다(Edmondson, 2018).

이러한 허용적이고 안전한 분위기는 교사의 태도에서 시작됩니다. 예를 들어, 영어 시간에 교사의 질문에 어떤 학생은 문장으로 대답해도 괜찮고, 문장으로 말하기 어려운 학생은 단어로

만 표현해도 괜찮도록 허용합니다. 이렇게 하면 모든 학생이 편안하게 자신의 생각을 말할 수 있고, 그 과정에서 자신만의 배움을 쌓게 됩니다.

교사가 "틀려도 괜찮아요."라고 말하며 발언을 격려하는 것도 이러한 분위기를 만드는 데 큰 도움이 됩니다. 또한 "우리끼리인데 뭐 어때요? 틀려도 괜찮아요."라고 다정히 이야기해 주면, 학생들은 교실이 안전한 곳이라고 느끼고 서로에게 마음을 열게 됩니다. 그럴 때 교실은 틀림이 문제가 아닌 배움의 출발점이 되는 공간으로 변화합니다.

2) 잘못된 과제물이나 실수를 수업사례로 활용하기

수업에서는 정답보다 오답에서 더 많은 배움을 얻을 수 있다는 사실을 학생들과 공유하는 것이 중요합니다. 그래서 틀린 과제물을 중심으로 함께 살펴보며 누가 잘했는지 못했는지를 평가하는 것이 아니라, 서로의 실수와 실패를 통해 배우고 자신의 취약성을 드러낼 용기를 얻도록 이끌 수 있습니다. 교사가 직접 경험한 실패와 그로부터 배운 점, 포기하지 않고 새로운 것을 알아낸 이야기를 들려주면 학생들은 실패와 실수가 누구에게나 일어날 수 있는 자연스러운 과정임을 알게 됩니다. 또한 실수가 오히려 큰 발명과 발견으로 이어진 포스트잇의 발명이나 페니실린 발견처럼 역사적 사례를 조사하여 공유해보는 것도 효과적입니다. 사람은 실수를 저지르면 오히려 긴장이 풀리고 안도감을 느낀다고 합니다(Holt, 2010). 한 번의 실수를 경험하면, 그 안에서 두려움이 조금씩 작아집니다. 실수는 우리를 움츠러들게 하는 것이 아니라, 배움이 깊어지는 지점을 보여주는 표지판과 같습니다. 그래서 실수는 멈춤이 아니라 성장을 향한 또 하나의 걸음인 것입니다.

3) 고쳐도 괜찮아요

틀릴까 봐 글을 쓰고 싶지 싶지 않다고 말하는 초등학교 1학년 학생에게 교사는 "틀리면 고쳐도 됩니다."라고 말합니다. 간혹 저학년 학생들은 맞춤법을 틀릴까 봐 글쓰기를 주저하게 되는 경우가 있습니다. 틀리면 고쳐도 된다는 편안함 속에서 글쓰기를 하면 학생들은 글쓰기에 오롯이 집중하게 됩니다. 학생들의 글에 교사가 첨삭을 하는 대신 국어 수업을 활용하여 내가 쓴 글을 직접 고쳐보는 연습을 해보는 것도 좋습니다.

4) 실수를 자연스럽게 수정할 수 있는 도구

수업에서 화이트보드나 허니컴보드를 사용하면, 틀린 내용을 지워도 흔적이 거의 남지 않습니다. 이처럼 틀린 것이 눈에 잘 드러나지 않는 도구를 활용하는 것은 학생들의 불안감을 낮추는 한 가지 방법이 될 수 있습니다.

5) 재채점과 재평가

평가에서 자신이 쓴 내용이 틀렸거나 부족했을 때 다시 써볼 수 있는 기회를 줍니다. 예를 들면, 수학 단원평가를 보고 학생들은 틀린 답을 확인하고 스스로 고쳐볼 수 있는 기회를 가집니다. 교사는 고친 평가지를 재채점하여 고친 답이 맞다면 맞는 것으로 인정해줍니다. 재채점에서도 통과 기준에 도달하지 못하면 재평가 기회를 줍니다. 이런 과정을 통해 학생들은 맞고 틀리는 것보다 정확히 이해하는 것이 중요함을 알게 됩니다. 또한 재도전을 통해 성공의 경험을 쌓아 나가면 학습에 대한 자신감도 점차 커집니다.

6) 성장 마인드셋 키우기

실패나 실수에서 아이의 능력에 초점을 맞추지 말고 그런 경험을 통해 무엇을 배울지에 초점을 맞춥니다. 노력해서 칭찬받는 아이는 자기 지능이 시간이 지남에 따라 성장한다는 사실을 깨닫습니다. 일의 결과나 똑똑하다는 신망보다 일의 과정과 실수에서 배우는 법에 초점을 맞추면서 아이는 성장 마인드셋을 발달시킵니다.

4. 정리 : 허용적인 분위기의 핵심은 '신뢰'

허용적인 수업 분위기는 하루아침에 만들어지지 않습니다. 교사의 정서적 태도, 언어 사용, 수업 운영 방식 등 모든 요소가 유기적으로 작용하면서 서서히 형성됩니다. 그 중심에는 '신뢰'라는 키워드가 있습니다. 학생은 교사가 자신을 믿어주고, 실수를 받아줄 것이라는 믿음이 있을 때 비로소 자신을 드러낼 수 있습니다.

교사는 학생 한 명 한 명의 목소리에 귀 기울이고, 있는 그대로의 모습을 존중함으로써 그

 배움이 자연스러운 수업에서 행복한 아이가 자란다

신뢰를 쌓아갑니다. 작은 말 한마디, 따뜻한 눈빛, 기다려주는 태도 하나하나가 쌓여 허용적인 교실을 만들어갑니다.

허용적인 분위기는 단순히 수업의 효과를 높이기 위한 전략이 아니라, 학생들이 스스로를 긍정하고, 타인과 소통하며, 자신만의 생각을 세상에 표현할 수 있도록 돕는 교육의 본질적 가치에 가깝습니다. 이러한 분위기 속에서 자란 아이들은 교실 안팎에서 더 용기 있게 말하고, 더 깊이 있게 사고하며, 함께 살아갈 수 있는 힘을 키우게 됩니다.

> **'정답'을 떠받드는 사원에서 벗어나자**
>
> 학교에서 이루어지는 많은 공부는 아이들을 점점 정답 중심으로 이끌고 있습니다. 정답에는 늘 보상이 따르며 학교는 마치 정답을 바쳐야 인정받는 사원과도 같습니다. 그곳에서 성공하는 길은 풍부한 정답을 재단에 올리는 것이지요. 교사들 또한 정답 중심적인 경우가 많은데, 이는 제도적으로 그렇게 요구받고 교과서가 정답을 기준으로 구성되어 있으며, 늘 그래 왔기 때문입니다(Holt, 2010). 이러한 정답 중심 문화는 아이들이 자유롭게 질문하거나 새로운 생각을 시도하는 것을 가로막습니다. 틀리면 안 된다는 압박 속에서 학생들은 점점 안전한 답만 선택하게 되고, 그 결과 창의성과 비판적 사고는 위축됩니다. 학교가 진정한 배움의 장이 되려면 정답에 집착하기보다 탐구의 과정과 다양한 관점을 상상하고 이를 존중하는 문화가 필요합니다.

실천 과제

1. 수업 중 학생의 실수에 대해 내가 자주 하는 반응을 돌아보고, 대체 가능한 긍정 언어 3가지를 기록해보세요.
2. '틀려도 괜찮은' 교실을 만들기 위해 이번 주 수업에서 실천할 수 있는 작은 말투 변화를 계획해보세요.
3. 수업 녹화나 녹음을 듣고 내 말투와 반응을 분석해보는 셀프 피드백 시간을 가져보세요.

참고 문헌

☞ 김종원. "부모의 질문력." 서울: 다산북스, 2025.

☞ Cazden, C. B. (2001). Classroom discourse: The language of teaching and learning (2nd ed.). Heinemann.

☞ Edmondson, A. C. (2018). The Fearless Organization: Creating Psychological Safety in the Workplace for Learning, Innovation, and Growth. John Wiley & Sons.

☞ Hattie, J. (2012). Visible learning for teachers: Maximizing impact on learning. Routledge.

☞ Holt, John. "아이들은 왜 실패하는가: 교실과 아이들의 내면에 관한 미시사적 관찰기." 서울: 아침이슬, 2010.

☞ Jennings, P. A., & Greenberg, M. T. (2009). The prosocial classroom: Teacher social and emotional competence in relation to student and classroom outcomes. Review of Educational Research, 79(1), 491-525. https://doi.org/10.3102/0034654308325693

☞ Mercer, N., & Howe, C. (2012). Explaining the dialogic processes of teaching and learning: The value and potential of sociocultural theory. Learning, Culture and Social Interaction, 1(1), 12-21.

☞ Smith, J., & Lee, M. (2022). The influence of psychological safety on students' creativity in project-based learning. Frontiers in Psychology.

2장
수업에 들어가며
- 수업준비

3차시. 교육과정 재구성

1. 교육과정 재구성이란?

지금의 부모 세대가 학교를 다니던 시절과는 많이 달라져서, 학부모님들께 이런 질문을 자주 듣습니다. "왜 선생님은 교과서대로 진도를 안 나가세요?" 사실 교과서에 나오는 순서 그대로, 모든 질문을 다루면서 교과서 내용을 있는 그대로 다루는 것이 중요하다고 여기시는 선생님들도 아직 계실 수 있습니다. 하지만 교과서는 교수·학습 자료 중 하나일 뿐입니다. 실제로 우리가 법적으로 교육해야 하는 것은 교과서가 아니라 국가 수준 교육과정임을, 여러 연수를 통해 아신 분들도 많을 것입니다. 더 효과적인 배움을 위해 필요한 교육과정 재구성이란 무엇인지 논문에서 다뤄진 내용들을 바탕으로 정리해보겠습니다.

- 교사가 교육과정과 수업을 계획, 실행, 평가하는 과정에서 이루어지는 상위 수준의 교육과정, 교과서, 교사용 지도서 등을 학습자와 교육적 상황에 맞게 구현, 재조직 및 재구성하는 의도적이고 해석적인 활동(강현석 & 방기용, 2012, p. 45)
- 교사가 스스로 전문성에 기초해 주어진 교육과정 목표를 효과적으로 달성하기 위해 교육계획 및 교과서를 재조직화, 수정, 보완, 통합하는 등의 활동(성열관 & 이민정, 2009, p. 82)
- Curriculum Differentiation(교육과정 차별화), 학생의 특성이나 능력, 학교의 교육목표에 따라 가르치고 배울 내용, 방법 등을 다르게 하는 일체의 활동(Oakes & Gamoran & Page, 1992, p. 151)

위의 세 연구에서 공통적으로 언급하는 부분을 요약해보자면 교육과정 재구성이란 곧 '교사'가 주체가 되어 주어진 '교육과정'을 '학습자에 맞게 재구성'하는 활동이라고 할 수 있습니다.

2. 교육과정 재구성의 필요성

교육과정 재구성이 왜 필요한지에 대해 논의하기 전에, 이 책을 집어드시기 전 선생님들께서 생각하셨던 '좋은 수업'이란 무엇인지 생각해보시면 좋겠습니다. 좋은 수업을 하는 자신의 모습을 떠올렸을 때, 선생님들께서 그리는 그림은 무엇인가요? 그 수업 속 학생들은 어떤 표정으로, 어떤 말투로, 무엇을 배우고 있나요?

제가 생각하는 좋은 수업이란 학생들 스스로 자신의 삶을 꾸려나가는 데에 도움이 되는 수업, 즉 '자립'할 수 있게 하는 수업입니다. 우리가 이 소중한 시간을 들여 무엇을, 왜 배우고 있는지 학생들이 알고, 이것이 나의 삶에 어떻게 녹아들지 생각할 수 있는 수업입니다. 그리고 그 배움의 과정에서 스스로의 삶을 채워나가는 데에 대한 희망과 즐거움에 부풀어 친구들과 함께 소통하고 주도적으로 참여하는 수업입니다.

교육과정 재구성이야말로 이런 좋은 수업의 기틀이 된다고 생각합니다. 국가 수준 교육과정에 실린 내용들은 전문가들이 고민하고 정선한 것으로 모든 국민들이 기본적으로 알아야 할 좋은 내용들이지만, 이 내용들이 교과서에 박제되어 있을 때는 학생들이 내 삶과 어떻게 통합되는지 깨닫기 어렵습니다. 삶은 본질적으로 교과목별로 분절된 것이 아니라 통합되어 있기 때문입니다.

예를 들어 해외 여행을 간다면 우리는 위도, 경도, 기후, 문화 등 세계지리와 사회문화에 대한 사회과의 지식을 알아야 하고, 환전을 하기 위해 수학과의 비율 개념을 알아야 하며, 각종 예약과 현지 소통을 위해 영어과의 말하기, 듣기, 읽기, 쓰기 능력을 통합적으로 활용해야 합니다. 하지만 이 요소들을 각각 떼어놨을 때는, 특히 사회적 경험이 부족한 학생들의 입장에서는 도무지 이 지식들이 어디에 쓰이는지 알 수 없고 흔히들 이야기하는 주입식 교육이 될 수밖에 없는 것이지요.

훌륭한 교사는 교육과정 속의 재료들을 적절히 배합하고 삶과 유사한 장면을 구성해서 이 요소들이 잘 녹아들 수 있도록 요리하는 훌륭한 요리사가 될 수 있어야 합니다. 그리고 바로 이 요리 과정이 교육과정 재구성이라고 할 수 있습니다.

좀 더 구체적으로, 그리고 현실적으로 교육과정 재구성의 필요성에 대해 논의해보자면, 크게 세 가지 부분에서 이야기할 수 있겠습니다.

• 교육과정 운영의 효율성

중등은 정해진 교과 시수가 있기 때문에 상대적으로 문제가 적지만, 초등의 경우 각종 학교 행사와 현장체험학습 등으로 인해 교육과정 문서상의 교과 시수와 실제 운영 시수 간의 차이가 발생할 수 있습니다. 이 때문에 아래와 같이 교육과정 재구성을 통한 시수 조절이 필요합니다.

1) 학생들의 이해도에 따른 조절 : 학생들의 이해도가 높아 굳이 많은 시간을 배정하지 않아도 될 차시는 줄이고, 학생들의 흥미 유발과 구체적인 활동을 통해 실질적인 배움의 시간을 갖게 하고 싶을 때는 차시를 늘리기

2) 학교 행사와 교육과정 통합 : 장애이해 교육주간에 맞춰 도덕과의 배려 덕목과 관련된 수업이나 미술과의 유니버설 디자인과 관련된 수업 진행하기

3) 의미 있고 효율적인 학기말 학사운영 : 2월에 졸업식을 하는 학교의 경우 매체 단원과 연계하여 졸업 영상 촬영하기

• 교수 학습 과정의 효과성

6학년 2학기 사회과에는 독도에 대해 제시된 아래와 같은 성취기준이 있습니다.

[6사01-02] 독도의 지리적 특성과 독도에 대한 역사 기록을 바탕으로 영토로서 독도의 중요성을 이해한다.

이 성취기준의 궁극적인 목표는 우리나라의 독도 영유권을 주장할 수 있는 논리적인 근거를 알고 독도를 소중히 여기는 마음을 갖게 갖게 하는 것입니다. 따라서 이를 아래의 국어과의 논설문 쓰기 성취기준과 연계해서 독도 영유권을 주장하는 글쓰기를 함으로써 보다 효과적으로 학습 목표를 달성할 수 있습니다.

> [6국03-02] 적절한 근거를 사용하고 인용의 출처를 밝히며 주장하는 글을 쓴다.

또한 이런 태도나 정서를 함양하는 정의적 영역의 성취기준은 단순히 지식적인 내용을 전달하는 것만으로는 온전히 도달하기 어려우므로 충분한 정서적 경험을 제공해야 합니다. 이를 위해서는 타 교과와 연계하여 충분한 시간을 확보하고 다각적인 경험을 해볼 기회를 마련해주는 것이 필요합니다.

• 교사의 전문성 신장

교육과정 재구성을 하기 위해서는 교육과정 성취기준을 전반적으로 이해하고 관련 있는 성취기준들을 엮어나가야 하기 때문에 교육과정을 전체적으로 조망하는 눈이 길러집니다. 또한 성취기준을 도달하기 위해 더 효과적인 방법을 연구하면서 단순히 교과서에 끌려가는 수업을 하는 것이 아니라, 교사 스스로 전문가로서 수업을 이끌어나가는 주체가 될 수 있으며 이를 통해 교사의 자기효능감이 길러질 수 있습니다.

3. 교육과정 재구성의 유형

교육과정 재구성이 얼마나 중요한지 알았으니 실제로 교육과정 재구성을 어떻게 할 수 있는지 구체적인 유형을 살펴보도록 하겠습니다.

1) 순서 재구성

학생들의 이해를 돕기 위해 교과서에서는 뒤에 편제되어있는 차시를 앞으로 끌어오거나, 계기교육이나 학교 행사와 접목해 수업을 할 수 있도록 수업의 시기를 조정하는 유형입니다. 국어과에서 교과서 단원 순서대로라면 학기 말에 다룰 '올바른 우리말을 지키는 것의 소중함'에 대한 내용을 한글날에 즈음하여 다루는 사례를 들 수 있습니다. 어버이날에 맞추어 마음을 전하는 편지 쓰기 수업을 하는 것, 독서교육주간에 맞추어 독서 단원을 다루는 것 등 학사일정이나 계기교육 일정에 맞추어 관련된 교과 차시를 배정하면 보다 효율적이고 의미 있는 수업과 행사를 진행할 수 있습니다.

2) 시간 재구성

앞서 필요성에서 살펴본 바와 같이 학생들의 사전 이해도가 높은 제재의 차시는 줄이고, 더 풍부한 경험이 필요한 차시는 늘리는 등 시수를 조절하는 유형을 말합니다. 체육과의 여가와 운동 체력 영역에서 실제로 학생들의 건강 증진을 위한 운동 계획의 실천이 중요하기 때문에 이론 수업의 비중은 줄이고 활동 시간은 늘리는 사례를 들 수 있습니다.

3) 텍스트 재구성

텍스트 재구성은 교과서를 벗어나 학습 자료를 다양화하는 것입니다. 우리가 가르치는 것은 교과서가 아닌 교육과정의 성취기준이고, 교과서는 그저 대표적인 교수 학습 자료일 뿐입니다. 우리 교실과 우리 학급 학생들을 누구보다 잘 아는 것은 바로 교사이기 때문에 학생들의 흥미 유발과 이해를 돕기 위해 어떤 자료가 필요한지 교사가 주체적으로 찾아서 활용하는 것이 좋습니다. 예를 들어 수학과에서 그래프 해석을 할 때 교과서 속 그래프 대신 학생들이 관심있어 하는 주제의 뉴스에 나오는 인포그래픽을 활용하거나, 국어과의 글 고쳐쓰기 수업에서 교과서 지문 대신 우리 반 학생들의 글쓰기 과제 산출물을 자료로 활용하는 것입니다.

4) 교과 통합 재구성

앞서 예시로 든 독도와 관련된 사회과 성취기준과 국어과 성취기준의 통합 사례와 같이 한 가지의 주제로 여러 교과의 성취기준을 엮어내는 유형을 말합니다. 구체적인 수업 사례는 아래와 같습니다.

  배움이 자연스러운 수업에서 행복한 아이가 자란다

독도를 주제로 한 사회과와 국어과 교과 통합 재구성 예시

교과	코드	성취기준
사회	[6사01-02]	독도의 지리적 특성과 독도에 대한 역사 기록을 바탕으로 영토로서 독도의 중요성을 이해한다.
국어	[6국03-02]	적절한 근거를 사용하고 인용의 출처를 밝히며 주장하는 글을 쓴다.
⇒ 일본 외무성의 주장을 읽고 주장의 타당성과 근거의 적절성을 판단해보고, 독도가 우리 땅임을 주장하는 글 쓰기		

우리말 사용 실태를 주제로 한 국어과와 수학과 교과 통합 재구성 예시

교과	코드	성취기준
국어	[6국01-05]	자료를 선별하여 핵심 정보를 중심으로 내용을 구성하고 매체를 활용하여 발표한다.
수학	[6수04-02]	자료를 수집하여 띠그래프나 원그래프로 나타내고 해석할 수 있다.
⇒ 우리 반 친구들의 우리말 사용 실태를 조사하여 띠그래프나 원그래프로 표현하고 자료를 활용한 발표하기		

4. 교육과정 재구성을 위한 팁

1) 우리가 가르쳐야 할 것은 교과서가 아닌 교육과정의 성취기준임을 명심하기

이제 교과서를 성전처럼 여기는 분들은 많이 줄어들었지만, 아직도 교과서에서 다룬 내용을 다 다루지 않으면 불안해하시는 분들이 계십니다. 하지만 교과서는 교육과정을 반영한 여러 가지 교수 학습 자료 중 한 가지일 뿐입니다. 교사가 충분한 교육과정 문해력을 갖추고 교육과정 성취기준을 재구성하여 빠짐없이 온전히 다루었다면, 교과서의 빈칸은 전혀 두려워하실 필요가 없습니다. 다만 이 경우 학부모님들께서 왜 교과서가 깨끗한지 의문을 품고 민원을 제기하시는 경우도 있으므로 학년초에 학부모총회나 학부모 안내문을 통해 선생님의 이러한 교육적 의도를 미리 설명해주시는 것이 좋습니다. 또한 학생들에게도 선생님의 교육적 의도를 사전에 충분히 설명하고, 학생들이 주제와 관련해 배우고 싶은 내용이 무엇인지 이야기 나눔으로써 교육과정 재구성에 참여할 수 있도록 유도하는 것이 좋습니다.

2) 교육과정을 조망하기 어려울 때는 먼저 교과서 훑어보기

실질적으로 교육과정 재구성을 할 때는 먼저 학기 시작 전 전체 교과 내용을 조망할 수 있는 진도표를 놓고 공통 주제와 제재로 묶어보시면 도움이 됩니다. 아직 교육과정을 조망하는 것이 어렵다면, 교과서부터 훑어 보세요. 비슷한 단어들이 눈에 들어오실 것입니다. 예를 들어 6학년 2학기 사회과와 도덕과 교과서를 살펴보면 세계시민교육의 내용이 거의 중복됩니다. 아래와 같은 유사한 성취기준이 각 교과에 분산되어 있기 때문입니다.

세계시민교육 관련 사회과 및 도덕과 성취기준

사회과	도덕과
[6사12-02] 지구촌을 위협하는 다양한 문제(자원 및 에너지 문제, 기후변화 문제, 생태계 파괴 문제, 난민 문제 등)들을 파악하고, 지속가능한 미래를 위한 해결 방안을 탐색한다.	[6도03-04] 다른 나라 사람들이 처한 여러 가지 상황을 종합적으로 이해하고 해결 방안을 탐구하며 인류애를 기른다. [6도04-01] 지구의 환경 위기 상황을 이해하고, 이를 극복하기 위한 다양한 방안을 찾아 자신의 일상에서 실천하고자 노력한다. [6도04-02] 지속가능한 삶의 의미를 탐구하고 미래 세대에 대한 책임을 강화하여 자연의 다양성을 존중하고 생산성을 유지할 수 있는 미래를 위한 실천 방안을 찾는다.

성취기준을 만든 교과목별 전문가들의 입장에서는 각 교과에서 같은 내용을 따로 다루는 이유가 있을 것입니다. 하지만 별도의 차시로 별도의 시기에 다루는 것보다 함께 다루는 것이 한 내용을 더 깊이 있게 다룸으로써 몰입의 경험을 제공하여 더 효과적이라고 판단하셨다면, 이 두 교과에서 중첩되는 내용을 함께 다루셔도 됩니다.

3) 내용 교과의 지식 요소와 도구 교과의 기능 요소 통합하기

교과 통합 재구성을 할 때 사회, 과학과 같은 내용 교과에서 내용 지식을 뽑고, 국어와 같은 도구 교과에서 기능을 뽑아서 결합했을 때 학습 효과 시너지가 발생할 만한 것들을 추려보시면 좋습니다. 예를 들어 사회과의 한반도 통일 문제는 정치적 중립 문제로 다루기가 까다롭다고 느껴지곤 합니다. 이 때 학생들이 직접 자료를 찾아보고 스스로 생각해볼 수 있도록 국어과의 토론 제재와 엮어볼 수 있습니다. 또 사회과의 세계지리 제재와 국어과의 광고 및 매체 발표 제재를 통합하여 프로젝트 수업을 운영할 수 있습니다.

  배움이 자연스러운 수업에서 행복한 아이가 자란다

4) 학사일정, 시사적인 이벤트 고려해 진도 순서 조정하기

졸업식을 앞두고 6학년 졸업생들의 답사 영상을 제작할 때 국어과의 영화 매체 단원과 연계해서 지도하면 별도의 시간을 할애하지 않아도 되어 효율적인 교육과정 운영이 가능합니다. 또한 전교임원선거 또는 사회적으로 대통령선거, 국회의원 총선거,지방선거 등이 실시될 때에 맞추어 사회과의 민주주의 수업을 하면 학생들의 삶과 연계되어 더욱 효과적인 배움이 일어납니다.

5) 일단 작은 것부터 시도해보기

무엇보다 교육과정 재구성이라는 단어가 너무 거대해보여서 두려우시다면, 일단 작은 것부터 시작해보시기를 권해드립니다. 같은 학년을 여러 해 맡다 보면 교육과정에 눈이 트이고, 교육과정 재구성 경험이 쌓이면 더 많은 부분에서 재구성을 할 수 있게 되지만, 아직 그럴 용기가 나지 않는다면 한 학기에 한 교과만, 또는 한 개의 프로젝트만 해내겠다는 작은 목표부터 세워보세요. 그리고 어떻게 재구성을 해야 할지 감이 잡히지 않으신다면 교육과정 재구성과 관련된 여러 서적들, 동료 선생님들의 사례들을 참고해 보세요. 다른 선생님들의 수업을 그저 따라하기만 한다면 발전이 없겠지만, 그 과정에서 아이디어를 얻어 다른 수업에 하나둘씩 적용해 나가다보면 어느샌가 선생님만의 노하우가 쌓일 것입니다.

5. 정리

기술의 발전에 따라 많은 직업이 AI로 대체되어간다고 합니다. 심지어 AI 발달로 프로그래머들조차 점차 AI에 밀려나고 있다는 소식이 들려옵니다. 교사는 AI 무풍지대로 남을 수 있을까요? AI와 다른 인간 교사가 가지는 전문성은 무엇일까요? 있는 그대로의 문서로서의 교육과정과 교과서를 가르치는 것은 방대한 데이터를 가지고 있는 AI가 더 나을지도 모릅니다. 하지만 국가 수준 교육과정의 목표와 성취기준을 이해하고 우리 교실의 학생들에게 의미 있게 받아들여질 수 있도록 해석해서 전달하는 것은 인간 교사만이 가지는 전문성이며, 이를 위해 교육과정 재구성이 필요하다고 생각합니다. 이러한 교육과정 재구성과 자율적인 교사 교육과정을 장려하기 위해 2022 교육과정 총론에서는 아래와 같이 교육과정 구성 중점을 서술하고 있습니다.

마. 교과 교육에서 깊이 있는 학습을 통해 역량을 함양할 수 있도록 교과 간 연계와 통합, 학생의 삶과 연계된 학습, 학습에 대한 성찰 등을 강화한다.

사. 교육과정 자율화·분권화를 기반으로 학교, 교사, 학부모, 시·도 교육청, 교육부 등 교육 주체들 간의 협조 체제를 구축하여 학습자의 특성과 학교 여건에 적합한 학습이 이루어질 수 있도록 한다.

교육과정 재구성을 통해 학생들에게 더 깊이 있는 배움이 일어나는 모습을 보면, 교육과정 재구성의 재미를 깨닫고 더 많이 실천해보고 싶어지실 겁니다. '천 리 길도 한 걸음부터'라는 속담이 있지요? 일단 시작하세요. 그 한 걸음이 '좋은 수업'이라는 천 리 길을 나아가는 첫 걸음이 되어줄 것입니다.

실천 과제

1. 교과서 목차를 훑어 보세요. 제목만 보고 단원 내용을 알 수 없다면 지도서의 단원 도입 부분을 보고 어떤 내용을 다루고 있는지 간단히 단원명 옆에 메모해 보세요. 그리고 그 중 함께 묶어서 다루면 더 효과적일만한 내용이 무엇이 있을지 생각해 보세요.
2. 학교 행사와 계기교육주간을 쭉 적어보세요. 그 행사나 계기교육과 연계할 수 있는 성취기준이 무엇이 있을지 생각해 보세요.
3. 상대적으로 가볍게 훑고 지나가도 될 차시와 더 오랫동안 깊이 경험하게 하고 싶은 차시가 무엇이 있는지 살펴보세요.

참고 문헌

☞ 강현석, & 방기용. (2012). 교육과정 재구성: 교사의 역할과 전략. 교육과학연구, 45(2), 44-56.

☞ 교육부. (2022). 2022 개정 교육과정 총론. 교육부.

☞ 성열관, & 이민정. (2009). 교육과정 재구성에 대한 교사의 인식과 실천. 교육학연구, 82(3), 78-95.

☞ Oakes, J., Gamoran, A., & Page, R. (1992). Curriculum differentiation: The impact on student learning. Educational Evaluation and Policy Analysis, 14(2), 149-170.

4차시. 프로젝트 수업

1. 프로젝트 수업의 정의

학교에서 배운 내용이 의미가 있으려면 그것이 삶에 직접 적용되고 활용될 수 있어야 합니다. 16세기 이탈리아에서는 초보 건축가와 조각가를 교육할 때 배운 것을 적용하고 실습할 기회를 주기 위해 교회, 기념비, 궁전과 같은 모형을 만들어내는 과제를 내주었습니다. 이를 '프로게티(Progetti)'라고 하며 프로젝트 수업의 기원이라 할 수 있습니다.

이후 킬패트릭은 학생의 적극적인 참여를 중시하고, 학생 중심의 '목적 지향적 활동'에 주안점을 두는 '프로젝트 교수법'을 주장하였습니다(Kilpatrick, 1918). 여기서 프로젝트의 목표는 학생 스스로 자유롭게 '목적'을 결정하도록 해 학습동기를 높이는 것이었습니다.

한편 존 듀이는 킬패트릭이 학생의 선택권을 절대적으로 중시하는 것을 비판하며 '사고 행위'라는 개념을 제안하였습니다. 사고 행위(Act of thought)란 학생들이 추상적이거나 현실적인 장애물을 마주했을 때 해결책을 세워 실천해보고 그 결과를 성찰하는 것을 말합니다. 여기서 교사는 적절한 장애물을 제시하는 역할을 합니다. 사고 행위에서는 학생들이 자신의 공부에 대해 높은 기준을 설정하고 발전시키도록 엄격한 비평과 지도를 강조합니다(Dewey, 1933).

우리가 다루려는 프로젝트 기반 학습은 킬패트릭에 대한 듀이의 비판과 '인지적 사고 행위'에 대한 강조에서 시작되었습니다. 즉, **학생들이 직접 문제를 발견하고 활동 전반을 학생들이 주도**하지만, 배움이 일어날 수 있는 환경을 만들어주는 **교사의 역할이 꼭 필요**하다는 것입니다.

다시 말해 프로젝트 기반 학습은 **학생의 삶에서 출발한 실제적인 문제**를 깊이 탐구하고 다른 학생들과 의사소통하는 과정에서 **핵심 역량**을 키우며 문제를 해결하면서 현실과 닮아 있는 **산출물**을 내놓는 교육 방법이라고 할 수 있습니다.

2. 프로젝트 수업을 하는 이유

앞서 교육과정 재구성에 대해 논하면서 좋은 수업을 훌륭한 교사라는 유능한 요리사가 만드는 맛있는 요리에 비유했습니다. 그 연장선상에서 프로젝트 수업은 정성껏 만든 코스요리라고 생각합니다. 다양한 교과에서 다양한 성취기준이라는 좋은 재료들을 엄선해서, 실제 삶의 장면과 비슷한 상황을 구성하고 이를 프로젝트 설계, 모둠 구성, 배움 계획, 역량 키우기, 비평 및 개선, 결과물 발표라는 절차를 거쳐 내놓는 맛있는 코스요리 말이지요. 이 과정에서 학생들은 스스로 주인공이 되어 나의 삶과 이 배움의 내용이 어떻게 연결되는지 체험해볼 수 있고, 교사는 교육 전문가로서의 전문성을 기를 수 있습니다. 구체적으로 프로젝트 수업을 하는 이유에 대해 살펴보자면 다음과 같이 크게 네 가지로 나눌 수 있습니다.

- 삶과 연결된 교육 : 프로젝트는 그 자체로 실생활과 연결된 탐구 문제이기 때문에 교육과정이 학생들의 삶과 이어질 수 있게 합니다. 책 속의 성취기준이 실제 삶에 녹아드는 것을 학생들 스스로 체험할 수 있고, 이것이 배움의 확실한 동기부여가 됩니다.
- 지역사회와 연계 : 프로젝트에서 제시되는 탐구 문제는 지역사회와 맞닿아있는 것이 많고, 프로젝트 결과물을 발표할 때 지역사회를 대상으로 하는 경우들이 있어 지역사회와 소통의 기회를 제공하기도 합니다.
- 학생 중심 교육 : 학생들이 자기주도적으로 프로젝트를 운영하면서 미래 인재로서 필요한 다양한 핵심역량을 기를 수 있습니다.
- 교사의 전문성 신장 : 프로젝트의 탐구 문제를 제시하기 위해 교육과정 성취기준을 재구성하는 것이 필수적이기 때문에, 교사 스스로 나의 수업을 만들며 교육 전문가가 될 수 있습니다.

3. GSPBL(Gold-Standard Project Based Learning)이 되기 위한 조건

프로젝트 기반 학습(PBL)을 연구하고 교사들을 지원하는 대표적인 미국의 비영리 교육단체인 벅 교육협회(2017)에서 정립한 GSPBL, 즉 좋은 프로젝트 수업이 되기 위한 조건들은 아래와 같습니다.

- 프로젝트 학습의 목표는 학생들이 지식과 이해, 성공 역량을 발전시켜 성공적인 학교 생활과 삶을 경험할 수 있도록 하는 것입니다.

   배움이 자연스러운 수업에서 행복한 아이가 자란다

◦ **핵심 지식과 이해** : 단순 암기를 넘어 생각과 분석을 요구하는 정보와 개념들로, 궁극적으로 '이해가 있는 배움'을 목표로 합니다.

◦ **핵심 성공 역량(비판적 사고력, 문제 해결력, 협업 능력, 자기 관리 능력)** : 학생들이 배운 것을 새로운 상황과 문제에 전이할 수 있게 하는 역량으로써 프로젝트의 학습 목표이자 목표 성취를 위한 필요 과정입니다.

• 프로젝트 설계의 필수 요소

1) **어려운 문제 또는 질문** : 암기를 위한 단순하고 평면적인 지식이 아니라, 실생활에 활용하기 위한 지식을 얻게 하기 위해 언제, 어떻게 이 지식이 사용될 수 있을지를 알게 하는 복잡하고 어려운 문제 또는 질문을 제공해야 합니다.

2) **지속적인 탐구** : 처음에 주어진 질문들에 대한 답을 찾으면서 새로운 질문을 떠올리고 더 많은 해답을 찾는 과정에서 탐구가 순환적으로, 나선형으로 발전되어야 합니다.

3) **실제성** : 식당 메뉴판 만들기, 웹사이트나 학교와 생활 공간 등을 직접 디자인하기, 학교 운동장 재설계를 제안하는 프레젠테이션 하기 등 프로젝트의 상황, 학생들이 완성하는 과업, 사용 도구 등이 실제적일 때 학생들의 동기가 향상될 뿐만 아니라 성취도를 높일 수 있습니다.

4) **학생의 의사와 선택권** : 어려운 문제 또는 질문을 마주했을 때 어떻게 해결할지 학생 스스로 판단하고 결정하는 연습을 하게 하기 위해 프로젝트 전반에 걸쳐 자신의 아이디어를 표현하고 선택해야 합니다. 단, 학생이 어느 정도의 선택권을 누릴지, 어떤 종류의 선택이 프로젝트 완성에 도움이 되는지를 결정하는 것은 교사의 몫입니다.

5) **성찰** : 이전에 비슷한 종류의 문제를 본 적 있는지, 해당 문제를 해결하기 위해 필요한 지식과 전략을 가지고 있는지 성찰하고 판단해 보게 해야 하며, 교과의 특성에 적합한 사고를 자극하도록 설계되어야 합니다.

6) **비평과 개선** : 교사, 전문가, 멘토 등의 어른들과 동료 학생들로부터 학습에 대한 피드백을 받을 수 있게 함으로써 학생의 결과물을 향상시킬 수 있어야 합니다.

7) **공개할 결과물** : 만들어낸 결과물을 교실 밖의 청중들과 공유할 기회를 제공할 때 학생들에게 더욱 실질적이고 중요한 것으로 인식되며 학생 참여를 증가시킬 수 있습니다.

4. 프로젝트 설계 절차

프로젝트 설계 절차는 아래와 같이 3단계로 이루어집니다.

1단계 : 상황 고려하기

- 누가 프로젝트에 참여하는가? : 학급 학생들의 특성을 고려하며 특히 성적이 매우 낮거나 수업에 참여하지 않으려는 학생 등을 고려해야 합니다.
- 언제 이 프로젝트를 실시할까? : 전반적인 학사 일정, 학교 행사, 시험 및 채점 일정, 교수 학습 계획, 진도표 등을 고려해야 합니다.
- 단순 PBL로 할까, 복합 PBL로 할까?

단순 PBL과 복합 PBL 비교

구분	단순 PBL	복합 PBL
교과목 수	1개	여러 개
주관자	교사 1명	교사 여러 명 다양한 외부 전문가와 기관 우리 지역 혹은 타 지역 사람들
장소	교실, 학교	학교 안팎 모든 장소
결과물	너무 많은 시간이나 어려운 능력 또는 도구를 필요로 하지 않는 한 가지 결과물	여러 개의 결과물 혹은 정교한 결과물
도구	평소 익숙하게 사용하는 제한된 도구들	새로운 학습을 필요로 하는 다양한 도구들

- 프로젝트 진행 기간을 어느 정도로 할까? : 단순한 프로젝트는 8~10차시면 가능하지만 복잡한 프로젝트는 3주에서 5주, 길게는 몇 개월이 필요할 수 있습니다. 결과물 전시에만 최소 하루나 이틀의 시간을 잡아둘 수 있을만큼 충분한 수행 기간을 확보해야 합니다.
- 단일 교과 프로젝트로 할까, 교과 융합 프로젝트로 할까? : 단일 교과 프로젝트는 학생들이 어떤 복잡한 이슈나 주제에 대해 깊이 탐구할 수 있는 기회를 제공할 수 있으나 대부분의 프로젝트에 읽기, 쓰기가 기본적으로 내포되어 있기 때문에 엄밀한 의미에서 단일 교과 프로젝트는 매우 드물게 나타납니다.

2단계 : 아이디어 구상하기

- 기존 프로젝트 활용하기 : 다른 선생님들이 이미 수행한 프로젝트 수업을 가지고 와서 도입하는 방식입니다. 이 때 아래와 같은 점검 질문들을 통해 우리 학급에 도입할 프로젝트 수업을 정하면 좋습니다.
    - 교사가 의도한 성취기준과 내용을 포함하고 있는가?
    - PBL의 주요 활동인가, 아니면 디저트 프로젝트(탐구가 생략된 단순 재미를 위한 활동)인가?
    - GSPBL이 되기 위한 조건들을 충족시키고 있는가?
    - 학생들이 잘 참여할 수 있는 것인가?
    - 프로젝트의 길이와 복잡성이 교사와 학생들의 수준에 적절한가?
    - 교사가 지닌 자료와 전문 지식을 활용해 수행할 수 있는 프로젝트인가?
    - 교사 자신과 학생들에게 맞는 프로젝트로 구성하려면 해당 프로젝트를 얼마나 조정해야 하는가?
- 나만의 아이디어 만들기 : 선생님 스스로 프로젝트를 구상하여 진행할 때, 아래와 같은 자료들을 통해 아이디어를 얻을 수 있습니다.
    - 학교나 지역 사회의 현안 : 학생들 스스로 프로젝트를 통해 해결할 문제를 찾아보게 하면 더 좋습니다.
    - 시사 : 사회에서 현재 일어나고 있는 큰 사건(월드컵이나 올림픽 등 큰 행사, 세계 분쟁 등)을 성취기준과 연결지어 생각해볼 수 있습니다.
    - 실생활의 문제 : 비행기에서 부풀어오른 초코파이 봉지를 보고 기압에 대한 탐구질문으로 연결지을 수 있습니다.
    - 내용 성취기준 : 교육과정의 성취기준을 바탕으로 교과 통합 프로젝트를 엮을 수 있습니다.
    - 학생들의 삶과 관심사 : 용돈을 받아 사용하는 과정에서 자원의 희소성과 개인의 합리적 선택에 대해 고민해보는 수업과 같이 실생활과 성취기준을 연결시킬 수 있습니다.

3단계 : 기본 틀 잡기

- 학습 목표 수립하기 : 이 프로젝트에서 달성할 핵심 성취기준과 핵심 성공역량을 정합니다. 핵심 성취기준은 일반적으로 프로젝트에 포함된 과목마다 2~3개 정도가 들어가면 적절합니다. 핵심 성공 역량의 경우 모든 역량을 한 프로젝트에서 명확하게 가르치고 평가하는 데에 한계가 있기 때문에 하나 혹은 두 개의 성공 역량에 집중하고, 나머지는 다음 프로젝트의 목표로 삼기도 합니다.

- 학습 결과물 선정하기 : 아래와 같이 다양한 유형의 결과물 중 어떤 형태의 결과물이 이번 프로젝트의 목표를 달성하는 데에 가장 적절할지 결정합니다. 이 때 프로젝트 결과물이 실제적이어야 하며, 교사와 학생들의 역량을 고려했을 때 실현 가능한 결과물인지 고려해야 합니다.
  - 프레젠테이션 : 연설, 토론, 구술 발표 및 변호, 라이브 뉴스, 패널 토론, 연극, 시 낭송 및 스토리텔링, 뮤지컬, 춤, 강의, 공공 이벤트, 상품 광고
  - 서술형 결과물 : 연구 보고서, 편지, 소책자, 대본, 블로그, 사설, 서평, 과학 연구 및 실험 리포트, 도감
  - 미디어와 테크놀로지 관련 결과물 : 오디오 녹음, 팟캐스트, 슬라이드 쇼, 드로잉, 그림, 콜라주, 스크랩북, 포토 에세이, 비디오, 애니메이션, 웹 사이트, 웹 페이지, 컴퓨터 프로그램, 애플리케이션, 디지털 이야기, 만화
  - 구조물 형태의 결과물 : 소규모 모형, 소비 제품, 가구, 기계, 운송 수단, 발명품, 과학 기구, 박물관 전시, 건축물, 정원
  - 계획 형식의 결과물 : 제안서, 사업계획서, 디자인, 입찰 혹은 견적, 청사진, 타임라인, 플로우 차트(업무 흐름도)

- 학습 결과물 전시 방법 결정하기
  - 실생활에 실제 사용하는 결과물
  - 청중과 직접 만나는 프레젠테이션
  - 행사 : 영화 및 영상 페스티벌, 시 낭송회, 예술 전시회, 연설, 토론, 모의 재판, 학교 회의, 저자와의 대화, 지역 축제 등
  - 공공장소에서 작품 전시하기
  - 출판, 포스팅, 메일 보내기

   배움이 자연스러운 수업에서 행복한 아이가 자란다

- 탐구 질문 작성하기 : 프로젝트의 핵심 도전 과제나 질문을 학생들에게 친숙한 언어로 표현한 것으로, 학생들에게 이 프로젝트를 왜 수행하는지 상기시켜주는 역할을 합니다. 대다수의 PBL 교사들은 프로젝트를 시작하면서 학생들과 함께 탐구 질문을 작성해 프로젝트에 대한 주인 의식을 갖게 하는 것을 더 선호합니다.
- 잠시 멈추고 성찰하기 : 내가 설계한 프로젝트가 GSPBL의 특징을 잘 반영하고 있는지, 학생들의 관점에서 참여하기에 좋고 도전할만하다고 느낄지, 이만큼의 시간을 투자할 만큼 중요한 내용의 프로젝트인지, 프로젝트 아이디어와 학습 학습목표, 결과물, 탐구 질문이 서로 잘 어우러지는지 등을 성찰해 봅니다.

5. 프로젝트 운영 절차

프로젝트 운영 절차는 아래와 같이 4단계로 이루어집니다.

1단계 : 프로젝트 시작하기

- 도입 활동 진행하기 : 현장 학습, 초청 게스트의 이야기, 영상물이나 영화의 한 장면, 학생들의 동기를 자극하는 읽기 자료, 모의 실험이나 활동, 놀라운 통계 결과, 난해한 문제, 실제 편지 또는 가상으로 작성한 편지 등을 활용하여 사전 지식과 접촉할 수 있도록 유도합니다.
- 탐구 질문 소개하기 : 탐구 질문은 프로젝트 과정에서 수정되거나 바뀔 수 있으며, 프로젝트가 끝날 때 질문에 대한 최종적인 답을 설명하고 그 해답에 이르게 된 과정을 되돌아봅니다.
- 학생 질문 목록 만들기 : 주제와 관련하여 개인 → 짝이나 모둠 → 반 전체 순으로 공유하면서 학생들이 사용한 언어를 그대로 담아 질문을 구성하고, 질문들을 항목별로 분류해봅니다.
- 주요 결과물 결정하기 : 교사는 결과물에 대한 평가 기준과 모범 사례를 제시해야 하며, 주요 결과물마다 각각의 채점 기준이 있어야 합니다.

- 프로젝트 일정 설명하기

- 모둠 구성하기 : 프로젝트의 성격을 고려하여 서로 이질적인 성향의 학생을 섞도록 하며, 4인 1조가 가장 이상적입니다. 5인 이상일 경우 소통에 어려움이 생기고, 너무 적으면 결과물을 관리하기 어렵습니다.

- 모둠 활동 시작 돕기 : 모둠 이름, 마스코트, 구호, 상질물 정하기 등 팀 빌딩 활동을 하고, 모둠 계약서를 작성하여 각자의 책임을 명시하며 모둠 내 역할을 부여합니다. 그리고 모둠 일지 등을 활용하여 할 일과 담당자, 마감일을 정리하도록 합니다.

- 개인 활동 일지 또는 프로젝트 일지 작성 시작하기 : 개별 학생이나 모둠이 하는 일, 배우는 내용, 새로 생긴 질문, 시간 활용과 프로젝트에 대한 자신의 생각, 탐구 질문에 대한 답이 발전해가는 과정 등을 기록하게 하여 이를 형성평가와 총괄평가에 활용합니다.

- 조사, 독서 등 관련 내용에 대해 배우는 활동 시작하기

위와 같은 과정 전반에 2~3시간 정도를 할애하도록 합니다.

2단계 : 프로젝트 시작하기

- 탐구 활동 지도하기 : 정보를 검색하고 정보의 출처를 평가하는 방법을 가르치고, 책이나 읽기 자료를 제공하고, 연구일지 쓰는 법과 노트 필기 방법을 안내하는 등 학생들이 정보를 공유하고, 노트를 비교하며, 배우고 있는 내용에 대해 토론하고 이를 프로젝트에 활용할 방안을 협의할 수 있도록 체계적인 기회를 제공합니다.

- 비계 제공하기 : PBL의 핵심 특징 중 하나가 '학생들이 무엇인가를 알아야 할 필요성을 느끼게 하는 것'이므로 지도와 비계는 '최적의 시기'에 제공된다는 원칙이 지켜질 때 가장 효과적입니다. 비계 제공의 가장 이상적인 시점은 바로 학생들이 도움이 필요하다는 사실을 깨닫고 요청해올 때입니다.

- 모둠 관리 및 지도 : 프로젝트 진행 과정 내내 정기적인 점검 기회를 갖도록 하며, 교사가 직접 교실을 돌아다니며 학생들의 활동을 관찰합니다. 고학년의 경우 최대한 스스로 모둠을 운영하고 문제를 해결할 수 있도록 유도하는 것이 좋습니다.

   배움이 자연스러운 수업에서 행복한 아이가 자란다

위 과정을 거치는 동안 모든 학생과 모둠이 서로의 학습 속도에 맞춰 서로 다른 단계를 밟고 있어도 괜찮다는 점을 기억하시기 바랍니다.

3단계 : 비평하고 개선하기

이 단계가 프로젝트의 핵심이라고 할 수 있습니다.

- 절차에 따라 동료 평가하기 : 각 단계의 소요 시간이 명시된 구조화된 절차를 따라 채점표, 점검표 등을 바탕으로 서로 평가하는 과정에서 학생들이 수준 높은 작품을 위한 기준을 내면화할 수 있고, 비판적 사고력과 협업 능력, 의사소통 능력을 키울 수 있습니다.
    - 집중 검토 회의 : 2~3명이 짝이 되어 돌아가면서 자신이 진행 중인 일이나 지금 구상 중인 아이디어를 소개하는 방식으로, 서로 한두 개의 질문을 던지거나 함께 생각하며 도움을 얻고 싶은 질문을 제시하면 동료들이 피드백을 주고 자신의 생각을 제안합니다.
    - 갤러리 워크 : 학생들이 조별로 다른 문제나 과업을 받아 해결한 뒤 다른 조를 차례로 옮겨 다니며 해당 조에 주어진 문제나 과업에 대한 해답이나 해결책을 덧붙이는 형태의 수업 활동을 말합니다. 모든 과정이 끝난 후 원래 조로 돌아와 다양한 해답이나 해결책을 통합한 최종 결과물을 작성하고 발표합니다.
- 성공 역량 평가하기 : 평가 대상이 되는 역량이 정확히 어떤 것인지 명시하는 지침 또는 채점표를 이용하여 학생의 평가와 성찰을 지도합니다. 자기 보고서, 동료 보고서, 교사 관찰 등을 종합하여 평가를 위한 정보를 수집하고, 저학년은 교사에게 직접 말하도록 할 수 있습니다. 프로젝트가 끝났을 때 자신이 성공 역량 부문에서 어느 정도의 성장을 이루었는지 학생들 스스로 성찰해보도록 합니다.

4단계 : 결과물 발표하기

이 단계가 프로젝트의 성패를 좌우한다고 할 수 있습니다.

- 프레젠테이션과 전시회 : 프로젝트 일정표에 학생들이 프레젠테이션을 계획하고 연습할 시간을 충분히 확보해줘야 하고, 학생들에게 미리 발표 기술을 가르치도록 합니다. 시간, 장소, 장비, 인력, 필요한 자료 등 운영상의 세부 사항을 꼼꼼히 체크하고, 청중은 충분한 시간을 두고 사전에 초대하도록 합니다.

- 평가와 성찰, 그리고 축하하기
  - 프로젝트에 관한 보고 듣기 : 각 단계에서 어떤 일이 있었는지 이야기해보고, 활동 중 좋았던 시기와 힘들었던 시기, 어려운 문제에 어떻게 대처했는지 등에 대해 글로 적어보게 하며 다음 프로젝트의 개선을 위한 아이디어를 기록해둡니다.
  - 학생 질문 목록과 프로젝트 탐구 질문 최종 검토하기 : 모든 질문에 대한 해답을 찾았는지 물어보고, 탐구 질문에 대한 만족스러운 답을 도출해냈는지, 탐구 질문에 대한 우리의 사고가 어떤 식으로 전개됐는지 물어봅니다. 최종 결과물의 수준이 높았는지, 문제에 대한 해결책은 괜찮았는지 물어보고, 어떤 궁금증이 남아있는지 이야기해봅니다.
  - 학생들이 자신의 수행 정도를 스스로 평가해보게 하기 : 프로젝트 일지를 다시 읽어보게 한 후 교과 지식의 이해와 성공 역량 측면에서 어떤 성장을 이루었는지 글로 적거나 대화를 나누면서 모둠별로 채점표를 이용하여 최종 평가해보도록 합니다.
  - 어떤 부분에서 발전이 필요한지 학생 스스로 알아내게 하기 : 무엇을 배웠는지, 더 배우고 싶은 것은 무엇인지, 어떤 것을 개선할 수 있을지, 다음 프로젝트에서 다르게 해보고 싶은 것은 무엇인지, 이번에 배운 것을 향후 어떻게 적용할지 생각해보게 합니다.
  - 학생이 완전히 익히지 못한 핵심 지식이나 개념이 있다면 다시 가르치거나 보강하기 : 최종 결과물, 프레젠테이션, 성찰의 시간 중 교사가 학생의 이해나 지식의 부족함을 발견하게 되면 간단하게 복습하거나 차후 이 부분을 어떻게 다시 가르칠지 계획을 세웁니다.
  - 성공을 축하하기 : 프레젠테이션 당일이나 전시회 때 학생과 손님을 위한 축하 자리를 마련하고, 프로젝트에 대한 생각을 포스터에 기록하거나 스크랩북을 만들게 합니다. 전시나 내년을 위해 보관할 프로젝트 기념물이 있다면 모아놓도록 합니다.

6. 프로젝트 운영 사례

프로젝트 설계하기

- 프로젝트명 : 우리 반 여행사 여행상품 공모전 프로젝트

- 기획 의도 : 제가 워낙 세계 방방곡곡 여행 다니는 것을 좋아하고, 실제로 여행을 통해 배운 것이 많아 학생들에게도 이런 경험을 간접적으로나마 제공하고자 하였습니다. 세계지리 영역에서 배우는 내용들이 단순히 책 속의 이야기가 아니라, 내가 해외여행을 가려면 반드시 알아야 할 내용들이며 우리 생활과 밀접한 관계가 있음을 깨닫길 바랐습니다. 예를 들어 어느 나라에 여행을 갈 때 옷을 준비하려면 그 나라의 기후를 알아야 하고, 기후를 알기 위해서는 기후와 밀접한 관계가 있는 위도에 대해 이해해야겠지요. 마침 미술 교과에 건축과 관련된 내용이 있어 기후별로 적절한 건축물을 만들어보고, 국어 교과 매체 발표와 연계해 여행상품을 소개하면서 다양한 매체를 적절히 활용할 수 있는 능력을 함께 배양할 수 있도록 교과 융합 프로그램으로 기획해보았습니다. 그리고 프로젝트 진행 중 마침 학부모 공개수업 시기가 프로젝트 마무리 시기와 겹쳐 학부모 공개수업을 여행상품 아이디어 발표대회 날로 계획해서 학생들이 실제 고객들을 상대로 프레젠테이션을 하는 느낌을 갖게 하고자 했습니다.

- 핵심 성취기준

교과	성취기준
사회	[6사07-01] 세계지도, 지구본을 비롯한 다양한 형태의 공간 자료에 대한 기초적인 내용과 활용 방법을 알고, 이를 실제 생활에 활용한다. [6사07-04] 의식주 생활에 특색이 있는 나라나 지역의 사례를 조사하고, 이를 바탕으로 하여 인간 생활에 영향을 미치는 여러 자연적, 인문적 요인을 탐구한다. [6시07-051 우리나라와 관계 깊은 나라들의 기초적인 지리 정보를 조사하고, 정치•경제•문화 면에서 맺고 있는 상호 의존 관계를 탐구한다.
국어	[6국01-05] 매체 자료를 활용하여 내용을 효과적으로 발표한다. [6국02-04] 글을 읽고 내용의 타당성과 표현의 적절성을 판단한다.
미술	[6미02-051 다양한 표현 방법의 특징과 과정을 탐색하여 활용할 수 있다.

- 핵심 성공역량 : 각 모둠별로 하나의 여행 상품과 홍보 자료를 만드는 과정에서 각자 자신이 맡은 바에 책임을 다하며 다른 친구들과 함께 하나의 결과물을 만들어가면서 협업 능력을 기르고자 했습니다. 더불어 이 협업 과정에서 다른 모둠원들과의 사이에서 문제가 발생했을 때 이를 스스로 해결할 수 있는 문제 해결 능력을 기르고자 하였습니다.

- 핵심 탐구 질문 : 여행 상품을 개발하고 홍보하기 위해 조사해야 하는 요소는 무엇일까?

- 모둠 구성 시 유의사항 : 매체를 활용한 발표를 계획했기 때문에 파워포인트나 영상 편집 프로그램을 다룰 수 있는 학생들을 각 모둠에 고루 배치하고자 하였습니다. 또한 학급에

ADHD와 난독·난산증을 가진 아동이 있어 어려움을 겪는 아동들을 모둠 내에서 서로 도와줄 수 있도록 모둠원 간의 능력이 이질적인 모둠을 구성하고자 했습니다.

프로젝트 운영하기

1. 프로젝트 차시 운영 계획표

차시	주제	주요 활동
1~2	프로젝트 도입	동기유발 및 프로젝트 안내, 생각 그물 그리기, 프로젝트 계획 세우기
3~4	위도, 경도 알아보기	사회 교과서 및 사회과부도를 활용해 위도와 경도의 개념 이해하고 여러 나라의 위도와 경도 찾아보기
5~6	디지털 영상지도 활용하기	세계지도, 지구본, 디지털 영상지도의 의미와 차이점을 알고, 구글 지도를 활용하는 다양한 방법(위도와 경도 읽기, 스트리트뷰, 영업 시간 조회 등)을 활용한 퀴즈 풀기
7	대륙과 대양 알아보기	대륙과 대양의 이름과 특징 알아보기
8~9	대륙별 나라 알아보기	각 대륙에 어떤 나라가 있는지 알아보고 200칸 집짓기 활동을 통해 여러 나라의 위치 확인하기
10	여러 나라의 면적 비교하기	사회과부도를 활용해 면적이 큰 나라와 작은 나라 찾아보기
11	여러 나라의 모양 알아보기	동서로 긴 나라, 남북으로 긴 나라, 국경이 특이한 나라 등 살펴보기
12~13	세계 지도 퍼즐 맞추기	와이드맵 세계 지도 퍼즐을 모둠 친구들과 함께 맞춰보며 각 나라의 위치 파악하기
14~15	여러 나라의 특징 알아보기	대륙별 백지도에 나라별 주요 특징(예 : 프랑스 - 에펠탑 등)을 비주얼 씽킹으로 표시하며 다양한 나라 살펴보기
16~18	다양한 기후 알아보기	기후별 특징을 표로 정리하고 딩고 게임으로 연상해보기
19~20	다양한 생활 모습 알아보기	기후별로 의식주에 어떤 특징이 나타나는지 살펴보기
21~23	우리나라와 가까운 나라	우리나라와 지리적으로 가깝거나 교류가 많은 나라들을 모둠별로 조사하고, 발표 자료를 만들어 갤러리 워크 형식으로 설명하기
24~25	환경에 따른 생활 모습	환경에 따라 어떤 생활 풍습이 나타나는지 조사해보기
26~28	기후별 건축물 만들기	모둠별로 기후를 뽑아서 그 기후에 맞는 건축물 만들어보기
29	여행할 나라 및 도시 조사	모둠별로 여행상품을 개발할 나라 및 도시 선정하고 조사하기
30~36	여행 상품 계획하기	구글 시트에 모둠별로 여행 상품에 필요한 내용 조사하고 정리하기

37~38	여행 상품 광고 살펴보기	여행사 홈페이지, 영상 광고 등을 통해 여행 상품을 광고할 때 어떤 표현 방법을 활용하는지, 어떤 내용을 홍보하는지 살펴보고, 우리 모둠의 여행 상품 광고를 어떻게 만들어서 어떤 방식으로 발표할지 계획하기
39~45	여행 상품 홍보 자료 제작	모둠별로 각자 개발한 여행 상품 홍보 자료(PPT, 동영상, 책자 등) 제작하기
46	여행상품 발표 계획 및 연습	발표 연습하기
47~48	여행상품 발표하기	학부모 공개수업을 활용해 부모님들께 준비한 여행상품 홍보자료 발표하기
49~50	프로젝트 마무리 축하파티	프로젝트를 통해 알게 된 점, 더 알아보고 싶은 점, 아쉬운 점, 개선할 방법 등을 되돌아보고, 모둠별 동료평가를 통해 상품 수여하기

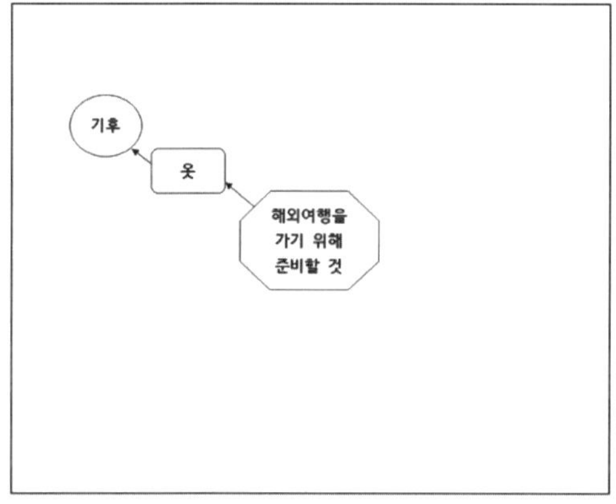

[4-1. 프로젝트 도입 활동지]

3. 우리 모둠의 여행 상품을 개발하고 홍보하기 위한 계획서를 작성해 봅시다.

단계	해야 할 일(배워야 할 것)	방법	담당자
공부하기	☐	선생님 및 친구들과 함께 배우기	다같이
	☐		
	☐		
	☐		
	☐		
	☐		
	☐		
	☐		
	☐		
	☐		
여행상품 개발하기	☐ 여행 컨셉 정하기(관광, 휴양 등)	여행 서적 읽기, 인터넷 조사 등	다같이
	☐ 여행할 나라 및 도시 선정하기		
	☐ 각 도시의 관광지 조사하기		
	☐ 각 도시의 대표 먹거리 조사하기		
	☐ 각 도시의 대표 놀거리 조사하기		
	☐ 도시별 숙소 조사하기		
	☐ 시간대별 계획표 만들기		
	☐ 여행 예산 짜기		
	☐ 여행상품 가격 책정하기		
	☐ 여행 준비 안내문 작성하기		
여행상품 홍보하기	☐		
	☐		
	☐		
	☐		
	☐		
	☐		
	☐		
	☐		
	☐		
	☐		

[4-2. 프로젝트 계획 활동지]

먼저 첫 시간에 내가 해외여행을 간다고 생각했을 때 무엇을 준비해야 할지, 그것을 준비하기 위해 우리가 교과서에서 배워야 할 내용이 무엇일지 생각그물을 그려보게 하였습니다. 모둠별로 여행상품을 기획한 후에 이를 어떤 방식으로 홍보할 것인지를 대략적으로 계획해보고, 이를 위해 모둠원 역할을 어떻게 분배해야 할지도 고민해보게 했습니다. 그리고 프로젝트 전반을 어떻게 이끌어나갈 것인지 앞선 탐구활동을 통해 모둠별로 계획해보도록 계획표 양식을 제시했습니다.

2. 프로젝트 운영 - 여행상품 및 홍보자료 개발 계획 세우기

★ 공모전에 제출할 여행 상품을 개발하기 위해 계획서를 작성해 봅시다.

주요 고객층	혼자 / 친구 / 아이와 함께 / 신혼여행 / 효도여행
여행 컨셉	럭셔리 / 휴양 / 자연 / 도시탐방 / 맛집탐방 / 액티비티 / 배낭여행
여행 국가 및 주요 도시	
해당 국가 및 도시를 선택한 이유	
주요 관광지	
조사해야 할 것 ※ 여행사 홈페이지, 여행 가이드북 등을 참고하여 여행 상품에 공통적으로 들어가는 정보 찾아보기	
여행상품 홍보 방법	홈쇼핑 광고 / 인터넷 광고 / 프레젠테이션 / 홍보 책자 / 유튜브 기타 : ______________________
역할 분담	

[4-3. 여행 상품 개발 계획 활동지]

엄밀히 따지면 앞선 탐구 질문을 바탕으로 학생들이 스스로 배울 내용을 계획하고 탐구하게 해야 했겠지만, 저는 성취기준을 오롯이 달성하기에 부족함이 있을지도 모른다는 노파심에 교과서를 바탕으로 학생들과 세계지리 수업을 진행했습니다. 이후 여행상품 및 홍보자료 개발 계획을 세울 수 있도록 주요 고객층, 여행 컨셉 등을 먼저 기획해 어느 나라의 어느 도시를 여행할 것인지 정한 후 그 나라에는 어떤 주요 관광지들이 있는지 조사해보도록 했습니다. 또한 다양한 여행사의 여행 상품을 직접 살펴보면서 공통적으로 나타나는 항목들을 추출해 여행 상품을 기획할 때 어떤 항목을 고려해야 할지 스스로 생각해보게 했습니다. 그리고 이렇게 개발한 여행 상품을 어떤 형태로 홍보할 것인지 모둠별로 구체적으로 결정하고, 그에 맞는 역할을 골고루 분담하도록 했습니다.

3. 프로젝트 운영 - 기초자료 조사 및 일정표, 예산 짜기

이름	위치	특징	영업시간	입장료	관련 링크(구글맵, 공식 사이트, 블로그 글, 유튜브 등)
(예) 에펠탑	프랑스 파리	에펠탑은 프랑스 파리의 상징적 건축물로, 1889년에 프랑스 혁명 100주년을 맞이	09:30~22:45(휴:	16049원	https://youtu.be/jFMwXI_fYW4?si=pULDH4BmBXrWxf
도쿄 타워	일본 도쿄	도쿄 타워는 일본 도쿄도 미나토구에 있는 높이 333m의 종합 전파탑으로, 관광	매일 오전 9시부	₩10,947	https://www.tokyotower.co.jp/
유니버셜 스튜디오	일본, 오사카	영화 해리포터를 테마로한 구역	8시~22시	₩216,220	https://www.usj.co.jp/web/ja/jp
오사카성	오사카	물이 채워진 해자와 물이 없는 해자가있다	24시간 운영	₩0	
구사즈온전	일본 군마현	군마현의 명물이고 일본 3대 온천에 종종 뽑히는 등 일본에서도 유명한 온천이다	월요일,금요일,일	₩22,000	https://gunma-kusatsu.com/kusatsuonsenyubatake/
올시즌스커피	일본 도쿄	카페에서 공원까지 도보로 약 10분이면 갈 수있다.	매일 09:00-19:00	₩3,633	https://www.google.com/maps/place/%EC%98%AC+%
센소지	일본 도쿄	센소지(일본어: 浅草寺, 천초사. Sensoji (Temple))는 일본 도쿄도 다이토구 아사	4월~9월에는 오	₩0	https://www.senso-ji.jp/
가이유칸	일본 오사카시	흑자경영이 계속 되고 있으며 마켓 플레이스, 대관람차 등이 위치한 템포잔 하버	10:00~20:00 (일 *1 시기에 따라	₩21,778	https://www.kaiyukan.com/
레고랜드	일본 나고야	0.09km²로 세계에서 가장 작은 레고랜드이다 [4] 참고로 레고랜드 코리아 리조트	오전 10:00~오후	₩19,963	https://www.legoland.jp/
도쿄 디즈니랜드	일본 도쿄	도쿄 디즈니랜드(영어: Tokyo Disneyland, 일본어: 東京ディズニーランド)는 일	오전 8:00~오후	₩67,134	https://www.tokyodisneyresort.jp/kr/tdl/

[4-4. 프로젝트 운영 예시 사진 1. 관광지 시트]

음식 이름	특징	맛집	위치	관련 링크(구글맵, 공식 사이트, 블로그 글, 유튜브 등)
(예) 에스카르고	식용 달팽이를 재료로 만든 프랑스 요리	L'Escargot	프랑스 파리	https://maps.app.goo.gl/xQmmXNrhbcasfxSSA
미슐랭 라멘	중국의 탕면인 라멘이 일본 현지화되어 만들어진 국수 요리	Soba Noodles 즈카		
규카츠	소고기를 빵가루로 튀겨낸 음식	모토무라 규카츠	후쿠오카	
스시	배합초에 절인 밥 위에 해산물,고기 등의 식재료를 얹은 일본의 대표 음식	히나스시	도쿄	
노다이와 긴자점				
가츠동	돈까스 덮밥	소바도코로 마루에이		
우동	면발이 다른 우동보다 얇고 넙적하다	즈루동탄 우동	오사카시	https://www.siksinhot.com/P/368895
스키야키	원래는 에도 시대 전기에 발행된 요리 책에 생선을 이용한 조리법이있다	오미규 오카키본	시가현	

[4-5. 프로젝트 운영 예시 사진 2. 음식 시트]

※ 숙소의 가격은 각 모둠별 여행 일정에 맞춰서 검색해보기				
숙소 이름	종류(호텔/호스텔/게스트하우스/민박)	위치(가까운 관광지)	가격(1인, 1박)	구글 별점
르 메트로폴리탄	5성급 관광용 호텔	파리 에펠탑 맞은편 트로	602,039원	4.1
팰리스 호텔 도쿄	5성급호텔		약 134만원	
구사쓰온천에이	온천탕 숙소		330000원	9.8
오사카 메리어트	관광용			
호텔 한큐 리스파	호텔			

[4-6. 프로젝트 운영 예시 사진 3. 숙소 시트]

	9/6	9/7	9/8	9/9	9/10	9/11	
날짜							
새벽 일정	공항에가서 짐 맡기는등 할일하기	없음	없음	근처둘기, 간식사먹기	없음	없음	짐
아침 식사	공항에서 간단하게 먹기	호텔조식	조식	조식	조식	조식	
오전 일정	비행기 타기(10:10~12:35) 숙소에가	센소지방문	디즈니랜드가기	오사카 숙소로 출발	수족관 구경	유니버셜 스튜디오 방문	도
점심 식사	신주루 노미야가서 점심먹기	SODA NOODLES츠카 (라멘집)	디즈니랜드 안쪽에서 밥먹기	휴게소음식	짓코우맨코우보우	유니버셜 스튜디오 안쪽에서 밥먹기	가
오후 일정	올시즌스커피가기, 근처 풍경보며 사	숙소에서 수영하고 자유시간	디즈니랜드에서 놀다가 차타고 구시	숙소에서 짐풀고 쉬기	오사카성	유니버셜 스튜디오에서 놀다가 숙소비	
저녁 식사	노다이와식당가서 저녁먹기	모타무라 규카츠	휴게소 음식	숙소 식당에서 밥먹기	즈루통탄 우동	숙소 식당에서 밥먹기	G
야간 일정	도쿄타워구경(야경)	도쿄 스카이트리 구경	구사츠 온천에서 야경보며 놀기	없음	우메다공중정원 구경	없음	

[4-7. 프로젝트 운영 예시 사진 4. 계획표 시트]

날짜	분류	사용처	금액(W)
(예)11/21	교통 ▼	인도네시아 발리 비행기	1,378,000
	숙박 ▼	이비스 스타일스 파리 베르시	1,303,560
	교통 ▼	중국 동방 항공 비행기	782,800
	관광 ▼	에펠탑	16,049
	관광 ▼	루브르 박물관	24,000
	관광 ▼	오르세 미술관	24,456
	관광 ▼	에투알 개선문	18,463
	관광 ▼	베르사유 궁전	28,435
	식비 ▼	있는 음식비	500,000
	기타 ▼	센강 크루즈	7,200
	기타 ▼	시트로엥 공원 열기구 타기	15663

분류	합산 금액(W)	비율(%)
교통	782,800	28.77278979
식비	500,000	18.37812327
숙박	1,303,560	47.91397274
관광	111,403	4.094756133
기타	22,863	0.8403580641
총계	2,720,626	100

[4-8. 프로젝트 운영 예시 사진 5. 예산 시트]

여행 상품 개발 계획서(양식)

위에 제시된 이미지는 제가 채운 것이 아니라 프로젝트에 참여한 학생들이 실제로 직접 작성한 것입니다. 저는 평소에 직접 여행을 다닐 때도 가볼만한 곳, 먹고 와야 하는 음식이나 맛집, 그 여행지에서 꼭 해 볼 것들, 숙소 등의 리스트를 만든 후에 이를 시간대별로 적당히 배치하여 일정표를 만들고 그 과정에서 쓰일 예산을 짜보곤 합니다. 이렇게 실제로 제가 여행을 다닐 때 활용하는 스프레드시트 양식을 학생들에게 모둠별로 공유하고, 앞선 활동지에서 계획한 바대로 모둠별 여행상품을 개발하기 위한 기초자료를 조사해 한데 모을 수 있게 했습니다. 그리고 그렇게 여행을 다닐 때의 시간과 동선을 고려해 구체적인 계획표를 짜고, 얼마의 비용이 소요될지 아주 정확하지 않아도 대강의 예산을 짜서 여행 상품의 가격을 스스로 결정해보도록 했습니다. 이 전체 과정을 통해 처음으로 항공권을 검색해보고, 다른 나라의 여행지를 검색해

보고, 맛집도 찾아보고, 계획을 세워보는 경험을 하는 학생들의 눈이 반짝이며 흥미롭게 참여하는 것을 관찰할 수 있었습니다.

4. 프로젝트 운영 – 형성평가

★ 다른 모둠 친구들의 발표를 들으면서 아래 평가 기준에 맞게 평가해 봅시다.(※ 평가 항목당 10점 만점)

모둠	국가 및 도시	평가 기준	평점	이유
( )		여행 상품이 주요 목표 고객층에 적절한 구성인가?		
		여행 상품의 컨셉이 잘 드러나는가?		
		여행상품의 일정이 적절하게 짜여 있는가?		
		여행 상품의 가격 대비 만족도가 훌륭한가?		
		그 나라에서만 할 수 있는 특별한 경험이 있는가?		
		홍보자료가 여행상품의 특징을 잘 나타내는가?		
		매체 자료를 적절히 활용했는가?		
		과장하거나 숨기는 정보 없이 매력이 잘 드러나는가?		
		또박또박 큰 목소리와 자신감 있는 태도로 발표하는가?		
		내가 고객이라면 이 여행상품을 구매하고 싶은가?		

[4-9. 프로젝트 운영 예시 사진 6. 형성평가]

형성평가 차원에서 발표회를 갖기 전에 여행 상품을 발표할 때 각 여행 상품을 평가할 루브릭을 제가 예시안으로 제시하고, 학생들과 협의해서 결정했습니다. 이런 기준으로 평가한다는 것을 학생들에게 발표 전에 미리 고지함으로써 스스로 자신들의 여행 상품을 성찰해 볼 기회를 제공하였습니다.

5. 프로젝트 운영 – 프로젝트 마무리

되돌아보기 질문	나의 답변
나는 우리 모둠의 활동에 얼마나 적극적으로 참여했나요?	☆☆☆☆☆(이유 :)
우리 모둠 친구들의 기여도를 띠그래프로 나타내 봅시다. ※ 띠그래프에 친구의 이름과 각각이 한 일까지 나타내기 ※ 칸이 좁아서 비율과 이름을 쓸 곳이 없을 때는 밑의 빈칸 활용하기	0 100(%)
우리 모둠의 활동에서 잘한 점은 무엇인가요? 그렇게 생각한 이유도 함께 써 주세요.	
우리 모둠의 활동에서 아쉬웠던 점은 무엇인가요? 다음에 또 다른 프로젝트를 한다면 어떻게 바꿔볼 수 있을까요?	
이번 활동을 통해 새롭게 배우거나 경험한 것은 무엇인가요?	
이번 활동을 통해 더 알아보고 싶은 것이나 앞으로 해보고 싶은 것은 무엇인가요?	

[4-10. 프로젝트 운영 예시 사진 7. 프로젝트 마무리]

발표회를 마친 후에는 자기평가지를 작성하면서 스스로 모둠에 기여한 정도와 성과를 확인하고, 이번 프로젝트에서 좋았던 점, 개선할 점, 새롭게 알게 된 점 등을 검토해보게 한 후 학습지 뒷면에 모둠원끼리 롤링페이퍼 써 주기 활동을 하면서 스스로의 성취를 축하하도록 했습니다. 더불어 제가 세계과자점에서 다양한 나라에서 수입해온 간식을 구입해와서 동료평가 결과에 따라 점수가 높은 모둠부터 원하는 간식을 골라가도록 해 성취에 대한 기쁨을 맛보게 했습니다.

7. GSPBL에서 교사의 역할

- 프로젝트 설계자로서 프로젝트 전반을 계획해야 합니다.
- 프로젝트를 교육과정 성취기준에 맞춰야 합니다.
- 학생들이 협업을 할 수 있는 학급문화를 조성합니다.
- 프로젝트를 운영하면서 적절한 시기에 적절한 비계를 제공합니다.
- 학생을 평가하며 학생의 학습에 관여하고 지도하는 수퍼바이저 역할을 합니다.
- 프로젝트 판만 벌여주면 학생들이 알아서 굴리겠거니 하는 무책임한 태도는 절대 금물입니다.

8. 추천 도서

- 『프로젝트 수업 어떻게 할 것인가?』(벅 교육협회, 2017) : 프로젝트 수업의 정의와 유래, 좋은 프로젝트 수업의 기준 등 프로젝트 수업의 이론을 정립하는 데에 도움이 된 책입니다. 프로젝트 수업이 무엇인지 개념을 정확히 잡고 싶으신 분들은 읽어보시면 도움이 될 것입니다. 다만 미국의 수업 사례를 들고 있다 보니 우리나라 교육과정과 맞지 않는 부분이 있어 사례 적용은 어려우실 수 있습니다.
- 『왁자지껄 배우는 재미, 프로젝트 학습』(최경민 외 5인, 2020) : 우리나라 선생님들께서 편찬하신 책으로 교실에 적용해 볼 만한 프로젝트 수업 사례를 만나볼 수 있는 책입니다. 프로젝트 수업을 어떻게 교실에 적용해야 하는지 막막해서 구체적인 그림을 그려보고 싶은 분들께는 이 책이 도움이 될 것입니다.

9. 정리

학생들이 학교에서 배우는 것은 결국 미래의 삶을 스스로 잘 꾸려나가기 위함입니다. 이를 위해서는 단순히 시험 때까지 기억하고 있다가 휘발되는 지식은 쓸모가 없습니다. 내 삶에 쓸모 있는 지식을 얻고, 이를 삶에 활용하는 기술을 배워야 합니다. 그리고 모둠 활동을 하면서 서로의 의견을 존중하고 배려하며 토의하는 과정에서 학생들은 성숙한 민주 시민으로 자라날 수 있습니다. 첫 도전이 두려우시겠지만, 교육과정 재구성처럼 프로젝트 수업도 해 보면서 학생들의 달라지는 눈빛을 보고 나면 두 번, 세 번 계속 해 나가게 되실 것이라 확신합니다. 선생님들의 행복한 도전을 응원합니다.

실천 과제

1. 교과서를 펼쳐놓고 하나의 주제로 엮으면 좋을 차시들이 무엇이 있을지 생각해보세요. 그 교과들을 엮어서 어떤 실제적인 프로젝트를 만들어낼 수 있을지 생각해 보세요.
2. 요즘 우리 반 학생들이 관심 있어 하는 주제와 연결시킬 수 있는 성취기준에 무엇이 있을지 생각해보세요. 그 관심사를 어떻게 실제적인 결과물로 만들어낼 수 있을지 생각해 보세요.

   예 학교 운동장에서 공놀이를 하지 못해 불만이 많은 학생들 → 선생님들과 학부모님들을 설득할 수 있도록 운동장 활용 방안을 제안하는 프레젠테이션 준비하기

참고 문헌

☞ 벅 교육협회. (2017). 프로젝트 수업 어떻게 할 것인가? 지식프레임.

☞ 최경민, 김영미, 김현주, 김효진, 문정화, & 윤선화. (2020). 왁자지껄 배우는 재미, 프로젝트 학습. 상상채널.

☞ Dewey, J. (1933). How we think: A restatement of the relation of reflective thinking to the educative process (Revised ed.). D. C. Heath & Co.

☞ Kilpatrick, W. H. (1918). The project method. Teachers College Record, 19(4), 319-335.

5차시. 개별화 수업

1. 개별화 수업이란?

개별화 수업의 정의

상상해 봅시다. 여러분이 어느 날 갑자기 중동의 한 대학교에서 갑자기 아랍어로 수업을 듣게 된다면 어떨까요? 더군다나 수업의 내용도 생전 처음 듣는 이슬람 교리에 대한 것이라면 어떨까요? 생전 처음 듣는 외국어를 알아듣는 것도 어려운데, 내용도 처음 접하는 내용이면 아무리 바른 자세로 수업에 집중하고 배우고 싶어도 배움은 커녕 교실에 앉아있는 그 시간 자체가 고역일 것입니다.

우리 교실 안에는 다양한 상황에 처한 학생들이 있습니다. 난독증이 있거나 중도 입국한 학생들은 수업 시간에 소통하는 언어인 한글, 영어, 숫자를 제대로 이해하지 못할 수 있습니다. 학습 결손이 누적되어온 학생들은 우리말로 생활 속에서 소통은 가능할지언정 수업 시간에 쓰는 교수 학습 용어는 이해하기 어려울 수 있습니다. 어떤 학생들은 그림으로 표현하거나 몸을 움직이면서 더 잘 배울 수 있는데 교과서의 글과 선생님의 말로만 이루어지는 수업이 잘 이해되지 않을 수 있습니다. 이런 다양한 배경을 가진 학생들이 모두 각자의 상황에서 잘 배우게 하기 위한 수업이 바로 개별화 수업입니다.

개별화 수업이란 학생의 학습 욕구, 준비도, 학습 양식 등 개별 특성에 맞춰 교수·학습 과정을 설계하고 실행하는 일련의 과정을 의미합니다(Heathers, 1971). 전통적인 수업은 동일한 목표, 동일한 학습 과정, 동일한 평가 방식을 전제로 하였지만, 실제 교실 속 학생들은 같은 나이와 학년임에도 불구하고 매우 다양한 배경과 능력을 가지고 있습니다. 이러한 차이를 무시한 획일적인 수업은 다수 학생에게는 적절해 보일 수 있으나, 학습 속도가 느린 학생이나 특별한 지원이 필요한 학생에게는 배움에서 배제되는 결과를 가져옵니다.

  배움이 자연스러운 수업에서 행복한 아이가 자란다

따라서 개별화 수업은 교실 안에서 모든 학생이 자신에게 맞는 방식으로 학습에 참여할 수 있도록 하는 철학이자 실천 전략입니다. 이는 단순히 특정 학생을 위한 보충 수업이 아니라, 수업 전체가 학생 개개인의 다양성을 고려하여 설계된다는 점에서 의미가 있습니다.

이러한 수업은 단순히 학업 성취의 향상만을 목표로 하지 않습니다. 개별화 수업은 학생의 자존감을 지켜 주고, 배움 속에서 존중받는 경험을 하게 하며, 무엇보다도 공동체 속에서 자신의 자리를 잃지 않도록 붙들어 주는 실천입니다. 한 마디로, 개별화 수업이란 모든 아이가 배움의 자리에서 소외되지 않도록 하는 교육의 약속이라고 할 수 있습니다.

개별화 방식의 종류

개별화 수업은 학생들의 다양한 배움의 요구를 충족시키기 위해 여러 관점에서 구분될 수 있습니다. Tomlinson(2001, 2014)은 개별화 수업을 학습자의 준비도, 흥미, 학습 양식에 따라 설계해야 한다고 강조하였으며, Reis와 Renzulli(2018)는 개별화를 다차원적으로 접근할 필요성을 제시하였습니다. 이러한 논의를 바탕으로 개별화 수업을 아래와 같이 세 가지 범주로 나누어 정리할 수 있습니다.

개별화 방식의 종류

구분	개별화 방식
학습자의 능력·수준에 따른 개별화	- 수준(학습 준비도)에 따른 개별화 - 학습 속도에 따른 개별화 - 목표 수준에 따른 개별화
학습자의 특성에 따른 개별화	- 선호하는 학습 양식(시각·청각·운동감각 등)에 따른 개별화 - 흥미·관심사에 따른 개별화 - 평가 방식(글, 그림, 발표, 토론 등)에 따른 개별화
학습 과정의 지원 방식에 따른 개별화	- 지원 수준(교사의 도움 정도)에 따른 개별화 - 학습 환경(개별, 모둠, 온라인 등)에 따른 개별화

1. 학습자의 능력·수준에 따른 개별화

학습자는 같은 학년이라도 배경지식, 이해 속도, 목표 수준이 서로 다릅니다. 따라서 교사는 학습 준비도에 따라 과제의 난이도를 조절하고, 학습 속도에 따라 진도를 조정하며, 학생별 목표 수준을 다르게 설정할 수 있습니다. 이를 통해 학생은 자기 수준에 맞는 도전 과제를 경험하며 학습에 몰입할 수 있습니다(Tomlinson, 2001; Tomlinson, 2014).

2. 학습자의 특성에 따른 개별화

학생은 각자 다른 성향과 선호를 가지고 학습합니다. 어떤 학생은 시각 자료를 통해 배우는 것을 좋아하고, 어떤 학생은 듣기 활동이나 몸을 활용한 활동을 선호합니다. 또한 학생마다 흥미와 관심사가 다르기 때문에 이를 반영하면 학습 동기가 높아집니다. 아울러 학습 결과를 표현하는 방식도 글쓰기, 그림, 발표, 토론 등으로 다양화하여 학생의 강점이 드러날 수 있도록 해야 합니다(Tomlinson, 2001; Reis & Renzulli, 2018).

Fleming의 VARK 학습양식 이론에 따르면, 학생들이 선호하는 배움의 방식이 네 가지가 있다고 합니다. 먼저 시각적(Visual) 학습자는 그림이나 차트, 지도, 도표, 색깔 등 시각적 상징을 활용하는 학습 방법을 선호합니다. 다음으로 청각적(Aural) 학습자는 발표, 토론 등의 방식으로 말하거나 듣는 음성 언어를 활용한 학습 방법을 선호합니다. 읽기/쓰기(Read/Write) 학습자는 문자나 숫자와 같은 문자 언어를 활용한 학습 방법을 선호합니다. 마지막으로 운동감각적(Kinesthetic) 학습자는 현장 체험, 시연, 손으로 교구 만지기 등과 같이 몸으로 직접 체험하는 학습 방법을 선호합니다(Fleming, 2001). 그동안의 전통적인 학교 수업은 교과서의 글을 읽고 선생님의 말씀을 듣는 방식으로 전개되어옴에 따라 시각적 학습자와 운동 감각적 학습자를 배제하는 현상이 나타났습니다. 다양한 방식으로 배우는 학생들이 모두 잘 배울 수 있도록 교수 학습 방법을 다양화할 필요가 있습니다.

3. 학습 과정의 지원 방식에 따른 개별화

학생마다 교사의 지원이 필요한 정도는 다릅니다. 어떤 학생은 교사의 세심한 안내와 피드백이 필요하고, 또 다른 학생은 스스로 탐구할 때 더 잘 배웁니다. 또한 학습 환경도 다양화할 수 있습니다. 개별 학습은 자기 주도적 학습을 가능하게 하고, 모둠 학습은 협력과 소통을 촉진하며, 온라인 학습은 시간과 공간의 제약을 넘어 다양한 자료를 활용할 수 있도록 합니다(Tomlinson, 2014).

2. 개별화 수업의 필요성

교실은 작은 사회입니다. 그 안에서 한 명의 학생이 배움에서 이탈하면 파문처럼 여파가 반 전체로 번집니다. 수업에 집중하지 못하는 학생이 있으면 교사의 시선은 그 학생에게 머물고, 영혼의 대화를 나누던 다른 학생들은 교사의 마음이 흔들리는 것을 감지합니다. 그러나 소외되었던 학생이 다시 수업에 참여하기 시작하면 교실의 긴장은 풀리고, 교실 공동체는 안정감을 되찾습니다. 이것이 우리가 교실에서 한 명의 아이도 소외시키지 말아야 되는 이유입니다. 한 선생님은 글쓰기를 어려워하는 학생에게 빈 종이가 아닌 육하원칙 틀을 주었고, 그 학생은 처음으로 한 단락을 완성했습니다. 만족한 학생이 지은 작은 미소가 번진 그 순간은 단순히 한 아이의 성공이 아니라 교실 전체를 살리는 순간이었습니다.

또한 개별화 수업은 배움의 격차를 줄이는 역할을 합니다. 같은 교실에 있어도 학생마다 배경지식과 학습 속도는 다릅니다. 준비도가 높은 학생은 지루해지고, 준비도가 낮은 학생은 뒤처지기 쉽습니다. 수준에 맞춘 개별화는 모든 학생이 도전 속에서 성취를 경험하도록 돕습니다. 이는 교실 속 배움의 불평등을 완화하는 중요한 길이 됩니다.

무엇보다도 더 두려운 것은 무기력에 빠진 학생입니다. 겉으로는 조용히 앉아 있지만 마음은 이미 배움의 자리에서 떠나 있는 경우입니다. 시간이 갈수록 되돌리기 어려운 이 상태를 막기 위해 개별화 수업은 학생이 보내는 작은 구조 신호를 놓치지 않습니다. 떠드는 것도, 집중하지 못하는 것도 결국은 "도움이 필요하다"는 표현으로 읽을 수 있습니다. 개별화 수업은 학생이 무기력의 강을 건너지 않도록 붙잡아 주는 다리입니다.

마지막으로, 개별화 수업은 학생의 강점과 개성을 살려내는 통로입니다. 어떤 학생은 말로 표현할 때, 어떤 학생은 그림이나 몸으로 표현할 때 더 빛납니다. 다양한 학습 표현 방식을 허용하면 학생은 자신만의 배움의 길을 찾고, 이를 통해 자기 존중과 자아 성장을 경험합니다.

따라서 **개별화 수업은 한 명의 학생을 살리고, 격차를 줄이며, 무기력을 막고, 개성을 살려내는 교실을 만드는 데 반드시 필요합니다.**

수용소 인격: 아이들이 호기심과 탐구하는 힘을 잃어버리는 과정

아이들은 본래 세상에 대한 호기심과 탐구하는 힘을 가지고 태어납니다. 처음 학교에 올 때만 해도 끝없는 질문과 상상으로 교실을 가득 채우며, 배우는 즐거움을 자연스럽게 누립니다. 그러나 시간이 흐르면서 학교라는 제도 속에서 아이들은 점차 그 힘을 잃어가기 시작합니다.

수용소 인격은 이러한 과정을 설명하는 개념입니다. 이는 지배와 억압을 경험한 사람들이 자신을 지키기 위해 일부러 무력한 태도를 취하는 것과 닮아 있습니다. 아이들 역시 교사의 끝없는 요구, 충족하기 어려운 기준, 압박적인 수업 분위기 속에서 스스로의 지성과 창의성을 거둬들이고 무력한 모습을 가장하게 됩니다. "몰라요"라는 말은 단순한 무지가 아니라, 두려움과 회피, 그리고 내적인 자아를 지키려는 방어적 선택이 되기도 합니다.

이러한 환경은 아이들을 권태와 두려움 속에 가두며, 점차 멍청하게 행동하는 법을 학습하게 만듭니다. 그 결과 아이들은 학교에서는 무능해 보이지만, 실제로는 자신의 관심사와 꿈을 위해 에너지를 따로 간직합니다. 교실에 앉아 있어도 마음은 이미 다른 곳에 있는 상태가 지속되는 것입니다.

이 과정에서 아이들의 호기심은 점차 사라집니다. 1, 2학년 시절만 해도 쏟아내던 질문이 학년이 올라갈수록 줄어들고, 결국 5학년 무렵에는 더 이상 묻지 않고 침묵을 배우게 됩니다. 학교가 두려움과 권태를 몰아내지 못하면, 아이들은 삶과 경험에 적극적으로 맞서는 힘을 잃고 탐구심을 상실하게 됩니다.

이때 흔히 들려오는 말 중 하나는 "아이들도 어차피 좋아하지 않는 일을 하면서 인생의 대부분을 보내야 한다. 그러니 지금부터 그 현실에 익숙해져야 한다."는 주장입

3. 개별화 수업을 위한 교사의 실천

학습자의 능력·수준에 따른 개별화

1. 수준(학습 준비도)에 따른 개별화

교사는 수업을 시작하기 전 간단한 질문이나 진단 평가를 실시하여 학생의 현재 이해 수준을 확인합니다. 이해가 부족한 학생에게는 단어 카드, 핵심 개념 정리 자료와 같은 보조 자료를 제공하여 기초를 보완할 수 있도록 합니다. 반대로 이미 충분히 이해한 학생에게는 더 깊이 있는 도전 과제를 제시하여 배움의 확장을 돕습니다. 이렇게 하면 모든 학생이 자기 수준에서 출발해 성공 경험을 가질 수 있습니다.

예를 들어 영어과 쓰기 영역을 지도할 때, 어휘를 제대로 외우지 못한 학생들에게는 그림과 함께 단어가 적혀 있는 단어장을 제공하고, 문장 중간의 괄호를 채워 넣는 수준으로 활동지의 난이도를 조절할 수 있습니다. 반면 어휘력이 높고 문장을 자유자재로 구사하는 학생들에게는 교과서에서 제시되어 있지 않은 새로운 주제를 생각해서 글을 써 보도록 할 수 있습니다.

2. 학습 속도에 따른 개별화

교사는 수업 활동 중 학급의 약 70%가 문제를 해결하면 수업의 템포를 위해서 전체 활동 흐름을 다음 단계로 진행합니다. 속도가 느린 학생은 그대로 두지 않고, 교사가 교실을 순회하며 쪼개진 질문을 던지거나 추가 설명을 제공합니다. 이 과정을 통해 속도가 느린 학생도 학습의 흐름을 놓치지 않고, 배움의 속도가 빠른 학습자도 적절한 수업 템포로 학습을 이어갈 수 있습니다.

교사는 1명이지만 학생은 여러 명이기에 모두의 학습 속도를 맞추기 어려울 때는 또래 교사를 활용할 수 있습니다. 먼저 주어진 과제를 완수한 학생이 선생님이 되어 아직 어려움을 겪고 있는 친구들을 도와주는 것입니다. 이 때, 선생님은 되도록 답을 있는 그대로 알려줘서는 안 되고 친구의 생각을 도와주는 힌트만 주어야 한다고 주의를 주어야 합니다. 답을 그냥 주는 것은 친구의 배움의 기회를 빼앗는 것이기 때문입니다. 이 과정에서 또래 교사 역할을 하는 학생들은 친구가 답을 찾아갈 수 있도록 자신의 문제 해결 과정을 메타인지로 분석하는 과정에서 더 배울 수 있고, 친구에게 배우는 학생들은 선생님의 언어보다 더 쉬운 친구들의 언어를 통해 더 잘 배울 수 있습니다.

3. 목표 수준에 따른 개별화

동일한 주제를 다루더라도 학생마다 성취 목표는 다르게 설정됩니다. 기초 문제 풀이에서 만족할 수 있는 학생도 있고, 더 나아가 심화된 탐구 과제를 통해 사고를 확장할 수 있는 학생도 있습니다. 교사는 목표를 세분화하여 학생이 자신의 수준에 맞는 도전에 참여하도록 설계합니다. 이는 학생 모두가 성취감을 느끼고, 수업의 주체로 성장할 수 있게 하는 중요한 방법입니다.

예를 들어 국어과의 시 쓰기 수업을 할 때 비유법의 개념을 이해하기 어려워하는 학생들에게는 교과서에 수록된 시의 일부 어휘를 바꿔 쓰도록 하여 비유법을 이해하는 데에 초점을 두고 지도합니다. 반면 개념을 잘 이해하고 문장력이 준수한 학생에게는 자유롭게 주제를 선택하여 비유법을 활용한 문장을 포함한 새로운 시를 쓰도록 하여 창의력을 펼치도록 도울 수 있습니다. 그리고 수업에서 목표 수준을 세분화하기가 어렵다면, 모두의 탁월성을 지향하는 교육을 위해 모든 학생에게 심화 수준의 점프 과제를 제시하고, 그 도전에 참여하는 과정 속에서 기초 개념을 이해하도록 돕는 개별화수업을 진행할 수 있습니다.

학습자의 특성에 따른 개별화

1. 선호 학습 양식에 따른 개별화

교사는 같은 개념을 글, 그림, 영상, 구두 설명 등 다양한 방식으로 제시합니다. 학생은 자신에게 가장 잘 맞는 학습 방식을 선택해 이해할 수 있습니다. 이는 시각적 학습자, 청각적 학습자, 운동 감각적 학습자 모두가 수업에 적극적으로 참여하도록 돕습니다.

예를 들어 역사적인 사건을 배울 때 시각적 학습자를 배려하여 비주얼 씽킹을 활용할 수 있습니다. 그림을 그려가며 사건을 설명하는 과정에서 시각적 학습자들은 배운 내용이 시각적으로 각인되어 더 쉽게 내용을 이해할 수 있습니다. 또한 이 과정에서 교사의 스토리텔링은 청각적 학습자의 학습을 도울 수 있습니다. 운동 감각적 학습자를 돕기 위해 사건을 역할극으로 재해석해볼 수도 있습니다.

2. 흥미·관심사에 따른 개별화

프로젝트 학습이나 탐구 활동에서 학생이 주제를 스스로 선택할 수 있도록 합니다. 관심 있는 분야를 직접 탐구하게 될 때 학생은 더 몰입하며 학습 동기가 높아집니다. 이는 학생이 배움을 자기 삶과 연결짓는 기회를 제공합니다.

예를 들어 우리 동네의 문제를 해결하는 프로젝트 학습을 할 때, 같은 관심사를 가지고 있는 학생들끼리 모여 모둠을 구성하게 할 수 있습니다. 모둠에서 함께 주제를 의논해서 정하는 방법도 의미가 있지만, 이 경우 목소리가 큰 일부 학생들의 의견이 앞세워져 자기 주장을 제대로 펴지 못한 학생들은 본인의 관심사와 다른 주제에 대해 배우면서 흥미가 떨어질 수 있습니다. 하지만 자신이 선택한 주제에 대해 탐구할 경우 자신의 배움에 대한 책임감을 더 갖고 적극적으로 활동에 임할 수 있습니다.

3. 평가 방식에 따른 개별화

국어의 쓰기 영역 평가나 미술의 표현 영역 평가와 같이 표현 방식을 제한할 수 밖에 없는 평가가 아닐 경우, 평가 방식을 글쓰기, 그림, 발표, 토론 등으로 다양화합니다. 예를 들어 음악의 감상 영역 평가를 할 때, 감상문으로 표현 형식을 일원화하는 것이 아니라 그림이나 몸짓으로 표현해보도록 할 수 있습니다. 이 때 학생은 자신의 강점에 맞는 평가 방법을 선택할 수 있습니다. 이렇게 하면 학생의 자존감이 지켜지고, 평가 자체가 단순한 결과 확인이 아니라 배움에 주도적으로 참여하는 과정이 됩니다.

영화 지상의 별처럼(Like Stars on Earth)의 한 장면

영화 지상의 별처럼(Like Stars on Earth)

영화 지상의 별처럼(Like Stars on Earth) 은 개별화 교육의 가치를 잘 보여주는 영화입니다. 주인공 이샨은 난독증으로 인해 글자를 읽고 쓰는 데 어려움을 겪지만, 기존 학교에서는 성적만을 중시하여 아이의 가능성을 보지 못합니다. 그러나 미술 선생님은 이샨의 고통을 이해하고, 개인에 맞는 지도를 통해 강점을 발견할 수 있도록 돕습니다. 그 결과 이샨은 자존감을 회복하고 자신의 재능을 발휘하게 됩니다. 이 영화는 모든 아이가 같은 방식으로 배우지 않는다는 사실을 일깨우며, 학습자 특성에 맞는 개별화 교육이 학생의 다양성을 존중하고 학습 가능성을 넓혀 준다는 점을 잘 보여줍니다.

학습 과정의 지원 방식에 따른 개별화

1. 지원 수준에 따른 개별화

교사는 수업 중 교실을 돌며 학생이 쓴 답을 확인하고, 그 과정에서 어떤 지원이 필요한지를 세심히 살펴봅니다. 이해가 부족한 학생에게는 한 문제를 단계별로 쪼개어 질문을 던져 학습을 이어가게 하고, 충분히 이해한 학생에게는 사고를 확장할 수 있는 질문을 제시합니다. 또한 글쓰기가 어려운 학생에게는 글틀을 제공하고, 발표가 부담스러운 학생에게는 짧은 대본을 제시하여 작은 성공 경험을 쌓도록 돕습니다. 이처럼 교사의 즉각적인 개별 지원은 학생이 배움에서 소외되지 않도록 하며, 교실 전체의 학습 분위기를 안정적으로 유지하는 데 기여합니다.

예를 들어 수학 수업에서는 교과서의 문제를 푸는 데 어려움을 겪는 학생들을 위해 단계적으로 문제를 풀어나갈 수 있는 디딤 문제를 제공하여 개념을 더 잘 이해할 수 있게 도울 수 있습니다. 반면 더 어려운 문제도 풀 수 있는 학생들에게는 주어진 문제를 응용해 스스로 새로운 문제를 내고 풀어볼 수 있게 합니다.

<table>
<tr><td>평균적인 학생들에게 제공되는 기본 문제</td></tr>
<tr><td>무게가 똑같은 사과 4개가 들어 있는 바구니의 무게를 재어 보니 1.26kg였습니다. 바구니만의 무게가 0.32kg이라면 사과 한 개의 무게는 몇 kg인지 구해 보세요.</td></tr>
<tr><td>어려움을 겪는 학생들에게 추가로 제공되는 디딤 문제</td></tr>
<tr><td>1) 문제 상황을 그림으로 표현해 보세요.
2) 1.26kg이라는 무게는 무엇과 무엇의 무게를 더한 것일까요?
3) 바구니의 무게는 몇 kg인가요?
4) 바구니의 무게를 뺀 사과 4개만의 무게는 얼마인가요?
5) 사과 1개의 무게를 구하려면 어떤 식을 세워야 할까요?
6) 사과 1개의 무게를 구해 보세요.</td></tr>
<tr><td>개념을 응용할 수 있는 학생들에게 제공되는 심화 문제</td></tr>
<tr><td>위 문제를 응용해서 〈보기〉의 단어들이 들어가는 문제를 새롭게 만들고, 답을 구해 보세요.
〈보기〉 상자, 농구공, 5개, 1.5kg, 0.25kg</td></tr>
</table>

2. 학습 환경에 따른 개별화

교실·모둠·개별 활동을 유연하게 오가며 학습 환경을 다양화하는 것도 중요합니다. 어떤 학생들은 교사의 말에 집중하며 교과서를 읽을 때 더 효율적으로 배울 수 있고, 어떤 학생들은 모둠별 토의를 통해 자신의 생각을 말하고 친구들의 의견을 듣는 과정에서 더 많이 배울 수 있습니다. 온라인 학습 도구를 활용하여 학생이 혼자 학습할 기회를 제공하는 것도 효과적입니다.

3. AI·디지털 도구 활용

최근에는 AI 기반 퀴즈 생성기나 수준별 활동지를 자동으로 제작해 주는 디지털 도구가 활용되고 있으며, 교사가 모든 자료를 직접 준비하지 않아도 되기 때문에 개별화 수업의 부담을 줄이고 학생 수준에 맞춘 학습을 보다 손쉽게 지원할 수 있습니다. 특히 Brisk AI는 구글 문서와 연동하여 수업용 퀴즈, 활동지, 학습 자료를 자동으로 생성하는 기능을 제공함으로써 교사의 준비 시간을 절약하고 학생들에게 맞춤형 학습 경험을 제공합니다. 아래에는 Brisk AI로 난독증 학생을 위한 사막 식물 활동지 제작 사례를 제시하였습니다.

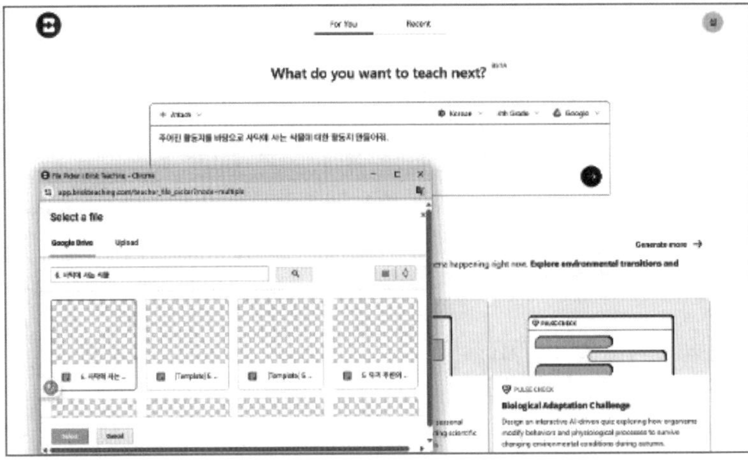

Brisk AI 기존 구글 문서 활동지를 바탕으로 새로운 활동지를 만드는 장면

Brisk Next

네, 사막 식물에 대한 활동지를 만들면서 난독중 학생들을 위한 접근성을 고려하고 계신 것 같습니다.

몇 가지 구체적인 질문을 드리겠습니다:

- 현재 몇 학년 학생들을 가르치고 계신가요?

- 난독중 학생들을 위해 특별히 고려해야 할 학습 접근 방식이 있나요?

이러한 정보를 알면 더 맞춤형 활동지를 제안해드릴 수 있을 것 같습니다.

4학년 난독증 학생을 위해서

Brisk Next

4학년 난독중 학생들을 위한 **사막 식물 활동지**를 만들려고 하시는군요!

활동지를 설계할 때 다음 사항을 고려해보시겠어요:

- 텍스트를 쉽게 읽을 수 있는 서체와 크기를 사용할 계획이신가요?

- 시각적 보조 자료나 그래픽 조직자를 포함하고 싶으세요?

왼쪽의 추천 항목을 클릭하여 구체적인 자료를 확인해보세요.

시각보조 자료나 그래픽 조직자 포함

난독증 학생을 위한 개별화 교육을 위해 시각보조 자료나 그래픽 조직자를 포함하도록 요구하는 장면

배움이 자연스러운 수업에서 행복한 아이가 자란다

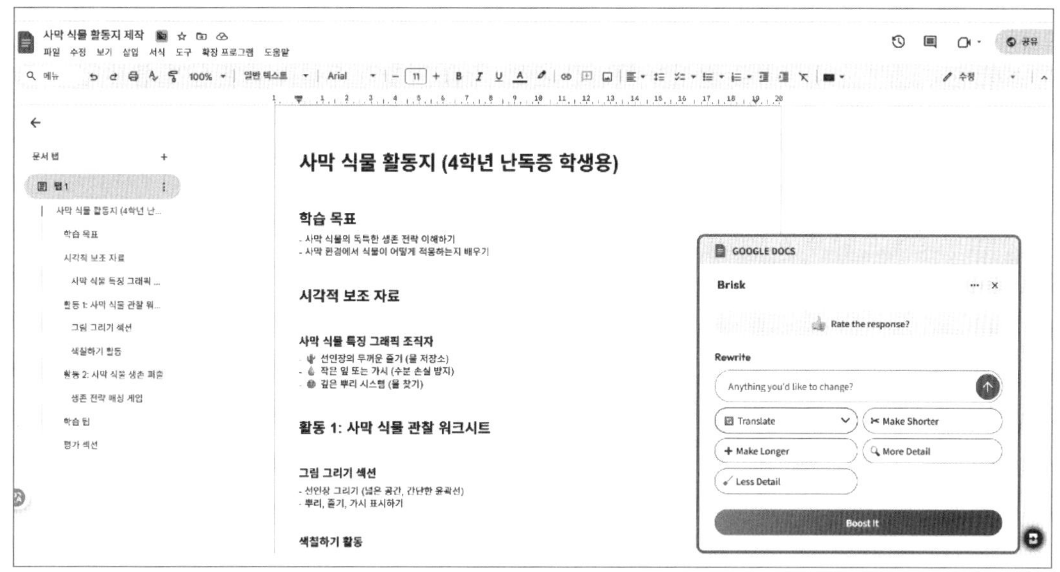

Brisk AI로 만든 구글 문서 활동지

4. 정리

개별화 교육은 단순히 수업을 다양하게 운영하는 전략에 머무르지 않습니다. 교사는 학생의 학습 수준을 진단하고, 맞춤형 학습 경로를 제시하며, 정서적·환경적 지원까지 아우르는 포괄적 실천을 해야 합니다. 이렇게 개별화 수업을 운영할 때 학생은 존중받는 경험을 하고, 교실은 더욱 건강한 배움의 공동체로 성장합니다.

한 명의 학생이 배움에서 소외되지 않도록 돕는 일은 교실 전체의 분위기를 바꾸는 힘을 가집니다. 집중하지 못하던 학생이 참여하게 되면 공동체 전체가 안정을 찾습니다. 반대로 겉으로 조용해 보여도 배움의 의지를 잃은 학생이 생기면 교실은 보이지 않게 무기력에 물들게 됩니다. 교사는 문제 행동을 단순한 방해가 아니라 "도움이 필요하다"는 신호로 이해하고, 긍정적인 언어와 격려로 학생을 다시 수업 속으로 불러내야 합니다.

실제 학교 현장에서는 개별화 지원팀 회의를 통해 교장, 상담교사, 특수교사, 담임, 학부모, 지역 전문가 등이 모여 한 아이를 다각적으로 돕는 사례도 있습니다. 이러한 과정은 몸·정신·영혼의 결핍을 입체적으로 살펴 학생을 지지하는 역할을 합니다. 눈이 나빠 수업에 집중하지 못하는 학생, 가정에서의 상처로 정서가 무너진 학생, 학습 기초가 부족해 자존심에 상처 입은 학생 모두가 교사의 세심한 관찰과 맞춤 지원을 필요로 합니다.

개별화 교육은 한 명의 아이를 구하는 일이 곧 교실 전체를 살리는 길이라는 믿음을 바탕으로 합니다. 이는 특수교육 학생만이 아니라, 다문화 가정, 한부모 가정, 학습 부진 학생 등 다양한 배경의 아이들에게 모두 필요합니다. 나아가 오늘날 교사는 단순한 지식 전달자가 아니라, 아이들의 '구멍 난 부분'을 메우며 몸·정신·영혼을 균형 있게 성장시키는 존재로서 의미를 갖습니다. 따라서 개별화 교육은 선택이 아니라 교실을 건강하게 유지하기 위한 필수적 실천이라고 할 수 있습니다.

개별화 지원 회의 과정

단계	내용
참여자 구성	교장, 담임교사, 특수교사, 상담교사, 학년부장, 지원교사, 필요 시 지역 전문가 등으로 팀을 구성함
학생 사례 공유	담임교사 또는 주요 관찰자가 학생의 어려움, 행동 특성, 학습 상황을 구체적으로 공유함
학생에 대한 이해 정리	관찰 결과와 기록을 바탕으로 학생의 현재 상태와 필요 지원 영역(학업·정서·사회성 등)을 정리함
지원 방안 논의	학습 보조, 정서 지원, 행동 지도, 가정 연계 등 다각적인 지원 방안을 함께 논의함
구체적 실행 계획 수립	지원 방식, 담당자, 기간, 예산 활용 방법 등을 구체적으로 계획함
즉시 실행 가능한 결정	교장 등 의사결정권자가 참여하여 회의 중 바로 실행 가능한 지원을 확정함
학부모와의 소통	회의 결과를 학부모에게 알리고, 필요시 협력 방안을 함께 논의함
사후 점검 및 피드백	일정 기간 후 학생의 변화를 점검하고, 필요 시 추가 회의를 열어 지원을 수정·보완함

 배움이 자연스러운 수업에서 행복한 아이가 자란다

참고 문헌

☞ Fleming, N. D. (2001). Teaching and learning styles: VARK strategies. N. D. Fleming.

☞ Heathers, G. (1971). A definition of individualized education. Paper presented at the AERA Annual Meeting, New York.

☞ Reis, S. M., & Renzulli, J. S. (2018). The five dimensions of differentiation. International Journal for Talent Development and Creativity, 6, 87-94.

☞ Tomlinson, C. A. (2001). How to differentiate instruction in mixed-ability classrooms. ASCD.

☞ Tomlinson, C. A. (2014). The differentiated classroom: Responding to the needs of all learners. ASCD.

6차시. 수업 계획

1. 수업 계획이란?

수업 계획이란 교사가 수업을 실행하기 전에 목표, 내용, 방법, 평가를 체계적으로 설계하는 과정을 말합니다(Taba, 1962). 단순히 무엇을 가르칠지 나열하는 것이 아니라, 학습자의 발달 수준과 환경을 고려해 효과적인 교수-학습-평가가 이루어지도록 준비하는 것입니다. 수업 계획은 수업의 질과 방향을 결정하는 중요한 나침반과 같아, 교사가 길을 잃지 않고 학습 목표에 도달할 수 있도록 이끌어 줍니다. 이 과정을 통해 교사는 수업 내용과 흐름에 대해 충분히 이해하고 수업할 수 있게 됩니다.

선생님께서는 수업을 마친 뒤 마음 한구석이 찝찝했던 적이 있으신가요? 저는 계획했던 활동을 다 마치지 못했거나, 학습 결과가 예상과 전혀 다른 방향으로 흘러갈 때면 늘 그런 찝찝함을 느꼈습니다. 아이들이 학습 목표에 도달하지 못했다는 사실을 직감적으로 알 수 있었기 때문입니다. 때로는 수업과 평가가 어긋나 곤혹스러웠던 적도 있었습니다. 그럴 때면 아이들은 "왜 배운 내용이랑 다르게 평가해요?"라며 날카로운 질문을 던졌고, 저는 식은땀을 흘리며 당황하곤 했습니다.

결국 수업의 질은 교사가 얼마나 철저히 계획하느냐에 따라 달라진다는 것을 저는 몸소 체험하며 배웠습니다. 제가 공을 들인 만큼 수업은 원활하게 흘러갔고, 학생들 또한 목표에 도달했습니다. 그 보람찬 변화를 지켜보며, 저는 점차 수업 계획에 더 많은 시간과 정성을 쏟게 되었습니다.

2. 수업 계획의 필요성

1. 교육목표와 교사 메시지 전달

수업 시간 내에 무엇을, 어떻게, 어떤 순서로 다룰지 명확하게 짜인 수업 계획은 수업의 목표를 분명히 하며, 수업 중 발생할 수 있는 변수에도 능동적으로 대응할 수 있는 힘을 줍니다.

이는 곧 **교사**가 학생들에게 진정으로 전하고자 하는 메시지를 분명히 세우고, 그 메시지를 중심으로 수업을 이끌어 간다는 의미이기도 합니다.

2. 수업 방향의 명확화

교사가 수업에 대해 준비가 되어 명확히 방향성을 가지고 있을 때 **아이**들도 목표를 이해하고 몰입이 가능합니다. 서로 다른 방향으로 노를 저어갈 때 배는 그 자리에서 머물게 됩니다. 모두 한 방향을 인지하고 같은 방향으로 노를 저어갈 때 배는 순탄히 나아갈 수 있습니다.

3. 학습자 중심의 수업 실현 가능

우리가 공통적으로 사용하는 교과서라는 텍스트는 전국의 학생들을 대상으로 만들어진 자료입니다. 우리 학교, 우리 반 아이들의 특성은 고려되기 힘듭니다. 교사는 교육과정 전문가로서 국가 수준의 교육과정을 토대로 맡은 아이들에 맞게 수업을 구성해야 합니다. 교사의 경험, 아이의 경험, 아이의 관심사에서 시작하여 수업을 조절한다면 아이들의 학습 동기를 높일 수 있고 참여도를 높일 수 있습니다.

4. 교수-학습-평가의 효과적인 연계 가능

수업 계획부터 평가를 고려하면 목표-내용-활동-평가 간의 일관성을 확보할 수 있습니다. 간혹 평가 방법에 따라 수업 활동 구성 자체가 달라지는 경우가 있으므로 수업 계획부터 평가 방법과 내용, 기준 등을 명확히 계획하는 것이 필요합니다. 예를 들어, 3학년 과학 동물의 한 살이 단원에서 배추흰나비의 한 살이를 관찰하고 보고서를 제출하는 방식의 평가와, 그 내용을 지필 평가하는 방식의 평가는 수업 과정이 달라질 수 있습니다.

3. 수업 계획을 위한 교사의 노력

수업 계획은 단지 '계획'을 위한 계획이 되어서는 안 됩니다. 다음과 같은 점들을 염두에 두어야 실질적인 교육 효과를 거둘 수 있습니다.

1. 교사의 수업 철학 반영

  단지 방법론적 요소만이 아니라 교사 자신의 교육 철학이 반영된 수업 계획이 되어야 합니다. 학습자 중심의 수업을 추구하면 매 차시마다 짝, 모둠 활동을 1개 이상 구성하려고 노력할 수 있습니다. 교사가 주도하여 설명하기 보다는 다양한 방식의 탐구, 협력, 표현 활동을 구성할 수 있습니다. 또한 실수를 배움으로 여기는 교사라면, 과학 실험에서 결과가 다르게 나왔을 때 그 부분에 집중해서 "다음 실험을 성공하려면 무엇을 바꾸어 보면 좋을까?" 등의 질문으로 아이들이 배우는 과정에 집중하게 할 수 있습니다. 또한 협동을 중요하게 여기는 교사라면 칭찬이나 보상을 내건 경쟁 활동 대신, 서로를 돕고 사고의 다양성과 깊이를 함께 나누는 협력 활동으로 바꿀 수 있습니다. 이는 교사와 학생 모두에게 수업의 일관성과 방향성을 제공해 줍니다.

2. 과잉 계획 지양 및 유연성 확보

  지나치게 많은 활동을 계획하면 수업 진행이 버겁고 핵심 목표 달성이 어려워질 수 있습니다. 계획은 치밀하되, 수업 중 발생할 수 있는 변수(학생 반응, 시간 부족 등)에 유연하게 대응할 수 있는 여지를 남겨야 합니다. 핵심과 우선순위를 중심으로 계획해야 하고, 수업 중에 핵심 활동이 아니라면 축소하거나 삭제할 수 있어야 합니다.

3. 삶과 연계되는 수업

  수업의 주체는 학생입니다. 학생들은 자신의 삶과 연결된 문제를 다룰 때 더 몰입하고 수업에 참여도가 높아집니다. 학습 목표를 어떻게 아이들의 삶과 연결되게 할까 고민해보는 것이 필요합니다. 예를 들어, 논설문에 대해 배우고 실제로 적어보는 활동에서 '가족에게 부탁하고 싶은 점'을 주제로 하면 독자가 명확해지고 자신의 삶과 연계되어 필요성을 더더욱 느끼면서 학생들의 참여도가 높아지게 됩니다.

4. 후속 활동 안내

  학생마다 학습 속도가 다를 수 있습니다. 따라서 학급 루틴으로 후속 활동을 정해두거나 차시에 관련된 후속 활동을 제시해주는 것이 좋습니다. 예를 들어 활동이 끝나면 각자 배움 공책에 정리하거나 다른 친구를 도와줄 수 있습니다. 또는 책을 읽고 활동지를 하는 수업을 했다면

     배움이 자연스러운 수업에서 행복한 아이가 자란다

독서 기록장에 한 줄로 내용을 정리하거나 책에 나온 단어로 새로운 문장을 만들어보는 활동 등을 해볼 수 있습니다.

5. 수업 이후 성찰 포함

수업 계획은 실행 후의 성찰까지 포함하는 순환 구조로 이루어져야 합니다. 수업 후 '학습 목표에 제대로 도달했는지', '평가는 잘 이루어졌는지', '무엇이 효과적이었는지', '어떤 점을 수정해야 할지'를 기록해 다음 수업에 반영해야 합니다. 수업이 어떠한 이유로 잘 되지 않았는지 살펴보는 과정에서 당연하게 생각하던 부분이 당연하지 않음을 알 수 있습니다. 예를 들어 교과서를 읽고 활동지를 작성하게 했는데, 교과서에 이미 활동지의 답안이 나와 있어서 아이들의 창의적이고 개방적인 사고를 방해하는 경우도 있습니다. 교과서에 나온 내용이 절대적이라고 믿는 아이들이기에 발생한 일입니다. 활동지를 먼저 메인 텍스트로 활용하고 교과서는 확인용 서브 텍스트로 사용하는 방법이 오히려 학생들의 다양한 의견과 질문을 돕기도 합니다.

4. 수업 계획의 단계

여러 학자들의 수업 계획 모형을 토대로 수업 계획을 8단계로 구분하는 틀을 제안합니다. Tyler(1949)는 목표 설정, 학습경험 선정과 조직, 평가의 네 단계를 제시하며 목표 중심적 접근을 강조하였고, Taba(1962)는 여기에 학습자의 요구 분석을 포함하여 학습자 중심 수업 설계를 강조하였습니다.

또한 Dick과 Carey(1978)는 교수 목표 확인, 학습자 분석, 자료 개발, 형성 및 총괄평가 등 체제적 단계를 통해 다음과 같이 수업 계획 8단계를 제안했습니다. 따라서 교육과정 분석, 목표 설정, 학습자 분석, 내용과 활동 선정, 자료 준비, 평가, 실행과 성찰로 이어지는 8단계는 이론적 기반을 종합하여 구체화한 결과이며, 이 순서가 반드시 고정된 것은 아니고 상황에 따라 동시에 진행되거나 순서가 바뀌어 적용될 수 있습니다(Tyler, 1949; Taba, 1962; Dick & Carey, 1978).

수업 계획 8단계

단계	내용
1. 교육과정 분석	- 국가·학교·학급 수준 교육과정 확인 - 단원 및 성취기준 파악 - 핵심 개념과 위계 구조 정리
2. 수업 목표/교사 메세지 설정	- 학습 목표를 구체적·행동적으로 진술 - 지식·기능·가치 측면 반영 - 일반화로 이어질 수 있는 질문 마련
3. 학습자 분석	- 발달 단계 고려 - 학습 유형 확인 - 배경지식·흥미·수준 파악
4. 수업 내용 선정 및 조직	- 핵심 개념 중심으로 학습 내용 배열 - 계열성과 통합성 고려 - 발문·활동 흐름 설계
5. 수업 활동 선정	- 학습 목표에 적합한 활동 선택 - 개별 학습·모둠 학습·토의·실험 등 다양한 방식 반영 - 학습자의 참여와 몰입을 높일 수 있는 활동 설계
6. 교수 학습 자료 준비	- 교과서 외 보조 자료 준비 - 시청각 자료, 실험 도구, 디지털 자료 활용 - 수업 흐름에 맞게 자료 배치
7. 평가 계획	- 형성·총괄 평가 계획 수립 - 과정 중심 평가 반영 - 자기 평가·동료 평가 포함
8. 수업 실행 및 성찰	- 실제 수업 실행- 수업 중 피드백 제공 - 수업 후 성찰 및 개선점 기록

5. 수업 계획의 실제

1. 교육과정 분석

수업 계획의 첫 단계는 교육과정 분석입니다. 교사는 국가 수준 교육과정과 학교·학급 상황을 확인하고, 해당 단원의 성취기준과 핵심 개념을 파악하여 수업의 토대를 마련합니다.

이처럼 교육과정 분석 단계에서는 성취기준, 단원의 계열, 핵심 개념을 종합적으로 검토하여 단원이 지닌 흐름을 파악합니다. 이러한 과정을 통해 교사는 이후 목표 설정, 활동 구성, 평가 설계가 단원 전체와 유기적으로 연결되도록 준비할 수 있습니다. 단원을 관통하는 핵심 개념은 성취기준을 직접 확인하는 것이 가장 좋지만, 시간이 부족할 때에는 성취기준을 토대로 개발된 교과서를 검토해 핵심 개념을 도출하는 것도 효과적입니다. 이렇게 추출한 개념을 활동지에 기본적으로 제시하면, 학생들이 수업 과정에서 지속적으로 탐구하고 활용할 수 있는 학습의 도구가 됩니다.

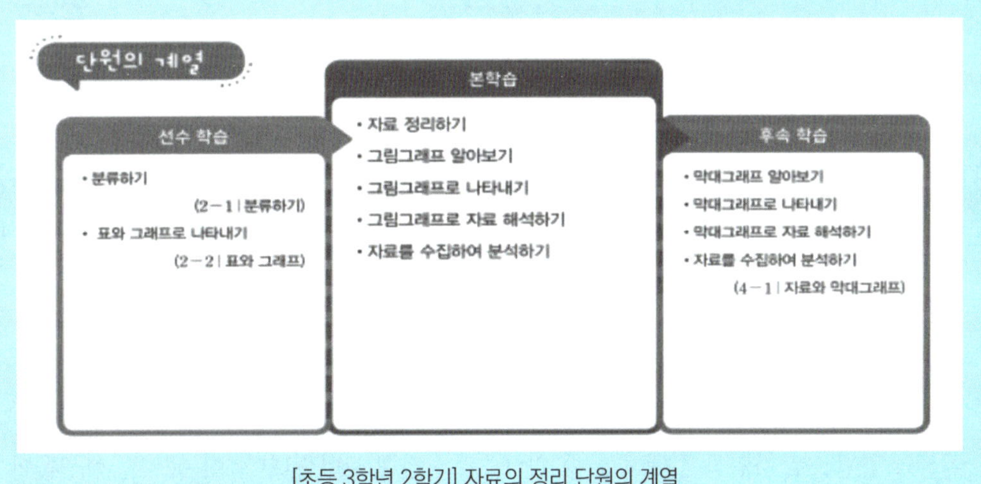

[초등 3학년 2학기] 자료의 정리 단원의 계열

2. 수업 목표 / 교사 메세지 설정

　　수업 목표 설정 단계에서는 학습 목표를 구체적이고 행동적으로 진술하여, 학생들이 수업을 통해 무엇을 할 수 있게 될지를 명확히 합니다. 이때 지식, 기능, 가치 측면이 모두 반영되도록

면 학생들은 학습 과정 전반에서 목표 달성 경험을 누적할 수 있고 단원 전체의 흐름과도 자연스럽게 연결됩니다.

아울러 교사는 학습 목표뿐 아니라 이 수업에서 학생들에게 전달하고 싶은 메시지를 분명히 설정하는 과정이 필요합니다. 예컨대 "자료를 시각적으로 정리하면 세상을 더 쉽게 이해할 수 있다"라는 메시지를 정해둔다면, 수업 활동이 단순한 기술 연습을 넘어서 사고 확장으로 이어지도록 이끌 수 있습니다. 교사의 메시지는 수업 전반의 방향성을 제시하며, 학생들에게 학습의 의미를 더욱 깊이 있게 전달하는 역할을 하게 됩니다.

단원의 학습 목표

영역	학습 목표
내용	1. 자료를 분류하여 표로 정리할 수 있다. 2. 그림그래프의 구성 요소와 특징을 파악할 수 있다. 3. 자료를 그림그래프로 나타내는 방법을 알 수 있다. 4. 그림그래프로 여러 가지 자료를 해석할 수 있다. 5. 자료를 수집하여 분석하는 과정을 알고 수집한 자료를 표와 그림그래프로 나타내고 해석할 수 있다.
교과 역량	1. 수집한 자료를 목적에 맞게 분류, 정리할 수 있다. (정보처리) 2. 그림그래프의 의미와 그림그래프로 나타내는 방법을 알 수 있다. (추론) (의사소통) (정보처리) 3. 그림그래프의 여러 가지 통계적 사실을 추론할 수 있다. (추론) (정보처리) 4. 그림그래프로 나타낸 자료를 보고 다양하게 해석하고, 해석한 내용을 바탕으로 의사 결정을 할 수 있다. (추론) (의사소통) (정보처리) 5. 자료를 수집하고 그림그래프로 나타내 해석할 수 있다. (추론) (의사소통) (연결) (정보처리) 6. 실생활과 관련된 자료와 그림그래프 문제를 해결하는 활동을 통해 수학의 유용성 및 흥미를 느끼고 문제 해결 과정을 설명할 때 친구의 의견을 존중하고 경청하는 태도를 가질 수 있다. (문제 해결) (의사소통) (연결) (정보처리)

[초등 3학년 2학기] 자료의 정리 단원 학습 목표

수업 목표는 "자료를 수집하여 그림그래프의 요소와 특징에 맞게 나타내고, 세 가지 이상의 방법으로 다양하게 해석할 수 있다."로 설정해 보았습니다. 이 목표는 학생들이 그림그래프를 그리는 기술을 익히는 데서 멈추지 않고, 자료를 분석하고 의미를 도출하는 과정까지 경험하도록 설계한 것입니다. 특히 자료를 직접 수집하는 과정이 핵심이므로, '자료를 수집하여 분석해 볼까요'에 해당하는 6차시를 1차시에서 2차시로 확대해 구성할 수 있습니다. 또한 8차시의 '세상과 만나요'는 5차시 '그림그래프로 자료를 해석해

3. 학습자 분석

1) 발달 단계 : 피아제의 인지 발달 단계

피아제의 인지 발달 단계는 아동이 어떤 방식으로 사고하고 배우는지를 설명하는 중요한 이론입니다. 감각운동기(0~2세, 영아기)는 아동이 감각과 운동 활동을 통해 세상을 탐색하고 대상 영속성 개념을 형성하는 시기입니다. 전조작기(2~7세, 유아기~유치원, 초1)는 언어와 상징적 사고가 발달하지만 자기중심성이 강하고 보존 개념이 부족해 직관적 사고에 의존합니다. 구체적 조작기(7~11세, 초2~초5)는 구체적 상황에서 논리적 사고가 가능해지고, 보존 개념을 이해하며 분류와 서열화가 가능한 시기입니다. 형식적 조작기(11세 이후, 초6~중·고등)는 추상적 사고와 가설·연역적 추론이 가능해지며, 메타인지가 발달해 자신의 사고 과정을 성찰하고 조절할 수 있습니다. 따라서 현재 3학년은 구체적 조작기에 속하므로, 실생활과 연결된 자료와 조작 활동 중심의 수업이 효과적입니다.

피아제의 인지 발달 단계

발달 단계	연령	학년(대략)	특징
감각운동기 (Sensorimotor)	0~2세	영아기 (학교 전)	감각과 운동 활동을 통해 세상을 탐색함 대상 영속성 개념 발달
전조작기 (Preoperational)	2~7세	유아기~유치원, 초등 1학년	상징적 사고 발달, 자기중심적 사고 직관적 추론 가능, 보존 개념 부족
구체적 조작기 (Concrete Operational)	7~11세	초등 2학년~5학년	구체적 사물·상황에 한정된 논리적 사고 가능 보존 개념 습득, 분류·서열화 가능
형식적 조작기 (Formal Operational)	11세 이후	초등 6학년~중·고등학교 이후	추상적 사고 가능 가설·연역적 추론. 메타인지 발달

2) 학습 유형 : 플레밍(Neil Flemming)의 학습 유형 22가지

교사는 학생의 학습 유형을 고려하여 수업 계획을 세우고, 수업 과정에서도 순간순간 다양한 환경 요인을 살펴 반영하여야 합니다. Fleming(1987, 1992)에 따르면 학습자는 시각적(visual), 청각적(auditory), 읽기/쓰기 기반(read/write), 운동감각적(kinesthetic)의 네 가지 감각 기반 학습 유형 중 하나 또는 다중 양상을 보일 수 있습니다(VARK 모델; VARK - helping you learn better; EBSCO). 또한 Keefe & Monk(1985))는 학습 스타일을 인지적, 정서적, 생리적 스타일이라는 세 범주로 제안하였습니다. 인지적 스타일은 정보를 처리하는 인지 방식, 정서적 스타일은 학습자의 동기와 감정, 생리적 스타일은 조명·온도 등 물리적 학습 환경의 영향을 포함합니다(Keefe & Monk, 1985). 다음은 교사가 수업시 고려할 학습 유형 및 요인들입니다.

다양한 학습 유형 및 요인

구분	세부 유형	설명
VARK (감각 기반 4가지)	Visual (시각적)	다이어그램, 그림, 차트, 색 등을 활용하여 학습
	Auditory (청각적)	강의, 토론, 설명 듣기와 같은 청각적 자극을 통해 학습
	Read/Write (읽기/쓰기)	텍스트를 읽고 쓰는 과정에서 가장 효과적으로 학습
	Kinesthetic (운동감각적)	직접 체험, 실습, 활동을 통해 배우는 것을 선호
인지적 요인 (6가지)	정보 처리 방식	분석적·전체적 등 정보를 다루는 선호 경향
	지각 방식	시각·청각·촉각 등 자극 처리 방식
	개념 형성	추상적·구체적 개념 이해 경향
	사고 방식	귀납적·연역적 사고 경향
	기억 전략	반복, 이미지화, 맥락화 등 기억하는 방식
	문제 해결 방식	논리적·직관적 접근 경향
정서적 요인 (6가지)	동기 수준	학습에 대한 내적·외적 동기 정도
	책임감	자기 주도적 태도, 과제 수행의 성실성
	흥미와 선호	특정 과목이나 활동에 대한 관심 정도
	불안 수준	시험 불안, 학습 상황에서의 긴장감
	지속성	과제를 끝까지 완수하려는 태도
	학습 태도	긍정적·부정적 태도의 전반적 경향

생리적 요인 (6가지)	조명	밝은 빛·은은한 빛 등 선호하는 학습 환경
	소음	완전한 정적·배경 음악 등 학습 시 소리 환경
	기온	따뜻함·시원함 등 온도 조건
	시간대	아침형·저녁형 등 집중이 잘 되는 시간대
	신체 움직임	앉아서·움직이며 학습하는 선호 경향
	식습관/활동	학습 중 간식·짧은 휴식 등 생리적 요구 충족 여부

3) 배경지식·흥미·수준 파악

학생들이 이미 경험한 활동이나 관심 있는 주제를 학습 소재로 삼으면 학습 효과가 높아집니다. 예를 들어 좋아하는 동물, 선호하는 간식, 최근 경험한 활동 등을 자료 수집 주제로 활용하면 학생들이 자연스럽게 참여하게 되고, 자신들의 삶과 학습이 연결되었다는 의미를 느낄 수 있습니다.

3학년 학생은 구체적 조작기의 발단 단계입니다. 논리적 사고가 가능하지만 구체적인 상황에 한정되기 때문에, 실생활에서 그림 그래프가 쓰이는 예시를 가져오면 좋습니다. 자료를 수집하고 그림그래프로 나타낼 때도 친구들에게 궁금한 내용을 물어보게 할 수 있습니다. 좋아하는 동물이나 1년동안 했던 활동 중 제일 좋았던 활동 등 학생들의 삶과 연계된 재료를 쓰는 게 좋습니다. 그림 그래프를 그리는 방법을 알 때는 단계별로 설명을 자세히 해주는 게 좋습니다. 조작 활동을 좋아하는 학생들의 특성을 반영하여 자료를 수집할 때 스티커를 주고 붙이게 하거나 학생들이 좋아하는 초콜릿 과자를 자료 대상으로 삼아 색깔별로 분류하고 그림 그래프로 나타내보기를 할 수 있습니다.

4. 수업 내용 선정 및 조직

수업 내용 선정 및 조직 단계에서는 단원의 핵심 개념을 중심으로 학습 내용을 배열하고, 계열성과 통합성을 고려해 활동의 흐름을 설계합니다. 단원의 흐름을 보면서 핵심 개념을 정리해보면 다음과 같습니다.

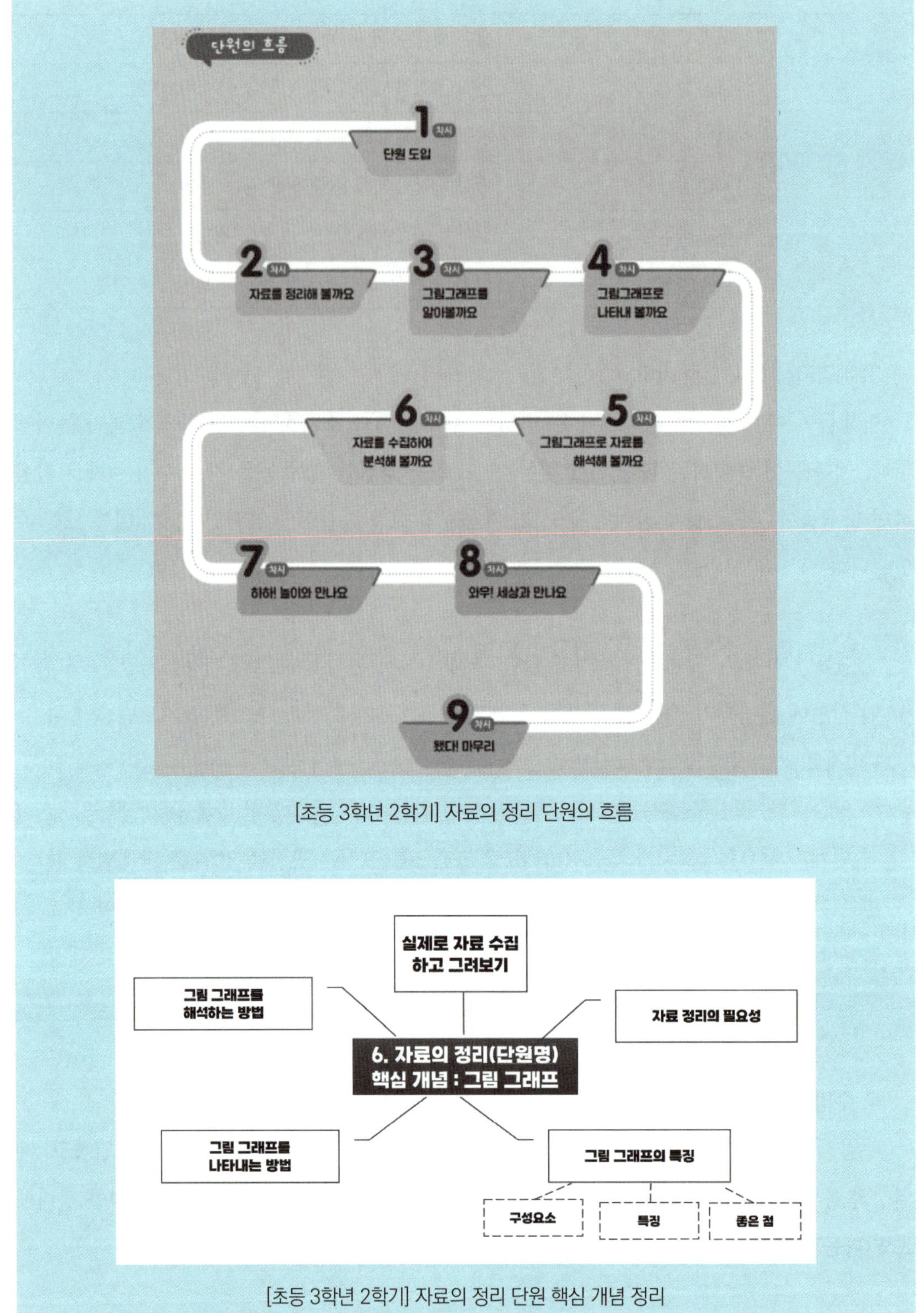

[초등 3학년 2학기] 자료의 정리 단원의 흐름

[초등 3학년 2학기] 자료의 정리 단원 핵심 개념 정리

배움이 자연스러운 수업에서 행복한 아이가 자란다

아래 표를 보면, 차시와 내용, 학습 목표, 수업 내용이 정리되어 있습니다. 1-2차시를 합치고, 5와 8차시를 합쳤음을 알 수 있습니다. 학생들이 스스로 조사 계획을 세워 실제로 조사를 해보고 그림 그래프를 그리고 자료 해석까지 하는 차시는 이 단원의 내용을 총망라하는 차시이기에, 충분한 시간을 들여 7-9차시를 추가했음을 알 수 있습니다. 6차시의 내용은 모둠별로 같은 주제를 가지고 진행하고, 8-9차시는 모둠별로 다른 주제로 진행했습니다.

차시별 재구성 내용 정리

차시	주제	학습 목표
1-2차시(통합)	도입 + 자료 정리	자료 정리 필요성 느끼기 표로 정리하기
3차시	그림 그래프 알아보기	구성 요소와 특징, 좋은 점 알기
4차시	그림 그래프 나타내기	나타내는 방법 알기 나타내기
5+8차시(통합)	자료 해석	자료 해석하기 해석한 내용 바탕으로 의사 결정 하기
6차시	자료 수집	조사할 내용과 자료 수집 방법 정하고 자료 수집하기
7차시(추가)	그림 그래프 나타내고 해석	수집한 자료를 표와 그림 그래프로 나타내고 자료 해석하기
8-9차시(추가)	모둠별 그림 그래프 나타내고 해석	실제 계획을 세워 자료 수집하고 그림 그래프 나타내고 해석하기

이 과정에서 교사는 학생들의 사고를 자극하는 발문을 적절히 활용하는 것이 중요합니다. 제가 수학 수업에서 자주 사용하는 발문은 "이게 왜 필요할까?"와 "이걸 더 어린 친구에게 설명한다면?"입니다. "이게 왜 필요할까?"라는 질문은 학습이 활동의 나열로 끝나지 않도록 하며, 자료를 정리하고 해석하는 과정에서 개념의 의미와 필요성을 스스로 찾아가게 돕습니다. 또한 "이걸 더 어린 친구에게 설명한다면?"이라는 발문은 학생들이 원리를 자기 언어로 재구성해 표현하도록 이끌어, 교과서 활동을 그대로 따르지 않더라도 학습 내용을 자연스럽게 조직하고 공유할 수 있게 합니다. 이처럼 내용과 발문, 활동의 흐름을 유기적으로 설계하면 학생들은 개념을 더 깊이 이해하고, 스스로 탐구해 나가는 경험을 꾸준히 쌓을 수 있습니다.

5. 수업 활동 선정

　　수업 활동 선정 단계에서는 학습 목표에 적합한 활동을 고르고, 개별 학습·모둠 학습·토의·실험 등 다양한 방식을 균형 있게 반영하여 학생들이 수업에 적극적으로 참여하고 몰입할 수 있도록 해야 합니다. 활동을 고를 때는 학습 목표 달성에 직결되는지를 우선 고려해야 하며, 학생들이 서로 다른 방식으로 배우고 표현할 수 있도록 다채로운 형태의 활동을 준비하는 것이 바람직합니다.

　　대표적인 수업 활동의 종류는 다음과 같이 정리할 수 있습니다.

수업 활동의 종류

활동 유형	설명	예시
개별 학습	학생이 스스로 학습 내용을 탐구하거나 정리하는 활동	문제 풀기, 학습지 작성, 자기 점검
짝 활동	두 명이 협력하여 문제를 해결하거나 의견을 나누는 활동	짝 토의, 상호 설명, 비교 활동
모둠 학습	소규모 집단이 협력하여 공동 과제를 해결하는 활동	프로젝트 학습, 자료 수집·조사, 모둠 토론
전체 학습	학급 전체가 함께 참여하는 활동	교사의 설명, 전체 토론, 발표 공유
토의·토론	주제에 대해 의견을 교환하고 논의하는 활동	찬반 토론, 역할 토의, 라운드 토론
실험·조작 활동	직접 탐구하거나 체험을 통해 학습하는 활동	과학 실험, 수학 교구 조작, 그래프 그리기
탐구·프로젝트 활동	문제 해결이나 과제를 중심으로 장기간 수행하는 활동	주제 조사, 자료 수집·분석, 발표 제작
시청각·디지털 활용	자료나 도구를 활용하여 학습을 지원하는 활동	동영상 시청, 시뮬레이션, 디지털 그래프 작성

차시별 수업 활동 계획과 유의점

차시	학습 목표	수업 내용	유의점
1-2차시(통합)	자료 정리 필요성 느끼기 표로 정리하기	☐ 전학년에서 배운 내용 확인(퀴즈) ☐ 표의 편리한 점 　- 항목별, 전체 ☐ 그래프 - 가로, 세로 - 아래부터, 왼쪽부터 - 한 눈에, 가장 많이, 가장 적게 ☐ 표 - 항목별, 합계, 가장, 비교	- 퀴즈 형식을 통해 동기유발 - 표에서만 알 수 있는 사실 확인하여 필요성 느끼게 하기 - 자료의 수가 100단위로 커지면 한 눈에 알아보기 힘든 반면, 표나 그래프는 알아볼 수 있음을 강조하기
3차시	구성 요소와 특징 좋은 점	☐ 탐구하기(짝) - 다른 점? 합계가 없다. 수와 그림 - 같은 점 : 제목, 학년, 학생 수로 구별 - 큰 그림, 작은 그림 의미 ☐ 정리하기 - 정의 - 왜? 그냥 그래프로 표시하기 힘들 때, 간단히 -〉크기를 다르게, 그림의 의미가 중요 ☐ 확인하기 - 편리한 점 : 한눈에 비교	- 표와 그림 그래프의 차이를 스스로 먼저 생각해보게 하기 이 때 같은 내용은 동그라미, 다른 내용은 세모 등으로 표시하게 함(구체적 조작기) -그림 그래프에서 큰 단위와 작은 단위가 잘 구별되어야 더 한눈에 잘 알수 있음 강조
4차시	나타내는 방법 알기 나타내기	☐ 그리는 방법 - 그림 정하기 - 그림 개수, 크기, 의미 - 제목, 왼쪽 오른쪽, 의미, 그리기(큰 것부터) ☐ 생각 솔솔 - 단위 2가지, 3가지 어떻게? - 무엇이 편한가? 한 눈에, 적게 그릴 수 있다	- 그림 정할 때 주의할 점에 대해 생각해보게 하기
5+8차시(통합)	자료 해석하기 해석한 내용 바탕으로 의사 결정 하기	☐ 탐구하기(모둠별) - 무엇을? - 항목별, 가장, 비교	- 모둠 활동을 통해 가능한 많은 내용 알아오기 놀이
6차시	조사할 내용과 자료 수집 방법 정하고 자료 수집하기	☐ 방법 알기 ☐ 조사 주제 정하기 　- 수익 예시 참고 ☐ 자료 수집 계획 세우기 - 주제, 대상, 방법, 예시 항목	- 먼저 조사 방법과 계획을 어떻게 세우는지 배우는 단계

| 7차시(추가) | 수집한 자료를 표와 그림 그래프로 나타내고 자료 해석하기 | □ 주제 정하기
 - M&M에 들어있는 초콜릿의 색깔별 개수
□ 대상 , 방법, 항목
 - 3~4봉지, 방법 세어보기, 항목
□ 조사하여 표로 만들기
 -각자 -〉 모둠
□ 그림그래프 표현
□ 결과 해석 | − 모두 같은 주제로 자료 수집 방법 경험하기

− 학생들의 흥미를 끌 수 있고 구체적 조작물이 있는 초콜릿 과자 활용 |
| 8-9차시(추가) | 실제 계획을 세워 자료 수집하고 그림 그래프 나타내고 해석하기 | □ 모둠별로 나누어서
- 제목, 조사 계획
- 표
- 그림 그래프
□ 만들기
□ 결과 해석하기 | − 스스로 조사할 내용을 생각하게 함으로써 자발성과 흥미도를 높임 |

6. 교수 학습 자료 준비

교수 학습 자료 준비 단계에서는 교과서에만 의존하지 않고 학습 목표 달성을 돕는 보조 자료를 마련해야 합니다. 수업 주제에 맞는 시청각 자료, 실험 도구, 디지털 자료 등을 준비하면 학생들이 개념을 더 쉽게 이해하고 학습 과정에 적극적으로 참여할 수 있습니다. 자료는 차시별 흐름과 학습 단계에 맞게 배치하여 수업이 끊기지 않고 자연스럽게 이어지도록 하는 것이 중요합니다. 예를 들어 그림그래프 단원에서는 기본적으로 교과서만으로도 수업이 가능하지만, 필요에 따라 M&M 초콜릿이나 투표용 큰 종이, 발표용 마커 등 추가 자료를 활용하면 학생들의 흥미를 높이고 활동이 보다 구체적이고 생동감 있게 전개될 수 있습니다.

저는 수학 과목의 경우 자료 준비를 별다르게 하지 않는 편입니다. 교과서로 충분한 수업이 가능하고, 자료보다 개념 및 원리 탐구를 위한 발문이 훨씬 중요하기 때문입니다.

하지만 본 단원에서처럼 추가로 자료 준비가 필요하기도 합니다. 5차시 이후의 차시입니다. M&M 초콜릿은 이 때 학급 운영비로 산 간식으로 이미 있었고, 아이들의 흥미를 끌 수 있으며 간단한 그림 그래프로 나타내기 좋다고 생각해서 선정한 자료입니다. 학급 환경에 맞게 자유롭게 다른 자료를 준비할 수 있습니다. 8-9차시에 자료 조사 투표를 위

7. 평가 계획

평가 계획 단계에서는 학습의 성과를 확인하기 위한 형성 평가와 총괄 평가를 고루 포함하고, 과정 중심 평가를 반영하여 학생들의 학습 과정을 세밀히 살펴야 합니다. 교사는 활동 중 학생들의 참여와 사고 과정을 관찰하고 기록하며, 학습자 스스로 학습 성과를 점검하는 자기 평가와 동료와의 협력 태도를 돌아보는 동료 평가를 함께 활용할 수 있습니다.

평가 방법은 다음과 같이 정리할 수 있습니다.

다양한 평가 방식

평가 방법	설명	예시
형성 평가	학습 과정 중 학생의 이해 정도와 참여를 확인하는 평가	수업 중 교사의 관찰 기록, 발문에 대한 응답, 간단한 퀴즈
총괄 평가	단원의 학습이 끝난 뒤 목표 달성 여부를 확인하는 평가	단원 시험, 프로젝트 결과물 평가
과정 중심 평가	결과보다 과정에서의 사고와 참여를 중점적으로 평가	모둠별 조사 보고서, 자료 수집 및 정리 과정 평가
자기 평가	학습자가 자신의 성취와 태도를 되돌아보는 평가	자기 성찰 학습지, 학습 목표 달성 여부 체크리스트
동료 평가	동료와 협력하며 보인 태도와 기여도를 평가	모둠 내 상호 피드백, 참여도와 경청 태도 기록

8. 수업 실행 및 성찰

수업 실행 및 성찰 단계에서는 계획한 수업을 실제로 진행하고, 수업 중에는 학생들의 반응과 참여를 살펴 즉각적인 피드백을 제공합니다. 수업 후에는 활동이 학습 목표와 얼마나 연결되었는지, 학생들의 참여와 이해가 어느 정도였는지를 성찰하여 개선점을 기록하는 과정이 필요합니다. 이를 통해 교사는 다음 차시에 같은 실수를 반복하지 않고, 더 효과적인 수업 흐름을 설계할 수 있습니다. 실행과 성찰의 과정을 반복하면서 교사는 수업의 완성도를 높이고 학생들의 학습 경험을 더욱 풍부하게 할 수 있는 것입니다.

수업 성찰 예시

수업을 실제로 진행해보니, 8-9차시에서 자료 조사를 계획하고 실제로 조사하는 시간만 1차시가 필요했습니다. 자료 조사를 쉬는 시간에 투표하도록 자유롭게 했더니, 총합이 학생 수만큼 나오지 않는 경우가 있어서 자료 조사가 제대로 되지 않았음을 알 수 있었습니다. 다음에 다시 수업을 한다면 자료 조사를 계획하고 투표를 할 수 있는 자료를 만드는데 1차시를 주고, 수업 시간을 활용해서 돌아다니면서 투표할 시간을 10분 정도 준 뒤에, 모둠별로 다시 표와 그래프로 정리하는 데 1차시를 사용할 것 같습니다. 그 뒤에 다른 모둠의 자료를 보고 각자 자료를 해석해 보는 시간을 가지고, 모둠별로 자료 조사 내용을 발표하는 차시를 1차시로 총 3차시로 구성하면 좋겠다는 생각을 했습니다.

수업 자체는 학생들이 스스로 원하는 내용을 생각하고 조사하는 과정에서 참여도와 흥미도가 매우 높았고, 투표하는 과정도 재미있어 했으며, 전체 단원을 복습할 수 있어서 차시를 추가로 배정하길 잘했다고 생각했습니다.

6. 정리

교사는 가르치는 사람이고, 결국 수업으로 말하는 사람입니다. 그리고 그 수업의 방향과 질을 결정하는 것은 바로 '수업 계획'입니다. 수업 계획은 수업의 시나리오라고 볼 수 있습니다. 좋은 영화도 촘촘한 각본이 있듯이, 멋진 수업도 준비된 계획에서 시작됩니다. 단순히 '이

   배움이 자연스러운 수업에서 행복한 아이가 자란다

걸 가르칠 거야.'가 아니라, '이걸 왜 배우는지 학생들이 납득할까?', '이 장면에서 아이들의 흥미와 참여를 이끌어낼 방법은 무엇일까?', '어떤 질문을 던져야 학생들의 생각 주머니가 커질까?' 이런 질문을 던지며 수업을 디자인하는 게 필요합니다. 선생님은 콘텐츠 크리에이터이자, 퍼실리테이터, 스토리 텔러라고 할 수 있습니다. 어떤 내용을 어떻게 전달하며 이끌어갈지 그림이 그려지는 수업이 잘 설계된 수업 계획입니다.

수업 계획은 교사의 철학과 의도가 담기는 시작점이며, 좋은 수업의 출발선입니다. 수업 계획을 하는 과정에서 교육과정에 대한 전문성을 키우고, 선생님의 교육 철학이 공고해지며, 아이들에 대해서 한 번 더 고민해볼 수 있습니다. 수업은 학생들과 선생님이 함께 만들어가는 것입니다. 수업 계획을 통해 준비된 상태에서 학생들과 함께 유연하게 호흡하는 수업의 즐거움을 느껴보시고, 수업 성찰을 통해 매일 한 걸음씩 나아가며 선생님의 철학이 견고해지기를 바랍니다.

실천 과제

1. 수업에 들어가기 전에 이번 시간에 교사가 꼭 전하고 싶은 메시지(목표)를 학생들에게 알려주세요(활동지에 기록하거나 수업 시간에 직접 말하기).
2. 한 차시에서는 단원의 핵심 개념에 맞는 질문을 최소 3개 준비해 보세요.
3. 플레밍의 학습 유형 22가지를 참고하여 우리 반 학생들의 학습자 특성을 분석해 보세요.

참고 문헌

☞ Dick, W., & Carey, L. (1978). The systematic design of instruction. Scott, Foresman.

☞ Fleming, N. D. (1987). VARK learning styles inventory. [원형 개발 관련]

☞ Fleming, N. D., & Mills, C. (1992). VARK: The four (or five) learning styles. [모델 설명]

☞ Keefe, J. W., & Monk, J. S. (1985). Assessment of learning style variables: The

NASSP task force model. Theory into Practice.

☞ Taba, H. (1962). Curriculum development: Theory and practice. Harcourt, Brace & World.

☞ Tyler, R. W. (1949). Basic principles of curriculum and instruction. University of Chicago Press.

7차시. 활동지구성

1. '활동지'란 무엇인가

활동지의 정의

'활동지'란 무엇일까요? 국어사전에 '활동지'를 검색해보면 아무 단어도 나오지 않습니다. 비슷한 의미로 혼용되는 '학습지'를 검색해보면 '학생이 일정한 양을 학습할 수 있도록 정기적으로 가정으로 배달되는 문제지'라고 나옵니다. 영한사전에 '활동지'를 검색해보면 Activity Sheet / Activity Paper[활동지], Worksheet[(학습용)연습문제지] 등의 영단어가 나옵니다. 교사는 교육활동 전반에 걸쳐서 단순한 문제 풀이를 넘어 다양한 상황에서 다양한 목적으로 활동지를 굉장히 많이 활용합니다. 앞서 살펴봤던 사전의 설명만으로는 교사가 활용하는 '활동지'라는 의미를 담아내기엔 너무나도 부족하다는 느낌이 듭니다. 그러나 '활동지가 무엇이냐?'라고 묻는다면 한 마디의 말로 정의내리기는 쉽지 않은 것도 사실입니다. 이 책에서는 논의 전개를 위해 '활동지'를 이렇게 정의하고자 합니다. 활동지는 [교사가 학습자의 수업 목표 달성 지원를 위해 활용하는 문서자료]이다. 이 정의에서 강조하고 싶은 것은 두 가지입니다. 문서자료, 그리고 수업 목표 달성 지원. '문서자료의 특성은 해당 수업 목표 달성 지원을 위해 적절한가?', '내가 수업에서 이 활동지를 사용해 지원하고자 하는 수업 목표는 무엇인가?'이번 장에서는 이 두 가지 질문을 뼈대로 활동지 구성이라는 주제를 이야기해보고자 합니다.

2. 활동지 구성 능력의 필요성

우리가 교육 현장에서 바로 만날 수 있는 활동지는 교과서입니다. 교과서는 교육과정의 목표와 내용을 체계적으로 담아낸 활동지로, 교육과정의 성취기준을 기반으로 구성된 양질의 활동들을 포함하고 있습니다. 그렇다면 우리는 그냥 교과서만을 활용하여 수업을 진행하면 안 되는 걸까요?

교과서는 훌륭한 활동지입니다. 하지만 교과서에 제시된 내용, 방법 등은 교수·학습 과정에서 학습자의 흥미, 개개인의 능력과 경험 등과 같이 교육 현장에서만 확인할 수 있는 다양한 특성과 개별 학습자의 요구를 반영하거나 교사의 교육적 신념을 담아내기 어려울 수 있습니다. 만약 교사가 자신의 수업 내용과 의도에 맞춰 활동지를 구성할 능력이 없다면 교사는 결국 교과서가 제시하는 의도와 흐름에 따라갈 수밖에 없습니다. 최근 교육과정 개정의 방향성은 맞춤형 교육의 강조와 교사의 교육과정 자율권 확대에 초점을 맞추고 있습니다. 이러한 흐름 속에서 교사는 단순한 지식 전달자를 넘어, 학습자 중심의 교육을 실현하는 주체로서의 역할을 요구받고 있습니다. 이를 위해서는 교사가 교과서를 보완하고, 나아가 교과서의 한계를 뛰어넘는 맞춤형 학습 자료를 직접 구성할 수 있는 능력이 필수적입니다.

결론적으로, 활동지 구성 능력은 더 이상 선택이 아닌 필수적인 교사 역량이라고 할 수 있습니다. 이 능력은 교사가 자신의 교육적 신념과 수업 목표를 효과적으로 구현하고, 궁극적으로 학습자 개개인의 성장과 발달을 촉진하는 데 결정적인 역할을 할 것입니다. 교과서의 한계를 넘어, 살아있는 교육을 만들어가는 힘은 바로 교사의 활동지 구성 능력에서 시작됩니다.

3. 좋은 활동지를 만들기 위한 방법

활동지를 사용하는 것이 항상 효과적인 것만은 아닙니다. 때로는 다른 교육자료를 함께 활용하거나, 활동지를 활용하지 않는 것이 오히려 도움이 되기도 합니다. 그렇기에 활동지의 특성을 잘 이해하고 필요한 수업에 적절하게 구성하고 활용하는 것이 필요합니다.

활동지의 '문서자료'로서의 특징 이해하기

활동지는 [교사가 학습자의 수업 목표 달성 지원을 위해 활용하는 문서자료]이다.

앞서 약속했던 활동지의 정의 중 '문서자료'로서의 특징을 살펴보도록 하겠습니다. 교사는 활동지를 수업에 활용할 것인가를 결정하기에 앞서 '문서자료의 특성은 해당 수업 목표 달성

    배움이 자연스러운 수업에서 행복한 아이가 자란다

지원을 위해 적절한가?'를 스스로 묻고 판단해야 합니다. 교수·학습 활동에서 '문서자료'로서 활동지가 가진 장단점에 대해 먼저 살펴보겠습니다.

활동지의 장점	활동지의 단점
① 자료 제작의 용이성 ② 넓은 자료 활용 폭 ③ 낮은 제작 단가 ④ 학습자의 자기 주도적 활동 보조	① 연속적인 수행과정을 보여주기 어려움 ② 수업 활동의 복잡성 상승 ③ 사후 관리의 어려움

[활동지의 장점]

① 자료 제작의 용이성

활동지는 다양한 교육 자료 중에서도 제작이 매우 쉽습니다. 워드 프로세서와 같은 간단한 문서 도구로 만들 수 있으며, 기존 자료를 수정하기도 편리합니다. 제작·수정이 쉽고 편리하다는 사실은 교수학습 과정에서 인지한 교사·학생의 필요를 지속적으로 반영할 수 있다는 점에서 큰 의미가 있습니다. 활동지를 이용하면 교사의 경험 및 현장 정보를 보다 손쉽고 꾸준하게 학습 자료에 쌓아나갈 수 있습니다.

② 넓은 자료 활용 폭

활동지는 제작 자유도가 매우 높아 다양한 자료를 포함하고 다채로운 활동을 제시할 수 있습니다. 글뿐만 아니라 그림, 도표 등 시각 자료를 자유롭게 활용하여 제작할 수 있으며, 어떻게 구성하느냐에 따라 활동지 하나로도 여러 가지 활동을 이끌어낼 수 있습니다. 다만, 활용 폭이 넓다고 별다른 고민 없이 무분별하게 활동지를 남용하는 경우에는 오히려 수업 목표 달성에 지장을 줄 수 있습니다. 효과적인 교수학습을 위해서는 활동지의 특성이 수업 목표 달성에 적합한지를 항상 고려해야 합니다.

③ 낮은 제작 단가

학교 현장에서 교사가 제한 없이 활용할 수 있는 재료를 꼽자면 단연 A4용지입니다. 다른 학습 자료는 구매 비용으로 인해 소모품일 경우 여러 번 활용하기 어렵고, 전입생이 생기면 자료 수량과 학생 수의 불일치로 수업 진행에 어려움을 겪는 경우가 많습니다. 반면, 교사가 큰 제약 없이 모든 학습자에게 1인 1자료를 제공할 수 있다는 점은 활동지의 강력한 장점입니다. 이는 교육과정을 안정적으로 운영하는 데 크게 이바지합니다.

④ 학습자의 자기 주도적 활동 보조

1인 1스마트 기기 확보가 어려운 교실 환경에서 활동지는 영상 자료 등과 달리 학습자가 자기 주도적으로 필요한 순간에 필요한 부분을 직접 확인하며 학습할 수 있도록 도울 수 있습니다. 다수의 학습자들을 교육하는 교실 환경에서 더 많은 학습자들이 자기 주도적으로 학습할 수 있는 여건을 마련하는 것은 매우 중요합니다. 이는 교사가 학습 내용에 대한 이해도를 파악하고 개별 피드백을 제공할 수 있는 여유를 제공하기 때문입니다. 이러한 자기 주도적 활동을 효과적으로 보조하기 위해서는 교사가 학습 집단의 특성을 정확하게 이해하여 활동지를 구성해야하고 다양한 수준의 학습자가 자기 주도적으로 학습할 수 있도록 여러 단계의 충분한 비계(scaffolding)를 활동지에 포함시켜야 합니다.

[활동지의 단점]

① 연속적인 수행과정을 보여주기 어려움

활동지는 특히 신체 동작, 제작, 조작과 같이 연속적인 행동 수행이 필요한 수업에서는 그 과정을 온전히 담아내기 어렵습니다. 예를 들어, 줄넘기 배우기와 같은 활동의 경우, 활동지에 사진이나 그림으로 동작을 분절적으로 제시할 수밖에 없습니다. 이는 실제 동작의 흐름이나 미묘한 숙련 과정을 학습자가 파악하기 어렵게 만들 수 있습니다. 따라서 이러한 유형의 수업에서는 활동지보다는 동영상 자료를 활용하거나 직접 시연과 같은 교육 방법이 훨씬 더 효과적일 수 있습니다.

② 수업 활동의 복잡성 상승

어떤 자료를 사용하든, 여러 자료를 한꺼번에 제공하면 수업의 복잡성은 필연적으로 높아집니다. 교과서만으로 수업할 때도 "선생님, 몇 쪽이에요?"라고 묻는 학생들이 있듯이, 활동지가 추가되면 학습자들은 수업의 전체적인 맥락을 놓치기 쉽습니다. 이는 결국 교수·학습 과정에서 불필요하거나 비생산적인 활동이 늘어나, 활동지 활용이 오히려 수업 목표 달성을 방해하는 결

     배움이 자연스러운 수업에서 행복한 아이가 자란다

과를 초래할 수 있습니다. 따라서 교수·학습 과정에서 추가적인 학습 자료를 활용하기 전에는, 자료 추가로 인해 발생하는 수업의 복잡성보다 수업 목표 달성에 대한 기여도가 더 크게 증가하는지를 신중하게 판단해야 합니다.

③ 사후 관리의 어려움

대부분의 교사들이 공감하겠지만, 활동지는 학습자들이 스스로 관리하기 때문에 사후 관리가 제대로 이루어지기 어렵습니다. 활동을 마친 후에도 학습자들이 활동지를 지속적으로 활용하기를 원한다면, 사전에 충분한 계획을 세우고 관리를 용이하게 하는 환경을 조성하는 것이 필수적입니다. 아코디언 파일과 같은 정리 도구를 활용하거나, 교사가 활동지의 활용 및 정리 방법을 체계적으로 안내하고 연습시키는 것이 중요합니다. 교사의 명확한 지침과 지속적인 관리가 없다면 활동지는 일회성 자료로 끝나버릴 가능성이 높습니다.

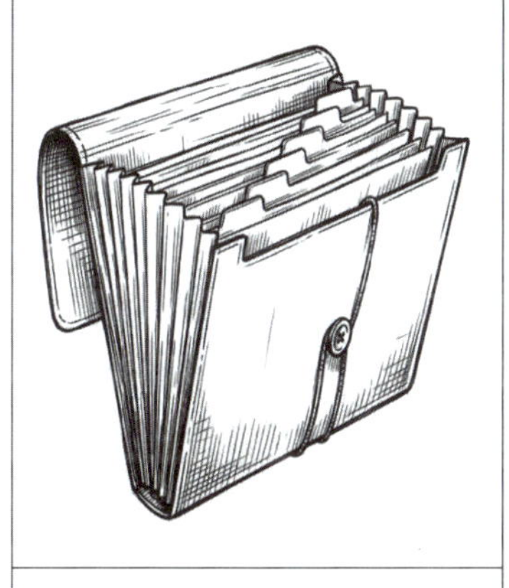

아코디언 파일

아코디언 파일의 장점
* 하나의 파일로 여러 과목의 학습지를 분류하여 정리할 수 있기 때문에 과목마다 일일이 파일을 준비하는 번거로움이 적습니다.
* 수업 준비에서 학생들이 실수로 다른 과목의 파일을 준비하는 일이 없어집니다.

활동지 관리 Tips
* 미리 활동지 활용 계획을 세우고, 단원 단위 등 묶음 단위의 활동지를 제공합니다.
* 활동지 작성 전에는 반드시 '학년/반/번호/이름'을 쓰고 시작합니다.
* 활동지를 사용한 후에는 꼭 "파일에 정리하라"고 안내합니다.

활동지가 담고 있는 수업 목표 유형 이해하기

활동지는 [교사가 학습자의 수업 목표 달성 지원을 위해 활용하는 문서자료]이다.

이번에는 '학습자의 수업 목표 달성 지원' 측면에서 활동지의 특성을 살펴보겠습니다. 교사는 활동지를 효과적으로 활용하기 위해서는 활동지 구성에 앞서 '내가 수업에서 이 활동지를 사용해 지원하고자 하는 수업 목표는 무엇인가?'를 스스로 묻고 확인해야 합니다. 교사는 수업 목표에 따라 주로 4가지 목적으로 활동지를 활용합니다.

1. 활동 보조 : 활동 방법 안내

이 경우 활동지의 목적은 휘발될 수 있는 교사의 설명이나 시연의 단점을 보완하여 학습자들이 자기 주도적으로 학습할 수 있는 환경을 조성하는 것입니다. 따라서 활동지는 학습자들이 수행해야 할 활동을 정확하고 명료하게 전달하는 것이 중요합니다. 잘 만든 활동지는 학습 활동 중 학습자들이 교사의 피드백을 기다리는 불필요한 대기 시간을 줄여줍니다. 또한, 교사에게 더 많은 도움이 필요한 학습자에게 집중할 수 있는 여유를 제공합니다.

하지만 언어가 아닌 연속적인 동작이나 조작 활동을 안내하는 경우에는 활동지가 적절한 대체재 역할을 수행하지 못할 수 있습니다. 이러한 상황에서는 글보다는 그림을 활용하는 것이 효과적이며, 학습 장소나 기자재 환경이 허락한다면 QR코드 등을 통해 영상으로 학습 방법을 제공하는 것이 가장 좋습니다.

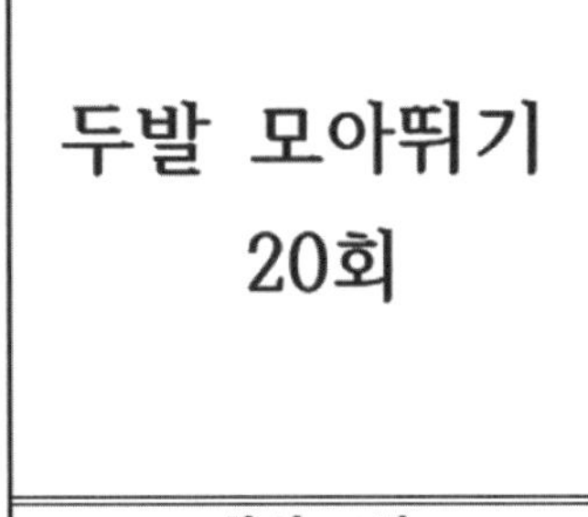

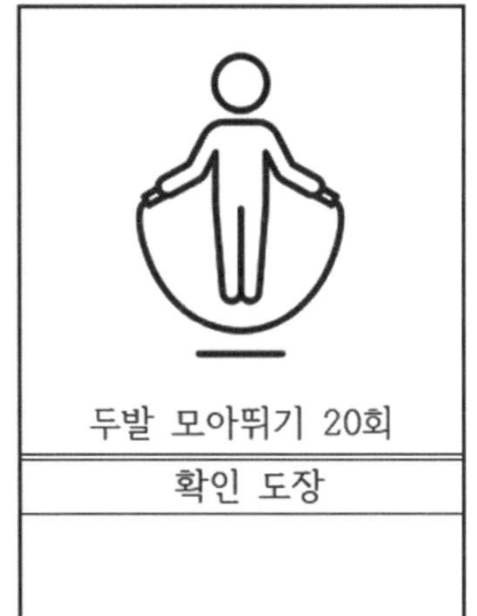

연속적인 동작이나 조작활동의 경우, 글보다는 그림, 그림보다는 영상으로 보여주는 것이 효과적이다.

2. 이해 활동 : 학습 내용 이해하기

이 경우 활동지의 목적은 학습자가 학습 내용에만 온전히 집중할 수 있도록 구성된 학습 활동을 제시하는 것입니다. 이는 단순히 학습자의 지적 수준을 고려하는 것을 넘어 학습자가 학습 활동에 최대한 몰입할 수 있도록 활동지를 구성하는 것을 의미합니다. [논설문의 구조 파악하기]라는 학습 주제를 예시로 설명해보겠습니다.

1. 논설문을 읽고 논설문의 서론 / 본론 / 결론의 역할을 찾아 아래의 표에 정리해봅시다.		
논설문의 구조	서론	
	본론	
	결론	

함께 논설문을 읽은 후, 위의 활동지를 주고 학생에게 [서론 / 본론 / 결론]에 들어가는 내용이 무엇인지 정리해보라고 안내하는 상황을 생각해봅시다. 학생들은 이전 학년에서 주장하는 글쓰기를 반복적으로 배웠지만, 학년이 올라가며 접하게 되는 논설문, 서론, 본론, 결론 같은 용어는 여전히 낯설게 느껴집니다. 이 낯선 용어들이 학생들에게는 높은 장벽이 됩니다. 글쓰기의 핵심 개념을 이해하는 데 어려움을 겪으면서, 교사가 의도한 깊이 있는 학습 활동을 학생이 제대로 경험하지 못하는 상황이 발생합니다.

1. 아래에 제시된 논설문의 구조를 살펴보며 논설문에서 각 부분이 어떤 역할을 하고 있는지 알아봅시다.		
논설문의 구조	서론	흥미로운 내용 넣기 문제상황 제시하기 주장 제시하기
	본론	주장을 뒷받침하는 근거 제시하기 근거를 뒷받침하는 자료 제시하기
	결론	본론 내용 요약하기 주장 강조하기

그렇다고 해서 위의 활동지처럼 논설문 구조의 예시 답안을 학생들에게 그대로 제시하는 것이 능사는 아닙니다. 이는 또 다른 문제에 부딪히게 만듭니다. 학습 활동이 완성된 답안을 그대로 받아들이는 수동적인 활동으로 전락할 수 있기 때문입니다. 학생들의 입장에서 이미 완벽하게 채워진 논설문의 구조를 보게 되면, 굳이 제시된 텍스트와 씨름하며 서론, 본론, 결론의 단서를 찾아 연결 지을 동기가 사라집니다. 능동적으로 내용을 채워 넣어야 할 필요성을 느끼지 못하게 되는 것이죠. 결국, 주어진 자료를 단순히 암기하는 것으로 이어질 가능성이 높고, 이는 유의미한 학습으로 이어지기 어렵습니다. 학생들은 스스로 탐색하고 발견하는 과정에서 얻는 깨달음과 성장의 기회를 놓치게 되는 것입니다.

Kuperberg(2006)는 실험자들에게 아래의 문장을 제시하였습니다. "다음 날 그의 몸에는 멍이 잔뜩 들어있었다" 그리고 이 문장의 앞에는 다음 중 한 문장이 먼저 제시되어 있었습니다.

① "조이의 형은 그에게 주먹을 날리고 또 날렸다"
② "조이의 형은 그에게 매우 화가 났다"
③ "조이는 놀기 위해 이웃집에 갔다"

연구에 따르면 실험자들은 두 번째 문장에 많은 시간을 사용했다고 합니다. 그 이유는 두 문장 사이에 연관성은 존재하나 그 연관 관계를 이해하려면 몇 가지 추측을 해야하기 때문이었습니다. 연구에 따르면 두 번째 문장을 살펴볼 대 사람들의 두뇌의 여러 영역에서 높은 뇌 활성 등급이 측정됐고, 향후 기억에도 더 잘 남았다고 합니다. 이러한 원리는 활동지 구성에도 그대로 적용됩니다. 학습 내용의 깊은 이해를 목표로 하는 활동지는 단순히 빈칸을 채우거나 정답을 암기하는 도구가 되어서는 안 됩니다. 활동 안에서 학생 스스로 핵심 개념 또는 기능을 인지하고, 논리적 연결 고리를 발견하며, 학습 내용를 구조화하도록 돕는 촉매제 역할을 해야 합니다. 그러기 위해서는 학습자가 적절한 단서를 제공받고, 그 단서를 통해 스스로 결론을 내릴 수 있도록 활동지를 구성하는 것이 중요합니다.

1. 논설문을 읽고 논설문의 서론 / 본론 / 결론의 역할을 <보기>에서 찾아 아래의 표에 정리해봅시다.

새로운 단어 알아보기
서론 : 논설문을 시작하는 부분
본론 : 논설문에서 읽는 사람을 논리적으로 설득하는 부분
결론 : 논설문을 마무리하는 부분

<보기>

흥미로운 내용 넣기 / 문제상황 제시하기 / 주장 제시하기 / 근거 제시하기 /
근거를 뒷받침하는 설명하기 / 글 내용 요약하기 / 주장 강조하기

논설문의 구조	서론	
	본론	
	결론	

위의 수정된 활동지는 학생들이 처음 마주하는 낯선 용어에 대한 설명을 덧붙여 활동 참여의 진입 장벽을 낮춥니다. 동시에 논설문의 각 부분이 담당하는 주요 역할들을 <보기>로 제시하여, 답안을 직접적으로 주지 않으면서도 학생들이 스스로 추론할 수 있는 단서를 제공합니다. 이는 학생들이 백지 상태에서 무엇을 써야 할지 막막해하는 부담을 크게 덜어줍니다. 이렇게 구조화된 활동은 학생들의 의사소통 주제를 한정시켜, 학습 내용에 대한 깊이 있는 토론을 가능하게 합니다. 예를 들어, 논설문을 읽기 전 학생들은 <보기>의 각 역할이 글의 어느 부분에 들어갈지 예상하고 친구들과 의견을 나누며 서로의 다양한 관점을 접할 수 있습니다. 이후 논설문을 다시 읽으며 자신의 예상이 맞았는지 확인하고, 실제 글에서 각 역할이 어떻게 구현되었는지 찾아 정리하는 과정을 거치며 그 효과를 직접 평가해볼 수도 있습니다. 이처럼 활동지를 어떻게 구성하느냐에 따라 같은 주제를 배우더라도 학습의 깊이가 크게 달라질 수 있습니다.

3. 적용 활동 : 학습 내용 활용 능력 기르기

배운 내용을 실제로 활용하며 자신의 것으로 만드는 단계가 바로 적용 활동입니다. 이 경우의 주된 목적은 학습자가 스스로 해결할 수 있는 과제를 통해 학습 내용을 능동적으로 사용하는 능력을 키워주는 것입니다. 동시에 성공적인 경험을 통해 '나도 할 수 있다'는 자신감을 얻고 배운 것을 적극적으로 활용하려는 마음을 가질 수 있도록 이끌어주는 것도 중요합니다. 따라서 이해 활동에서와 마찬가지로 적용 활동에서도 학생들의 이해 수준을 파악하여 난이도를 조절하는 것이 매우 중요합니다. 그렇다면 앞서 [논설문의 구조 파악하기] 수업에서 배운 내용을 어떻게 적용 활동으로 연결할 수 있을지 구체적으로 살펴보겠습니다.

◎ **논설문의 서론을 읽고 물음에 답해봅시다.**

> "오늘은 무슨 반찬이 나올까?" 설레는 마음으로 기다리는 점심시간, 따뜻한 밥과 맛있는 반찬들로 가득한 식판을 받으면 기분이 좋아집니다. 하지만 즐거운 식사 시간이 끝난 뒤, 잔반통에 가득 쌓인 음식들을 보면 우리가 먹지 않고 버리는 음식물 쓰레기로 인해 많은 문제들이 일어나고 있다는 사실이 떠올라 마음이 무거워집니다. 저는 우리가 급식을 남기지 않기 위해 적극적으로 노력해야 한다고 주장합니다.

1. 글쓴이가 논설문에서 제시한 문제 상황은 무엇인가요?

2. 글쓴이의 주장은 무엇인가요?

학생들이 논설문의 구조를 개념적으로 어렴풋이 이해하거나 논설문 자체에 익숙하지 않은 상황이라면, 이처럼 새로운 논설문을 반복적으로 제시하여 논설문의 구조가 드러나는 다양한 예시를 경험할 수 있습니다. 이 활동의 목적은 학생들이 직접 논설문의 구조를 예시 글에 대입해보면서 학습한 개념을 적용해보고 동시에 다양한 예시를 접하면서 추상적으로만 알던 개념을 경험적으로 체득하게 돕는 것입니다. 여러 논설문을 분석하는 과정을 거치면서 학생들은 서론이 '문제 상황 제시'와 '주장 제기'라는 두 가지 주요 역할을 어떻게 수행하는지 자연스럽게 파악하게 됩니다. 이처럼 반복적인 적용 활동을 통해 논설문의 구조에 대한 감각을 길러주면 논설문의 구조를 더 깊이 이해하고 이후에는 더 심화된 활동에 참여할 수 있습니다.

◎ **다음의 글을 읽고 물음에 답해봅시다.**

(가) 둘째, 우리가 남기는 음식물은 단순히 쓰레기로 끝나는 것이 아니라, 음식을 만드는 데 들어간 소중한 자원까지 함께 버려지는 일입니다. 농부 아저씨의 땀방울, 깨끗한 물, 그리고 음식을 학교까지 운반하는 데 쓰이는 기름과 에너지까지, 급식 하나를 만들기 위해 정말 많은 노력과 자원이 필요합니다. 급식을 남기는 것은 이 모든 자원을 한 순간에 버리는 것과 같습니다. 이처럼 음식물 쓰레기를 줄이는 것은 곧 환경을 지키고 자원을 아끼는 아주 중요한 행동입니다.

(나) 급식을 남기지 않아야 하는 이유는 크게 두 가지입니다. 첫째, 음식물 쓰레기는 지구 환경에 심각한 문제를 일으키기 때문입니다. 음식물 쓰레기가 땅에 묻히면 썩는 과정에서 메탄가스라는 나쁜 가스가 나오는데, 이 가스는 지구 온난화를 심해지게 하는 주요 원인입니다. 우리나라에서는 하루에 약 1만 4천 톤이 넘는 음식물 쓰레기가 버려지고 있다고 합니다. 이 어마어마한 양의 쓰레기가 모두 환경에 나쁜 영향을 주고 있는 것입니다.

(다) "오늘은 무슨 반찬이 나올까?" 설레는 마음으로 기다리는 점심시간, 따뜻한 밥과 맛있는 반찬들로 가득한 식판을 받으면 기분이 좋아집니다. 하지만 즐거운 식사 시간이 끝난 뒤, 잔반통에 가득 쌓인 음식들을 보면 우리가 먹지 않고 버리는 음식물 쓰레기로 인해 많은 문제들이 일어나고 있다는 사실이 떠올라 마음이 무거워집니다. 저는 우리가 급식을 남기지 않기 위해 적극적으로 노력해야 한다고 주장합니다.

(라) 급식을 남기는 습관은 지구 환경을 오염시키고 음식을 만드는 데 들어간 소중한 자원까지 낭비하는 심각한 문제로 이어집니다. 우리는 급식을 남기지 않는 작은 실천만으로도 이러한 문제들을 해결하는 데 큰 도움을 줄 수 있습니다. 이제부터는 우리 모두 먹을 만큼만 받고 남김없이 깨끗하게 먹는 멋진 습관을 길러 보는 건 어떨까요? 우리의 작은 노력이 모여 지구를 지키는 큰 힘이 될 것입니다.

1. 논설문의 구조를 생각하며 제시된 글을 순서에 맞게 배치해봅시다.

    (논설문의 구조를 정리했던 이전의 활동지를 살펴봐도 좋습니다)

2. 모둠 친구들과 배치한 순서와 그렇게 배치한 이유를 이야기해봅시다.

또는 위의 활동지처럼 논설문의 구조를 생각하며 글을 재배치하는 활동을 구성할 수도 있습니다. 학생들은 '문제 상황 제시'와 '주장 제기'가 담긴 (다) 문단이 서론에 해당함을, 그리고 '요약'과 '마무리'가 담긴 (라) 문단이 결론에 해당함을 추론할 것입니다. 또한, 구체적인 근거를 제시하는 (가)와 (나) 문단이 본론에 속한다는 것을 이해하고, 이 둘의 순서를 어떻게 배치할지에 대해 친구들과 논의하며 논설문의 논리적 흐름을 깊이 있게 이해할 수 있습니다. 무작위로 섞인 문단들을 논설문의 구조에 맞춰 재배치하는 활동을 통해 학생들은 각 문단의 핵심 내용과 글 전체에서 차지하는 역할을 능동적으로 파악하며 논설문의 구조를 깊이 있게 이해할 수 있습니다.

◎ 논설문에서 서론의 역할을 생각하며 "급식을 남기지 말고 다 먹자"는 주장을 담은 논설문 서론을 써 봅시다.

<서론의 역할>
흥미로운 내용 제시 / 문제상황 제시 / 주장 제시

<서론>

____

____

____

____

____

　학생들이 논설문의 구조를 개념적으로 파악하고 충분한 예시를 경험했다고 판단되면, 위의 활동지와 같이 적극적인 창작 활동으로 활동지를 구성할 수 있습니다. 이러한 창작 활동은 학생들의 학습 결과물이 어느 정도 기본을 갖춘 상태로 나올 수 있을 때 활용하는 것이 중요합니다. 그래야 교사가 전체적인 내용을 수정하기보다, 원포인트 레슨처럼 핵심적인 부분만 짚어주는 맞춤형 피드백이 가능하기 때문입니다. 만약 기초가 부족한 상태에서 바로 창작으로 넘어가면, 교사는 피드백할 내용이 너무 많아져 부담을 느끼게 되고 학생들 역시 방대한 피드백을 온전히 소화하기 어려울 수 있습니다. 따라서 충분한 이해와 연습을 통해 학생들의 자신감이 충분히 쌓인 후, 창작의 기회를 제공하는 것이 가장 효과적입니다.

　4. 평가 활동 : 계획된 평가 기준의 도달 여부 파악하기

　평가 활동지의 주된 목적은 학습자가 계획된 평가 기준에 도달했는지 파악하는 것입니다. 적용 활동이 학생의 이해 수준에 맞춰 난이도를 조절하는 데 초점을 둔다면, 평가 활동은 학습자의 현재 수준과 관계없이 미리 설정된 평가 기준을 충족했는지를 확인하는 데 집중해야 합니

　배움이 자연스러운 수업에서 행복한 아이가 자란다

다. 최근에는 학습 과정에서 평가 기준 도달 정도를 파악하는 과정 중심 평가가 강조되고 있습니다. 그러나 이 과정에서 평가의 본질을 잊고 과제의 맥락을 지나치게 개방적으로 제시하는 경우가 있습니다. 이럴 경우 학생들은 평가 요소에 집중하지 못하고 평가 외적인 부분에 몰입하여 객관적인 평가가 어려워질 수 있습니다.

◎ 다음의 주장을 바탕으로 논설문을 작성해봅시다.

점심 시간에 급식을 남기지 말자

예를 들어, '논설문의 구조를 이해하고 있는가?'를 평가할 때, 학생들에게 직접 논설문을 쓰게 한다면 어떤 문제가 발생할까요? 학생들은 글씨체, 근거의 타당성, 자료 출처 표기 등 논설문의 구조와 직접적인 관련이 없는 요소에 더 많은 시간과 노력을 쏟을 수 있습니다. 이런 상황에서는 학생이 구조에 대한 이해가 부족해서 평가 기준에 도달하지 못한 것인지, 아니면 평가 외적인 부분에 몰입해서 본질을 놓친 것인지 판단하기 어려워집니다.

◎ 다음의 글을 읽고 물음에 답해봅시다.

(가) ㉠둘째, 우리가 남기는 음식물은 단순히 쓰레기로 끝나는 것이 아니라, 음식을 만드는 데 들어간 소중한 자원까지 함께 버려지는 일입니다. 농부 아저씨의 땀방울, 깨끗한 물, 그리고 음식을 학교까지 운반하는 데 쓰이는 기름과 에너지까지, 급식 하나를 만들기 위해 정말 많은 노력과 자원이 필요합니다. 급식을 남기는 것은 이 모든 자원을 한순간에 버리는 것과 같습니다. 이처럼 음식물 쓰레기를 줄이는 것은 곧 환경을 지키고 자원을 아끼는 아주 중요한 행동입니다.

(나) 급식을 남기지 않아야 하는 이유는 크게 두 가지입니다. 첫째, 음식물 쓰레기는 지구 환경에 심각한 문제를 일으키기 때문입니다. ㉡음식물 쓰레기가 땅에 묻히면 썩는 과정에서 메탄가스라는 나쁜 가스가 나오는데, 이 가스는 지구 온난화를 심해지게 하는 주요 원인입니다. 우리나라에서는 하루에 약 1만 4천 톤이 넘는 음식물 쓰레기가 버려지고 있다고 합니다. 이 어마어마한 양의 쓰레기가 모두 환경에 나쁜 영향을 주고 있는 것입니다.

(다) "오늘은 무슨 반찬이 나올까?" 설레는 마음으로 기다리는 점심시간, 따뜻한 밥과 맛있는 반찬들로 가득한 식판을 받으면 기분이 좋아집니다. 하지만 ㉢즐거운 식사 시간이 끝난 뒤, 잔반통에 가득 쌓인 음식들을 보면 우리가 먹지 않고 버리는 음식물 쓰레기로 인해 많은 문제들이 일어나고 있다는 사실이 떠올라 마음이 무거워집니다. 저는 우리가 급식을 남기지 않기 위해 적극적으로 노력해야 한다고 주장합니다.

(라) ⓔ급식을 남기는 습관은 지구 환경을 오염시키고 음식을 만드는 데 들어간 소중한 자원까지 낭비하는 심각한 문제로 이어집니다. 우리는 급식을 남기지 않는 작은 실천만으로도 이러한 문제들을 해결하는 데 큰 도움을 줄 수 있습니다. ⓜ이제부터는 우리 모두 먹을 만큼만 받고 남김없이 깨끗하게 먹는 멋진 습관을 길러 보는 건 어떨까요? 우리의 작은 노력이 모여 지구를 지키는 큰 힘이 될 것입니다.

1. 표의 빈칸에 알맞은 문단의 기호를 작성해봅시다.

서론	
본론	
결론	

2. 논설문에서 밑줄 친 문장의 역할이 무엇인지 표의 빈칸에 작성해봅시다.

㉠		㉣	
㉡		㉤	
㉢			

　'논설문의 구조를 이해하고 있는가?'를 평가할 때는 다음과 같은 활동이 더 효과적일 수 있습니다. 학생들에게 직접 논설문을 쓰게 하는 대신, 완성된 논설문을 제시하고 각 문단의 역할을 분석하게 하거나 핵심 문장에 밑줄을 긋고 그 기능을 쓰게 하는 활동이 바로 그것입니다. 이처럼 구체적인 과제를 통해 학생들이 평가 요소인 '논설문의 구조'에만 집중하도록 유도할 수 있으며, 이는 교사가 학생의 학습 상태를 더욱 정확하게 진단하는 데 도움이 됩니다.

　평가 활동은 학생의 학습 상태를 객관적으로 진단하고 적절한 피드백을 제공하기 위한 과정입니다. 따라서 평가 활동 목적의 활동지는 평가 요소에 대한 학생의 집중도를 높이는 방향으로 설계하는 것이 바람직합니다.

활동지 구성하기

'교사의 눈높이를 넘어, 학습자의 시선으로'

활동지를 만들다 보면 자신도 모르는 사이에 교사의 시선으로 여러 가지를 전제하며 구성하기 쉽습니다. 하지만 좋은 활동지를 제작하기 위해서는 학습 내용을 처음 접하고, 어떤 방법으로 배워야 할지 모르는 '학습자'의 눈높이를 고려하는 것이 가장 중요합니다. 교사와 학습자는 수업, 수업 내용, 그리고 수업을 바라보는 관점 등 여러 면에서 다를 수밖에 없습니다. 이러한 차이를 인지하고 활동지를 제작하는 것만으로도 학습자의 참여도를 높이고 학습 효과를 크게 개선할 수 있습니다.

1. 수업 목표 확인하기

활동지는 학습자의 수업 목표 달성을 지원하는 중요한 도구입니다. 이 도구를 효과적으로 사용하기 위해서는 먼저 활동의 방향성을 명확히 설정해야 합니다. 교사가 수업을 설계하면서 반드시 확인해야 하는 가장 핵심적인 틀은 바로 성취기준입니다. 성취기준을 바탕으로 활동을 구상할 때, 교사는 수많은 활동들 속에서 '하면 좋은' 것들과 '반드시 해야 하는' 것들을 명확히 구분할 수 있습니다. 예를 들어, 주장하는 글을 제재로 다룰 때 [논설문의 구조 파악하기] 활동은 '[6국02-01] 글의 구조를 고려하며 주제나 주장을 파악하고 글 내용을 요약한다'라는 성취기준에는 부합하므로 '반드시 해야 하는' 활동이 될 수 있습니다. 반면, '[6국02-03] 글이나 자료를 읽고 내용의 타당성과 표현의 적절성을 평가한다'라는 성취기준에는 직접적으로 부합하지 않으므로 '여유가 있을 때 하면 좋은' 활동이 될 것입니다. 이처럼 수업 목표의 확인이 선행될 때, 학습의 본질에 집중하는 활동지를 만들 수 있으며 학생들을 교육과정의 목표로 효과적으로 이끌 수 있습니다.

2. 교과서·지도서 연구하기

앞서 언급했듯이, 활동지의 가장 대표적인 사례는 바로 교과서입니다. 교과서는 교육과정의 성취기준에 도달하기 위해 필요한 활동들을 체계적으로 구성한 활동지의 모음이라고 할 수 있습니다. 교과서는 단원 목표를 달성하는 과정을 차시별로 세분화하고, 각 차시의 목표에 맞는 학습 활동을 단계적으로 제시합니다. 자기 주도적 학습을 돕기 위해 학생들의 수준 차이를 보완할 수 있는 다양한 단서를 곳곳에 배치하기도 합니다. 또한, 지도서에는 학습자들이 흔히 갖는 오개념을 소개하고, 교수·학습 과정에서 활용할 수 있는 풍부한 보충 및 심화 자료를 제공합니다. 여러 전문가가 함께 집필하고 수차례 검수를 거친 교과서와 지도서는 교사 개인의 연구

과정에서 놓치기 쉬운 요소들을 꼼꼼하게 다루고 있습니다. 이처럼 성취기준 도달에 이르는 하나의 체계적인 과정인 교과서와 지도서를 깊이 있게 연구하다 보면 자연스럽게 수업 목표 달성에 적절한 활동이 무엇인지 판단할 수 있는 안목을 기를 수 있으며, 교사 개인이 놓칠 수 있는 요소들을 효과적으로 보완할 수 있습니다.

3. 활동지 양식 통일하기

활동지를 제작할 때는 사소해 보이는 부분도 신경 쓰는 것이 좋습니다. 가령 다른 선생님과 활동지를 공유할 때나 직접 활동지를 만들 때, 단원명, 학년, 반, 번호, 이름을 쓰는 표제 칸의 양식을 통일하는 것만으로도 학생들은 낯선 활동지에 대한 심리적 부담감을 덜고 학습 내용에 더 주의를 기울일 수 있습니다. 더 나아가, 단원이나 교과 단위에서 유사한 활동 유형을 반복적으로 활용하는 것도 효과적인 전략입니다. 활동지 자체의 완성도도 중요하지만, 학습자가 활동지를 얼마나 효과적으로 활용할 수 있는가가 학습에 큰 영향을 미치기 때문입니다. 학생들이 활동 유형에 익숙해지면 활동 방법을 이해하는 데 쓰는 시간을 줄이고, 핵심 학습 활동에 집중하는 시간을 유의미하게 늘릴 수 있습니다. 특히 학급의 전반적인 학습 이해도가 우수한 경우가 아니라면, 이러한 접근법이 학생들의 학습 참여도를 높이는 데 유용하게 작용할 수 있습니다.

수업에 대한 교사의 철학이나 학생들에게 강조하고 싶은 메시지가 있다면, 매번 이야기하는 대신 활동지의 기본 양식에 정해진 문구를 추가할 수 있습니다. 이를 통해 교사의 에너지를 절약하고 학생들에게 전하고 싶은 메시지를 더욱 강조하며 생활화할 수 있습니다.

표제 구성 예시

[교표]	[과목명][단원명] [학습 주제] 또는 [학습 목표]	학년 반 이름 :
	[교사의 수업에 대한 철학이 담긴 문구]	

SEOUL NEULBAEUM ELEMENTARY SCHOOL 서울늘배움초등학교	수학 2단원. 각도 학습주제 : 각의 크기를 재어보기	학년 반 이름 :
	현명한 사람은 가장 많은 것을 아는 사람이 아니라 자신이 모르는 것을 질문하고 배우는 용기 있는 사람이다.	

 배움이 자연스러운 수업에서 행복한 아이가 자란다

4. 교실 현장 요소를 반영하는 학습 자료 활용하기

교사가 직접 활동지를 구성하는 것은 학생들의 삶과 학습 내용을 연결하여 몰입도를 높일 수 있다는 점에서 매우 중요합니다. 같은 활동이라도 교실 현장 요소를 반영하여 학생의 삶과 연결된 학습 자료를 활용한다면, 학생이 흥미를 갖게 되어 학습 참여가 더욱 적극적으로 이루어지고 경험적인 친숙함을 바탕으로 학습 이해도 또한 높아집니다. 예를 들어, 성취기준 '*[4사07-02] 생산과 소비 활동을 파악하고, 인적·물적 교류의 사례를 통해 각 지역 및 사람들이 상호의존 관계를 맺고 있음을 탐색한다.'를 바탕으로 물적 교류 사례를 알아보는 활동을 구상한다면 부모님이 사용하는 식사 재료의 원산지 찾기보다는 학교 앞 문구점 물건의 원산지를 찾아보는 활동이 더욱 흥미롭게 느껴질 수 있습니다. 주변의 소비 활동 사례를 알아보는 활동을 구상할 경우, 학교 주변의 환경을 고려할 수 있습니다. 학교 근처에 시장이 있다면 시장에서의 소비 활동을, 대형마트가 있다면 마트에서의 소비 활동을 예시로 드는 것이 학생들에게 더 친숙하고 이해하기 쉽습니다.

과거에는 교사가 현장 요소를 파악했더라도 그에 맞는 학습 자료를 찾는 데 어려움이 많았습니다. 하지만 이제는 인공지능(AI)을 활용하여 학습 자료를 손쉽게 찾고 활동지의 기본 틀을 구성할 수 있습니다. ChatGPT, Gemini와 같은 인공지능의 무료 버전을 이용하여 얻어낸 결과물에 약간의 수정만 거치면 교실 현장 요소를 반영한 활동지를 비교적 쉽게 만들 수 있습니다. 이 책에서 예시로 들었던 '급식을 남기지 않기 위해 노력해야 한다'는 주장하는 글 역시 인공지능을 활용하여 제작한 학습 자료입니다.

5. 학습자의 수준을 고려하여 비계(scaffolding) 구상하기

<table>
<tr><td colspan="3">1. 논설문을 읽고 논설문의 서론 / 본론 / 결론의 역할을 <보기>에서 찾아 아래의 표에 정리해봅시다.</td></tr>
<tr><td colspan="3">새로운 단어 알아보기
서론 : 논설문을 시작하는 부분
본론 : 논설문에서 읽는 사람을 논리적으로 설득하는 부분
결론 : 논설문을 마무리하는 부분</td></tr>
<tr><td colspan="3"><보기>
흥미로운 내용 넣기 / 문제상황 제시하기 / 주장 제시하기 / 근거 제시하기 / 근거를 뒷받침하는 설명하기 / 글 내용 요약하기 / 주장 강조하기</td></tr>
</table>

<table>
<tr><td rowspan="3" style="text-align:center">논설문의
구조</td><td style="text-align:center">서론</td><td>*
*
*</td></tr>
<tr><td style="text-align:center">본론</td><td>*
*</td></tr>
<tr><td style="text-align:center">결론</td><td>*
*</td></tr>
</table>

앞에서 설명했던 활동과 관련된 개념 설명이나 예시를 추가하는 것 외에도 표 안에 들어가야 할 항목의 개수를 알려주는 등 다양한 방식으로 단서를 제공할 수 있습니다. 가장 중요한 것은 단서의 양을 적절하게 조절하는 것입니다. 너무 많은 단서는 학습자의 능동적인 사고와 확장을 방해하고, 반대로 너무 적으면 학습자가 길을 잃을 수 있습니다. 활동지의 단서는 학생들의 수준을 고려하여 스스로 사고할 수 있는 적절한 수준으로 제공해야 합니다. 학습자의 깊이 있는 학습을 이끌어내기 위한 장치는 이처럼 다양하며, 교실 여건에 따라 더 적합한 방식을 선택할 수 있습니다. 이 책을 읽는 선생님들께서도 학생들의 성장을 지원하기 위해 또 어떤 방식으로 단서를 제공할 수 있을지 고민해 보시기 바랍니다.

◎ 다음의 논설문을 읽고, 논설문의 구조가 글쓴이의 주장을 읽는 이에게 전달하는 데 어떤 도움을 주는지 모둠 친구들과 토의해봅시다.

토의 질문 예시) 논설문의 서론에서 주장을 제시하는 것은 어떤 효과가 있을까요?

"오늘은 무슨 반찬이 나올까?" 설레는 마음으로 기다리는 점심시간, 따뜻한 밥과 맛있는 반찬들로 가득한 식판을 받으면 기분이 좋아집니다. 하지만 즐거운 식사 시간이 끝난 뒤, 잔반통에 가득 쌓인 음식들을 보면 우리가 먹지 않고 버리는 음식물 쓰레기로 인해 많은 문제들이 일어나고 있다는 사실이 떠올라 마음이 무거워집니다. 저는 우리가 급식을 남기지 않기 위해 적극적으로 노력해야 한다고 주장합니다.

급식을 남기지 않아야 하는 이유는 크게 두 가지입니다. 첫째, 음식물 쓰레기는 지구 환경에 심각한 문제를 일으키기 때문입니다. 음식물 쓰레기가 땅에 묻히면 썩는 과정에서 메탄가스라는 나쁜 가스가 나오는데, 이 가스는 지구 온난화를 심해지게 하는 주요

 배움이 자연스러운 수업에서 행복한 아이가 자란다

원인입니다. 우리나라에서는 하루에 약 1만 4천 톤이 넘는 음식물 쓰레기가 버려지고 있다고 합니다. 이 어마어마한 양의 쓰레기가 모두 환경에 나쁜 영향을 주고 있는 것입니다.

둘째, 우리가 남기는 음식물은 단순히 쓰레기로 끝나는 것이 아니라, 음식을 만드는 데 들어간 소중한 자원까지 함께 버려지는 일입니다. 농부 아저씨의 땀방울, 깨끗한 물, 그리고 음식을 학교까지 운반하는 데 쓰이는 기름과 에너지까지, 급식 하나를 만들기 위해 정말 많은 노력과 자원이 필요합니다. 급식을 남기는 것은 이 모든 자원을 한순간에 버리는 것과 같습니다. 이처럼 음식물 쓰레기를 줄이는 것은 곧 환경을 지키고 자원을 아끼는 아주 중요한 행동입니다.

급식을 남기는 습관은 지구 환경을 오염시키고 음식을 만드는 데 들어간 소중한 자원까지 낭비하는 심각한 문제로 이어집니다. 우리는 급식을 남기지 않는 작은 실천만으로도 이러한 문제들을 해결하는 데 큰 도움을 줄 수 있습니다. 이제부터는 우리 모두 먹을 만큼만 받고 남김없이 깨끗하게 먹는 멋진 습관을 길러 보는 건 어떨까요? 우리의 작은 노력이 모여 지구를 지키는 큰 힘이 될 것입니다.

논설문의 구조	서론	흥미로운 내용 넣기 문제상황 제시하기 주장 제시하기
	본론	주장을 뒷받침하는 근거 제시하기 근거를 뒷받침하는 자료 제시하기
	결론	본론 내용 요약하기 주장 강조하기

1. 친구들과 토의한 결과를 간단한 문장으로 정리해봅시다.

문장 예시) 논설문의 서론에서 주장을 제시하는 것은 ~~~ 효과가 있습니다.

반대로 학습 주제에 대한 학생들의 배경지식이 풍부하거나 관련 개념이 잘 형성되어 있는 경우에는 다른 방식의 활동을 구성할 수 있습니다. 이럴 때는 단순히 개념을 제시하는 것을 넘어, 정의적 요소를 강조한 활동을 시도해볼 수 있습니다. 예를 들어, 개념을 먼저 제시하고 해당 주제에 대해 학습하는 것이 왜 중요한지 스스로 생각해보게 하는 활동을 할 수 있습니다. 또한, 개념을 활용하여 심화된 지식을 구성하는 활동을 시도해볼 수 있습니다. 단순히 '논설문의 구조'를 이해하는 것을 넘어서 '논설문의 구조'가 자신의 주장을 전달하는 데 어떤 점에서 효과적인지를 독자의 입장에서 추론하며 지식을 심화하게 하는 활동이 그 예입니다. 이러한 접근을 통해 학생들은 이미 알고 있는 지식을 바탕으로 심화된 내용을 탐구하며 학습의 필요성을 내재화하고, 더 깊이 있는 사고를 이어갈 수 있습니다.

6. 활동 수행 방법을 조정하여 수업 목표에 집중시키기

어떤 활동을 선택하느냐에 따라 학생이 수업 목표에 집중하는 정도가 달라지듯이, 활동 수행 방법에 따라서도 학생의 집중도가 크게 달라집니다. 활동을 진행하다 보면 교사와 학생 모두 자신도 모르는 사이에 '배움이 일어났는가'가 아니라 '활동을 모두 끝냈는가'에 초점을 맞추는 경우가 많기 때문입니다. 따라서 활동을 구성할 때는 학생들이 제한된 시간 안에 얼마나 많은 것에 집중할 수 있는지를 학습자의 관점에서 고려하여 활동 수행 방법을 결정해야 합니다. 예를 들어, 학습 내용이 불가피하게 많다면 쓰기 활동을 줄이고 밑줄 긋기, 고르기, 채우기 등으로 활동 수행 방법을 바꾸어 학생들의 활동 시간을 조절할 수 있습니다. 이를 통해 학생들은 불필요하게 글씨 쓰기에 많은 시간을 낭비하지 않고 학습 주제에 대해 충분히 생각할 여유를 가질 수 있으며, 글씨를 쓰느라 수업 흐름을 놓치는 일을 피할 수 있습니다.

혹시 이러한 과정에서 수업 시간이 남을까 걱정된다면, 학습 주제와 관련된 심화 질문 하나를 미리 준비해두는 습관을 들이는 것이 도움이 됩니다. 수업이 일찍 끝났을 때 학생들의 호기심을 자극하는 질문을 던지고 생각을 나누다 보면, 남을 것 같던 시간이 오히려 부족하다고 느껴질 것입니다.

---

1. 논설문을 읽고 논설문의 서론 / 본론 / 결론의 역할을 <보기>에서 찾아 아래의 표에 기호를 적어봅시다.

논설문의 구조

새로운 단어 알아보기
서론 : 논설문을 시작하는 부분
본론 : 논설문에서 읽는 사람을 논리적으로 설득하는 부분
결론 : 논설문을 마무리하는 부분

<보기>
㉠흥미로운 내용 넣기　㉡문제상황 제시하기　㉢주장 제시하기　㉣근거 제시하기
㉤근거를 뒷받침하는 설명하기　㉥글 내용 요약하기　㉦주장 강조하기

	서론	

<table>
<tr><td rowspan="2">논설문의
구조</td><td>본론</td><td></td></tr>
<tr><td>결론</td><td></td></tr>
</table>

◎ **논설문의 서론을 읽고 물음에 답해봅시다.**

"오늘은 무슨 반찬이 나올까?" 설레는 마음으로 기다리는 점심시간, 따뜻한 밥과 맛있는 반찬들로 가득한 식판을 받으면 기분이 좋아집니다. 하지만 즐거운 식사 시간이 끝난 뒤, 잔반통에 가득 쌓인 음식들을 보면 우리가 먹지 않고 버리는 음식물 쓰레기로 인해 많은 문제들이 일어나고 있다는 사실이 떠올라 마음이 무거워집니다. 저는 우리가 급식을 남기지 않기 위해 적극적으로 노력해야 한다고 주장합니다.

1. 글쓴이가 논설문에서 제시한 문제 상황이 드러난 문장에 밑줄을 그어봅시다.

2. 글쓴이의 주장이 드러난 문장에 밑줄을 그어봅시다.

활동지 효과적으로 활용하기

1. 활동지를 계획적으로 제시하기

동시에 여러 개의 학습 자료를 활용하면 수업의 복잡성이 커져 학습자가 흐름을 놓치기 쉽습니다. 교사가 특정 자료를 언급할 때, 다른 자료를 살피거나 어떤 자료를 사용해야 하는지 혼란을 겪는 문제가 발생할 수 있습니다. 따라서 활동지를 포함한 모든 학습 자료는 필요한 순간에 계획적으로 제공하는 것이 중요합니다. 하나의 자료 사용이 끝나면 이전 자료를 정리한 뒤 다음 자료로 넘어가는 방식으로, 순차적인 활용을 권장합니다. 이는 학습자가 수업의 흐름을 명확하게 따라가고 배움에 더 집중할 수 있는 환경을 만드는 데 도움이 됩니다.

2. 스마트 기기를 활용하여 활동지 200% 활용하기

교실의 TV나 전자칠판의 미러링 기능을 활용하면 수업의 효율성을 크게 높일 수 있습니다. 교과서나 활동지를 태블릿에 PDF 파일로 다운로드하여 미러링하면, 학생들은 교사가 보고 있는 것과 동일한 자료를 대형 화면으로 볼 수 있습니다. 이러한 방식은 여러 장점이 있습니다. 첫째, 모든 학생이 동일한 자료를 보며 수업에 참여하게 되므로 교수 활동에 대한 전반적인 집중도가 높아집니다. 둘째, 잠시 집중력이 흐트러졌던 학생도 화면을 통해 수업의 맥락을 쉽게 다시 따라갈 수 있습니다. 셋째, 태블릿을 활용해 학생들이 직접 문제 풀이를 설명하도록 하면, 수업 참여에 대한 흥미와 동기를 높이는 효과도 얻을 수 있습니다.

최근에는 학생 1인 1스마트 기기가 보급 정책을 통해 교실에서도 스마트 기기 활용 여건이 잘 갖춰져 있는 경우도 많습니다. 이러한 환경을 적극적으로 활용하면 학생들의 활동지를 미러링을 통해 공유하거나, 구글 클래스룸과 같은 플랫폼을 이용하여 교사가 직접 학생들의 결과물을 손쉽게 나눌 수 있습니다.

과거에는 학생 개인의 작품을 학급 전체와 나누는 데 시각적, 청각적 제약이 많았습니다. 하지만 이러한 기능을 활용하면 환경적 제약을 뛰어넘어 학생들 간에 더 적극적인 교류와 나눔을 실현할 수 있습니다.

온라인 활동지 만드는 과정

1. 교육과정·교과서 분석: 성취기준·학습 요소 확인, 목표와 방향 설정
2. 도입부: 철학 메시지·수업 약속 제시, 따뜻한 분위기와 책임감 형성
3. 본질 질문 제시: 큰 그림 질문으로 배움의 이유 성찰
4. 개념 설명 + 시각 자료: 정의·예시·표·영상으로 이해 강화
5. 탐구와 연결 질문: 생활과 연결된 질문으로 호기심·사고 확장
6. 점프 과제 메시지: 교사 메시지 제시, 긍·부정 균형 있는 사고 유도
7. 활동 후 자기 성찰: 자기 평가 질문으로 이해·협력·성찰 점검

4. 정리

요즘에는 교사의 눈마저 사로잡는 화려하고 현란한 학습 자료들이 넘쳐납니다. 그러나 그런 자료들이 배움의 가장 결정적인 요소였다면, 교사라는 직업은 진작에 사라졌을 겁니다. 예측할 수 없을 만큼 빠른 기술 발전에도 불구하고 교사 1인당 학생 수를 줄여나가야 한다는 주장이 힘을 잃지 않는 현실은, 교실 현장의 요소를 수업에 반영하는 교사의 능력이 얼마나 중요

 배움이 자연스러운 수업에서 행복한 아이가 자란다

한지를 반증합니다. 눈길을 사로잡지만 학생들의 필요를 담지 못하는 고정된 자료보다, 교사가 현장에서 느끼는 필요를 담아낸 한 장의 활동지가 학생들의 배움을 일으키는 데 더 큰 힘을 가집니다. 작곡가 클라라 슈만은 "세상에 창작의 기쁨을 능가하는 것은 없다."라고 말했습니다. 교사가 교실의 생생함을 담아낸 활동지를 만드는 일 또한 창작의 기쁨이며, 이는 학생들의 성장을 이끄는 소중한 힘이 됩니다. 이 책을 통해 선생님들께서 교실의 생생함을 담아낸 활동지를 만들고 학생들의 성장을 이끄는 데 도움이 되기를 바랍니다.

1. 지도서에서 해당 단원의 성취기준을 확인하여 수업 목표의 핵심을 파악하고, 교과서 활동 중 '반드시 해야 하는 활동'과 '하면 좋은 활동'을 구분해 보세요.

TIP 단순히 활동을 분류하는 것에서 멈추지 않고, 왜 그렇게 판단했는지 그 이유를 성취기준과 연결하여 기록해 보세요. 이 과정을 통해 우리 수업의 궁극적인 목표가 무엇인지 명확히 파악할 수 있으며, 불필요한 활동을 줄이고 학습의 본질에 집중하는 활동지를 만들 수 있습니다.

2. 교과서 활동지나 다른 학습 자료에서 학생들이 주도적으로 학습할 수 있도록 배치된 다양한 비계(scaffolding)를 찾아보세요.

TIP 비계는 눈에 잘 띄지 않는 경우가 많습니다. '개념 설명'이나 '활동 수행 단서' 외에도, '예시 제공', '빈칸 채우기', '표에 들어갈 항목의 개수 안내' 등 학습자의 수준을 고려한 다양한 장치들을 꼼꼼히 찾아보세요. 그리고 내가 만드는 활동지에는 어떤 비계를 추가하면 좋을지 고민해보세요.

3. 교과서 활동의 수행 방법을 학생들이 수업 목표에 더 잘 집중할 수 있도록 변경해 보세요.

TIP '직접 논술하기'와 같은 쓰기 활동을 '밑줄 긋고 역할 쓰기' 또는 '고르기'와 같이 간단한 방식으로 바꿔보세요. 이 변화가 학생들의 학습 부담을 어떻게 줄이고, 수업의 흐름을 어떻게 살릴 수 있을지 구체적으로 생각해 보세요. 활동 방식의 작은 변화가 학습 효과를 크게 개선할 수 있습니다.

참고 문헌

☞ Dirksen, J. (2016). Design for how people learn (2nd ed.). New Riders.

☞ Kuperberg, G. R., Lakshmanan, B. M., Caplan, D. N., & Holcomb, P. J. (2006). Making sense of discourse: An fMRI study of causal inferencing across sentences. NeuroImage, 33(1), 343–361. https://doi.org/10.1016/j.neuroimage.2006.06.001

8차시. 자리 배치 및 소집단 활동 구성

1. 물리적 환경 조성이란?

토마스 고든(2001)은 "우리는 환경의 영향을 받고 규제도 받지만, 동시에 환경을 움직여 바꿀 수도 있다. 이런 관점에서 교육을 생각해보자."라고 말했습니다. 이는 교육에서 환경이 단순한 배경이 아니라 적극적으로 조성해야 할 요소임을 보여줍니다. 물리적 환경 조성이란 학생 중심의 배움이 원활히 일어날 수 있도록 교실의 공간과 분위기를 설계하는 것을 의미합니다. 학생들이 시각적으로 편안함을 느끼며 몰입하고, 서로 원활하게 소통할 수 있는 환경을 마련하는 것이 중요한 것이지요. 아울러 교사가 학생들의 활동을 쉽게 관찰하고 지원할 수 있도록 동선을 고려하는 것도 필요합니다. 또한 학생들의 수준과 수업의 특성을 반영해 자리 배치와 집단을 구성함으로써, 누구도 소외되지 않고 참여할 수 있는 수업 환경을 만드는 것이 물리적 환경 조성의 핵심입니다.

학생의 창조성과 인간성을 강화시키는 환경을 만드는 8가지 방법(교사역할훈련)

선생님은 칠판 앞에 서서 일방적으로 가르치고 학생은 수동적으로 듣는 교실에서는 창조성이 자라기 힘듭니다. 교실 환경에서 바꿀 수 있는 내용을 생각해볼까요?

학생의 창조성과 인간성을 강화시키는 환경을 만드는 8가지 방법

방법	설명	예시
풍부하게 한다	학습 내용, 학습 방법, 시간 등을 풍부하게 한다.	발표할 때 모두 일어난 뒤에, 같은 답을 말하면 앉는 방식으로 몸을 한 번씩 움직이면 분위기가 환기됨
단순화한다	수업에 방해되는 자극 제거하기	이전 시간 교과서 집어 넣기 등
규제한다	교사와 학생이 함께 이야기를 나누며 수업 전 규칙 만들기	수업의 시작과 끝 신호 또는 인사 수업에서 활동이 끝난 후 할 수 있는 행동 수업 중 해도 되는 말과 하면 안 되는 말 수업 중 해도 되는 행동과 하면 안 되는 행동
확대한다	공간, 교과서 이외의 교재(활동지), 교구 사용 등	국어 교과서 대신 그림책 사용 음악 교과서 대신 최신 가요 사용 교실 앞 뒤 공간을 활용하여 돌아다니는 활동 등
조정한다	책상의 배치	학기 초에 개인별, 짝, 모둠 대형 등을 바꾸는 연습을 통해 책상의 배치를 조정

간소화한다	규칙은 3~5가지 정도로 간단히 하기 필요한 물품은 이용하기 쉽게 정리	규칙은 간단히 정리해서 보기 쉬운 곳에 게시 평소에 자주 사용하는 물품은 필통이나 책상 서랍 속에 비치하기
조직화한다	루틴을 매뉴얼화 하기	수업 시작 1분 전 알려주는 역할 만들기 숙제 제출 상자를 지정된 곳에 만들어 두고 학생이 스스로 제출하도록 하기
미리 계획한다	수업에 맞는 환경을 미리 계획하기	학습 내용과 활동에 맞는 자리 배치 미리 계획하기

환경을 개선할 때 특히 고려해야할 점은 **학생의 참여와 자발성**입니다. 학생이 참가하게 되면 교사가 생각해 내지 못했던 아이디어가 나올 수 있고, 책임감과 의욕이 생깁니다. 느슨해졌다고 느낄 때 1시간 정도 시간을 내어 학생 모두에게 학급 전체 학생들과 학습과 생활 관련 규칙들을 살펴보면서 어느 부분이 잘 되고 있고, 어느 부분이 잘 되지 않는지 다시 이야기 나누어보는 것 만으로도 제자리로 돌아갈 수 있습니다. 교사가 혼을 내거나 설교할 필요가 사라집니다.

2. 교실 공간 자리 배치의 필요성

교생 실습을 나갔을 때의 일입니다. 모둠 활동을 마치고 활동 결과를 발표하는 시간이었습니다. 그런데 아이들이 발표에 경청하는 것이 아니라 모둠 내에서 이런 저런 이야기가 오가고 발표에 집중하지 못하는 것을 보았습니다. 수업이 끝나고 협의회 시간에 담임 선생님께서 아이들이 왜 발표에 집중을 하지 못했을지 물어보셨습니다. 저는 단순히 활동 시간이 부족해서 모둠 활동을 다 마치지 못한 학생들이 결과물을 완성하기 위해서 그런 것이라고 대답했습니다. 그런데 담임 선생님께서는 그것도 맞지만 자리 배치의 문제라고 말씀하셨습니다. 모둠 활동의 자리 배치에서 벗어나서 짝 활동 또는 개인 활동의 자리 배치였다면, 그래서 아이들이 앞을 볼 수 있는 환경이었다면 더 발표에 집중했을 것이라고요.

자리 배치는 단순히 물리적 환경 조성에만 영향을 주는 것이 아닙니다. 아이들의 집중도와 서로 간의 상호 작용, 교실의 분위기에도 영향을 미칩니다. 여러분이 바라는 수업이 교사에게

     배움이 자연스러운 수업에서 행복한 아이가 자란다

집중하는 수업이라면 교사에게만 집중할 수 있도록 자리 배치가 되어야 합니다. 소통하는 수업을 원한다면 아이들끼리 서로의 얼굴을 잘 볼 수 있고 목소리가 잘 들리도록 자리 배치가 되어야 합니다. 협력하는 분위기를 원한다면, 서로 도울 수 있도록 이질적인 능력의 짝 또는 모둠이 구성되어야 합니다. 공감의 분위기를 바란다면, 같은 관심사를 가진 짝 또는 모둠이 구성되어야 합니다. 여러분이 바라는 수업, 교실 분위기에 맞게 자리 배치와 소집단 구성이 이루어지고 있나요? 이 부분에서는 교사의 학급 운영 철학과 수업 목적에 따라 할 수 있는 다양한 자리 배치와 소집단 구성 방법을 알아보겠습니다.

3. 다양한 자리 배치 방식

자리 배치 방식은 크게 기본적인 배치와 활동별 특징에 맞춘 배치로 나누어볼 수 있습니다.

기본 배치에는 개인별, 짝, 모둠 대형이 있습니다. 개인별 배치는 보통 시험 대형이라고 일컬어지는 대형으로 코로나19 때 많이 사용했습니다. 짝 대형이 코로나 이전에 가장 많이 볼 수 있었던 대형으로 2명씩 만드는 자리입니다. 분단형 배치라고도 합니다. 모둠 대형은 모둠 활동 시에 만드는 대형으로 보통 4~6명이 1모둠을 구성하는 경우가 많습니다. McGrathg. J. E.의 소집단 상호작용과 성과에 대한 연구에 따르면 4명 정도의 소집단이 가장 효율적인 커뮤니케이션 구조를 가질 수 있다고 합니다. 또 Hall의 연구에 따르면 친밀한 대화에는 약 45cm 이내의 거리(친밀거리)가 효과적이라고 제시하고 있습니다(Hall, 1966; McGrath, 1984). 따라서 학생들 사이의 원활한 의사소통을 위해서는 30cm 이내의 거리 배치로, 4명이 가장 이상적입니다. 그 이상이 되면 서로 이야기가 잘 들리지 않아서 활동이 잘 이루어지지 않는 경우가 있습니다.

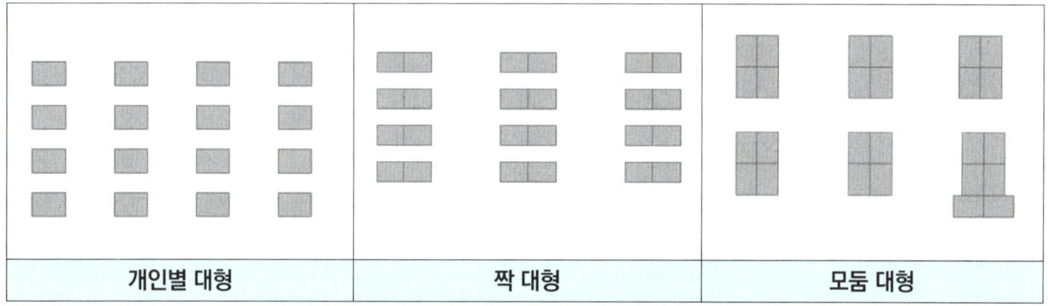

개인별 대형으로 갈수록 교사 또는 칠판에 집중하는 수업이, 모둠 대형으로 갈수록 학생들 끼리 소통하는 수업이 이루어질 수 있습니다. 모둠 대형의 장점은 더 있습니다. 학생들은 몇 명의 지지를 받으면 자신의 주장에 확신을 가질 수 있을까요? 유아와 초등 저학년의 경우에는 1명으로 괜찮을 수 있지만, 초등 고학년 이상의 경우에는 1명 정도의 지지만으로는 자신의 의견에 확신을 못하는 경향이 있습니다. 그리고 이러한 확신의 부족이 낮은 수업 참여도를 낳게 됩니다. 고학년 학생들은 적어도 2명 이상의 지지를 확인해야 자신의 의견에 확신하기 때문에 모둠 활동을 통해 2-3명의 지지를 받는다면 보다 더 확신을 가지고 발언을 할 수 있습니다. 모둠 대형 시 주의할 점은 학생이 교사를 등지고 앉지 않도록 해야한다는 점입니다. 모둠 활동 중에도 교사의 설명을 들어야 하는 경우가 있기에 학생들이 편하게 칠판을 볼 수 있도록 각도를 조정하거나 의자를 돌려서 편하게 볼 수 있도록 해주는 것이 좋습니다.

따라서 하나의 수업에서도 활동에 따라 다양한 대형을 사용하면 좋습니다. 기본 배치의 경우 학기 초에 자리 바꾸기 연습을 하는 시간을 통해 조용하고 빠르게 바꾸는 것을 연습하면 평소 수업 진행이 원활해집니다.

과목별 활동별 배치는 과목 또는 활동별로 쓰면 좋을 배치 방법입니다.

1) ㄷ자 대형

이 책상 배치는 학생들끼리 서로 얼굴을 마주보고 눈빛과 말을 교환할 수 있습니다. 또한 이동이 용이하고 활동 공간이 넓어집니다. 따라서 누구도 소외시키지 않고 수업에 참여시킬 수 있습니다.

가운데 큰 공간을 활용하여 음악 시간의 **연주 발표회나 연극 수업** 등의 발표 수업에 활용하면 좋습니다. 또는 토의 수업이나 학급 회의 등 학생들이 활발하게 의견을 나누는 수업에 활용하면 좋습니다.

2) 원형 대형

서로 동그랗게 모여 앉는 대형으로, 교사는 가운데에 있을 수도 있고 원에 속해 있을 수도 있습니다. 이 대형은 서로 **동등한 위치**에서 얼굴을 볼 수 있다는 장점이 있고 의자나 바닥에 앉기 때문에 간격을 좁게 할 수 있어 모두의 말을 경청할 수 있습니다.

  배움이 자연스러운 수업에서 행복한 아이가 자란다

체육 수업 시 활동 중에 모여서 전략을 회의하는 시간이나 전체 활동에 대해 마무리하는 시간, 준비 운동 등에 사용할 수 있습니다. 또한 회복적 생활 교육이나 학급 긍정 훈육에서 **회의 대형**으로 주로 사용합니다.

3) ㅣㅣ자 대형

교실 가운데를 비우고 양쪽으로 가운데를 보고 앉는 방식입니다. 모두 앞을 보고 있을 때는 뒷자리에 있는 학생들이 보기 어려운 경우가 있어, 놀이 시범 등을 보일 때 사용하면 좋습니다.

팀을 2개로 나누어서 교실 체육을 할 때나 국어의 **토론 수업** 시 사용하면 좋을 대형입니다.

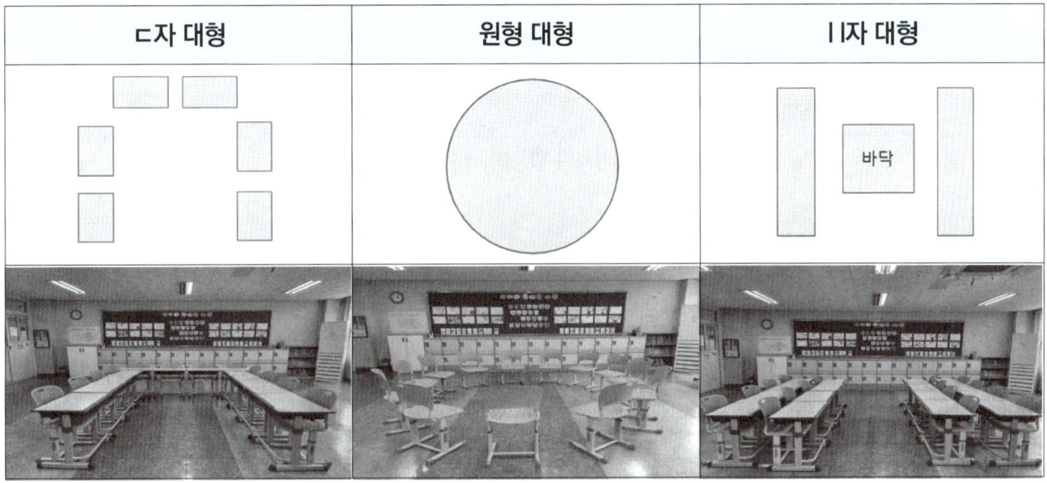

4) 회전목마 대형

두 명씩 마주보고 앉을 수 있게 자리를 배치하는 방법입니다. 책상은 움직이지 않고 학생들이 회전목마처럼 돌아가며 다양한 짝을 만날 수 있는 방법입니다. 안쪽(그림에서 파란색 책상)에 있는 사람이 이동하거나 바깥쪽(그림에서 회색 책상)의 사람이 **옆으로 1칸씩 이동**합니다. 자유롭게 만나기를 했을 때 친한 친구들끼리만 만나는 경우가 있는데 반해 이 방법은 다양한 친구들과 소통할 수 있도록 하는 방법입니다.

시간을 정해주고 정해진 시간 동안 대화를 하다가 종이나 신호가 울리면 한 번에 이동하는 방식도 있고, 서로 대화를 마치면 자유롭게 다음 자리로 이동하는 방식도 있습니다. 활동 시간에 따라 5명 만나기, 10명 만나기 등으로 인원을 정해주어도 좋습니다.

다양한 의견을 들어야 하는 활동이나 수학에서 이전 학년에서 습득해야 하는 **개념을 복습하**는 경우, 수학의 **단순 연산 반복 연습**에 사용하면 좋습니다. 학습 내용의 중요한 내용을 정리하여 말하거나 국어 시간에 글에 대한 이해도를 서로 **질문하고 답하면서 이해도를 높이는** 등 다양하게 사용할 수 있습니다. 자신의 의견만 말하고 듣는 활동이 아니라 이번 짝이 말해준 내용 중 새롭게 알게된 내용이 있다면 추가해서 다음 짝에게 자신의 의견처럼 말하도록하면 더욱 의견을 경청하는 분위기를 만들 수 있습니다.

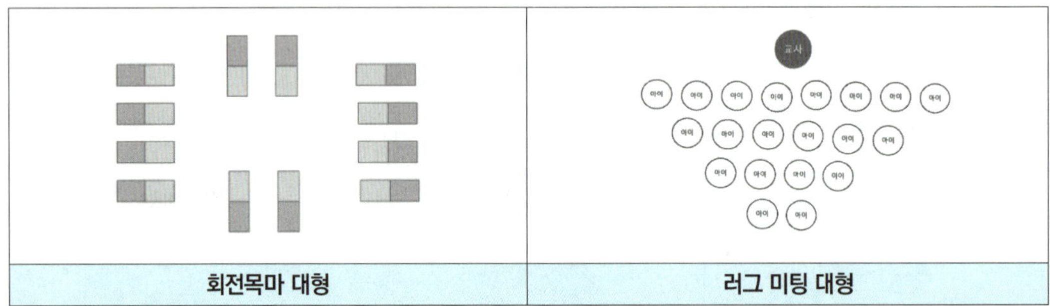

| 회전목마 대형 | 러그 미팅 대형 |

과목별 활동별 배치

5) 자유롭게 만나기(Mingling)

학생별로 학습 과제 속도가 다를 때 사용하면 좋은 방법입니다. 책상 밖으로 나와 교실 어느 곳에서든지 대화를 하는 형태입니다. **학습 과제를 먼저 끝낸 아이들끼리 서로 설명하게 하거나 놀이 활동을 할 때 좋습니다.**

6) 러그 미팅(Rug Meeting)

유치원 또는 초등 저학년에서 주로 사용하는 방법으로, 선생님 주위로 아이들이 반원 형태로 옹기종기 모이는 방식을 말합니다. 그림책 읽기 또는 짧은 수업 도입, 마무리 또는 노래 부르기 시간에 활용합니다. 가까운 거리에서 교사의 목소리, 표정 등이 잘 보여 집중력 향상 효과가 있고 편안한 분위기의 활동에 적합합니다.

로자노프(Lozanov)의 가속학습(Suggestopedia) 이론

로자노프(Lozanov)의 가속학습 이론은 불가리아의 심리학자 게오르기 로자노프가 제안한 학습 방법입니다. 이 이론의 핵심은 학습자의 불안과 긴장을 줄이고 긍정적인 암시를 통해 잠재능력을 끌어내는 데 있습니다. 암시와 환경을 적절히 활용하면 짧은 시간 안에 많은 내용을 효과적으로 학습할 수 있다고 보았습니다.

가속학습의 원리에는 몇 가지 중요한 요소가 있습니다. 첫째, 암시의 원리입니다. 사람은 의식적으로 배우는 것뿐 아니라 무의식적으로도 많은 영향을 받습니다. 따라서 언어, 표정, 음악, 환경은 모두 학습 효과를 높이는 암시로 작용합니다. 둘째, 이완과 집중의 균형입니다. 지나친 긴장은 기억을 방해하고, 지나친 이완은 학습을 느리게 합니다. 따라서 적절히 편안하면서도 몰입할 수 있는 상태를 유지하는 것이 중요합니다. 셋째, 예술적 요소 활용입니다. 음악, 미술, 연극과 같은 예술 활동은 학습자의 정서를 안정시키고 몰입을 돕습니다.

가속학습 이론의 의의는 학습이 교재와 지식에만 머무르지 않고 환경 전체와 긴밀히 연결되어 있다는 점을 보여줍니다. 빛, 색, 음악, 좌석 배치와 같은 환경적 요인은 학습 효과를 결정하는 중요한 요소로 작용합니다.

학습 환경의 요소와 활동 예시

환경 요소	내용	환경요소 효과를 알아보는 활동 예시
빛 환경	• 부드럽고 따뜻한 조명 → 안정·집중 향상 • 차갑고 강한 빛 → 긴장 유발	• 스탠드 조명 활용 • 기분 변화 소감 나누기
색깔 환경	• 따뜻한 색(노랑·주황) → 활력 • 차분한 색(파랑·초록) → 안정·몰입 • 교실·교재 색채 조화 필요	• 색종이로 기분 표현 • 집중 잘 되는 색 토론
음악 환경	• 바로크 음악 → 뇌파 안정·기억력 향상 • 학습 전후 음악 → 몰입 도움	• 수업 전 음악 감상 • 집중 경험 나누기
좌석 배치	• 원형·반원형 → 심리적 장벽 완화· 　상호작용 촉진	• 원형/반원형 앉기 • 배열 차이 비교하기

예전에 옆반 선생님께서 교실 벽면의 색이 너무 음침하다며 친환경 페인트를 직접 구입해 새롭게 칠하시는 모습을 본 적이 있습니다. 그때는 굳이 저렇게까지 할 필요가 있을까 하는 의문이 들었습니다. 그러나 지금 돌아보면 그것이야말로 가속학습의 관점에서 교사가 할 수 있는 중요한 실천이었습니다. 교사는 단순히 지식을 전달하는 존재가 아니라 학습자에게 긍정적인 암시를 주는 퍼실리테이터의 역할을 하기 때문입니다. 결국 교사의 세심한 배려와 태도는 학생들의 잠재력을 끌어내는 중요한 힘이 되는 것입니다.

4. 모둠 집단 구성 방법

Hall(1966)의 대인 거리 연구에 따르면 협업과 대화에 적절한 개인적 거리는 약 45~120cm로 제시되며, 이는 교실의 소집단 상호작용에서 심리적 안정감과 원활한 관계 형성에 중요한 기준이 됩니다. 또한 근접성 이론은 학생 간 신뢰와 상호작용을 촉진하기 위해 물리적 거리를 적절히 유지하면서도 협업이 가능하도록 모둠 인원을 4명 이하로 제한하는 것이 효과적일 수 있음을 보여줍니다. 이러한 주장은 가까운 거리에서의 상호작용이 관계 형성과 몰입에 긍정적인 영향을 준다는 연구 결과에 근거합니다(Newcomb, 1960; Faur, 2022). 짝이나 모둠 활동 시 집단을 구성하는 방식은 크게 3가지로 나눌 수 있습니다. 이질적 집단 구성과 동질적 집단 구성, 무작위 구성입니다.

1. 이질적 구성

1) 성별

남-여 성별을 섞어 배치하는 방식입니다. Mulryan의 연구에 따르면 교실에서 남녀를 대각선으로 섞어 배치하면 학생 간 상호작용이 활발해지고, 성별 고정적 역할 인식이 줄어들 수 있다고 합니다(Mulryan, 1992). 학생들은 본능적으로 같은 성별의 사람을 더 편하게 느낍니다. 남녀 대각선으로 자리를 잡으면 같은 성별끼리 이야기하는 내용도 다른 성별의 학생들이 같이 참여해서 들을 수 있고, 이렇게 의사소통이 될 때 학생들의 상호 작용이 보다 활발해 질 수 있습니다. 남자-남자, 여자-여자의 방식으로 앉은 상황에서는 같은 성별끼리만 의견을 공유하고 다른 성별 간 서로 공유하지 못하는 경우가 있었습니다.

2) 능력

능력에는 다양한 범주가 포함됩니다. 학습 능력일수도 있고, 다중지능일 수도 있습니다. 의사소통 능력에 따라 활동을 이끌어 주는 학생, 잘 경청하고 반응하는 학생 등의 특성에 따라 구성할 수도 있습니다. 서로 다른 지능에서 강점을 보이는 학생들이 모이면 발표는 언어 지능이 높은 학생이, 발표 자료를 만들 때는 공간 지능이 높은 학생이 하는 등 역할을 나누기 용이할 수 있습니다.

학습 능력에 따라 구성할 때에는 서로 상호 협력이 가능하다는 장점이 있지만, 저수준 학생이 위축되거나 무임 승차를 할 수 있다는 단점이 있을 수 있습니다. 활동 전에 우리는 모두 배우는 과정에 있음을 강조하고, 모둠 활동시 지켜야할 규칙으로 모두 참여하여 책임있는 태도로 배운다는 사실을 강조하면 좋습니다.

2. 동질적 구성

1) 관계

친한 학생들끼리 구성할 수 있습니다. 이 경우에는 마음이 잘 통해서 의견 다툼이 없을 수 있지만 학습 활동 외의 상호작용이 발생하여 학습 과제에 집중하지 못한다는 단점이 있을 수 있습니다.

2) 관심사

발표 수업에 특히 사용할 수 있습니다. 학생들이 서로 관심 있는 분야를 먼저 정하고, 같은 관심 분야의 친구끼리 만나면 깊이 있는 대화가 가능합니다. 진로 관련 수업에서 활용하면 좋습니다.

3. 무작위 구성

제비 뽑기로 구성하는 방식이 대표적입니다. 이 경우에는 학생들이 공평하다고 생각하는 장점은 있지만, 집단 간의 능력차가 발생할 수도 있고, 친한 학생들끼리 집단 구성이 된 경우에는 지나치게 활발한 상호작용으로 수업 진행에 방해가 될 수 있습니다. 무작위이기에 무임 승차가 발생하거나 다양성이 결여되거나 모둠별 능력차가 생겨 학습 과제 수행이 어려울 수 있습니다. 그런 경우에는 교사가 순회 지도를 하면서 그 모둠에 시간을 조금 더 할애하는 방법을 사용하면 됩니다.

소집단을 구성할 때 주의할 점은, 교사의 주도로 소집단 구성이 이루어져야 한다는 점입니다. 다시 말해, 학생들이 구성원을 고르지 못하게 해야 합니다. 혹시 학생들이 선택할 수 있더라도 팀원 전체를 원하는 사람을 고르기 보다는 모둠장이 1~2명을 고르고 나머지 팀원은 교사가 정해주는 것이 좋습니다. 그래야 소외감을 느끼는 아이가 없습니다. 만일 학생들이 짝을 '직접 선택'하게 내버려두면 장점보다 문제가 발생할 소지가 더 큽니다.

※집단으로 경쟁 활동을 해야 할 때, 인원 수가 동일하지 않은 경우가 간혹 생깁니다. 그 때 부족한 팀에 목숨을 1개 더 주거나 한 학생이 1번 더 참여하는 방식으로 균형을 맞추어 주는 방법이 좋습니다. 가능하다면 교사도 일원으로 참여하여 함께 활동을 하면 아이들의 흥미도와 참여도가 더욱 올라가기도 합니다.

릴레이 가위바위보를 활용한 표적 맞추기형 경쟁을 할 경우, 5, 6, 7, 8명으로 서로 다른 인원 수로 달리게 하여 다양한 구성의 학생들이 우연적인 요소가 가미된 상황에서 승률을 고르게 해 더 재미있는 수업으로 이끌 수 있습니다.

모둠 집단 구성 방식별 특징

	이질 집단	동질 집단	무작위
장점	서로 도움을 주고 받을 수 있음	교사의 통제와 진행이 쉬움	공평하다고 인식
단점	저수준 학생의 위축과 무임승차 발생	다양성이 결여됨 학습 활동 외의 지나치게 활발한 상호작용	집단간의 능력차 발생
사례	수학 등 학생의 수준차가 분명한 과목에서 짝이나 모둠 구성원과 함께 문제 해결하기	학생 주도적 수업을 할 때 공통의 관심사 또는 주제를 중심으로 발표하기	제비 뽑기 등으로 선정

5. 자리 정하는 방법

1. 교사가 정하기

가장 추천하는 방법입니다. 교실이라는 안전한 공간에서 서로의 다양함, 다름을 인지하고 함께 하는 노력이 필요하다고 생각해서 저는 최대한 다양한 친구들과 짝이 되도록 합니다. 이를 위해 학기 초에 우리는 같은 반으로 함께 성장하는 관계이며, 모두가 가장 잘 배울 수 있는 자리로 배치할 권한이 선생님에게 있음을 안내하는 것이 필요합니다. 자리 배치 이후에 학습 활동에 서로 방해된다고 생각하면 학생들에게 양해를 구하고 몇몇 학생들의 자리를 바꾸기도 합니다. **최대한 다양한 학생들이 교류할 수 있도록 표를 만들어 작성해두면 편합니다.** 학생들의 출석번호를 적어놓고, 짝을 해본 적이 있으면 O, 짝을 여러번 했다면 횟수를 숫자로 표기하

  배움이 자연스러운 수업에서 행복한 아이가 자란다

는 등의 방식으로 표시하면 어떤 친구와 짝을 여러 번 했는지, 어떤 친구와 짝을 한 번도 해보지 않았는지 알 수 있습니다.

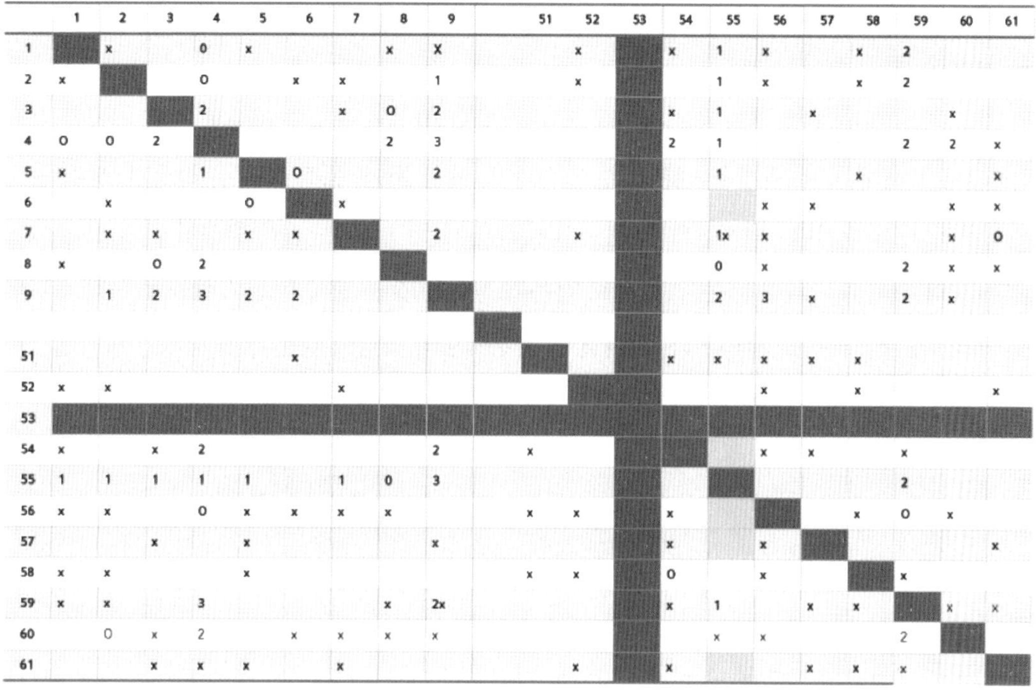

	1	2	3	4	5	6	7	8	9	51	52	53	54	55	56	57	58	59	60	61
1		x		O	x			x	X		x		x	1	x		x	2		
2	x			O		x	x		1		x			1	x		x	2		
3				2			x	O	2				x	1					x	
4	O	O	2					2	3				2	1				2	2	x
5	x			1		O			2					1			x			x
6		x			O		x							x	x				x	x
7		x	x		x	x			2		x			1x	x				x	O
8	x		O	2										O	x			2	x	x
9		1	2	3	2	2								2	3	x		2	x	
51						x							x	x	x	x	x			
52	x	x					x							x			x			x
53																				
54	x		x	2					2	x				x	x			x		
55	1	1	1	1	1		1	O	3									2		
56	x	x		O	x	x	x	x		x	x		x				x	O	x	
57		x		x					x				x		x					x
58	x	x		x						x	x		O		x			x		
59	x	x		3				x	2x				x	1		x	x		x	x
60		O	x	2		x	x	x	x					x	x			2		
61		x	x	x		x					x		x			x	x	x		

자리 배치 확인 표

2. 학생이 정하기

학기 초에 서로에 대해 잘 모를 때 사용하면 좋을 방법입니다. 학기 초에 자리를 선택할 수 있게 함으로써 교사와 학급에 대한 **심리적인 거리**를 파악할 수 있습니다. 이 때에도 전적으로 선택하게 두는 것이 아니라 남녀 자리를 정해두고, 여학생은 복도에 나가 있고 남자끼리 자리를 고르고, 그 뒤에 남학생이 복도로 나가 있고 여자끼리 자리를 고르게 하여 서로 짝을 고르지 못하게 하는 것이 중요합니다.

3. 모둠장을 함께 뽑고 교사가 조정하기

학생들끼리 서로에 대한 파악이 어느 정도 끝났을 시점에서 사용하면 좋은 방법입니다. 이 친구가 모둠장이면 나는 잘 따를 수 있겠다고 생각하는 사람을 추천을 받아 모둠장을 뽑고, 그 친구들은 눈을 가리고 한 줄로 섭니다. 나머지 친구들은 함께 하고 싶은 모둠장 뒤에 가서 선 뒤에 인원에 따라 교사가 조정해주면 됩니다.

4. 무작위

제비 뽑기 등을 통해 무작위로 자리를 정하는 방법입니다. 숫자를 사용할 수도 있지만, 배운 내용을 활용해서 속담 짝 맞추기를 할 수 있습니다. 예를 들어 '콩쥐'를 뽑은 학생과 '팥쥐'를 뽑은 학생이 짝이 되거나, '백지장도'를 뽑은 학생과 '맞들면 낫다'는 뽑은 학생이 짝이 될 수 있습니다. 여러 대륙과 나라를 배운 뒤에 서로 같은 모둠원을 찾는 방식 등으로 활용할 수 있습니다. '미국'과 '캐나다', '아르헨티나'와 '브라질'을 뽑은 4명의 학생이 같은 모둠이 되는 방식입니다. 모든 팀원을 찾아서 교사에게 오면 자리를 알려줄 수 있습니다.

6. 모둠 활동을 원활하게 하는 팁

자리만 정한다고 활동이 잘 이루어지지는 않습니다. 소집단 활동이 잘 이루어지기 위해서는 시작과 마무리에 모둠 세우기, 모둠 마무리하기 활동이 있으면 더욱 좋습니다. 더 많은 방법은 협력적인 분위기 부분에 자세히 나와 있습니다.

1. 모둠 세우기

모둠에서 가장 중요한 것은 소속감입니다. 학기 초에 학급 이름 만들기, 규칙 세우기를 정하듯이 모둠을 만들 때 이름과 규칙, 역할 등을 정하면 좋습니다.

a. 이름 정하기

이름을 그냥 정하게 하면 중구난방이 될 수 있습니다. 큰 주제를 주는 것이 좋습니다.

예를 들어 계절과 관련된 이름 짓기, 가치 덕목을 넣어 짓기 등의 방법을 활용할 수 있습니다.

만들고 주의할 점은 선생님도 함께 인지하고 활용하셔야 한다는 점입니다.

b. 규칙 정하기

모둠 활동에서 지켜야 할 규칙을 정하면 좋습니다. 아이들에게 그냥 정하라고 하면 협력, 경청 등 피상적인 규칙이 만들어질 수 있습니다. 따라서 모둠 활동에서의 경험을 떠올려 보고 내가 제일 기분 나빴던 경험을 떠올려서 구체적인 말 또는 행동을 요청하는 것이 좋습니다. 예를 들어, 모둠 활동할 때 한 친구가 자꾸 끼어들어서 기분이 나빴던 경험이 있는 학생은 '돌아가며 말할 때 말을 끝까지 듣자.'라는 규칙을 제시할 수 있습니다. 규칙은 너무 많아지면 기억할 수 없기 때문에 3가지 정도만 협의하여 정하게 하면 좋습니다.

c. 역할 정하기

모둠에서 역할을 이끔이, 기록이, 나누미 등으로 정하시는 선생님도 계시고 1번, 2번, 3번, 4번 등 번호로 부여하고 그 때 그 때 역할을 주시는 선생님도 계십니다.

예를 들어, "이번에는 1번이 나와서 학습지를 가져갑니다. 2번은 친구들이 이름을 썼나 확인합니다. 3번은 친구들 이야기를 경청하세요. 4번은 학습지를 다시 거둬옵니다." 등으로 역할을 주시면 됩니다.

2. 모둠 마무리

a. 마무리 인사 - 고맙고 좋은 점 3가지, 발전하면 좋을 점 1가지

모둠 활동의 시작은 이름, 규칙, 역할 등을 정하며 거창하게 시작했는데 마무리가 허술하면 용두사미가 될 수 있습니다. 아이들의 모둠 활동은 자리를 바꾼다고 해서 끝이 아니라 새로운 시작이기 때문에 학생들이 다음 모둠을 잘할 수 있도록 서로 인사를 나누는 시간을 주면 좋습니다.

이 때 안 좋은 점만 말하면 기분이 상할 수 있기 때문에, 함께 생활하는 동안 발견한 장점이나 도움이 되었던 점, 고마웠던 점을 여러 가지 말하고, 다음에 ~게 하면 더 좋은 모둠 활동을 할 수 있을 것 같다고 조언을 1가지 하면 원활하게 마무리할 수 있습니다.

7. 정리

교실은 단순히 학습이 이루어지는 공간이 아니라, 아이들이 서로 관계를 맺고 성장하는 작은 공동체입니다. 자리 배치와 소집단 활동 방식은 작게는 학생 사이의 거리에서 크게는 교실

의 분위기까지 바꾸는 힘이 있습니다. 책상 배열 하나, 집단 구성 방식 하나에도 아이들의 시선과 목소리가 달라지고, 수업의 온도가 바뀌기도 합니다. 그렇기에 교실을 어떻게 구성하느냐는 단순히 공간의 문제가 아니라 선생님의 교육 철학과 가치관의 문제이기도 합니다. 중요한 것은 어떤 형태가 지금 우리 아이들의 배움에 가장 적합한가를 끊임없이 묻고 조정하는 일입니다. 다양한 방식을 도전해보시면서, 선생님과 아이들에게 맞는 배움을 찾아가시기를 바랍니다.

실천 과제

1. 학생들과 다양한 기본 배치 방법을 바꾸는 연습을 해 보세요.
2. 학생 특성을 다양한 능력 범주에서 생각해봅시다. 각 학생마다 학습 능력, 다중지능, 의사소통 능력을 얼마나 가지고 있는지 고민해 보세요.
3. 모둠 구성 시 모둠 세우기 활동과 모둠 마무리 활동을 고민해 보세요.

참고 문헌

☞ 고든, T. (2001). 교사 역할 훈련. 양철북.

☞ Faur, S. (2022). Classroom seat proximity predicts friendship formation. Frontiers in Psychology, 13, 872365. https://doi.org/10.3389/fpsyg.2022.872365

☞ Hall, E. T. (1966). The hidden dimension. Anchor Books.

☞ Hall, E. T. (1966). The hidden dimension. Doubleday.

☞ McGrath, J. E. (1984). Groups: Interaction and performance. Prentice-Hall.

☞ Mulryan, C. M. (1992). Student passivity during cooperative small groups in mathematics. The Journal of Educational Research, 85(5), 261–273. https://doi.org/10.1080/00220671.1992.9941121

☞ Newcomb, T. M. (1960). Varieties of interpersonal attraction. In D. Cartwright & A. Zander (Eds.), Group dynamics: Research and theory (2nd ed., pp. 104–119). Harper.

3장
수업 시간에
- 학생과 교사

9차시. 협력적인 분위기

1. 협력적인 분위기란?

학교는 학생들이 함께 배우는 공간이자 모두의 성장을 위한 곳입니다. 학생들은 서로의 장점을 보고 배우며 서로 다른 생각을 나누는 과정에서 사고의 확장을 끊임없이 경험합니다. 그뿐만 아니라 다름을 존중하며 함께 하는 법 또한 고민하고 배우게 됩니다.

협력적인 분위기는 학생들이 서로 도움을 주고받으며 성장할 수 있는 환경(Dewey, 1997)을 말합니다. 수업을 하다보면 학생들의 능력이나 수준의 차이가 느껴져 고민하게 될 때가 많습니다. 교사가 학생들에게 충분히 수준별 활동과 개별적 피드백을 제공하면 좋겠지만, 수업 시간은 한정적이고 교사의 몸 또한 하나이기에 현실적인 어려움에 부딪치게 됩니다. 우리는 이때 수업에서 교사만이, 교사의 언어만이 학생들을 성장시킬 수 있는지 고민해 보아야 합니다. 학생들은 서로를 도와주고 가르쳐주며 배움의 폭을 넓히고 서로의 언어로 설명을 들을 때, 보다 쉽고 분명하게 이해할 수 있기 때문입니다.

협력은 진화의 과정에서도 발견되는데 브라이언 헤어와 버네사 우즈는 '진화는 가장 강인한 존재가 아니라 가장 다정한 존재를 선택해 왔다'라고 밝히며, 우리 사회와 집단이 성장하고 유지되는 힘의 근원으로 '협력'과 '사회적 친화력'을 강조합니다. 더불어 협력은 우리 DNA 깊숙한 곳에 각인된 진화적 특징으로서, 서로를 신뢰하고 돕는 것이야말로 우리가 살아남고 번성해 온 비결임을 밝혔습니다(헤어 & 우즈, 2021). '작은 사회'로 불리는 학교는 학생들이 서로 신뢰하고 존중하는 협력적인 분위기 속에 개인의 성장을 넘어 모두 함께 발전해 가는 방법을 배우고 익힐 수 있게 해야 합니다.

2. 협력적인 분위기의 필요성

학생들은 교사의 언어보다 또래의 언어를 더 잘 이해하며, 상호작용이 활발할 때 학습 효과가 증가합니다(Vygotsky, 1978). 사토 마나부 교수의 연구에 따르면 학생들이 서로 배우는 관계가 교사의 지도력보다 5배 이상의 힘을 발휘한다고 합니다. 또 많은 연구 결과가 경쟁적인 개인 학습보다 협력적인 그룹 학습이 더 효과적임을 입증하고 있습니다(Johnson, Johnson, & Stanne, 2000). 더불어 학생들은 협력하는 과정에서 지식적인 측면뿐 아니라 사회적·정서적 능력 또한 함께 기를 수 있습니다. 교사는 수업전문가로서 학생들이 학습 목표에 가장 효과적으로 도달할 수 있는 수업을 설계하여 지도하고 난 뒤, 학생들이 자신들의 언어로 상호작용을 하며 수업의 주체가 될 수 있게 도와야 합니다.

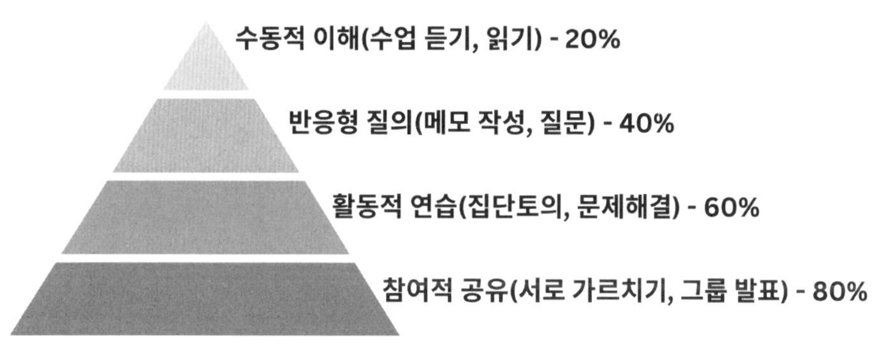

학습 피라미드 (평균 기억률)

교사는 수업에서 학생들이 얼마나 많이, 또 어떤 방식으로 말하고 있는지를 성찰해 볼 필요가 있습니다. 학생들은 상호작용하는 과정에서 혼자서는 떠올리기 어려운 아이디어를 발견하고, 예상하지 못한 시너지 효과를 얻기도 합니다.

협력적인 분위기는 다음과 같은 특징을 가집니다 :
· 학생들이 학급에 소속감을 느끼고, 서로의 존재감을 인정하고 배려한다.
· 도움을 요청했을 때 도움을 받을 수 있다고 믿으며, 서로 도움을 주고받는 것이 당연하다.
· 함께 성장하는 즐거움을 알고, 혼자 빨리 가기 보다 함께 멀리가는 것이 더 의미 있음을 안다.

· '우리는 하나'라는 공동체 의식으로 긍정적인 공동체를 이룰 수 있다는 자신감을 느끼고 있다.

학생들에게 협력적인 분위기가 중요한 이유를 정리해보면 다음과 같습니다 :

1. 학습 효과 증진
서로 가르치고 배우는 과정에서 학생들의 이해는 깊어집니다. 실제로 학생들은 또래에게 더 쉽게 배우는 경향이 있으며, 서로 가르치는 과정에서 배운 내용을 더 잘 구조화하고 이해합니다.

2. 긍정적인 수업 분위기 형성
학생들이 어려움을 느꼈을 때 스스럼없이 도움을 요청하고 받을 수 있습니다. 편안한 마음으로 두려움 없이 수업에 임할 때 학생들 한 명 한 명이 학습의 주체로 바로 설 수 있습니다.

3. 공동체 의식 형성
학생들이 서로 도와주고 지지하려는 분위기가 자연스럽게 형성되면, 공동체 의식이 형성되어 학습뿐만 아니라 생활 전반에 정서적 안정감을 가지게 됩니다.

4. 사회적 기술과 태도 발달
학생들은 서로 도움을 주고받으며 상호 존중과 배려, 책임감을 키울 수 있습니다. 또한 생각을 주고받으며 의사소통 능력을 키우는 등 다양한 사회적 기술과 태도를 발달시킬 수 있습니다.

5. 협업 능력 발달
서로 도움을 주고 받으며, 학생들은 함께 과제를 수행하는 방법을 배우고 익히게 됩니다. 저마다의 장점을 살려 함께했을 때 더 좋은 결과를 가져올 수 있다는 것 또한 깨달을 수 있습니다.

이처럼 협력적인 분위기는 학생들이 도움을 주고받으며 함께 성장할 수 있도록 더불어 살아가는 방법을 가르쳐줍니다.

3. 협력적인 분위기를 만들기 위한 교사의 노력

모둠 활동을 하다 보면 자신의 방식만 고집하거나 의견을 조율하지 못하고 혼자서 모든 일을 하려는 학생이 있는가 하면, 반대로 활동에 참여하지 않고 아무것도 하지 않는 학생도 있습니다. "선생님, 쟤 규칙 어겼어요.", "너도 아까 이거 했잖아.", "아, 너 때문에 졌어."와 같이 서로를 이르고 다투거나, "다했어요."라며 자신이 빨리 끝났음을 드러내고는 도움을 건넬 생각을 하지 않는 학생들도 있습니다.

이런 분위기에서 학생들은 '나'만을 생각하고 내가 이기거나 먼저하는 것이 중요하여 '우리'로 함께하는 방법을 배우지 못합니다. 도움이 필요할 때 편안한 마음으로 도움을 요청하거나 서투른 것을 연습하며 배울 수 없고, 차라리 가만히 있는 것으로 수업의 주체가 아닌 배경이 되길 선택하게 됩니다. 이러한 경험이 변화 없이 반복되면 학생들은 '나'의 관점에 머문 채 '우리'로 함께하는 방법을 배우기 어렵게 되고, 교사 역시 학생들의 상호작용을 중심으로 한 활동을 점차 꺼리게 됩니다.

이 때 교사는 학생들의 시선을 '나'에서 '우리'로 돌려 주변을 둘러보고 서로 도와 함께 성장할 수 있도록 지도해야 합니다. 왜 다른 친구를 도와야 하는지 묻는 학생이 있다면 학교는 서로 돕고 함께 해야 하는 공간이라는 것을 지도해야 합니다. 학생들을 하나의 공동체로 묶어 '우리는 하나'라는 인식을 가지게 하면, 학생들이 서로 도와 공동의 목표를 향해 나아갈 힘을 얻을 수 있습니다. 공동체 또는 모둠이 바로 세워졌을 때 학생들은 그 속에서 보다 쉽게 협력적인 분위기를 형성하며 함께 성장하게 됩니다. 그 과정에서 학생들은 누구에게나 어렵거나 느린 부분이 있다는 사실과 누군가를 도와 함께 나아가는 기쁨을 자연스럽게 배울 수 있을 것입니다.

협력적인 분위기를 깨트리는 학생들의 말과 행동

학생들의 말과 행동은 서로에게 많은 영향을 끼치므로 교사는 협력적인 분위기를 깨트리는 학생들의 유형을 파악하여 올바르게 대처하는 것이 필요합니다. 학생들의 대표적인 유형별 말과 행동, 그에 대한 교사의 대처는 다음과 같습니다.

학생 유형	말과 행동	교사의 대처
혼자 다 하려는 학생	- "내가 할 거야.", "이대로 그냥 해" - 주도권을 잡고 마음대로 함	- 역할을 명확히 나누어 모두가 참여해야 활동이 이루어지도록 활동 구성하기 - 다른 모둠원과 협력하거나 배려할 때 즉시 칭찬과 긍정적 피드백으로 행동 강화하기
주의가 산만하거나 무임승차 하는 학생	- "어차피 쟤가 다 하잖아" - 활동과 무관한 다른 행동함	- 개별적으로 어려운 점이 있는지 확인하고, 사소한 역할이어도 학생이 할 수 있는 역할 부여하기 - 참여하였을 때 즉시 인정하고 격려하기, 목표 상기시키기
승패가 중요한 학생	- "너 때문에 졌잖아" - 승패의 결과에만 집중함	- 실수는 누구나 할 수 있다는 것 인지시키기 - 규칙의 의미와 목적 설명 과정과 협력 중요성 강조하기
부정적 반응을 하는 학생	- "하기 싫어요", "그거 왜 해요" - "저는 못해요", "이건 안될 거야" - 다른 학생의 아이디어를 무시함	- 어려운 부분이 있는지 확인하고 학생이 잘하는 특성 살려 참여하게 독려하기 - 긍정적 성공 경험 채워주기, 존중 지도하기
소극적인 학생	- "어차피 제 말 안 들어요" - 조용히 빠져 있으려고 함	- 학생의 의견이 궁금하고 모둠에 필요함을 이야기하기 - 작은 기여도 적극적으로 인정하고 격려하기

교사의 말과 행동

학생들은 교사의 말과 행동을 거울처럼 보고 배우고 따라 하므로 교사가 먼저 바람직한 태도와 행동을 형성하는 것이 지도에 효과적입니다. 이를 위한 교사의 태도와 행동은 다음과 같습니다.

1. 존중하고 사랑하기

교사가 학생들을 미숙하고 지시해야 하는 대상이 아닌 한 사람으로 존중하고 사랑할 때, 학생들은 자연스럽게 사람을 존중하고 사랑하는 법을 배울 수 있습니다. 이는 공동체에 대한 애정으로 이어질 것입니다.

2. 경청하고 배려하기

학생들과 대화할 때는 하던 것을 멈추고 눈을 마주치며 귀 기울여 영혼의 대화를 나눌 필요가 있습니다. 이런 교사의 모습은 학생들을 지도하는데 힘을 실어주며, 교사와 학생 모두 서로에게 더 협력하게 됩니다.

3. 기다림과 이해하기

교사는 학생들의 다양한 특성이나 의견, 속도를 이해하고 기다릴 수 있어야 합니다. 단, 수

   배움이 자연스러운 수업에서 행복한 아이가 자란다

업과 무관한 말과 행동들이 수업의 주제를 흐리거나 무분별한 수용으로 수업의 목표에 도달하지 못하는 것은 경계해야 합니다.

4. 도움 요청하고 도움 주기

학생들의 이해 정도를 파악하고 도움이 필요한 학생이 있는지 묻고 도와주는 것이 필요합니다. 도움을 요청하고, 도움을 주는 것이 자연스러운 일임을을 알게 합니다. 교사가 도움을 요청하는 모습을 보이는 것도 좋습니다.

5. 학생들 연결 지어 주기

교사가 학생에게 직접 도움을 주는 것도 좋지만, 학생들이 서로 도움을 주고받을 수 있도록 연결 짓고 분위기를 만들어주는 것도 좋습니다.

6. 의미 있는 소란스러움 허용하기

학생들이 상호작용을 하면 소란스러워질 수 있습니다. 이때 교사는 소란스러움이 활발한 참여의 신호가 아닌지 구별하여 허용적인 태도를 보일 필요가 있습니다.

7. 서로 도와 함께 하는 과정의 가치 인정하기

활동의 결과보다 과정을 중요하게 여기고, 혼자 했을 때보다 함께 힘을 합치거나 서로 도와 성취했을 때 학생들을 더 격려하고 칭찬하는 교사의 태도가 필요합니다. 이는 학생들의 협력적 태도를 강화할 수 있습니다.

교사의 태도는 교사의 말과 행동으로 이어지고, 이는 협력적인 교실 분위기의 근간을 형성하게 됩니다. 그러므로 우리는 학생들에게 지도하고자 하는 바가 무엇이고, 그에 대해 어떻게 생각하고 있는지 분명하게 할 필요가 있습니다.

협력을 위한 디딤돌 활동

협력적인 분위기를 만들기 위해서는 학생들이 서로를 존중하고 지지하며 격려하는 분위기를 만들어야 합니다. 학생들이 학교에 오는 것이 '친구와 선생님을 도와주며 함께 배우기 위해서라는 것', '모르는 것을 묻는 건 용기 있는 행동이라는 것', 그리고 '나에게 질문하는 친구는 고마운 친구라는 것'을 알도록 지도해야 합니다. 이를 위해 다음과 같은 활동들을 통해 학생들이 방법을 익히고 연습하며 직접 느끼고 생각하게 할 수 있습니다. 다만 담임 교사가 아니어서 제약이 있거나 교과 시간에 시간을 따로 내서 진행하기 어려우면, 이 중 필요한 활동이나 요소를 골라 수업 중 활동으로 틈틈이 활용하거나 방법을 변형해 보는 것도 좋습니다.

1. 협력적 분위기 세우기
   a. 경청 놀이

다른 사람의 목소리를 듣지 않는 상황에서 협력적인 분위기는 형성될 수 없습니다. 학기초에 하는 것이 가장 효과적이나 제대로 듣는 것은 어려운 일이고 그 중요성을 잊기 쉬우므로 반복 연습이 필요합니다.

놀이	방법
수다쟁이 놀이	(1) 둘씩 짝을 지은 학생들이 특정 주제에 대해 서로에게 동시에 이야기하게 합니다. (2) 신호하면 이야기를 멈추고 서로의 말을 얼마나 들었는지 무엇을 느꼈는지 나눕니다. (3) "제대로 들으려면 어떻게 하는 것이 좋을까요?"라고 묻고 의견을 모읍니다. (4) 결과를 게시하고 경청이 필요한 순간에 결과물을 가리켜 상기시키며 지도합니다.
딴청 놀이	(1) 학생들을 둘씩 짝을 지어 서로에게 보이지 않게 화면으로 다른 미션을 전달합니다. 　A가 확인하는 동안 B는 엎드려있고, B가 확인하는 동안 A는 엎드려있습니다. (2) 미션 확인 후 1~2분 동안 미션을 수행하며 대화합니다. 　- A(말하는 역할): 친구에게 좋아하는 것 설명하기 　- B(듣는 역할): 일부러 눈을 피하며 마주치지 않고 다른 행동하기 (3) 활동을 한 이후 A(말하는 역할)를 한 학생들에게 어떤 느낌이 들었는지 질문합니다. 　또 "상대가 듣고 있다는 것을 어떻게 알 수 있나요?"라고 묻고 의견을 모읍니다. (4) 결과를 토대로 B(듣는 역할)의 미션을 바람직한 자세로 수정하여 다시 수행합니다.

   b. 협력에 대해 탐구하기

학생들에게 교실 안과 밖에서 학생들 사이에 작용하는 힘을 떠올리며 협력의 필요성을 느끼게 합니다.

순서	방법
1	다음 세 가지 상황을 각각 떠올려봅니다. - 누군가가 나를 통제하려고 할 때(친구가 나에게 간섭하려고 할 때) - 내가 누군가를 통제하려고 할 때(친구를 조종하려고 할 때) - 함께 협력해서 할 때(친구들과 협력해서 과제를 완성할 때)
2	각각의 경우에 '어떤 느낌이 드는지', '어떻게 행동했는지', '그를 통해 무엇을 배웠고 어떤 결심을 했는지' 생각하고 나누는 시간을 갖습니다. ※ 저학년의 경우 '통제'를 '간섭'으로 표현하면 쉬운 전달이 가능합니다.
3	탐구를 마친 뒤 학년 수준에 맞는 표현을 사용하여 다음과 같이 질문합니다. - "통제나 조종에 관한 이야기를 하며 어떤 점을 알게 되었나요?", "통제는 힘과 어떤 관련이 있나요?" - "우리가 함께 문제를 해결하는 가장 효과적인 방법은 무엇인가요?" - "효과적으로 협력하려면 우리에게 어떤 기술이 필요할까요?"

c. 협력 놀이하기

학생들은 놀이에서 승패에 집중하기 쉬워 경쟁적인 놀이 경험을 많이 가지고 있습니다. 그러므로로 이를 변화시키기 위한 교사의 노력이 필요합니다. 다양한 협력 놀이를 통해 학생들이 협력의 힘을 간단하지만 분명하게 느낄 수 있습니다. 다음과 같은 놀이 외에도 다양한 협력 놀이가 있는데 학생들의 수준과 상황에 맞게 적재적소에 사용하는 것이 필요합니다.

놀이	방법

협력의 풍선 띄우기	(1) 책상은 모두 벽으로 붙이고 의자만 꺼내어 모둠별로 둥글게 앉게 합니다. (적정인원: 4명)
	(2) 놀이 방법과 규칙을 설명합니다. 모둠원끼리 손을 잡고 풍선을 최대한 많이 튕겨야 합니다. 이때 손을 놓치거나 엉덩이가 의자에서 떨어지면 아웃입니다.
	(3) 먼저 모둠 대결을 할 것이라고 이야기하고, 칠판에 모둠별 결과표를 만듭니다.
	(4) 한 모둠씩 차례대로 경기를 진행하여 성공 개수를 적습니다. 모두 끝나면 칠판에 총 합계를 적습니다.
	(5) 모둠별 성공 개수를 모두 더하는 두번째 경기를 전체 목표 설정 후 진행합니다.
	(6) 두 번째 경기 종료 후 목표 도달 여부를 확인합니다. 도달하면 격려하며 질문합니다.
	  "우리가 처음 경기할 때 다른 친구들이 못하면 어떻게 행동했나요?"
	  "두 번째 경기를 할 때 서로 응원해 주고 격려해 주니까까 어떤 일이 일어났나요?"
	※ 대부분 도달하나 미도달할 경우 격려하여 재도전하거나 현실적인 목표로 조정합니다.

2. 협력의 순간 만들기

a. 감사와 격려 나누기

학생들이 서로의 장점을 발견하여 표현하고 서로에게 고마운 일들에 감사를 나누는 것은 학생 간의 긍정적인 분위기를 형성하고 상호 신뢰감을 높여줍니다. 서로 지지하고 격려하는 것이 자연스러울수록, 학생들은 어려움 없이 서로 도움을 요청하고 도움을 줄 수 있습니다. 특히 활동을 일정한 주기로 반복하게 되면, 학생들이 서로를 바라보는 시선과 분위기가 금세 달라져 있는 것을 발견할 수 있습니다.

순서	방법
1	학생들에게 다음과 같이 질문하고 함께 이야기 나눕니다. - "감사와 격려는 무엇인가요?" - "감사와 격려를 주고받으면 어떤 기분이 드나요?" - "우리는 어떤 것들에 감사하고 격려할 수 있나요?" - "서로에게 감사할 것들에는 어떤 것들이 있나요?"
2	책상은 벽으로 붙이고 의자만 가지고 원으로 앉아 돌아가며 감사와 격려를 나눕니다. - 감사와 격려를 표현할 때: "(이름), 나는 네가 (행동) 해줘서 고마워/격려해." - 감사와 격려를 받을 때: "(이름), 나도 고마워"

b. 학생들의 언어 연결 짓기

수업 중에 "~의 말에 대해 어떻게 생각하나요?", "~의 말에 더하고 싶은 말이 있을까요?" 등과 같이 학생들의 언어를 연결 지어주는 것도 좋습니다. 학생들이 서로의 목소리에 귀 기울이고 경청하는 힘을 키울 수 있고, 학생 간의 상호작용을 소수에서 학급 전체로 확장할 수 있습니다. 협력적인 분위기가 형성되면 형성될수록 학생들은 서로를 지지하고 격려하여 많이 이야기하게 되고, 상호 존중과 신뢰를 바탕으로 하는 학생들이 많이 이야기하면 할수록 협력적인 분위기는 더해질 것입니다.

c. 수업 공동체 세우기

학생들은 공동체 안에서 소속감, 자존감, 존재감을 느낄 때 수업에서도 주체로 바로 설 수 있습니다. 이는 수업으로 연결되므로 학기 초 수업 공동체 또는 학급 세우기 활동을 추천합니다.

내용	방법
동의와 가이드 라인	(1) "올해 우리 수업(학급)이 어떤 모습이었으면 좋겠나요?" 　　학생들에게 포스트잇을 나누어주고 자신이 원하는 수업(학급)의 모습을 적어서 　　칠판에 붙이게 합니다. (2) 학생들과 함께 내용이 비슷한 것을 4~5개의 묶음으로 분류하고 제목을 붙입니다. (3) 분류대로 모둠을 나누어 다음과 같은 가이드라인을 작성하게 합니다. 　　다음과 같은 가이드라인 템플릿을 함께 협력하여 작성하게 합니다. 우리 수업(학급)은 (　　　　　　　)한 수업(학급) 이렇게 말해요 / 이렇게 행동해요 (4) 모둠별로 완성한 가이드라인을 발표하고 지키기 어렵거나 동의하기 어려운 것이 　　있는지 묻습니다. (5) 각 가이드라인의 항목별로 두 가지씩 투표하게 하여, 득표가 많은 항목들을 모아 　　하나의 학급 가이드라인을 만들고 모두 서명합니다. (6) 학생들과 가이드라인을 반복적으로 읽고 실천하며, 필요하면 수정하며 실천합니다.
의미있는 역할	(1) 수업(학급)에서 내가 하고 싶은 역할을 브레인스토밍 합니다. (2) 역할을 하는 학생들이 즐거워하고 애정을 가지고 참여하도록 역할 이름을 붙입니다. (3) 다음과 같은 역할 지원서를 작성하여 제출합니다. 특정 역할에 학생들이 몰릴 수 　　있기 때문에 필요하면 지원 현황을 게시하여 희망자에 한해 조정하게 합니다. 의미 있는 우리 수업(학급) 역할 나눔 하고 싶은 역할 / 하고 싶은 이유 / 수업(학급)에 어떤 도움을 주는지? / 나에게 어떤 도움이 되는지? / 그 역할을 하는데 나는 어떤 장점을 가지고 있는지? / 그 밖에 하고 싶은 말(주의점 등) / (4) 교사가 무기명으로 지원서를 읽어서 역할을 정하고, 지원한 역할을 받지 못한 　　학생들은 남은 역할 중에 하고 싶은 것을 하게 합니다. 만약 하고 싶은 게 없다면 　　하고 싶은 역할을 개발해 오도록 합니다.
학급 이름과 로고 정하기	학생들과 함께 투표로 이름과 로고를 선정하고, 선정된 로고는 디지털 드로잉으로 변환하여 파일로 만듭니다. 학생들은 자신들이 만든 이름으로 불리고 활동지 등에 로고가 사용될 때, 학급에 대한 소속감과 애정을 더 가지게 됩니다.

수업 속에서 협력 더하기

협력적인 분위기를 강화하기 위해 학생들이 협력의 힘을 키울 수 있는 활동을 추천합니다.

1. 또래 교사 활동하기

학생 간의 활동 속도나 수준의 차이가 있을 경우, 또래 교사 활동을 활용합니다. 자신의 과제를 마친 학생들 중 다른 친구들을 돕고자 하는 의지가 있는 학생들에게 또래 교사 역할을 부여하여 질문하고 설명하게 할 수 있습니다. 가르치는 학생은 다른 학생에게 설명하면서 배운 내용의 원리나 방법을 깊이 있게 성찰하며 성장할 수 있고, 배우는 학생은 친구들의 언어로 설명을 들어 더 직관적으로 쉽게 이해할 수 있습니다.

2. 모둠 활동하기

학생들이 모둠 친구들과 협력하여 수행할 수 있는 과제를 제시합니다. 이때 과제는 한 명이나 일부 학생이 하면 끝낼 수 있거나, 아무것도 안 하는 학생이 있어도 가능한 과제가 아니어야 합니다. 과제에 대한 보상은 단순히 결과보다는 협력하는 과정에 초점이 맞춰지도록 합니다. 모둠 활동을 하면서 학생들은 서로의 의견을 듣고 나누며 더 나은 의견으로 발전시키고, 하나의 문제를 해결하기 위해 힘을 합치면서 협력적 배움을 얻을 수 있습니다. 다만 학생들이 '우리 모둠'만을 생각하며 경쟁적으로 참여하지 않도록 유의하고, 우리 학급 전체가 협력할 수 있는 활동을 구성하는 것이 좋습니다. 이를 위해 모둠 간 협동을 활용할 수도 있습니다.

3. 활동 종료 후 인사하기

학생들이 함께하는 활동을 마치고 나면 짧게라도 함께 한 친구들에게 감사 인사를 나눌 수 있도록 합니다. 특히 체육 시간에 팀을 나누어 경쟁형 게임을 할 때, 활동을 시작하며 "즐기자, 친구야" 등과 같이 말하고, 마무리하며 "함께 해서 즐거웠어" 등과 같이 말하도록 합니다. 학생들이 상대 팀 학생들과 서로 마주 보고 격려하면서 활동의 목적을 상기하고 서로가 있기 때문에 활동이 가능하다는 점에 주목하여 성숙한 협력적 태도를 가지게 독려합니다.

4. 정리

　오늘날 우리가 살아가는 사회는 복잡하고 다양하며 불확실한 성격을 띠고 있습니다. 인공지능의 발달, 기후 변화, 다문화 사회 등 어느 한 사람의 힘만으로는 해결할 수 없는 복합적인 과제들을 마주하게 됩니다. 이 과제들을 해결하기 위해서는 단순한 문제 해결이나 정보 처리가 아닌 다양한 사람들의 협력과 협업이 필요하며 함께 지속 가능한 발전을 도모하는 방법을 알아야 합니다. 학교와 교실은 학생들이 이를 연습하고 익힐 수 있는 공간이어야 합니다.

　협력적 분위기는 학생들이 상호 작용을 하며 공동의 목표를 달성하는 과정에서 형성됩니다. 협력적 분위기 속에서 학생들은 서로 도움을 요청하면 도움을 받을 수 있다는 믿음이 있어, 어렵지 않게 도움을 요청하고 받을 수 있습니다. 서로의 말에 경청하고 자신의 의견을 표현하면서 의사소통 능력을 키우고, 서로 생각이 다를 때 이를 조정하거나 새로운 생각으로 발전시키는 문제 해결 능력 또한 키울 수 있습니다. 또 자기 생각을 언어로 표현하고 다른 친구의 언어를 들으면서 더 쉽게 이해하고 사고를 확장할 수 있습니다. 더불어 학생 간의 친밀감이 높아져 갈등이나 문제를 예방하고 해결하는 힘을 키울 수 있습니다. 이를 통해 학생들은 미래·사회적 역량, 학습 효과, 정서적 안정을 얻을 수 있습니다.

　'빨리 가려면 혼자 가고, 멀리 가려면 함께 가라'는 아프리카 속담이 있습니다. 장기적인 성장을 위해서는 함께 하는 것이 필요함을 뜻합니다. 교사는 학생들이 자신 혹은 우리에게만 집중하는 것이 아니라, 주변과 다른 친구들에게 관심을 가지고 협력의 중요성을 느낄 수 있도록 이끌어야 합니다. 협력적인 분위기가 형성될 때 학생들은 서로에게 안전한 울타리가 되어 열린 마음으로 함께 배우고 성장할 수 있습니다. 비로소 학생들 한 명 한 명이 수업의 주체로 바로 설 수 있을 것입니다.

축구와 협력적인 분위기

　광주 FC 이정효 감독은 "경기장 안에서 에너지가 중요합니다. 에너지를 올려주기 위해서는 구경하는 사람이 없어야 합니다."라고 말하였습니다. 이 말은 축구뿐 아니라 수업에도 그대로 적용됩니다. 교실에서도 친구와 선생님을 계속 도와주어야 하며, 구경하는 사람으로 남아서는 안 되는 것입니다. 실제로 축구에서는 한 명이 혼자서 골을 넣을 수 없고, 모두가 함께 달리고 패스를 주고받으며 서로를 도와야 득점이 가능합니다. 오개념이나 어려움이라는 수비를 넘어 골문을 열 듯, 수업에서도 서로 협력하며 배움과 성장을 이루어가야 합니다. 감독이 팀의 문화를 만들듯 교사는 교실 안에서 학생들이 하나가 되어 협력할 수 있는 문화를 형성해야 하고, 또 경기장 밖에서 팬들이 응원하듯 학부모님의 관심과 응원 역시 교실을 지탱하는 힘이 됩니다.

실천 과제

1. 학생들의 성취에 내가 자주 하는 피드백을 점검하고, 협력과 과정을 강조하는 대체 언어 3가지를 기록해보세요.
2. 수업에서 학생들이 서로 도움을 주고받을 수 있도록 하는 구체적인 연결 언어나 활동을 계획해보세요.
3. 한 주동안 수업에서 학생 상호작용의 빈도와 질을 관찰하고, 협력적 분위기 조성을 위한 개선점을 기록해보세요.

참고 문헌

☞ 사토 마나부. (2021). 수업이 바뀌면 학교가 바뀐다 (김윤경 역). 에듀니티.

☞ 정민수. (2015). 수업도시락, 성찰과 협력을 담다. 행복한미래.

☞ 헤어, 브라이언 & 우즈, 버네사. (2021). 다정한 것이 살아남는다 (김한영, 역). 디플롯.

☞ Dewey, J. (1997). Experience and education. Simon & Schuster.

 　　배움이 자연스러운 수업에서 행복한 아이가 자란다

☞ Gillies, R. M. (2007). Cooperative learning: Integrating theory and practice. SAGE Publications.

☞ Johnson, D. W., Johnson, R. T., & Stanne, M. B. (2000). Cooperative learning methods: A meta-analysis. University of Minnesota, Cooperative Learning Center.

☞ Kagan, S. (1999). Cooperative learning. Kagan Publishing.

☞ Nelson, J., Lott, L., & Glenn, S. (2014). 친절하며 단호한 교사의 비법: 학급긍정훈육법. 에듀니티.

☞ Rassalla, T., McVittie, J., & Smitha, S. (2015). 친절하며 단호한 교사를 위한 학급긍정훈육법 활동편. 에듀니티.

☞ Roscoe, R. D., & Chi, M. T. H. (2007). Understanding tutor learning: Knowledge building and knowledge-telling in peer tutors' explanations and questions. Review of Educational Research.

☞ Vygotsky, L. S. (1978). Mind in society: The development of higher psychological processes. Harvard University Press.

10차시. 수업 발화

1. 수업 발화란?

교사의 수업 발화

교실에서의 수업 발화란, 교사와 학생, 그리고 학생과 학생 사이에서 오가는 모든 언어적 상호작용을 의미합니다. 이러한 수업 발화는 교실 속에서 학생들의 학습을 적극적으로 촉진하고, 서로 간의 관계를 형성하는 중요한 소통의 도구입니다. 특히 교사의 발화는 교사와 학생 사이의 의사소통을 넘어, 학생들 상호 간의 언어적 상호작용을 촉진하여 배움이 교실 전체로 확산되도록 돕습니다.

교사는 지식을 일방적으로 전달하는 사람이 아니라 학생들의 배움에 세심하게 반응하며 새로운 배움의 길을 열어주는 존재입니다. 이러한 교사의 수업 발화는 학생의 자기주도적 학습 태도를 이끌고, 긍정적인 교실 문화를 만들어 가는 데 중요한 중심이 됩니다.

1. 학습 촉진자	학생들이 능동적으로 참여하고, 질문과 토론, 성찰을 통해 성장할 수 있도록 다양한 상호작용을 지원합니다.
2. 안내자	학생 개개인의 고민과 질문에 민감하게 반응하고, 자기주도적 학습을 이끌어내기 위해 진심으로 귀 기울이며 다양한 생각을 연결해줍니다.
3. 환경 설계자	학생 및 교과 간 활발한 상호작용이 이루어지도록 교실 환경과 분위기를 설계하고, 신뢰와 협력이 살아 있는 문화를 만듭니다.

이러한 역할은 실제 교실에서 다음과 같은 실천적 태도로 나타납니다.

- 듣기(listening) : 학생의 말과 감정에 집중하여 경청하는 태도
- 테일러링(tailoring, 개인 맞춤형 대응) : 학생 한 명 한 명의 특성과 상황에 맞추어 질문 및 응답
- 오케스트레이팅(orchestrating, 조율) : 모둠과 전체 대화의 흐름을 조정하고, 학생끼리 연결되도록 조율

특히 모둠 활동이 활발한 상호작용 중심 수업에서 교사는 '촉진자'와 '안내자'의 역할을 동시에 수행합니다. 촉진자로서 교사는 직접 해답을 주기보다 학생들 사이의 대화와 협력이 자연스럽게 이어지도록 발화를 사용합니다. "모둠 친구는 어떻게 썼는지 참고해봐.", "이 문제, 친구

와 이야기해볼래?"와 같이 질문하며 상호작용을 시작하게 이끌고, 학생이 어려움을 표현할 때는 "친구에게 물어볼래?"라고 말하며 동료 학습을 유도합니다.

한편, 안내자로서의 교사는 세심한 '관찰자'의 눈을 가져야 합니다. 교사는 학생 개개인의 참여와 고민을 유심히 바라봅니다. 혼자 고민하는 학생에게는 "힌트가 필요하니?"라고 조심스럽게 질문하여 지원하면서도 충분히 탐구할 시간을 보장합니다. 또한 모둠 내에 혼란이나 갈등이 발생하면 교사가 재논의를 안내하여 학생들이 스스로 대화를 조율하도록 돕습니다.

즉, 교사의 수업 발화는 촉진자이자 관찰자로서의 역할을 동시에 수행하며, 학생들이 적극적으로 자신의 생각을 나누고 스스로 문제를 해결할 수 있는 교실 문화를 만들어 갑니다. 이는 학생 개개인, 소집단, 그리고 학급 전체를 아우르며, 교사가 어떻게 학생을 지원하고 대화와 배움을 촉진할 수 있는지 잘 보여주는 실천적 모습이라고 할 수 있습니다.

대상별 수업 발화의 유형

교사의 수업 발화는 대상에 따라 다음과 같이 다양한 유형으로 나타납니다.

1. 개인의 학습을 돌보는 발화

홀로 있는 학생이나 고민에 빠진 학생에게 "이 부분 읽어봤니?", "힌트를 줄까?"와 같이 개별적 배려가 드러나는 질문을 건넵니다. 어려워하는 학생에게는 "어떤 점이 어렵니?", "이 부분을 먼저 해볼까?"와 같이 유도적 질문을 건네거나 구조화된 선택지 혹은 구체적인 힌트를 제시함으로써 학생 한 명 한 명에 세심히 반응할 수도 있습니다.

또한 스스로 배움을 정리하는 과정에서 다음과 같은 자기 평가 질문을 함께 제시할 수 있습니다. "나는 이번 시간에 새롭게 알게 되고 느낀 점이 있었나요?", "나는 이 주제에 대해서 깊이 생각하였나요?", "나는 나의 생각을 잘 표현했나요?"

2. 모둠 활동을 촉진하는 발화

"모둠 친구에게 물어볼까?", "친구가 한 말 어떻게 생각해?" 등 학생 간 대화가 서로 이어질 수 있도록 '제3의 모둠원'이 된 것처럼 발화하며, 답을 주기보다는 학생들끼리 의견을 나누며 생각과 고민을 연결할 수 있도록 돕습니다. 모둠 내 어려워하는 학생이 있을 경우에는 "모둠 내에서 도움이 필요한 친구가 있는지 살펴봐 주세요."와 같이 말해줄 수 있습니다. 또한 모둠 활동을 마무리하며 "모둠의 모든 친구들과 서로 표현하고 나누었나요?"라고 평가질문을 제시함으로써 자신의 협력과 소통의 경험을 점검할 기회를 줄 수 있습니다.

3. 전체 공유를 위한 발화

"철수 말과 영희 말은 서로 같을까요?, 어떤 점이 다를까요?", "이 말은 교과서(자료) 어디에 나와 있었나요?" 등 학생 발표와 교재, 경험을 잇는 질문으로, 서로 다른 생각이 만나 교실 안에서 더욱 풍부한 배움이 이루어집니다. "모둠끼리 다시 이야기 해볼까요?", "지금 길동이의 말이 어떤 뜻일지 함께 생각해 봅시다."와 같이 되돌리는 질문을 활용하여, 모르는 것을 함께 알아가는 시간을 만들 수도 있습니다.

수업 발화의 유형

교사의 수업 발화는 학생의 배움과 성장에 직접적인 영향을 주며, 그 유형에 따라 교실의 소통과 학습 분위기가 달라집니다. 김영대(2017)의 연구에 따르면, 실제 수업 현장에서는 '수용하기', '확장하기', '초점화하기', '정보 제공하기'의 네 가지 발화 유형이 자주 등장합니다.

수업 발화 유형 및 기능

발화 유형	설명	기능	예시
수용하기	'응', '그래' 등 긍정적 반응	관계 형성, 학습 촉진	그래, 그렇게 생각했구나.
확장하기	다양한 의견을 이끌어내는 질문	사고 확장, 학생 간 상호작용 촉진	다른 친구들은 어떻게 생각해?
초점화하기	사고를 깊게 하는 질문	의미 구성, 문제 해결	왜 그렇게 생각했는지 말해줄 수 있니?
정보 제공하기	예시·자료·개념 안내	사고 자극, 추가 응답 유도	이 자료를 토대로 앞으로 사회에 어떤 영향이 있을지 생각해볼까?

실제 수업에서는 관계 형성과 학습 촉진을 위한 '수용하기' 발화가 가장 빈번하게 사용되며, 다음으로 학생의 사고를 넓히는 '확장하기', 학습의 방향을 잡아주는 '초점화하기'가 이어집니다. 이러한 발화 유형들은 교사가 학생의 생각을 다양한 방향으로 유도하며, 수업의 흐름을 풍성하게 만들어 줍니다.

반면, 단순히 "네", "응" 등 반복적이고 습관적인 수용성 발화가 지나치게 많을 경우, 학생들은 자신의 생각이 충분히 존중받지 못한다고 느낄 수도 있습니다. 또한 칭찬, 격려, 입증하기와 같은 유형은 실제로 매우 낮은 비율로 나타났으며, 교사가 자신의 발화 습관을 점검하고 개선하려는 노력이 필요함을 시사합니다.

따라서 교사는 학생의 발화에 경청하고, 되묻는 질문을 통해 사고를 확장하며, 발화의 목적을 명확하게 의식할 필요가 있습니다. 다양한 수업 발화의 유형들을 의도적으로 활용함으로써 학생들의 적극적인 사고와 참여를 이끌어낼 수 있습니다.

2. 수업 발화의 필요성 : 교실의 온도를 바꾸는 발화의 힘

교육철학자 반 매넌(Van Manen)은 "수업은 영혼의 대화이다(Van Manen, 2012)"라고 하였습니다. 이는 교사의 발화가 단순한 지식 전달의 도구를 넘어, 학생의 존재와 만나는 통로임을 의미합니다. 실제로 교사의 말 한마디는 수업 분위기는 물론 학생의 마음가짐까지도 바꿀 수 있는 강력한 힘을 가집니다. 수업 시간에 건네는 교사의 따뜻한 격려 한 마디가 학생에게 용기와 자신감을 심어주는가 하면, 때로는 무심코 던진 한 마디가 학생을 위축시키기도 합니다. 따라서 교사의 말이 아이를 성장시킬 수도 있지만 한순간 마음을 닫게 할 수도 있기에, 교사가 어떤 발화를 사용하느냐가 수업에서 무척 중요하다고 할 수 있습니다.

예를 들어, 수업 중 학생이 활동 설명을 듣지 못해 되물었을 때, 교사가 "방금 설명한 건데? 안 들었니? 집중 좀 해봐."라고 말하는 장면은 우리 모두 한 번쯤 겪어보았을 것입니다. 이 학생이 교사의 말을 들은 이후 어떤 마음으로 수업을 들었을지 생각해 본다면, 이처럼 일상적인 발화가 학생의 마음이 얼어붙게 할 수 있다는 것을 알 수 있습니다.

저 역시 고등학교 시절에 들었던 영어선생님의 한 마디가 마음에 오래 남은 경험이 있습니다. 농담을 좋아하시는 선생님이셨는데, 모의고사가 끝난 뒤 복도에서 마주친 영어 선생님께서 "잘 봤어? 1등급 나왔니?"라고 물으셨고, 제가 답하기를 망설이자 "이 안에 뭐가 든거니?"라고 하시며 제 머리를 짚고 지나가셨습니다. 웃음기 섞인 말투였을지라도 저는 순간적으로 당황스럽고 위축된 마음이 들었고, 그 이후로 그 선생님의 수업 시간이 되면 마음에 삐죽삐죽 가시가 돋아나 수업에 집중하기가 힘들었습니다. 이처럼 교사의 발화 하나가 학생 개인의 정서와 그 이후의 학습 분위기 전체에 영향을 끼칠 수 있다는 사실을 교사가 된 이후에 다시 생각하게 되었습니다.

이처럼 교사의 언어는 학생의 성장, 학습 태도, 그리고 교실 문화에 큰 영향을 미칠 수 있습니다. 최근 연구에 따르면, 교사의 언어적 상호작용이 학생들에게 긍정적인 수업 분위기를 조성하는 데 중요한 역할을 한다는 점이 강조됩니다. 또한 피드백 과정에서 교사와 학생이 주고받는 언어적 상호작용은 학생의 성장을 돕는 핵심적인 요인임을 시사하는 연구 결과도 있습니다(박민애 & 노현종, 2022). 아울러 실제 수업 장면에서 교사가 학생의 오답이나 실수에 어떻게 피드백하느냐에 따라, 학생의 자기효능감, 수업 참여도, 자존감 등에도 실질적인 변화를 이끌어낸다는 점이 보고되고 있습니다(이지현, 2017).

이와 같이 교사가 수업 중 어떤 언어와 태도로 아이들에게 다가가느냐에 따라 교실은 서로를 신뢰하며 함께 성장할 수 있는 행복한 배움터가 되기도 하고, 반대로 위축과 긴장이 가득한 공간이 되기도 합니다.

3. 좋은 수업 발화를 위한 교사의 노력

선생님의 교실에서는 지금 어떤 언어의 꽃이 피어나고 있을까요? 이제부터 '교사의 수업 발화'가 무엇을 의미하는지, 또 그 기준과 실제 모습은 어떠한지 구체적으로 살펴보겠습니다.

좋은 수업 발화를 위한 준비
1. 학생 개별 지원과 허용적 분위기

모든 학생이 같은 속도로 성장하거나 같은 방식으로 배우지는 않습니다. 따라서 교사는 각 학생의 학습 상황과 특성을 세심하게 관찰하고, 필요에 따라 맞춤형 안내, 추가 자료 제공, 직접적인 학습 지원 등 다양한 방법으로 도와야 합니다. 예를 들어, 과제를 이해하지 못해 머뭇거리는 학생에게는 "어느 부분이 궁금한지 말해줄래? 같이 해결해 볼까?"와 같은 질문을 건네어 부담 없이 도움을 요청할 기회를 마련합니다. 또 수업 중 발표에 소극적인 학생에게는 "네 생각도 궁금한데, 천천히 말해줘도 괜찮아"라는 격려의 말을 통해 심리적 지지를 제공할 수 있습니다.

이러한 개별화된 지원이 효과를 발휘하기 위해서는 무엇보다 허용적인 교실 분위기가 중요합니다. 학생들은 자신의 답이 틀릴 수 있다는 불안에서 벗어나 자유롭게 질문하고 의견을 나눌 수 있을 때 진정한 성장을 경험합니다. 교사는 정답을 즉시 알려주기보다 "조금 더 생각해볼래?", "네가 생각한 다른 방법으로도 도전해봐"와 같은 발화를 사용하며 학생 스스로 문제를 해결할 수 있는 기회를 마련해야 합니다.

수업 발화 전략이 제대로 구현되기 위해서는 교실 안에서 다양한 의견이 자유롭게 오가고, 실수해도 괜찮다는 허용적 분위기가 전제되어야 합니다. 즉, 오답에 대한 두려움 없이 자신의 생각을 당당히 표현할 수 있는 환경에서 학생들은 점차 적극적인 배움의 주인으로 성장할 수 있습니다. 교사는 이러한 분위기를 만들기 위해 학생들의 대화를 촉진하고 주의 깊게 관찰하며, 수업 장면을 꾸준히 기록하고 성찰하는 과정을 통해 자기 수업을 지속적으로 발전시켜 나가야 합니다.

2. 교사의 동선

좋은 수업 발화를 위해서는 교사의 언어뿐 아니라 교실 속 동선도 중요한 역할을 합니다. 교사가 한 자리에만 머무르지 않고 좌우로 움직이며 발화를 할 때, 학생들은 시각적·청각적 자극을 동시에 받게 됩니다. 이러한 동선은 학생들의 집중을 환기시키고, 교사의 말이 단순한 정보 전달이 아니라 '중요하다'는 감정을 불러일으키는 신호로 작용합니다.

특히 앵커링(anchoring)을 통해 특정 지점에서 강조할 내용을 말한 뒤 다시 좌우로 이동하면, 학생들은 공간과 발화를 연결지어 기억하기 쉽습니다. 이는 교실 전체를 무대처럼 활용하는 방식으로, 교사가 동선으로 메시지의 흐름을 시각화하는 효과를 줍니다. 예를 들어, 교사가 교실 오른쪽에 서서 "이 개념은 오늘 배움의 출발점이에요."라고 말한 뒤, 왼쪽으로 이동하며 "여기서부터 우리는 더 깊이 탐구해 갑니다."라고 발화하면, 학생들은 교사의 위치와 말의 흐름을 자연스럽게 연결하여 기억하게 됩니다. 이후 다시 가운데로 돌아와 "지금까지 배운 내용을 함께 정리해 볼까요?"라고 말하면, 공간의 변화가 학습의 단계 전환을 시각적으로 상징하게 됩니다.

학생들은 교사의 움직임을 따라 자연스럽게 시선을 옮기며, 그 과정에서 말의 의미를 더 깊게 받아들입니다. 따라서 교사의 발화는 단순히 언어에 머무르지 않고, 동선과 결합할 때 학생들의 몰입을 이끌어내고 학습의 중요성을 각인시키는 강력한 힘을 발휘합니다.

3. 효과적인 발화를 만드는 목소리 발성 팁

이푸른, 오현진 선생님 강의_ 교사 성대 지키기
https://youtu.be/I_XCaOr81Lw

수업에서 발화의 힘을 충분히 살리기 위해서는 교사의 언어 사용뿐 아니라 목소리 건강과 발성 습관에도 세심한 주의가 필요합니다. 아무리 좋은 발화를 준비하더라도 목소리가 쉽게 피로해지거나 발성이 올바르지 않다면 학생들에게 안정적이고 신뢰감 있는 전달이 어렵습니다. 따라서 교사는 평소에 목을 보호하고 건강한 발성을 유지하는 습관을 길러야 합니다.

● 올바른 발성 습관
  · 목을 촉촉하게 유지하세요.
  · 규칙적으로 식사하여 위산 역류를 예방하세요.
  · 목 주변 근육과 발성을 항상 이완하세요.
  · 입을 크게 벌리고 공명을 활용하세요.
  · 성대 이완 운동 및 연습
      - 상체 및 목 근육 풀기(자유형, 어깨 돌리기 등)
      - 혀·턱·후두 마사지, 호흡·발성 연습(립트릴, 허밍 등)
      - 일상 대화에서도 올바른 발성을 연습하기

● 올바른 목 보호 습관

　· 헛기침을 삼가고 침을 삼키며, 수분 보충을 생활화하세요.

　· 시끄럽거나 먼지가 많은 환경에서 말하는 것을 피하세요.

　· 과도하게 카페인이나 유제품을 섭취하지 마세요.

　· 흡연과 음주는 피하세요.

　· 쉼 없이 30분 이상 말하지 말고, 중간중간 휴식과 수분을 보충하세요.

　· 수업 중 교사의 말을 줄이고, 속삭이기를 삼가세요.

4. 교사의 제스처

　수업에서 교사의 발화만큼이나 중요한 것이 바로 제스처입니다. 발화가 학생들의 인지를 자극한다면, 제스처는 학생들의 감각과 정서를 자극하여 수업에 몰입하게 하는 힘을 가집니다. 사티어는 의사소통에서 언어보다 비언어적 표현(제스처, 표정, 몸짓)이 더 큰 영향을 준다고 말했습니다. 즉, 교사의 손짓 하나, 눈빛 하나가 발화의 의미를 강화하거나 약화시킬 수 있다는 것입니다.

　예를 들어, 교사가 "이제 실험을 시작합니다"라고 말할 때 손을 넓게 펼쳐 보이면 개방적 제스처가 되어 학생들의 참여를 자연스럽게 끌어낼 수 있습니다. 반대로 두 팔을 꼬거나 몸을 뒤로 젖히는 폐쇄적 제스처는 발화의 의미를 약화시키고 학생들에게 거리감을 줍니다. 또한 사티어가 강조했듯, 교사의 제스처와 발화가 일치할 때 학생들은 메시지를 신뢰하게 됩니다. "여기 보세요"라는 발화와 함께 손가락으로 자료를 가리키는 행위는 발화와 제스처가 일치하여 학생들의 주의를 집중시키는 좋은 예입니다.

　표에서 제시된 다섯 가지 제스처 유형은 교사가 수업 상황에서 다양하게 활용할 수 있는 방법을 보여줍니다. 일치형은 발화와 몸짓을 연결하여 신뢰를 주고, 평정형은 학생들의 분위기를 차분히 조절합니다. 단호형은 집중과 주의를 촉구하며, 회유형은 학생의 감정을 수용하고 격려합니다. 마지막으로 요청형은 학생들의 협조와 참여를 자연스럽게 이끌어냅니다. 결국 교사의 발화는 구체성과 간결성을 담아야 하고, 제스처는 이를 보강하여 메시지를 더 강력하고 생생하게 만들어주는 도구가 되는 것입니다.

교사의 제스처 유형별 동작 및 발화 예시

제스처 유형	동작	발화 예시
일치형 제스처 (Congruent Gesture)	한 손바닥을 위로 펼치며 질문	"네 생각을 말해볼래요?"
평정형 제스처 (Leveller Gesture)	양손바닥을 아래로 하여 공기를 누르듯이	"조금 차분히 해봅시다."
단호형 제스처 (Blamer Gesture)	손가락으로 가리키거나 주먹을 쥠	"지금은 집중해야 합니다."
회유형 제스처 (Placater Gesture)	두 손바닥을 위로 펼치며 학생 쪽으로 내밀기	"괜찮아, 네가 노력한 게 더 중요해."
요청형 제스처 (Request Gesture)	두 손을 모으거나 몸을 약간 숙임	"오늘 실험 정리, 함께 도와줄래요?"

학습을 촉진하는 수업 발화

학생의 학습을 촉진하는 발화 전략에는 연결짓기와 되돌리기가 있습니다. 이러한 전략은 단순히 수업의 흐름을 조정하는 기술을 넘어, 학생들의 사고를 전환하는 계기가 되기도 합니다. '좋다', '나쁘다'는 평가적 사고에서 창조적·설계적·탐구적 사고로 확장될 수 있는 발판이 되는 것입니다. 창조적 사고는 어떻게 이 문제를 해결할지에 대한 문제 해결을 확산하는 힘을 가지며, 설계적 사고는 구성적이고 생산적인 시각을 통해 해결과정을 열어 줍니다. 또한 탐구적 사고는 깊이있는 사고를 통해 탐색적이고 개방적인 접근을 가능하게 합니다. 모든 것을 가능과 불가능으로만 재단하는 사람들의 공통점은 언제나 상황을 단정한다는 데 있습니다. 하지만 학생들은 이러한 방법을 통해 학생들은 단정적 사고에서 허용적 사고로 나아갈 수 있습니다. 연결짓기와 되돌리기를 통해 학생들은 이러한 경직된 틀에서 벗어나 다양한 가능성을 탐색하는 허용적 사고로 이동할 수 있는 것입니다.

1. 연결짓기

연결짓기는 학생 간의 의견, 교재, 실제 경험 등을 서로 비교하거나 이어 주어 다양한 시각을 접하도록 돕는 방법으로, 교사의 역할 가운데 가장 중요한 부분이기도 합니다. 교사는 학생과 교사, 학생과 다른 학생, 학생과 텍스트, 학생과 환경을 이어 주는 징검다리 역할을 하며, 이러한 연결을 통해 학생은 스스로 배움의 주체가 되어 학습자 중심 수업이 자연스럽게 이루어집니다. "철수와 영희의 생각은 어떻게 다를까요?", "이 부분이 우리가 전에 읽은 교재와 어떤 관련이 있을까요?", "~에 대해서 어떻게 생각하니?"와 같은 발화는 학생을 수업의 주인으로 돌려

주는 힘을 지니고 있으며, 연결이 단절된 상황과 연결이 이루어진 상황을 비교해 보면 그 차이
는 더욱 분명히 드러납니다(손우정, 2012)

'연결 끊기'와 '연결 짓기'

구분	내용	이야기를 마무리하는 배움의 주체	예시
연결 끊기	학생과 학생을 연결지어주지 못함	교사	교사: 너 발표 손들었구나, 어떤 생각이니? 학생A: 제 의견은 ~. 교사: 어 그래. 다른 친구 발표해 볼까?
연결 짓기	학생과 학생을 연결지어주면서 자연히 경청이 일어나고 상호작용이 일어나도록 함	학생	교사: 너는 어떤 생각이니? 학생A: 제 의견은~ 교사: 학생 B는 이 의견에 대해서 어떻게 생각하니? 학생B: 학생 A에 대한 제 생각은~

연결짓기 예시

연결짓는 관계	예시
학생과 학생	영희야. 철수의 생각에 생각에 대해 어떻게 생각하니? 영희야. 너와 철수의 생각에서 다른 부분이 있을까?
학생과 모둠(반)	혹시 철수와 다른 생각을 가지고 있는 사람이 있을까요?
학생과 교사	영희야. 내(교사)의 생각에 대해서 어떻게 생각하니?
학생과 텍스트	영희야. 철수가 하는 말이 교과서 어디에 나와있을까?
학생과 환경	영희야. 지금 이 환경(도구)에 대해서 어떻게 생각하니?

2. 되돌리기

되돌리기는 수업의 흐름이 끊기거나 오해가 생겼을 때 배움의 속도를 잠시 늦추고 다시 논
의와 탐색의 기회를 제공하는 발화입니다. "이 문제를 다시 한 번 모둠끼리 이야기해 볼까요?",
"조금 전 우리가 어떤 내용에서 혼란이 있었는지 되돌아봅시다."와 같은 발화를 통해 학생들이
스스로 배움을 점검할 수 있게 합니다. 특히 서로 다른 생각이 제시되어 합의가 이루어지지 않
는 상황에서는 되돌리기가 더욱 효과적인데, 엇갈린 답이 나왔을 때 교사가 모둠에서 다시 논
의하도록 안내하는 것이 그 예입니다(손우정, 2012)

되돌리기 예시

되돌리는 관계	예시
학생과 학생	영희야. 철수와 다시한번 이야기해 보자.
학생과 모둠(반)	두 가지 다른 생각이 나왔는데요. 모둠에서 다시한번 이야기해 보세요.
학생과 교사	선생님 생각을 다시한번 질문해 보겠습니다.
학생과 텍스트	교과서(텍스트)에서 어떻게 말했는지 다시한번 읽어보겠습니다.
학생과 환경	다시한번 환경(도구)를 다뤄보면서 생각해 볼까요?

수업 지시 발화

"선생님, 이제 뭐 해요?", "책에 바로 풀어요?", "다 끝냈는데 다음은 뭐예요?" 수업 중 이처럼 반복되는 질문은 학생의 집중력 문제라기보다, 교사의 지시 발화가 구체적이지 않거나 장황했기 때문에 발생하는 경우가 많습니다. 활동 방법이 모호하게 전달되면 학생들의 이해가 엇갈리고, 이는 곧 수업의 혼란과 학습 결손으로 이어집니다. 따라서 교사는 정교하게 설계된 '수업 지시 발화'를 통해 배움의 경로를 명확히 안내해야 합니다.

교사의 발화는 수업의 흐름을 이끄는 가장 중요한 도구입니다. 목표 발화는 학생들이 '무엇을 왜 배우는지'를 머릿속에 명확히 그릴 수 있게 해야 하며, 방법 발화는 활동의 혼선을 줄이도록 구체적이어야 합니다. 또한 발화는 한 번에 한 가지씩만 제시해야 하고, 15초를 넘지 않도록 간결하게 해야 학생들이 집중할 수 있습니다. 발화의 어휘와 문장 구조 역시 학생 눈높이에 맞아야 하며, 활동의 양과 사후 행동까지 포함하는 발화가 필요합니다. 마지막으로, 설명 발화가 끝난 뒤에야 학생들이 움직일 수 있도록 해야 수업의 의사소통 오류를 최소화할 수 있습니다.

3단계 발화법(최재웅, 2014)은 이를 구조화하는 좋은 방식입니다. 사전 발화로 준비를 시키고, 설명 발화로 과정을 안내하며, 지시 발화로 활동을 시작하게 하는 흐름은 학생들에게 명확성과 안정감을 주며, 수업 몰입도를 높여줍니다.

3단계 발화법단계 발화법

단계	발화 유형	발화 예시	설명
1	사전 발화(예고 발화)	"잠시 뒤에 크롬북을 나눠줄 거예요."	학생들이 미리 준비할 수 있도록 예고하는 발화
2	설명 발화	"그러면 활동지 미션을 풀고 친구들을 도와줍니다."	활동의 과정과 방법을 알려주는 발화
3	지시 발화	"크롬북 도우미, 나눠주세요."	실제 행동을 촉발하는 최종 발화

발화는 구체적이고 간결하며, 학생들이 실제로 활동 장면을 머릿속에 떠올릴 수 있도록 전달되어야 합니다. 특히 협동 활동이나 개별 학습 과정에서는 목표, 방법, 분량, 사후 행동까지 발화를 통해 명확히 안내해야 학생들이 혼란을 줄이고 수업에 몰입할 수 있습니다. 아래에 발화 원칙과 예시를 살펴보시기 바랍니다.

효과적인 발화 원칙

구분	발화 원칙	설명	과학 수업 발화 예시
1	구체적 목표 발화	학생이 머릿속에서 장면을 떠올릴 만큼 구체적으로 말하기	"우리 반 공기 중에 이산화탄소 양을 측정해봅시다."
2	구체적 방법 발화	어떻게 해야 하는지를 명확히 말하기	"측정기는 두 명씩 짝을 지어 사용하세요."
3	간결한 발화	한 번에 한 가지, 15초 이내로 말하기	"온도계를 교실 창가에 두고 5분 동안 기록하세요."
4	쉬운 말 발화	이해하기 쉬운 어휘와 구조 사용	"물이 끓을 때 생기는 기체는 무엇입니까?"
5	구체적 양 발화	활동 분량을 명확히 제시	"실험 기록지에 관찰한 사실을 세 줄로 정리하세요."
6	사후 행동 발화	활동 후 취할 행동까지 안내	"실험이 끝나면 도구를 세척하고 제자리에 두세요."
7	발화 후 행동	설명 발화를 모두 마친 뒤 학생들이 움직이게 하기	"이제 실험을 시작합니다. 준비하세요!"

4. 정리 : 수업의 온도와 깊이를 바꾸는 교사의 한 마디

교사의 수업 발화는 단순히 '말을 하는 것'이 아닙니다. '언제', '어떻게', '어떤 목적'으로 말하느냐가 훨씬 더 중요합니다. 따뜻하고 신중한 한 마디가 교실의 분위기를 바꾸고, 깊이 있는 질문이 학생들의 생각을 확장시킵니다. 교사의 실천적 언어는 학생의 사고를 자극하고, 신뢰의 공동체를 형성하며, 교사의 전문성을 드러내는 보이지 않는 힘이 됩니다.

학생들은 교사의 긍정적이고 존중 어린 발화를 통해 자신의 생각을 스스럼없이 말하고, 친구의 의견을 경청하며, 함께 배우고 성장하는 교실 문화를 경험하게 됩니다. '틀리더라도 괜찮다'는 허용적 분위기 속에서 학생 각자가 존중받고, 자신의 속도에 맞춰 탐구와 대화에 참여할 수 있을 때, 교실은 더욱 협력적이고 풍요롭게 변화합니다.

특히 수업 발화는 교사의 성장을 이끄는 핵심 도구이기도 합니다. 자신의 발화를 꾸준히 점검하면서, 학생을 기다릴 줄 아는 인내, 경청하는 마음, 실수를 받아들이는 자세를 갖추어 나가는 것, 이 모든 실천이 바로 교사 전문성을 키우는 과정입니다.

결론적으로, "수업 발화는 수업의 질을 결정짓는다."라고 정리할 수 있겠습니다. 한 마디 한 마디에 담긴 온기와 깊이가 교실을 더욱 의미 있고 따뜻하게 변화시켜줄 것입니다.

1. 실천 준비하기: 상황별 나의 발화 연습

수업 현장에서 좋은 발화는 반복적인 연습을 통해 자연스럽게 내 것이 됩니다. 아래 교실 상황(유형)을 보고, 각 상황에서 내가 학생들에게 어떤 말을 할지 오른쪽 빈칸에 직접 적어 보세요. 그리고 하단의 저자 추천 발화와 비교하면서, 내 언어 습관을 점검해보는 시간을 가져보시기 바랍니다. 이런 연습을 꾸준히 하다 보면, 수업 언어가 한층 더 성장하게 될 것입니다.

상황(유형)	나만의 발화 써보기
① 두 학생이 서로 다른 답을 냈을 때(연결짓기)	
② 모둠 발표 뒤에 의견이 갈리는 상황(되돌리기)	
③ 학생이 쭈뼛거리며 틀린 내용의 발표를 하거나 질문한 경우(허용적 분위기 조성)	
④ 과제를 힘들어하는 학생, 조용한 학생이 있을 때 (개별 지원 및 포용적 질문)	

직접 쓴 발화와 아래 예시를 비교해 보세요. 내가 자주 쓰는 말과 새롭게 시도할 만한 표현을 찾아보고, 본인의 답변과 어떤 점이 비슷하거나 다른지도 함께 살펴보시기 바랍니다. 수업 언어를 더욱 발전시키는 데 도움이 될 것입니다.

1) 연결짓기 발화 예시

· "철수의 생각과 영희의 생각이 어떻게 같은지(다른지) 서로 이야기해볼까요?"

· "친구의 말을 들어보니, 우리가 지난 시간에 배운 내용과 다른 점이 있는 것 같아요. 어디에서 차이가 생겼는지 한 번 찾아볼까요?"

2) 되돌리기 발화 예시

· "지금 이 부분에서 모둠끼리 다시 한 번 이야기해보는 게 좋겠어요. 조금 전 의견이 갈렸던 것 같은데, 각자의 생각을 정리해서 다시 이야기해볼까요?"

· "지금까지 우리가 이야기한 내용을 되돌아보았을 때, 혹시 새로운 생각이 떠오른 친구 있을까요?"

3) 허용적 분위기 조성을 위한 발화 예시

· "배움의 과정 속에서 우리는 틀릴 수도 있고, 다르게 생각할 수도 있어요. 괜찮아요. 한 번 시도해볼 친구 있나요?"

· "좋은 질문이에요. 이 질문에 대해 친구들은 어떻게 생각하나요? 모두의 의견을 들어보고 싶어요."

4) 개별 지원 및 포용적 질문 예시

· (과제를 어려워하는 학생) "이 부분이 어렵게 느껴지니? (응답 듣고) 여기서 한 번 힌트를 줄까? 아니면 더 생각해보고 싶니?"

· (조용한 학생) "어떤 생각을 하고 있는지 궁금해. 지금 바로 말하지 않아도 괜찮으니, 천천히 생각해서 준비되면 알려줘."

2. 실천하기

  1) 학생들의 서로 다른 생각을 연결짓는 발화를 연습해 보세요.

  2) 의견이 갈린 상황에서 되돌리기 발화를 사용해 보세요.

  3) 틀려도 괜찮다는 허용적 분위기를 만드는 발화를 시도해 보세요.

  4) 어려워하는 학생과 조용한 학생을 위한 개별 지원 발화를 준비해 보세요.

참고 문헌

☞ 박민애, 노현종. (2022). 교사가 제공하는 피드백 유형과 교실 피드백 환경 조성이 초등학생의 피드백 리터러시에 미치는 영향: 다층 잠재프로파일 분석의 적용. 교사교육연구, 61(3), 293-310.

☞ 손우정. (2012). 배움의 공동체: 손우정 교수가 전하는 희망의 교실 혁명. 해냄.

☞ 이지현. (2017). 예비교사들은 학생의 대답에 어떻게 피드백 하는가? -Lesson Play의 분석-. 학교수학, 19(1), 19-41.

☞ 최재웅. (2014). 수업의 신: 공부의 신을 만드는 선생님들의 강의 바이블. 경기도: Paul&Mark.

☞ Van Manen, M. (2012). 가르친다는 것의 의미 [The meaning of teaching]. 학지사.

11차시. 자연스러운 동기유발

1. 동기유발이란?

교사가 수업을 계획할 때 가장 많이 고민하는 부분 중 하나는 "어떻게 하면 학생들을 수업에 적극적으로 참여시킬 수 있을까?"일 것입니다. 학생들의 참여를 이끌어내는 가장 강력한 열쇠는 바로 **학습 동기를 유발하는 것**입니다. 학습상황에서 동기란, 학습자 스스로 과제를 선택하고, 선택한 과제를 해결하기 위해 지속적인 노력을 기울이며, 어려운 상황에서도 끈기를 갖고 학습에 임하는 힘의 근원(Bandura, 1981; Schunk, 1991)이라 할 수 있습니다.

루소는 『에밀』(2022)에서 교사의 중요한 역할은 학생으로 하여금 자신이 하는 모든 일의 의미와 자신이 믿는 모든 것의 이유를 발견하도록 이끄는 것이라고 보았습니다. 따라서 교사는 단순히 지식을 전달하는 존재가 아니라, 필요할 때 지식을 획득하는 방법을 알려주고 그 가치를 올바르게 판단하도록 돕는 존재임을 강조한 것입니다. 또한 무엇을 배워야 하는지는 학생 스스로 찾아내야 하며, 교사는 학생이 그렇게 할 수 있도록 지원하고 학습에 대한 욕망이 생기도록 재치 있게 이끌며, 배우고자 하는 열망을 북돋워 주어야 한다고 주장했습니다. 이처럼 동기는 단순한 흥미를 넘어 학생의 학습 태도와 성취에 직접적인 영향을 미치는 핵심 요소이며, 실제로 Steinmayr 등(2019)은 학습 동기가 인지 능력보다 학업 성취를 더 강력하게 예측한다고 보고하였습니다.

그렇다면 왜 동기유발이 필요할까요? 선생님들도 경험해보셨을 겁니다. 누군가의 지시에 따라 억지로 했던 일은 시간이 지나면 기억에 남지 않는 경우가 많습니다. 반면, 스스로 흥미를 느끼고 몰입했던 일은 시간 가는 줄도 모르고 즐겁게 해냈고, 그 경험은 오래도록 기억에 남습니다. 학생들도 마찬가지입니다. 단순히 수업시간에 교실에 앉아 수업을 들었다는 이유만으로 수업에 몰입했다고 보기는 어렵습니다.

학생들을 진정한 배움의 여정으로 초대하기 위해서는, **자연스럽고 의미 있는 동기유발 전략**

이 필요합니다. 동기유발은 학생들이 수업 시간에 스스로 학습 목표에 도달하고자 하는 의지와 열정을 불러일으켜 지식과 기술을 습득하고 지속적인 성장을 위해 노력하는 내적 원동력이 됩니다(김태기, 2008; 조현철, 이용수, 2011). 특히 **뇌과학적 관점**에서 동기유발의 효과을 살펴보면 더욱 분명해집니다.

1. 보상 시스템(도파민 시스템)의 활성화

동기부여는 뇌의 보상 회로를 자극하는데 특히 도파민이라는 신경전달물질이 활발히 분비됩니다. 도파민은 "무언가를 하고 싶게 만드는" 호르몬으로 학습 동기유발이 잘 이루어졌을 때 학생들의 집중력, 학습 흥미, 기억력을 높여줍니다(Hamid et al., 2016).

2. 기억력 향상 : 해마(hippocampus)의 활성화

동기부여가 될 때 뇌의 해마는 더 활발하게 작동하여 새로운 정보를 장기 기억으로 저장하는 데 유리한 환경을 만듭니다(Tsetsenis, Broussard, & Dani, 2023). 특히 흥미롭거나 보람 있는 경험은 해마에 더 오래, 더 정확하게 저장되어 학습 내용을 더 잘 기억하게 합니다.

3. 전두엽 기능 강화 : 자기조절과 계획 능력 향상

동기부여는 전두엽을 활성화시켜 주의 집중, 계획 세우기, 자기통제, 문제 해결 능력을 강화합니다(Kelley et al., 2018). 이는 학습 상황에서 학생들이 복잡한 과제를 수행하거나 목표를 향해 꾸준히 노력할 수 있게 돕습니다.

즉, 동기유발은 단순히 학급 분위기 조성을 위한 수단이 아니라, 학습 효과를 극대화하는 과학적 기반을 갖춘 전략입니다. 결국 교사가 수업 동기를 자극하는 활동을 적절히 활용한다면, 학생들은 단순한 수업 참여를 넘어 자기주도적 학습자로 성장할 수 있는 기반을 마련하게 됩니다.

하지만 관심만을 끌기 위한 동기유발은 오히려 수업의 흐름을 방해할 수 있습니다. 예를 들어, 너무 긴 영상으로 동기유발을 하는 경우 학생들은 집중력이 저하되고 영상 속에서 말하고자 하는 핵심 메시지를 놓치기 쉬워 오히려 수업의 흐름이 끊길 수 있습니다. 따라서 학생들을 수업이라는 배움터로 초대하여 능동적인 태도로 수업에 몰입하기 위해서는 **자연스러운 동기유발**이 필요합니다.

배움이 자연스러운 수업에서 행복한 아이가 자란다

2. 자연스러운 동기유발

수업 제재 도입

1. 실생활과 관련된 제재

존 듀이(John Dewey)는 "교육은 삶을 위한 준비가 아니다. 교육은 바로 삶 그 자체이다."라고 말했습니다. 학생들이 수업이 자신의 삶과 연결되어 있다고 느낄 때 수업 몰입도는 자연스럽게 높아질 수 있습니다. 존 홀트(Holt, 2010) 역시 실제와 연결된 배움만이 아이에게 쓸모 있고 확장될 수 있다고 하였습니다. 결국 배움이 삶과 동떨어져 있을 때 학생은 수업을 흥미 없는 의무로만 여기게 되며, 반대로 배움이 생활 속 경험과 이어질 때 학습은 살아 있는 지식이 되어 확장될 수 있는 것입니다.

실제 솔방울을 보면서 식물을 관찰하는 모습

가. 학생 및 교사의 경험을 기반으로 한 제재

학생들은 수업에서 다루는 내용이 자신의 경험이나 주변의 실제 사례와 연결될 때 학습의 의미를 더 깊이 이해하고 수업에 흥미를 느낄 수 있습니다.

특별한 것이 아니더라도 **학생들의 경험**이 동기유발이 될 수 있습니다. 예를 들어, 3학년 동물의 한살이 수업을 할 때 동물을 키워본 경험이 있는지 이야기를 나눠볼 수 있고, 수학과 도형 수업 시 주변에서 네모, 세모, 동그라미 모양을 본 적이 있는지 함께 이야기를 나눠볼 수도 있습니다. 그리고 사회과에서 '장소'의 개념을 배울 때에는 자신이 쓴 일기를 살펴보며 내가 직접 방문한 장소를 찾아볼 수도 있습니다.

교사의 경험도 동기유발이 될 수 있습니다. 제 학창시절을 떠올려보면 수업시간에 선생님이 경험했던 것을 들려주실 때 귀를 기울이며 수업을 들었던 기억이 납니다. 교사의 어린 시절 경험, 갔던 장소, 직접 찍은 사진, 수집한 자료 등을 활용한다면 다른 사람의 자료가 아닌 교사가 직접 경험한 것이므로 학생들은 더욱 관심을 가질 수 있습니다. 예를 들어 실과 가정일을 배우는 수업에서 교사는 가정일은 어떻게 하고 있는지, 교사만의 노하우를 학생들에게 알려주어 수업을 도입할 수 있습니다.

특히 글쓰기 수업의 경우 갖고 있는 정보가 풍부할 때 글을 편하게 쓸 수 있으므로 **학생들이 직접 경험해 본 친숙한 제재가 주어질 필요가 있습니다.** 예를 들어 국어과 논설문 글쓰기 수업에서 가족에게 부탁하고 싶은 일을 주장과 근거를 제시하여 글쓰기를 했을 때, 학생들은 실제 본인이 가정에서 경험했던 것을 기반으로 논설문을 작성하다보니 본인이 경험해보지 못한 재제에 비해 보다 적극적으로 글쓰기에 참여할 수 있었습니다.

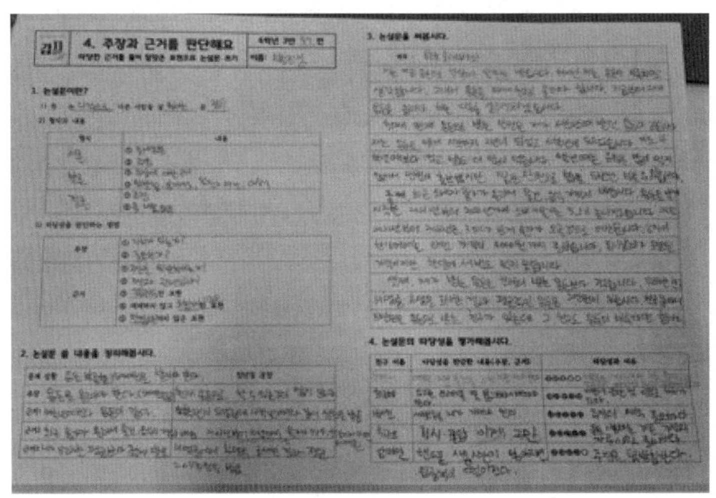

가족에게 부탁하고 싶은 일을 논설문으로 쓴 학생들의 활동지 예시

나. 수업 내용이 실제 생활 속에 반영될 수 있는 제재

배움의 내용이 실제 생활 속에서 활용됨을 경험할 수 있는 제재를 활용할 때 학생들은 수업에 더욱 적극적으로 참여할 가능성이 높습니다. 예를 들어, 수학과 비례배분 단원 첫 수업 때 로

     배움이 자연스러운 수업에서 행복한 아이가 자란다

또를 예시로 도입할 수 있습니다. "A가 3000원 B가 7000원 투자해서 10000원 짜리 복권을 샀는데 10억원에 당첨됐으면 어떻게 나눠가지면 좋을까요?"라고 질문한다면 학생들은 비례배분 개념을 배우기도 전에 이미 답을 압니다. 아이돌이 기획사랑 정산할 때도 비례배분이 들어가고, 실생활에서 공동 투자를 해서 이익을 배분하거나 세금을 나눠내거나 할 때 등의 사례를 나눈다면 학생들은 본인이 배우는 내용이 단순한 지식, 개념이 아닌 실제 생활 속에서 다양하게 활용되고 있음을 느껴 학습에 흥미를 느낄 수 있습니다.

또한, 수업이 교실 안에서만 끝나는 것이 아니라, 활동 결과물이 실제 생활 속에 반영될 수 있도록 구성한다면 학생들의 몰입도와 학습 동기는 더욱 높아질 수 있습니다. 예를 들어, 6학년 수학과 '여러 가지 그래프' 단원을 '재생에너지 전문가 프로젝트'로 재구성한 수업에서는, 학생들이 다양한 그래프를 활용해 재생에너지에 대해 탐구한 뒤, 그 결과를 바탕으로 학교 태양광 패널 설치 제안서를 직접 제작하였습니다. 여기서 멈추지 않고, 학생들은 자신들이 만든 제안서를 가지고 교장선생님께 직접 설치를 제안하는 시간을 가졌으며, 실제로 행정실로부터 "학생들의 제안을 검토해보겠다"는 답변을 받았습니다. 이처럼 수업 활동의 결과물이 실제로 반영될 수 있음을 경험한 학생들은 단순한 학습을 넘어 적극적인 수업 참여 및 문제해결능력 뿐만 아니라 실생활 문제에 대한 관심과 책임감을 자연스럽게 키우게 됩니다.

교장선생님에게 패널 설치 제안서를 설명하는 모습

지역사회에서 열리는 다양한 공모전이나 대회를 활용하는 것도 효과적인 동기유발 방법이 될 수 있습니다. 학생들은 수업에서 배운 내용을 단순히 교실 안에서 끝내는 것이 아니라, 자신의 활동 결과물을 실제 외부 행사에 출품할 수 있다는 사실만으로도 큰 흥미와 동기를 느끼게 됩니다. 예를 들어, 국어과 동시 쓰기 수업에서 학생들이 창작한 작품을 지역에서 열리는 시 쓰기 대회에 출품해보는 활동은 학습의 의미를 확장시키는 좋은 기회가 됩니다. 또한 다양한 UCC 공모전도 꾸준히 열리고 있으므로, 교사가 행사에 조금만 관심을 갖고 눈여겨본다면 학생들에게 실제 참여의 기회를 제공함으로써 학습에 대한 몰입도와 자발성을 높일 수 있습니다

자신이 쓴 동시가 지역사회 문집에 실린 모습

또한, 현재 우리 사회에서 주목받고 있는 **다양한 문제들**을 수업 제재로 활용하는 것도 학생들의 관심과 참여도를 높이는 데 효과적입니다. 예를 들어, 환경 오염과 관련된 주제를 도입하여 수학 시간에는 이산화탄소 농도의 연도별 변화량을 그래프로 분석해보고, 국어과에서는 환경 오염을 줄이기 위한 제안 글쓰기 활동을 진행할 수 있습니다. 이러한 수업을 통해 학생들은 이전까지 자신과 무관하다고 여겼던 사회 문제들을 '나의 문제'로 인식하게 되고, 스스로 해결 방안을 고민하며 수업에 더욱 적극적으로 참여하게 됩니다.

2. 이야기

교과 내용과 관련된 이야기를 수업에 도입하면, 학생들이 자연스럽게 수업에 집중할 수 있는 분위기를 형성할 수 있습니다. 특히 그림책은 감정을 공유하고 직관적으로 내용을 이해하게 하며 상상력을 자극하는 특성이 있어, 수업을 더욱 생동감 있게 만들어줍니다.

그림책을 수업에 활용할 때는 **교과 내용과 밀접하게 연결되면서도 학생들의 배경지식이나 경험과 관련된 흥미로운 주제를 담고 있는** 책을 선정하는 것이 중요합니다. 이렇게 선정된 그림책은 학생들의 관심을 자연스럽게 학습 내용으로 이어주며, 수업의 효과를 높이는 데 큰 도움이 됩니다. 예를 들어, 실과 교과에서 '가정일의 분담과 실천'을 주제로 수업을 진행할 경우,

 배움이 자연스러운 수업에서 행복한 아이가 자란다

그림책『돼지책』을 활용하면 학생들이 가정 내 역할에 대해 깊이 있게 생각해볼 수 있습니다. 이 책은 엄마가 모든 가정일을 도맡아 하다가 결국 집을 떠나는 이야기로, 가족 구성원들이 각자의 역할을 되돌아보게 만드는 내용을 담고 있습니다. 학생들은 이야기 속 인물의 행동을 통해 가정일의 중요성과 가족 간 협력의 필요성을 자연스럽게 이해하게 됩니다. 또한 학생들이 이미 경험한 일상 속 상황(예를 들어 엄마가 피곤해하는 모습이나 가족 간의 갈등)과 그림책의 내용이 연결될 때, 강력한 학습 동기유발로 이어질 수 있습니다.

그림책(돼지책)을 활용한 실과 수업 활동지

3. 그 외 다양한 방법

가. 영상매체나 노래

학생들의 학습 동기를 높이기 위해, 수업 내용과 관련된 영상이나 노래 등 흥미를 자극할 수 있는 자료를 적절히 활용하는 것은 매우 효과적인 방법입니다. 이러한 자료는 학생들의 시각과 청각을 동시에 자극하여 학습에 대한 흥미를 끌어올리고, 자연스럽게 수업 분위기를 몰입으로 이끌 수 있습니다.

이때 가장 중요한 것은 자료의 길이와 내용의 적절성입니다. 영상이 지나치게 길거나 산만할 경우 오히려 학생들의 집중력을 흐트러뜨릴 수 있으므로, 동기유발 자료로 사용할 때에는 짧고 핵심적인 정보만을 담은 콘텐츠가 이상적입니다. 특히 유튜브 쇼츠(Shorts)와 같은 1~2분 내외의 짧은 영상 콘텐츠는 학생들에게 부담 없이 다가갈 수 있고, 짧은 시간 안에 강한 인상을 남길 수 있어 동기유발에 효과적입니다.

나. 구체물

추상적인 개념을 설명할 때, 직접 보고 느낄 수 있는 구체적인 자료를 활용하면 동기유발에 큰 도움이 됩니다. 학생들이 개념을 단순히 듣는 것이 아니라 직접 경험하고 체감할 수 있도록 해주는 것이죠.

예를 들어, 도덕 수업에서 '공정'에 대해 다룰 때, 반에서 키가 가장 작은 친구와 가장 큰 친구를 앞으로 나오게 하여 칠판 위쪽에 놓인 보드마카(키가 가장 큰 친구가 까치발로 잡을 수 있을 정도의 높이)를 집게 하는 활동을 진행할 수 있습니다. 학생들은 자연스럽게 "불공평하다"는 반응을 보이며, 왜 그것이 불공평한지, 왜 공정이 필요한지를 스스로 느끼게 됩니다. 이러한 활동은 '공정'이라는 추상적인 개념을 구체적으로 이해시키는 데 매우 효과적이며, 무엇보다 학생들의 집중도와 참여도를 확 끌어올릴 수 있는 강력한 동기유발 방법입니다.

다. 학생 자체에 대한 관심

학생들에게 관심을 기울이는 것은 어떤 동기유발 자료보다도 더 강력한 학습 동기를 이끌어 낼 수 있는 방법입니다. 교사가 학생들의 다양성과 개별적인 특성을 인식하고, 각자의 동기와 관심을 존중하며 수업에 접근할 때, 학생들은 더욱 적극적으로 참여하고 몰입하게 됩니다.

예를 들어, 학생의 이름을 불러주거나 격려하는 작은 행동만으로도 "나는 이 수업의 중요한 존재야"라는 느낌을 줄 수 있으며 이는 곧 수업에 대한 흥미와 참여도로 이어집니다. 학생 한 명 한 명을 존중하고 따뜻하게 바라보는 교사의 태도는 그 어떤 교구나 자료보다도 더 깊은 동기유발의 원천이 됩니다.

교사가 학생 한명 한명 관심있게 봐주는 모습

매 수업마다 특별한 자료나 다양한 제재를 활용하지 못했다고 해서 완성도가 떨어지는 수업이라 볼 수는 없습니다. 수업 시작 전에 수업 목표와 활동을 명확히 공유하는 것만으로도 충분히 동기유발 효과를 얻을 수 있기 때문입니다.

교사가 수업 목표를 미리 제시해줌으로써, 학생들은 수업 목표를 달성하기 위해 어떤 활동에 집중해야 하는지를 스스로 파악할 수 있습니다. 이는 학습에 대한 명확한 방향성을 제공하며, 학생들이 수업에 더 주도적으로 참여하도록 돕는 역할을 합니다. 구체적으로 살펴보면 다음과 같습니다.

1. 배움의 이유와 목표 나누기

배움은 자신이 하는 일이 어떤 의미를 가지는지 알 때, 비로소 더 깊어집니다(김종원, 2025). 학생들은 배우는 교과가 왜 필요하고 자기 삶과 어떤 관련이 있는지, 또 왜 특정 활동을 통해 수업이 진행되는지를 알고 싶어합니다. 교사가 이러한 이유를 설명해 주면 학생들은 수업을 더 잘 이해하고 몰입할 가능성이 높아집니다. "국어 공부는 왜 해야 할까?", "음악 시간에 가사 바꾸기 활동은 왜 중요할까?", "사회 시간에 역사를 배우는 이유는 무엇일까?"와 같은 질문을 통해 수업의 목표와 이유를 함께 나누는 과정은 학생들에게 학습의 의미를 깨닫게 하고, 자연스럽게 동기를 유발하는 효과적인 방법이 됩니다. 결국 수업은 단순히 지식을 전달하는 것을 넘어, 학생들이 배움의 필요성을 스스로 느끼며 주도적으로 참여하도록 이끄는 과정이어야 합니다.

이와 관련해 김백균 선생님은 『쉬운 수업 레시피』에서 수업을 교실의 삶과 연결하는 과정을 '교실화'라고 하며, 이는 학습과 교실 상황을 연결하는 수업이라고 설명합니다. 교실화 수업은 첫째, 배우는 지식이 실제 삶과 연결되어 있음을 학생이 느낄 수 있게 하고, 둘째, 교실 이야기를 수업에 담아 심리적 거리를 좁혀 배움의 영향력을 극대화하며, 셋째, 교실에서 함께 생활하는 친구들과의 관계를 더욱 친밀하게 만들어 줍니다. 교사는 단순히 교과서만을 가르치는 사람이 아니라, 교실 상황과 맞지 않는다면 수업을 재구성할 권리와 책임이 있습니다. 즉, 교실화 과정을 통해 학습 목표와 방법을 다시 다듬어 실제 교실 속에서 의미 있게 적용할 수 있습니다.

▶ 교실화 수업의 예시

심리적 거리가 먼 수업 목표	교실화 수업 목표
물체의 부피를 구할 수 있다	우리 반 교실의 부피를 구할 수 있다.
기온 변화를 측정할 수 있다	우리 학교 운동장의 아침과 점심 기온 변화를 비교할 수 있다.
물의 상태 변화를 설명할 수 있다	우리 교실에서 얼음을 녹여 상태 변화를 관찰할 수 있다.
대기 오염의 원인을 알 수 있다	우리 동네 공기의 질을 측정하고 개선 방안을 찾을 수 있다.
빛의 직진을 설명할 수 있다	교실 창문으로 들어오는 햇빛의 경로를 관찰해 직진을 설명할 수 있다.

2. 단원 개관 살피기

매 수업마다 수업 목표와 활동을 공유하는 것이 부담스럽게 느껴진다면, 새로운 단원에 들어갈 때 '단원의 개관'을 함께 살펴보는 활동을 추천합니다. 이러한 과정을 통해 학생들은 배움을 위한 마음의 준비를 하게 되고, 이번 단원에서 어떤 활동을 하게 될지 미리 짐작하면서 앞으로의 수업에 대한 관심과 기대감을 갖게 됩니다.

또한, 단원에서 반복적으로 등장하는 핵심 용어나 주요 개념의 뜻을 함께 알아보며 단원을 시작하는 것도 효과적인 동기유발 방법이 될 수 있습니다. 학생들이 앞으로 마주할 내용을 미리 접하고 이해하는 과정은 수업에 대한 몰입도와 주도성을 높이는 데 큰 도움이 됩니다.

3. 질문 만들기

수업에 들어가기 전에 수업 내용이나 교과서 삽화를 함께 훑어보며 궁금한 점을 질문으로 만들어보는 활동은 매우 효과적인 동기유발 방법이 될 수 있습니다. 또는 수업 전에 간단히 내용을 살펴보고, 그 과정에서 떠오른 의문이나 호기심을 질문으로 정리해보는 것도 좋습니다.

이러한 질문 만들기 활동을 통해 학생들은 스스로 궁금한 점을 생각해보고, 그 해답을 찾기 위해 수업에 더 적극적으로 참여하게 됩니다. 다만, 처음부터 수업 내용과 관련된 질문을 만드는 것이 학생들에게는 다소 어려울 수 있기 때문에 교사가 핵심 질문의 예시를 제시하거나, 질문 만드는 연습을 사전에 진행한다면 훨씬 더 효과적인 동기유발이 이루어질 수 있습니다.

예를 들어, 과학과 '온도와 열' 단원에서 '단열'에 대해 배울 때, 교사가 "환경을 오염시키지 않는 단열재료에는 어떤 것이 있을까요?"와 같은 핵심 질문의 예시를 제시하면, 학생들이 단원의 내용을 우리 사회와 연결지어 생각해볼 수 있는 기회를 갖게 됩니다. 질문 만들기가 잘 이루어지기 위해서는 수업 초반에 질문을 함께 만들어보는 연습을 지속적으로 진행하고, 학생들끼리 서로의 질문을 공유하거나 투표를 통해 더 나은 질문을 선정하는 과정을 포함시키는 것이 좋습니다. 이러한 활동을 통해 학생들은 어떤 질문이 더 깊이 있는지, 어떻게 질문을 하면 탐구로 이어질 수 있는지를 스스로 느끼게 되며 수업에 대한 몰입도와 주도성이 자연스럽게 높아집니다.

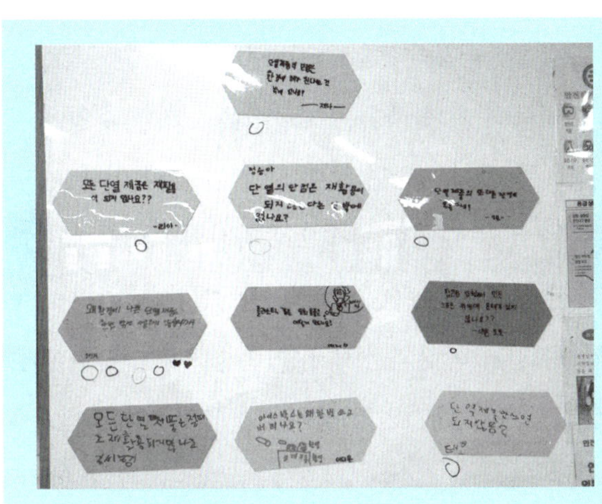

학생들이 만든 질문을 게시하고 투표하는 모습

예시 자료

동기유발의 방법 중 하나로 학생들에게 예시 자료를 보여줄 수 있습니다. 특히 미술 수업처럼 창의적인 결과물이 중요한 수업에서는 교사나 친구들이 만든 작품을 예시로 제시하면 학생들은 자신이 만들어야 할 작품의 이미지를 구체적으로 떠올릴 수 있게 되고, "나도 잘 만들고 싶다"는 자발적인 의욕과 열정이 생깁니다. 예시를 통해 학생들은 작업의 방향을 이해하고 자신만의 아이디어를 더해 창의적인 표현을 시도하게 됩니다. 이러한 과정은 단순한 모방을 넘어서, 자기 표현의 동기를 강화하고 작품에 대한 자부심과 만족감으로 이어질 수 있습니다.

교사가 만든 자화상 작품을 예시로 자신만의 자화상 완성

선택의 기회

수업에서 교사가 학생들에게 선택의 기회를 제공하면, 학생들은 자율성을 느끼며 수업에 자발적으로 참여할 수 있는 동기를 갖게 됩니다. 예를 들어, 4학년 국어과 '이런 제안 어때요' 단원에서는 포스터, 캠페인, 노래, 만들기, 제안하는 글 등 다양한 방식으로 자신의 제안을 표현해 볼 수 있도록 선택지를 제공하면, 학생들은 자신의 흥미와 관심에 따라 활동을 선택하며 더욱 능동적이고 즐거운 마음으로 수업에 참여하게 됩니다. 학생의 선택권을 존중하는 수업은 학습에 대한 주도성과 몰입도를 높이는 데 효과적이며, 학생 개개인의 창의성과 표현력을 자연스럽게 끌어낼 수 있습니다.

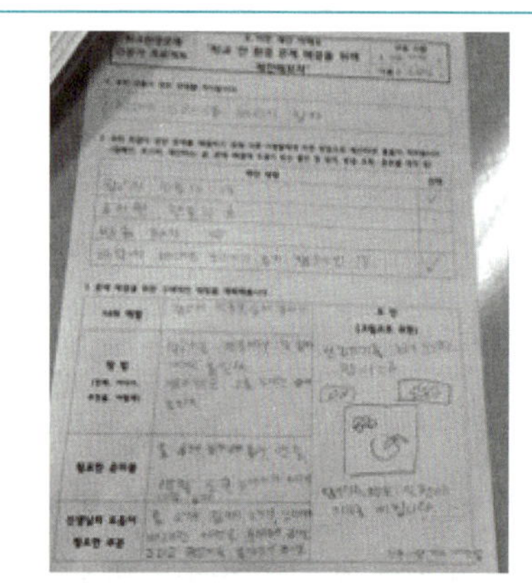

〈활동지 속 학생이 제시한 예시〉
위 모둠이 제안한 방법
- 광고지 만들기
- 표지판 만들기
- 방송하기
- 바닥에 버려진 쓰레기 줍기 캠페인

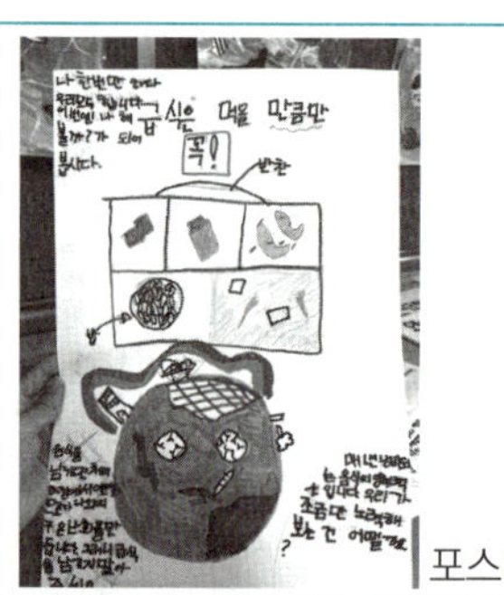
포스터

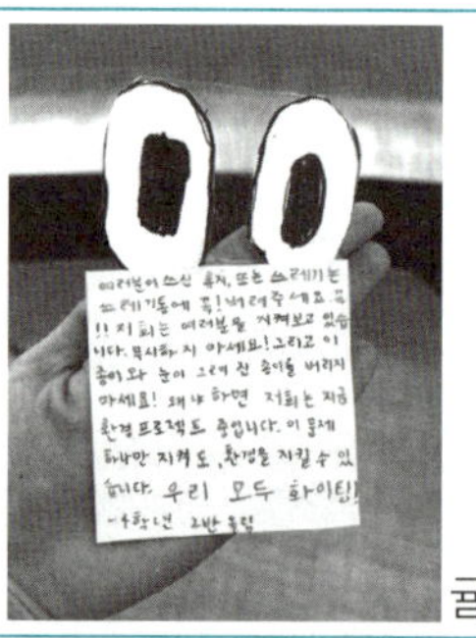
글

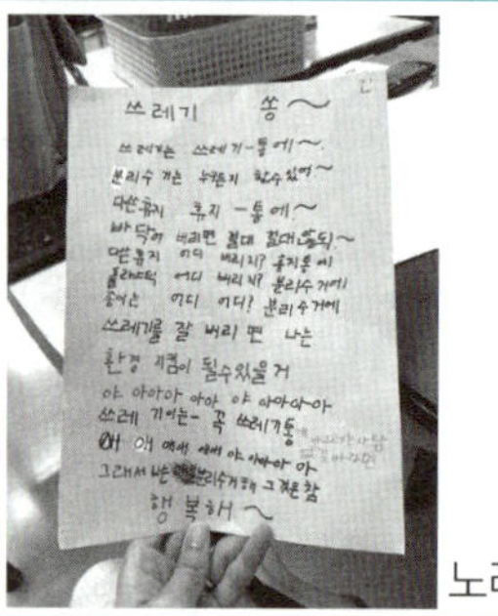
노래

작품

문제 해결

홀트에 따르면, 인간은 본래부터 지성적으로 태어나, 천성적으로 문제를 던지고 답을 만들어 문제를 푸는 존재이입니다(Holt, 2010). 학생들은 문제를 직접 해결해보는 과정을 통해 배움에 대한 동기를 자연스럽게 느낄 수 있습니다. 특히, 학생들은 자신의 삶 속에서 겪는 '불편함'이나 '힘듦'을 해결하는 방법을 알고 싶어하는 본능적인 욕구를 가지고 있기 때문에, 이러한 감정을 수업 속에서 적절히 활용하면 학습에 대한 몰입도를 높일 수 있습니다.

예를 들어, 수학 시간에 직사각형의 넓이를 알아내는 활동으로 스티커를 일정한 간격으로 붙이게 하면, 학생들은 점점 "이거 너무 힘들어요", "귀찮아요"라는 반응을 보이게 됩니다. 바로 그 순간, 교사는 단위 넓이의 개념과 '가로 × 세로'라는 공식을 도입할 수 있는 절묘한 기회를 얻게 됩니다. 학생들은 반복적인 활동 속에서 공식의 필요성을 스스로 느끼게 되고, 그 필요성에 의해 공식을 받아들이며 자기 주도적인 학습으로 이어지게 됩니다. 이처럼 문제 상황을 직접 경험하고 해결하는 과정은 학생들에게 단순한 지식 전달을 넘어, 배움의 이유와 의미를 체감하게 하는 강력한 동기유발 전략이 될 수 있습니다.

또한, 페스탈로치가 『숨은 이의 저녁노을』에서 강조했듯, 교육은 학생들의 필요와 욕구를 반영하여 문제를 해결할 때 더 효과적입니다. 이를 매슬로우의 욕구 단계로 살펴보면, 생리적 욕구에서 출발해 안전, 애정과 소속, 존중, 자아실현의 욕구로 나아갑니다. 학생들이 기본적인 욕구가 충족될 때 안정감을 느끼고, 소속과 존중을 경험할 때 자신감을 얻으며, 자아실현을 지향할 때 꿈과 희망을 통해 학습의 동력을 얻게 됩니다. 또한 현재의 정신적 고통을 완화하고 문제 해결과 연결될 때 학습 몰입은 더욱 깊어집니다. 예를 들어 명상법을 배워 불안을 줄이거나, 대화법을 통해 가족 갈등을 해소할 수 있다고 안내하면 학생들은 학습과 자신의 삶이 연결되었음을 느끼고 적극적으로 참여합니다. 여기에 존 로크가 『교육론』에서 말했듯 교사가 수업을 유쾌하게 만들어 줄 때 학생들은 더 즐겁게 배우며, 웃음과 재미는 스트레스를 해소하고 긍정적 정서를 불러일으켜 학습을 지속할 힘을 줍니다.

결국 효과적인 동기유발은 학생들이 직면한 불편함을 학습과 연결하고, 삶의 욕구와 문제 해결을 반영하며, 즐거움과 긍정적 정서를 함께 제공하는 데서 실현됩니다.

▶ 매슬로우의 욕구 단계

욕구 단계	구체적 필요와 방향
자아실현의 욕구	꿈과 희망을 고취하여 자기 가능성을 실현하도록 돕는다.
존중의 욕구	교육을 통해 능력을 인정받고 자신감을 기를 수 있도록 한다.
애정/소속의 욕구	사랑, 행복, 웃음, 자신감 등 긍정적 정서를 불러일으켜 소속감을 느끼게 한다.
안전의 욕구	주거지와 예방책, 건강을 보장하여 안전을 제공한다. 삶을 편리하게 하고 문제 해결을 지원한다.
생리적 욕구	영양, 의복, 외모 관리 등 기본적인 생활 욕구를 충족시킨다.

인지적 부조화

한형식 선생님은 『수업기술의 정석 모색』에서 인간은 자신이 가지고 있는 지식이나 경험과 모순되는 정보를 접했을 때 지적 균형을 잃고, 이를 회복하려는 과정에서 '심진(心震) 인지적 부조화'가 일어난다고 설명했습니다. 인간은 새로운 정보를 받아들일 때 기존의 경험과 상식에 기대어 해석하려 하지만, 기존의 틀과 어긋나는 사실이 들어오면 균형이 깨지고 심진이 발생하게 됩니다. 새로운 지식을 배우는 과정이 낯설고 어렵게 느껴지는 이유가 바로 여기에 있습니다.

한재훈 선생님은 『서당 공부, 오래된 인문학의 길』에서 배움의 어려움을 어린 새의 날갯짓에 비유했습니다. 새가 날개가 하얗게 보일 정도로 절실하게 퍼덕이지 않으면 하늘로 날 수 없듯이, 학습 역시 안정감을 깨고 용기를 내야만 성장이 이루어진다는 것입니다. 결국 학생들이 새로운 지식을 경험하는 과정은 불안과 혼란을 동반하지만, 그 속에서 사고가 촉발되고 배움이 일어납니다.

학생들에게 심진(인지적 부조화)를 일으키는 방법에는 크게 세 가지가 있습니다. 첫째, 지적 갈림길에 서게 하는 것입니다. 이는 정답이 명확하지 않은 문제나 딜레마를 제시하여 학생들이 스스로 선택하고 고민하도록 만드는 방식입니다. 과학 수업에서는 "지구의 자전이 멈춘다면 낮과 밤은 어떻게 될까?"와 같은 질문을 던짐으로써 학생들이 다양한 가능성을 탐색하게 할 수 있습니다. 둘째, 기존 지식과 모순된 정보를 제시하는 것입니다. 학생들이 익숙하게 알고 있던 상식과 충돌하는 정보를 접했을 때 혼란이 생기고, 이 균형을 회복하려는 과정에서 사고가 촉진

됩니다. 예를 들어, "뜨거운 물이 차가운 물보다 빨리 얼 수 있다(음베마 효과)"라는 사실은 기존의 생각을 뒤흔들며 탐구 의욕을 자극합니다. 셋째, 지적으로 놀라게 하는 것입니다. 이는 예상치 못한 실험이나 자료를 보여 주어 강렬한 호기심을 유발하는 방법입니다. 진공 상태에서 깃털과 쇳덩이가 동시에 떨어지는 모습을 보여주는 실험은 학생들에게 충격과 놀라움을 주며, "왜 그런 현상이 일어날까?"라는 탐구적 질문을 이끌어냅니다. 이 세 가지 방법은 모두 학생들이 단순히 지식을 수동적으로 받아들이는 것이 아니라, 적극적으로 사고하고 탐구하는 주체로 성장하게 만드는 효과적인 전략입니다.

▶ 심진(인지적 부조화)을 일으키는 세 가지 방법

방법	설명	과학 수업 예시
지적 갈림길에 서게 한다.	불확실하거나 모순된 상황을 제시해 사고를 유발한다.	"지구가 자전하지 않는다면 낮과 밤은 어떻게 될까?" 같은 질문 던지기
기존 지식과 모순된 정보 제시	학생들이 알고 있던 상식과 반대되는 사실을 알려 혼란을 일으킨다.	"뜨거운 물이 차가운 물보다 빨리 얼 수 있다 (음베마 효과)" 제시
지적으로 놀라게 한다.	예상치 못한 자료나 현상을 통해 강렬한 호기심을 유발한다.	진공 상태에서 깃털과 쇳덩이가 동시에 떨어진다는 실험 영상 보여주기

동기유발을 위해 교사가 할 일 (Holt, 2007)

학생들이 배움에 자발적으로 몰입하려면 교사가 모든 것을 통제하기보다, 삶과 연결된 경험을 제공하고 필요한 도움을 주며, 아이들을 존중하고 믿어주는 태도를 갖는 것이 중요합니다.

번호	교사가 할 일	설명
1	현실과의 관련성 소개	수업을 실제 삶과 연결해 세상을 교실로 끌어온다.
2	요구에 따른 안내	학생이 필요할 때만 적절히 안내한다.
3	필요한 도움 제공	어려움이 있을 때 즉각적 도움을 제공한다.
4	존중하는 듣기	학생의 말에 귀 기울이며 존중한다.
5	수업자리 비켜주기	학생이 주체가 되도록 자리를 내어준다.
6	아이들 믿어주기	나머지는 학생 스스로 할 수 있음을 믿는다.

3. 정리 : 자연스러운 동기유발의 핵심은 '공감'

자연스러운 동기유발은 학생의 마음을 움직이는 순간에서 시작됩니다.

생떽쥐베리는 "좋은 배를 만들고 싶다면 사람들에게 나무를 모으라고 시키지 말고, 끝없이 넓은 바다를 동경하게 하라"고 말합니다. 교사의 동기유발도 이와 같이 이루어져야 합니다. 학생이 "이건 내 이야기야"라고 느끼는 순간, 배움은 강요가 아닌 자발적인 탐구로 바뀝니다. 공감은 교사의 경험, 학생의 일상, 사회적 이슈, 감정, 표현 방식 등 모든 동기유발의 중심에 있고 그 공감이 있을 때 학생은 마음을 열고 배우고 싶어집니다.

작은 자료 하나, 교사의 따뜻한 말 한마디도 큰 동기가 됩니다. 그림책, 짧은 영상, 구체물, 노래 등은 학생의 감각을 자극해 수업 분위기를 활기차게 만들어줍니다. 무엇보다 학생의 이름을 불러주고, 관심을 표현하는 교사의 태도는 그 어떤 자료보다 강력한 동기유발이 됩니다.

수업의 방향을 알려주고 선택권을 주면, 학생은 주도적으로 움직입니다.

수업 목표를 미리 공유하거나 질문을 함께 만들고 표현 방법을 선택하게 하면 학생은 스스로 배우고자 하는 마음을 갖게 됩니다. 문제 해결 중심의 활동은 특히 효과적이며 학생이 배움의 이유를 직접 느낄 수 있도록 도와줍니다.

좋은 배를 만들고 싶다면 바다를 동경하게 하라.

생텍쥐페리는 "좋은 배를 만들고 싶다면 사람들에게 나무를 모으라고 시키지 말고, 끝없이 넓은 바다를 동경하게 하라"고 말했습니다. 이는 교육에서 동기유발과 깊이 연결됩니다. 학생들에게 단순히 과제를 주고 지식을 주입하는 것은 나무를 모으게 하는 일과 같습니다. 그러나 학습의 의미와 목적을 보여주고, 그것이 자신에게 어떤 가치와 기쁨을 줄 수 있는지를 깨닫게 할 때 학생들은 스스로 배우고자 하는 마음을 가지게 됩니다. 교사는 학생에게 학습의 필요성을 강요하기보다 배움이 열어 줄 더 넓은 세계와 가능성을 제시해야 합니다. 그렇게 할 때 학생들은 단순한 지식 습득을 넘어 배우려는 열망을 가지게 되고, 이는 자발적이고 지속적인 학습으로 이어집니다. 결국 교육에서 중요한 것은 지시가 아니라 동경을 심어주는 일이며, 그것이 진정한 동기유발의 출발점이 되는 것입니다.

참고 문헌

☞ 김명숙, 김미경, 송주희, 윤혜정, 이소영, 정정숙, 정철희, 최정연(2015). 내일 수업 어떻게 하지? 서울: 살림터.

☞ 김수향(2012). 초등미술교육에서 시각적 문해력 지도를 위한 그림책 활용 방안 연구. 석사학위논문, 한국교원대학교.

☞ 김종원. "부모의 질문력." 서울: 다산북스, 2025.

☞ 김태기(2008). 학습동기 유발 심리기제 분석. 연세대학교 교육대학원 석사학위논문.

☞ 마쓰이다다시(2012). 어린이와 그림책. 서울: 샘터.

☞ 이찬승(2023). 학습과학의 이해와 적용(19): 기초학력 향상, 동기유발이 먼저다! https://21erick.org/column/10907/

☞ 조현철, 이용수(2011). 내외적 학습동기, 자기결정성, 목표지향, 자기지각, 지능관 및 자기조절학습전략 요인들의 학습태도, 학습행동 및 학업성취에 대한 효과. 교육심리연구, 25(4), 719-741.

☞ 현은자, 김세희(2007). 그림책의 이해 1,2. 서울: 사계절.

☞ Bandura, A., & Schunk, D. H. (1981). Cultivating competence, self-efficacy and intrinsic interest thought proximal self-motivation. Journal of Personality and Social Psychology, 41, 586-598.

☞ Dewey, J. (1916). Democracy and education: An introduction to the philosophy of education. Macmillan.

☞ Dr. Kishore's Ratnam Schools. (n.d.). Motivation in education: Types and importance. https://www.drkishoresratnamschools.com/motivation-in-educationtypes-importance/

☞ Hamid, A. A., Pettibone, J. R., Mabrouk, O. S., Hetrick, V. L., Schmidt, R., Vander Weele, C. M., Kennedy, R. T., Aragona, B. J., & Berke, J. D. (2016). Mesolimbic dopamine signals the value of work. Nature Neuroscience, 19(1), 117-126.

☞ Holt, John Caldwell. "아이들은 어떻게 배우는가." 서울: 아침이슬, 2007.

☞ Holt, John. (2010). 아이들은 왜 실패하는가: 교실과 아이들의 내면에 관한 미시사적 관찰기. 서울: 아침이슬.

☞ Kelley, N. J., Gallucci, A., Riva, P., Romero Lauro, L. J., & Schmeichel, B. J. (2018). Stimulating self-regulation: A review of non-invasive brain stimulation studies of goal-directed behavior. Frontiers in Behavioral Neuroscience, 12, Article 337.

☞ Rousseau, J. J. (2022). Emile. DigiCat.

☞ Schunk, D. H. (1991). Self-efficacy and academic motivation. Educational Psychologist, 26(3 & 4), 201-231.

☞ Steinmayr, R., Weidinger, A. F., Schwinger, M., & Spinath, B. (2019). The importance of students' motivation for their academic achievement - Replicating and extending previous findings. Frontiers in Psychology, 10, Article 1730.

☞ Tsetsenis, T., Broussard, J. I., & Dani, J. A. (2023). Dopaminergic regulation of hippocampal plasticity, learning, and memory. Frontiers in Behavioral Neuroscience, 16, Article 1092420.

12차시. 질문

1. 질문이란?

'우리에게 소중한 물건들은 어떤 특징을 가질까요?'

초등학교 2학년 학생들과 통합교과 '기억' 단원을 공부하며 함께 생각해본 질문입니다. 학생들이 각자 자신에게 소중한 물건을 가져와 모둠 친구들에게 소개한 후 함께 살펴보며 '소중한 물건들의 특징'에 대해 생각을 나누어보도록 하였습니다. 얼핏 보면 간단해보이지만 대답하기는 쉽지 않은 이 질문에 2학년 학생들은 '소중한 물건을 보면 좋은 기억이 있다', '소중한 물건은 시간이 지나도 소중하다', '소중한 물건에는 같이 있었던 사람이 떠오른다'와 같은 놀라운 생각들을 나누었습니다. 간단한 질문으로 시작된 수업은 학생들의 마음과 마음을 연결하고, '기억하는 일'의 가치에 대해 재조명하는 반짝이는 순간으로 남았습니다. 수업 장면에서의 질문은 이처럼 학생들의 마음을 열고, 생각하고 행동하게 하는 수업의 도구이자 때로는 수업 그 자체가 되기도 합니다.

'최초의 배움이 있기 시작한 순간부터 우리는 질문했다'는 조벽 교수의 말처럼 뗄레야 뗄 수 없는 배움과 질문과의 관계를 다양한 역사의 장면 속에서도 확인할 수 있습니다. 평민들을 위한 최초의 학교로 기록된 공자의 '사숙'에서는 스승을 찾아가 궁금한 것을 묻고 가르침을 청하는 형태로 배움이 이루어졌는데, 사마천의 사기에 따르면 이를 거친 학생들이 무려 3천명이나 되었다고 합니다. 서양에서도 비슷한 사례를 찾을 수 있습니다. 그리스 철학의 아버지인 소크라테스가 '산파술'이라는 극한 질문법으로 제자들의 무지를 자각시키고 지혜를 일깨워준 일화는 유명합니다. 이는 동서고금을 막론하고 묻고 답하는 행위가 배움, 즉 학문(學問)의 본질임을 잘 보여줍니다.

이처럼 질문은 무엇인가를 알고자 할 때 자연스레 발생하며, '대상을 이해하고 정교화하기 위한 핵심적인 사고 과정'입니다. 따라서 교수·학습 상황에서 학생의 사고와 탐구를 촉진하는 교사의 질문은 정교하게 준비되어야 하고 세심하게 제시되어야 합니다. 스스로 생각하는 아이는 결코 성장을 멈추지 않습니다. 따라서 교사는 학생들이 스스로 사고하며 시선을 확장해 나갈 수 있도록, 또 이러한 연결과 확산의 과정을 통해 끊임없이 배움이 일어날 수 있도록 질문을 던져야합니다. 교사와 학생과의 시간은 결국 대화(질문과 대답)의 연속이기 때문입니다.

2. 좋은 질문의 가치

미국의 대안교육학자인 팔머는 '교육은 진실을 사랑하는 행위'이며, '교사의 질문은 학생의 영혼 깊은 곳을 일깨우는 수단'이 될 수 있다고 주장하였습니다. 교사의 좋은 질문을 통해 학생들의 인지적 이해 너머의 삶의 진실과 만나도록 도울 수 있다는 뜻입니다. 사랑이 담긴 교사의 질문은 아이가 스스로 사고하도록 돕고 아이를 성장시키며 세상을 열어주도록 돕는 마중물이 될 수 있습니다. 질문의 교육적 역할에 대해 고민한 학자들의 논의를 바탕으로 '좋은 질문'의 가치를 정리해보았습니다.

1. 좋은 질문은 학습자의 삶과 연결된다.

새로운 배움은 반드시 학습자의 기존 지식과 경험의 토대에서 이루어집니다. 학생의 일상, 감정, 관심사에서 이끌어낸 자연스러운 질문을 통해 학생은 학습 내용과 자신의 삶을 연결지어 생각해 볼 수 있게 됩니다. 학생의 흥미와 관심을 자극하는 좋은 질문을 만난 학생은 스스로 학습 주제에 대해 고민하고, 몰입하며 탐구하고 행동하게 되며 학습의 의미를 발견하기도 합니다. 좋은 질문으로 학습자를 학습의 주체이자 삶의 주체로 바로 세울 수 있는 계기가 되는 것입니다.

- 우리 동네에서 가장 사람이 많은 장소는 어디인가요? 그 장소에는 왜 사람이 많이 모일까요?
- 친구와 다투어본 경험이 있나요? 그때 어떤 마음이 들었나요?

2. 좋은 질문은 학생들의 사고를 자극하고 확장시킨다.

비고츠키는 질문이 학생의 근접발달 영역(ZPD)를 자극하여 인지적 발달을 이루게 하는 효과적인 수단이라고 보았습니다. 사고의 단계를 기억→ 이해 → 적용 → 분석 → 종합 → 평가로 나누었을 때 상위 단계의 사고로 나아갈 수 있도록 자극하는 질문을 통해 학생들은 사고의 폭과 깊이를 확장시킬 수 있습니다. 무엇인가를 진정 알고 싶어하는 아이가 무엇인가를 알게 되었을 때 비로소 알게 된 내용을 기억하고 활용할 수 있게 됩니다(Holt, 2010).

- (기억) 플라스틱 쓰레기들이 모여 만든 섬을 무엇이라고 했었나요?
- (이해) 플라스틱 쓰레기는 해양 생태계에 어떤 영향을 주나요?
- (적용) 우리 반에서 플라스틱 쓰레기를 줄이기 위해 어떤 행동을 할 수 있을까요?
- (분석) 마트에서 구매한 이 샴푸는 플라스틱 포장이 꼭 필요했을까요?
- (종합) 플라스틱을 적게 쓰는 마트를 만든다면 어떻게 만들 수 있을까요?
- (평가) 편리한 비닐봉지 대신 장바구니를 사용하는게 더 효과적일까요?

3. 좋은 질문은 자연스러운 대화와 토론을 유도한다.

좋은 질문은 단 하나의 정답을 요구하지 않으며 학생에게 다양한 가능성을 생각하게 합니다. 평소 생각해 보지 못했지만 흥미를 자극하는 신선한 질문을 접한 학생들은 자신의 의견을 말하고 싶어하며 다른 사람의 의견을 궁금해하기도 합니다. 즉, 좋은 질문을 통해 자연스러운 대화와 토론의 장이 마련되며 학생은 지식의 수용자에서 사고의 주체로 전환될 수 있습니다.

- 동물원은 동물을 위한 장소일까요?
- 학교에서 복장 규정이 꼭 있어야 할까요?

4. 좋은 질문은 반성적 성찰을 가져온다.

학습자의 감정, 가치관, 정체성과 맞닿은 좋은 질문을 통해 단절된 정보는 의미있는 지식으로 재탄생하게 됩니다. 즉, 질문을 통해 학습자가 자기 자신과 정보를 연결하고, 이를 바탕으로 타인과 세계와의 관계를 재조명하는 성찰과 변화의 과정으로 나아가는 것입니다. 질문은 진정한 의미의 학습을 가능케 하는 매개체입니다.

- 오늘 학습한 편지글 쓰기를 언제, 누구에게 써보고 싶은가요?
- 내가 일제 강점기에 살았다면 안중근 의사처럼 독립운동을 지속할 수 있었을까요?

3. 교수 · 학습의 단계별로 제공할 수 있는 좋은 질문

학생을 사고를 촉진하는 좋은 질문을 만드는 일 그 자체도 중요하지만 질문을 언제 제시하는가 역시 수업의 성패를 좌우하는 중요한 요소입니다. 이번 장에서는 학습의 단계를 도입 - 개념 형성 - 사고 확장 - 성찰·정리의 4단계로 나누고 각 단계별로 제공할 수 있는 좋은 질문의 유형을 다루어보겠습니다.

도입 단계 : '관심과 연결'

수업의 도입 단계에 이루어지는 질문은 학생들의 실제 삶과 그 수업의 주제를 이어주는 다리 역할을 해야합니다. 학생들의 삶의 맥락에 다가가는 질문이나 호기심과 흥미를 불러일으키는 질문을 통해 학생들과 학습 소재와의 첫만남이 자연스럽고 재미있는 일이 되도록 도울 수 있습니다. 도입 단계에서는 학생 입장에서 답변하기 쉬운 간단한 수준의 질문이 더욱 효과적인 경우가 많습니다. 이처럼 도입 단계의 질문은 모든 학생들을 수업에 초대하고 반갑게 맞이하는 역할을 합니다.

① 삶과 연계된 질문
- 학생의 일상과 배움을 연결해 흥미를 유발함

예 여름철 길을 지나가다가 나무에서 떨어지는 물을 맞아본 경험이 있나요? 무엇이라고 생각하나요?

② 흥미와 호기심을 불러일으키는 질문

• 놀라움, 상상, 흥미를 자극하여 수업 참여를 유도함

예 동해바다에 편지를 넣어 던지면 누가 받을까요?

③ 사회적 맥락을 고려하는 질문

• 배움을 공동체나 사회 문제와 연결해 의미를 더함

예 우리 마을에 쓰레기가 많이 생기는 이유는 무엇일까요?

개념 형성 단계 : '정보 탐색과 이해'

이후 본격적으로 학습 내용에 대해 다루는 전개 부분에서는 정보나 사실에 관한 전개를 하도록 도와주는 질문이 필요합니다. 정답이 있는 수렴적 질문을 통해 학생들이 스스로 개념을 정리할 수 있도록 하고, 심화 질문을 통해 학생들이 생각을 단계적으로 확장할 수 있도록 유도합니다. 또한 교사는 학생들의 답변을 살피고 학생들이 개념을 올바르게 형성할 수 있도록 오개념 등에 대해서 피드백 해 줄 필요가 있습니다.

① 개념을 명확히 하는 질문

• 핵심 개념이나 사실을 명료하게 정리하도록 유도함

예 해류란 무엇인가요?

② 개념을 심화시키는 질문

• 개념을 심화시키며 보다 고차원적인 사고 수준(기억-이해-적용-분석-종합-평가)으로 나아갈 수 있도록 단계적으로 질문함

예 (사진 자료를 살펴보며) 해류는 바다의 어떤 부분에서 강하게 나타날까요?

예 해류는 왜 생길까요?

예 해류는 날씨나 기후에 어떤 영향을 미칠까요?

한편 교사의 교육 목표에 따라 같은 내용을 다르게 질문할 수도 있습니다.

③ 교육목표에 따른 질문

• 수업 목표에 맞춰 지식, 이해, 적용, 분석, 종합, 평가 등 사고를 유도함

예 나팔꽃이 잘 자라려면 무엇이 필요할까요?

예 나팔꽃을 도둑 맞은지 이틀만에 화분을 찾았습니다. 나팔꽃은 어디에 있었을까요?

위의 두 질문은 똑같이 식물의 생장에 필요한 조건을 공부하는 차시에서 다룰 수 있는 질문이지만 각각의 질문을 받았을 때 학생들의 사고는 전혀 다른 방향으로 움직입니다. 첫번째 질문을 받았을 경우 학생들은 '물, 햇빛, 공기'라는 정답에 수렴하는 사고를 하는 한편, 두번째 질문을 받았을 때는 실내, 그늘, 시멘트 위 등 다양한 삶의 장소에 놓인 나팔꽃을 상상하게 됩니다. 이처럼 교수·학습을 통해 이루고자 하는 교육목표를 고려하여 질문의 종류를 달리 할 수 있습니다. 아래 표에서는 블룸이 체계화한 교육목표 분류체계표에 입각하여 교육목표에 따라 달라지는 질문의 모습을 살펴볼 수 있습니다.

표1〉 교육목표에 따른 질문 예시 (김현섭,2015)

교육목표	정의	수업의 과정	자주 사용하는 동사	예시
지식 (기억하기)	기억하는 사실을 회상, 기술할 수 있으며, 사실, 용어 정의, 원리, 법칙, 등을 인지하도록 요구하는 질문	반복 암기	정의하다 열거하다 묘사하다 이름을 말하다 확인하다 암송하다	직선의 정의는 무엇일까요?
이해 (이해하기)	배운 사실을 설명(단순), 요약(추상), 정교화 하거나(번역), 다르게 말하도록 요구하는(해석) 질문	설명 예증	바꾸어 설명하다 부연하다 설명하다 확대하다 요약하다	직선을 나의 말로 설명해봅시다.
적용 (적용하기)	처음 배울 때와는 다른 문제 상황에서 지식을 적용하도록 요구하는 질문	실습 전이	응용하다 작용하다 증명하다 해결하다 채용하다 활용하다	이 두 점 사이를 잇는 직선을 그리려면 어떻게 해야 할까요?
분석 (관련짓기)	문제를 구성하는 요인을 분해하거나(요소 분석), 그 사이의 관련성(상관관계)을 도출하도록 요구하는 질문	연역 귀납	분해하다 가리키다 구별하다 관련짓다 식별하다 지지하다	여러 선 중에서 어떤 것이 직선일까요?

종합 (창조하기)	다양한 요인을 연결하여 문제를 새롭고 독창적으로 해결하도록 요구하는 질문	확산 일반화	비교하다 공식화하다 창조하다 예측하다 고안하다 산출하다	자를 사용하지 않고 직선을 그리려면 어떻게 해야 할까요?
평가 (평가하기)	정해진 기준을 바탕으로 판단하고 의사 결정하도록 요구하는 질문	식별 추론	평가하다 옹호하다 판단하다 결정하다 정당화하다	여러 종류의 선을 그려보고 친구들이 그린 선 중에서 어떤 선이 직선인지 찾아볼까요?

사고 확장 단계 : '입체적인 질문'

학생들이 학습을 통해 기본적인 개념을 형성했다면 이를 보다 고차원적인 사고로 확장시킬 수 있는 입체적인 질문이 필요합니다. 사고 확장 질문을 통해 학습한 내용을 바탕으로 대화나 토론을 나누어보거나, 학습한 내용에서 한단계 더 나아가 종합적으로 판단해보며 깊이 있는 탐구에 도달할 수 있습니다. 이 단계에서 학생들은 지식을 받아들이는 것을 넘어 학습한 내용에 자신의 생각을 더할 수 있고, 학습한 내용을 활용하여 문제를 해결하는 경험을 하게 됩니다. 사고 확장 단계에서는 다루는 질문의 수준이 높으므로 학생들에게 충분히 사고할 시간을 주어야 하며, 다양한 학생들의 의견을 공유하며 서로 사고를 확장할 기회를 제공할 필요가 있습니다.

질문에도 차원이 있기 때문에, 평면적인 질문이 아닌 입체적인 질문을 던져야 합니다. 입체적인 질문은 학생들이 창조적인 시선을 가질 수 있도록 돕고, 아인슈타인의 창조성처럼 같은 단어와 사물이라도 다르게 바라보고 해석하는 힘을 길러줍니다. 다른 생각과 시선만이 우리의 삶에 새로운 가치를 부여할 수 있으며, 익숙한 것을 낯설게 바라볼 줄 아는 관점이 창조적 시선을 형성하게 합니다. 이를 위해 생명이 없는 대상에게 생명과 영혼을 불어넣어 생각해 보기, 입장을 바꾸어 보기, 당연한 것을 낯설게 보기, '만약~라면'과 같이 생생하게 가정해 보기 등의 방법이 활용될 수 있습니다.

① 대화와 토론을 촉발하는 질문

• 다양한 관점과 생각을 나누며 탐구의 주체로 나아가게 함

예 카페에서 종이빨대 사용을 의무화 하는 것에 찬성하시나요?

예 플라스틱 종이컵을 어떻게 더욱 친환경적으로 바꿀 수 있을까요?

② 배운 내용을 확장하거나 적용하는 질문

• 실제 삶의 맥락에서 지식을 재구성하거나 활용하도록 함

📖 우리 학급에서 환경을 보호할 수 있는 방법으로는 무엇이 있을까요?

③ 다양한 차원에서 문제 해결을 이끄는 질문

• '왜-만약-어떻게' 구조로 창의적이고 실제적인 문제 해결을 유도함

• 사람과 시간과 공간을 비틀어서 깊이 사고하도록 함

📖 만약, 이 나무가 말할 수 있다면 어떤 이야기를 들려줄까요?

📖 만약, 500년 전으로 돌아간다면 이 상황이 어떻게 보일까요?

📖 만약, 내가 지구 반대편의 나라에 있다면 이 상황에서 어떻게 할 것인가요?

④ 다양한 각도에서 문제를 바라보도록 이끄는 질문

• 다양한 입장과 수준에서 문제를 바라보도록 이끔

📖 이 문제를 나, 너, 우리, 사회, 국가, 지구의 수준에서 바라보았을 때 각각 어떻게 보일 까요?

📖 이 문제를 정치, 경제, 사회, 문화, 종교적인 측면에서 바라보았을 때 각각 어떻게 보일 까요?

성찰·정리 단계 : '자기이해와 메타인지'

학습 마무리 단계에서는 폭넓게 확장시킨 학습 내용을 돌아보며 나에게 어떤 의미가 있는지 성찰하고 정리할 수 있는 질문이 필요합니다. 방대한 내용의 학습 내용을 다루다보면 학습 활동과 내용에 정작 학습자 자신은 잊혀지는 상황을 심심치 않게 보게 됩니다. '나'에서 비롯된 학습이 '세상'을 거쳐 다시 '나'로 회귀하는 순환적 과정을 통해 학습은 진정한 의미를 지니므로, 교사는 학습 마무리 단계에서 질문을 통해 학습 내용을 학습자가 스스로 종합, 성찰할 기회를 제공해주어야 합니다. 이 과정에서 학습자는 학습 내용에 대한한 자신의 생각과 입장을 가지는 사고의 주체로 발돋움하게 됩니다.

① 학습내용의 자기화를 돕는 질문

• 학습자의 정체성과 감정을 자극하며 깊은 성찰을 이끎

예 호국보훈을 나의 언어로 설명하면 어떻게 말할 수 있을까요?

② 의미 성찰을 돕는 질문

• 교과 지식을 배우는 의미를 깨닫고 자신의 삶과 사회를 성찰하도록 함

예 사랑이란 감정을 표현할 때 가장 중요한 것은 무엇일까요?

③ 학습 과정을 돌아보는 메타인지 질문

• 자신의 사고와 학습 과정을 돌아보게 함

예 오늘 배운 내용 중 가장 어렵거나 새로웠던 점은 무엇인가요?

4. 사고를 자극하는 질문 방법

보기(See)-생각하기(Think)-궁금해하기(Wonder)로 질문하기

See-Think-Wonder는 학생들이 대상을 주의 깊게 관찰하고(See), 관찰한 것에 대한 자신의 해석을 만들어내며(Think), 더 알아보고 싶은 점을 표현하는(Wonder) 사고 촉진 전략입니다.

① 보기(See): 무엇이 보이나요?

• 학생들은 주어진 자료나 현상을 주의 깊게 관찰한다.

• 관찰 대상에서 눈에 띄는 점, 독특한 점, 주목할 만한 점을 확인한다.

예 위의 건물이 불타고 있는 것 같다. 마트가 보인다. 호박이 보인다.

② 생각하기(Think): 자료를 본 후 어떤 생각이 드나요? 왜 그렇게 생각했나요?

• 학생들은 관찰한 것에 대한 자신의 생각을 공유한다.

• 관찰이 가져온 생각, 감정, 아이디어나 가설을 표현하며 이러한 생각이 어떤 이유에서 비

롯되었는지 고민한다.

예 할로윈 시기인 것 같다. 마켓 주인이 뒤쪽에 불을 지른 것 같다.

③ 궁금해하기(Wonder): 왜 이런 일이 일어났을까요? 다음에는 무슨 일이 벌어질까요?
- 학생들은 관찰하고 생각한 것을 바탕으로 궁금한 점을 떠올린다.
- 질문 형태로 궁금증을 나타내어 학습의 다음 단계로 나아가는 탐구를 시작한다.

예 호박을 팔고 있는데 왜 호박이 깨지고 난장판이 되어 있을까? 왜 불이 났을까?

보기(See)-생각하기(Think)-궁금해하기(Wonder) 사고를 돕는 질문을 통해 학생들은 자신의 관점을 기반으로 사고하고, 자신의 생각을 구조화할 수 있으며, 궁금증을 형성하여 지속적인 학습을 도울 수 있습니다.

'왜-만약-어떻게'로 질문하기

문제기반학습이나 프로젝트학습에서 창의적 문제 해결을 목표로 한다면 토런스가 고안한 '왜(Why) - 만약(What if) - 어떻게(How)'의 질문 구조를 활용할 수 있습니다.

〈표2〉'왜-만약-어떻게' 구조에 따른 질문 예시

질문 유형	예시 질문
왜?	왜 바다에 플라스틱 쓰레기가 이렇게 많을까?
만약?	만약 우리가 일회용품을 모두 사용하지 않는다면 어떻게 될까?
어떻게?	어떻게 하면 사람들이 플라스틱 사용을 줄이도록 도울 수 있을까?

위의 3단계 질문을 통해 문제의 원인에 대해 고민하고, 만약의 상황에 대해 상상하고, 해결 방안을 탐색하도록 도울 수 있습니다. 질문에 대한 답변을 만들어가는 과정 속에서 학생들은 단순한 지식 이해를 넘어 창의적이고 실천적인 사고로 나아가게 됩니다.

4MAT 질문하기

McCarthy(1987)는 4MAT을 제시하며 학습자의 네 가지 질문(Why, What, How, If)에 따른 학습 과정을 설명하였습니다. 이는 Model of Action for Teaching/Learning으로, 학습자의 다양한 사고방식을 수업 설계에 반영하도록 돕는 교수학습 모형입니다. 제시된 표는 과학 수업에서 동기 부여, 개념 이해, 실험 활동, 생활 속 응용으로 이어지는 학습 흐름을 단계별로 보여주는 것입니다. 토런스의 '왜-만약-어떻게' 질문 구조가 문제 상황 속 창의적 해결을 이끌어내는 데 집중하는 것과 달리, 4MAT 질문은 학습자의 사고 과정을 단계별로 균형 있게 설계해 모든 학습 유형을 포괄하는 특징이 있습니다.

〈표3〉 4MAT 질문의 예시

단계	학습자 질문	교사의 수업 활동	교사의 적용 질문
1단계 (Why)	왜 배워야 하지?	일상 속 현상을 제시하여 호기심 유발	"왜 얼음이 녹고, 주전자에서는 김이 날까요?"
2단계 (What)	무엇을 배우는 거야?	물의 상태 변화 개념 설명	"물이 고체·액체·기체일 때 어떤 차이가 있을까요?"
3단계 (How)	어떻게 하는 거지?	실험과 활동으로 탐구	"직접 실험해 보며 물이 어떻게 변하는지 관찰해 볼까요?"
4단계 (If)	만약 다른 상황이라면?	생활 속 응용과 확장	"만약 겨울 날씨나 냉장고 속에서는 물이 어떻게 변할까요?"

5. 질문-반응의 전략

수업을 '교사 질문 – 학생 대답 – 평가' 대화연속체적 관점에서 보면 교사의 질문 못지 않게 학생 답변에 대한 반응도 앞으로의 학습 참여도를 결정하는 데 있어 많은 영향을 줍니다. 이 장에서는 학생의 학습 참여도를 지속할 수 있는 효과적인 질문 및 반응의 전략을 살펴보도록 하겠습니다.

질문하기의 전략

(1) 간단하고 명료하게 질문하기
- 질문은 간단 명료하여야 하며 논리적으로 이해하기 쉬워야 합니다.

- 학생이 이해하기 쉬운 단어로 이루어진 70음절 이내의 단문으로 질문하는 것이 좋고, 전문 용어를 사용하였을 때는 곧바로 그 전문 용어에 대해 설명해주어야 합니다.

(2) 질문을 한 뒤 생각할 시간을 충분히 주기
- 교사가 질문한 뒤 기다리는 시간을 3~5초 정도로 증가시키면 학생이 더욱 자세하게 응답하고, 자발적으로 응답하는 학생이 많아지며, 다른 학생의 응답에 대한 대안적 응답이 많아진다는 연구결과가 있습니다.
- 질문에 대해 학생이 편안하게 그리고 충분하게 사고할 수 있도록 시간적 여유를 주어야 합니다.

(3) 학생의 심리적, 정서적 상태를 고려하여 질문하기
- 질문은 청자지향적 활동으로 교사는 학생의 입장을 배려하여 질문하여야 합니다.
- 질문에 대해 학생이 답변하기 불편해하는 경우에는 질문에 대한 답변을 강요하지 않습니다.

(4) 다양한 응답 방법 활용하여 질문하기
- 개인적인 경험과 같은 민감할 수 있는 내용을 질문할 때에는 포스트잇이나 온라인 학습도구를 활용해 무기명으로 답변할 수 있도록 합니다.
- 개인이 해결하기 어렵거나 의견을 말하기 부담스러운 질문은 짝과 상의하여 공동 답변을 마련하게 할 수도 있습니다.

(5) 질문하는 순서를 고려하여 질문하기
- 순회지도를 하면서 아이들이 하는 말이나 대답을 잘 듣고, 다른 생각을 하는 보물같은 대답을 한 친구들을 우선적으로 시킵니다.
- 이렇게 질문을 하면 바로 답이 나와서 논의가 끊기는 것이 아니라 더 풍성한 논의가 이루어질 수 있습니다.

 배움이 자연스러운 수업에서 행복한 아이가 자란다

(6) 사고가 깊어질 수 있는 순서로 따라 질문하기

- 사실적 질문에서 고차원적 질문으로 점점 사고가 깊어질 수 있는 흐름을 고려하여 질문합니다.
- 특히 반에서 제일 대답하기 힘들어하는 친구들이 있다면, 그 친구부터 가장 단순한 질문
  에 답할 수 있도록 배려합니다.

(7) 모두가 한 번씩은 발언할 수 있도록 질문하기

- 모든 학생이 수업에 한 번씩은 목소리를 낼 수 있는 기회를 갖도록 질문합니다.
- 학생들은 질문에 답하면서 자연스럽게 수업에 들어오게 됩니다.

(8) 전체 질문과 1대1 질문하기

- 1대1 질문을 할 때에는 열린 질문으로 학생이 탐구할 수 있는 상황을 줍니다.
- 전체를 향한 질문을 열린 질문으로 하면 대화가 이어지기 어렵기 때문에 전체 질문을 할
  때에는 닫힌 질문으로 학생이 생각을 정리할 수 있도록 하는 것이 좋습니다.

질문을 만드는 법

- 학생이 궁금해할 만하고 교사 자신도 궁금해할 만한 점을 질문으로 던진다.
- 다양한 시선을 가질 수 있는, 정답이 고정되지 않은 입체적인 질문을 던진다.
- 내가 이 수업에서 주고 싶은 메시지를 질문으로 던진다.
- 학생들의 삶과 경험에 연결되는 질문을 던진다.
- 비교하거나 대조할 수 있도록 묻는 질문을 던진다.
- 학생에게 놀라움을 줄 수 있는 질문을 던진다.

1. 수업질문 만들기
ChatGPT 봇QR

2. 수업질문과 수업스킬
강의자료(by섭쌤) QR

반응하기의 전략

학생의 답변에 대해 교사가 어떻게 반응하느냐에 따라 학생은 자신감을 가지고 학습 주제에 다가갈 수도 있지만, 반대로 위축되어 멀어질 수도 있습니다. 어떤 학생들은 질문을 하면 반쯤 죽을 정도로 겁이 난다고 합니다. 실패하는 게 두렵고, 혼날까 두렵고, 바보라는 소리를 들을까 두렵고, 심지어 스스로 바보라는 생각이 들까 봐 두렵다고 합니다(Holt, 2010). 질문에 답하는 행위는 이처럼 큰 용기가 필요한 일이기에 교사는 답변하는 학생을 존중하는 태도를 가져야 합니다. 그러나 교사들에게는 정답을 열망하며 정답만 들으려는 경향이 있습니다(Holt, 2010). 아이들이 맞는 답을 해야만 자신이 잘 가르치고 있음을 확인하고 다음 과제로 넘어갈 수 있다고 생각하기 때문입니다. 하지만 이러한 태도는 학생의 말에 진정으로 반응하는 것이 아니며, 결국 학생의 배움과 자신감을 제한할 수 있습니다. 아래의 다양한 반응 전략을 통해서 진정한 반응이란 무엇인지 고민하고 학생들이 수업 대화의 과정에 적극적으로 참여하도록 독려할 수 있습니다.

(1) 학생의 대답을 인정하기

• 학생의 참여 자체를 긍정적으로 받아들이는 것이 중요합니다. 정답이 아니더라도 말한 것에 대해 관심과 존중을 표현합니다.

예 "좋은 시도였어요." "그렇게 생각할 수도 있겠네요.", "의견 말해줘서 고마워요."

(2) 효과적으로 재질문하기

• 질문에 대한 학생의 답변에 의미가 있을 때 그것에 대해 부연설명할 수 있도록 재질문하며 학습을 확장시킬 수 있습니다.

예 '00이는 왜 그것을 떠올리게 되었나요?'

(3) 학급 친구들을 활용하여 반응하기

• 교사가 일일히 반응하는 것보다 때로는 학급 친구들을 활용하여 반응하는 것이 특별하고 효과적일 수 있습니다.

예 전체발표의 경우 학생이 발표할 때 그 친구를 바라볼 수 있도록 하기

(4) 모른다는 말 대신 "더 생각해 보겠습니다."라고 말 하도록 독려하기

- "틀렸다"라는 부정적 표현을 반복해서 듣는 아이는 어느 순간 생각과 행동을 멈추고 시도조차 두려워하게 됩니다. 아이들이 수업 시간에 사고를 포기하지 않도록 "모른다."는 말 대신 "더 생각해 보겠습니다."라고 말하도록 독려합니다.

예 "모른다." 대신에 "더 생각해 보겠습니다."라고 말해줄래요?

학생들의 대답이 없는 경우의 대응 방법

1. 발표의 의미 나누기

학생들과 발표의 필요성과 의미에 대해 이야기하며, 서로의 생각을 나누는 것이 왜 중요한지 알려줍니다.

2. 질문 재진술하기

학생들이 더 쉽게 이해할 수 있도록 질문을 다른 표현으로 바꾸어 다시 제시합니다.

3. 어려운 점 묻기

학생들이 이해하지 못한 부분을 편안하게 말할 수 있도록 유도하며, 어려운 점을 직접 물어봅니다.

4. 생각할 시간 주기

충분한 시간을 주어 학생들이 스스로 정리하고 대답할 수 있도록 기다립니다.

5. 교사 확인 후 발표 유도하기

발표가 부담스러운 학생에게 교사가 먼저 소곤소곤 확인하고 격려한 뒤 발표할 수 있도록 돕습니다.

6. 정리 : '질문'으로 배움의 의미 회복하기

수업을 마친 학생들에게 오늘 수업에서 무엇을 배웠는지 물으면 "모눈종이 그렸어요.", "디벗 했어요."와 같은 답변을 듣곤 합니다. 선생님은 열심히 가르치고 학생들은 열심히 활동했지만 학생들의 마음에는 깊이 있는 사고와 학습의 의미 대신 학습 활동만이 남아버린 안타까운 상황입니다. 해당 수업을 통해서 학생들의 행동과 삶의 변화하기를 기대하는 것 역시 어렵겠습니다.

'사려 깊은 질문에는 이미 그 절반의 지혜가 담겨있다'는 프란시스 베이컨의 말처럼 좋은 질문은 곧 사고를 추동하는 원동력이자 그 자체로 훌륭한 학습 도구입니다. 배움의 의미를 찾는 일이 절실해진 요즈음, '어떻게 가르칠까'에 대한 방법론적 고민에 앞서 '무엇을 질문할까'를 먼저 생각해보면 어떨까요?

학생들의 사고를 촉진하여 깊이 있는 학습을 유도하고, 학습 내용을 학생의 삶에서 살아 숨쉬게 할 수 있는 좋은 질문을 통해 진정한 배움의 의미를 회복할 수 있습니다.

는 작품이듯, 수업은 교사와 학생이 함께 만드는 작품입니다. 교사의 질문은 학생의 생각을 끌어내고, 학생의 대답은 교사의 질문을 확장시키며, 이 과정 자체가 수업을 디자인하는 일입니다. 따라서 교사는 학생의 상태, 텍스트의 난이도, 학습 환경 등을 고려해 최선의 질문을 던지고, 학생의 대답을 존중하면서 그 속에서 배움이 살아 움직이도록 리더십을 발휘해야 합니다.

실천 과제

1. 차시를 선정하고 '도입-개념 형성 – 사고 확장 – 성찰·정리'의 네 단계에 맞는 좋은 질문을 각각 한가지씩 만들어보세요.
2. 하루 동안 모든 수업의 마무리 단계에서 성찰적 질문을 던져보세요.
3. 나만의 보기(See)-생각하기(Think)-궁금해하기(Wonder) 질문판을 만들어보세요.

참고 문헌

☞ 김태현. (2012). 교사, 수업에서 나를 만나다. 좋은교사.

☞ 김현섭. (2015). 질문이 살아있는 수업. 수업디자인연구소.

☞ 론 리치하트, 마크 처치 외 1명. (2023). 생각이 보이는 교실. 사회평론아카데미.

☞ 박양주. (2017). 플립러닝의 교육적 의미에 대한 이론적 탐색: 대화주의 관점에서. 한국융합학회논문지, 8(4), 109-116.

☞ 서울특별시교육청. (2025). 탐구 질문으로 설계하는 교과별 수업·평가 도움자료. 서울특별시교육청.

☞ 이민경. (2017). 거꾸로교실이 학습자중심 역량교육에 주는 함의 탐색. 학습자중심교과교육연구, 17(2), 1-25.

☞ 이주행. (2003). 교사의 화법: 교사의 질문과 응답 화법. 한국화법학회, 5, 245-262.

☞ 이진규. (2016). 학습자 중심 수업을 위한 '학생 질문'의 활용 방안 탐색. 학습자중심교과교육연구, 16(5), 345-370.

☞ 조벽. (2010). 명강의 노하우 노와이. 해냄출판사.

☞ Bloom, B. S. (1956). Taxonomy of educational objectives: The classification of educational goals. Longmans, Green.

☞ Bruner, J. S. (1960). The process of education. Harvard University Press.

☞ Dewey, J. (1938). Experience and education. Kappa Delta Pi.

☞ Holt, J. (2010). 아이들은 왜 실패하는가: 교실과 아이들의 내면에 관한 미시사적 관찰기. 아침이슬.

☞ McCarthy, B. (1987). The 4MAT system: Teaching to learning styles with right/left mode techniques. EXCEL.

☞ Palmer, P. J. (1983). To know as we are known: A spirituality of education. Harper & Row.

☞ Torrance, E. P. (1966). Torrance tests of creative thinking. Personnel Press.

☞ Wiggins, G., & McTighe, J. (2005). Understanding by design (Expanded 2nd ed.). ASCD.

13차시. 좋은 발표란

비고츠키는 "말하는 순간, 생각은 구체화 되고, 배움은 자기 것이 된다" 라고 말하였습니다. (Vygotsky, L. S. (1978). Mind in Society) 학생들이 친구들 앞에서 자신의 생각을 말하는 발표 시간은 단순히 정보를 전달하는 자리가 아닙니다. 그것은 사고를 정리하고, 언어로 표현하며, 타인과 연결되는 배움의 완성 단계입니다. 즉, 발표는 아는 내용을 말로 풀어내는 데 그치지 않고, 말하는 과정을 통해 사고를 정교하게 다듬는 깊은 배움의 과정입니다.

1. 좋은 발표란?

발표 수업에서 아이들은 다음과 같은 발표를 '좋은 발표'라고 생각합니다.

좋은 발표의 언어·비언어·내용 요소

언어적 요인	발성	적당한 크기의 목소리로 말한다. 목소리가 명료하다.
	발음	전달력이 좋다.
비언어적 요인	태도	떨지 않고 말한다.
	시선	청중과 시선을 맞추면서 말한다.
	시간	적절한 시간에 끝낸다.
내용적 요인	적절한 자료	사진이 발표 내용에 적절하다.
	보기 편한 자료	발표 내용을 한눈에 이해할 수 있도록 도표·그래프·사진을 제시한다.
	실감나는 자료	실감나는 사진, 영상 자료를 준비한다.
	자료의 양	적절한 자료의 양을 제공한다.
	직접 지시	어떤 부분을 설명하는지 쉽게 알 수 있도록 실물 화면 위에서 직접 짚어준다.
	영상의 길이	영상이 길어지지 않도록, 필요한 부분만 편집해 보여준다.
	비교	장단점을 명확히 비교해준다.
	흐름	내용 연결이 자연스럽다.
	출처	출처가 정확하게 표기되어 있다.
	글씨 크기	적절한 글씨 크기를 제시한다.

2. 좋은 발표를 위한 구성원들의 노력

(1) 교사의 노력

좋은 발표를 위해 교사는 단순한 채점자나 평가자가 아니라, 학생의 발표 경험을 넓혀 주는 조력자가 되어야 합니다.

발표 전·중·후 교사의 역할

발표 전 지도	- 발표의 목적과 구조에 대해 사전 안내 - 친구 발표를 경청하고 응원하는 문화 조성 - 청중이 염두하며 들어야 하는 점이나 과제를 사전에 제시
발표 중 태도	- 대답을 할 준비가 되도록 충분히 기다리기 - 학생과 눈을 맞추고, 고개를 끄덕이며 경청하기 - 발표 도중 핵심 내용에 간단히 메모하며 집중을 하고 있다는 신호 보내기
발표 후 피드백	- 용기에 대한 칭찬하기 - 과정 중심 피드백 제공 : 내용과 태도 모두에 대해 언급 - 발표 내용을 교사가 복창하지 않기 (*) 연결 발문을 통해 확장적 사고 유도하기

(*) 대부분의 교사가 아이가 더듬더듬 발표를 하면 이 내용을 아주 유려하고 산뜻하며 간결하게 바꿔 주어야 한다는 생각에 사로잡히고는 합니다. 그러나 교사가 계속 아이의 발표 내용을 이런식으로 복창해주면 아이들은 어차피 선생님이 훨씬 알아듣기 쉽게 정리해주기 때문에 더 이상 친구의 발표를 듣지 않습니다. 이때에는 교사가 '연결하는 발문'을 던져 주며 발표 내용을 정리해야 합니다. '00이의 발표 내용은 교과서 몇 쪽에서 찾아볼 수 있을까요?' 혹은 '00이의 발표에 대해서 어떤 생각이 들었나요?' 등의 연결 발문을 적재적소에 활용할 수 있어야 합니다.

또한 학생들의 특성에 따라 다음과 같은 내용을 미리 고려해야 합니다.

- 목소리가 작고 긴장하는 학생 → 마이크 사용을 허용하고, 필요하면 앉아서 발표하도록 하기
- 말로 풀어내는 것이 어려운 학생 → 발표 자료를 이미지·도표 중심으로 구성하도록 지도하고, 발표문을 보고 읽는 것도 허용하기
- 발표 불안이 큰 학생 → 짝 발표·모둠 발표 등 소그룹 발표 후, 정리된 내용을 전체 앞에서 발표할 수 있도록 하기
- 표현력이 좋은 학생 → 역할극, 포스터, 카드 뉴스 등 다양한 표현 방식 허용하기

(2) 발표자의 노력

좋은 발표는 단순히 앞에 나가 이야기하는 것에서 그치지 않습니다. 그 속에는 듣는 사람을 배려하는 전달 방식, 그리고 자신의 생각을 진심으로 나누려는 태도가 담겨 있어야 합니다.

발표 중 발표자의 노력

준비성	발표 내용을 미리 정하고, 흐름과 핵심 메세지를 명확히 합니다.
전달력	목소리의 크기와 속도를 조정하고, 눈을 맞추며 이야기합니다.
진정성	경험과 생각을 담백하게 표현하고, 청중과 공감하려는 태도를 지닙니다.

(3) 청중의 노력

좋은 발표는 혼자서 완성되지 않습니다. 듣는 사람의 태도, 반응, 시선, 질문 하나하나가 발표를 더욱 풍성하게 만들어줍니다. 아이들이 발표 수업 속에서 말하는 법뿐만 아니라 듣는 법을 배울 수 있다면, 그 교실은 단지 '발표를 잘하는 아이'가 있는 곳이 아니라 '서로를 존중하며 함께 자라는 교실'이 될겁니다.

발표 중 청중의 노력

경청 하는 자세	- 발표자와 눈을 마주치고, 고개를 끄덕이며 듣기 - 발표 중 물건을 만지거나 옆 친구와 이야기하지 않기 - 발표자가 말하는 동안 말하지 않고, 중간에 웃거나 끼어들지 않기
생각하며 듣는 자세	- 질문할 거리 떠올리기 - 자기 경험과 연결하기 - 필요한 내용 메모하기
피드백과 질문으로 확장하기	- 질문으로 연결하기 '00 이야기 중에서 이런 부분이 궁금해요' - 구체적으로 칭찬하기 '자신의 경험을 진솔하게 나눈 부분이 인상 깊었어요' - 나의 생각 보태기 '저는 이렇게 생각했는데, 발표를 들으며 이런 점을 새롭게 알게 되었어요'

3. 발표를 통해 생각 확장하기

(1) 확산적 발문 사용하기

정답을 묻는 질문은 끝을 바라보게 하지만, 생각을 묻는 질문은 대화를 시작하게 합니다. 확산적 발문은 정해진 하나의 정답을 찾는 질문이 아니라, 생각을 넓히고 다양한 관점을 이끌어 내는 질문을 말합니다. 이러한 발문은 답이 열려 있어 여러 방향으로 사고를 확장할 수 있다는 점이 특징입니다. 학생의 발표를 듣고 확산적 발문을 활용하여 학생들의 사고를 자극할 수 있습니다.

확산적 발문의 종류

개인 경험형	00의 발표를 들으면서 떠오른 나의 비슷한 혹은 다른 경험이 있다면?
적용 확장형	이 이야기가 다른 상황에서도 적용된다면 어떤 모습일까?
다른 관점형	이 주제를 반대 입장에서 바라본다면 어떤 말이 나올까?
비교 분석형	00이가 한 발표와 00이가 한 발표에는 어떤 차이가 있으며 왜 그런 차이가 생겼을까?
핵심 재해석형	00가 발표에서 가장 강조한 내용은 무엇이고, 왜 그랬을까?

(2) 다양한 동료 피드백 방법

○ 친궁 인터뷰

친궁 인터뷰는 발표를 듣고 발표한 학생에게 칭찬할 점과 궁금한 점을 직접 말하거나 물어보는 활동입니다. 이 활동은 발표 후, 듣는 학생이 단순한 평가자가 아니라 대화의 파트너가 되도록 돕습니다. 발표자도 '내 발표가 누군가에게 의미 있게 들렸구나'라는 경험을 하게 되며 발표에 대한 자존감과 동기가 올라가게 됩니다. 직접 묻는 방식뿐만 아니라 포스트잇에 적어 발표자에게 건네주는 방식도 활용할 수 있습니다.

○ 동반 인터뷰

동반(同反) 인터뷰는 친구의 발표를 들은 뒤, 같은 생각(同)과 다른 생각(反)을 나누는 활동입니다. 이 활동의 가장 큰 가치는 생각이 같을 때에는 연결을, 생각이 다를 때에는 확장을 경험하게 된다는 점입니다. 특히 국어 시간에 활용하면 인물의 같은 행동에 대해 서로 다르게 생각할 수 있음을 배워 타인의 관점을 존중하고 자기 관점을 분명히 하는 힘을 기르게 됩니다. 또한 동반이라는 이름처럼, 이 활동은 단지 의견을 나누는 데에 그치지 않고, 서로 다른 생각을 껴안고 함께 성장하는 민주적 소통의 연습이 됩니다.

4. 교실에서 활용 가능한 다양한 발표 방법들

아이들이 교실에서 선뜻 발표를 하지 못하는 데에는 공통점이 있습니다. 바로 거수-지명-발표로 이어지는 '거지발' 발표 방식과, 모두가 앉아 있는 가운데에 일어서야 한다는 압박감이 발표를 머뭇거리게 만듭니다. 학생들의 부담은 줄이고, 참여는 높일 수 있는 방법은 다음과 같습니다.

• 두더지 발표

1. 교사가 여러 가지 답이 나올 수 있는 질문을 제시한다. (예시: '겨울'하면 생각나는 간식은?)

2. 문제에 대한 답을 생각했으면 반 전체가 일어난다.

3. 학생들이 한 명씩 돌아가며 발표하고, 발표자와 같은 생각이었다면 자리에 앉는다.

• 앵무새 발표

1. 앞서 이야기한 친구의 발표를 간략하게 정리하여 말한다.

2. 자신의 의견을 말한다.

   * 앵무새 발표는 듣기 훈련에 효과적이다.

• 번개 발표

1. 돌아가면서 빠르게 자기 생각을 이야기한다. (예시: 교과서 00쪽에서 볼 수 있는 것은?)

2. 생각이 안 나면 우선 '패스'를 외친다.

3. 친구들의 이야기를 쭉 듣고 나서 '패스'한 친구들도 다시 이야기 할 수 있는 기회를 준다.

5. 정리

발표는 단지 내가 아는 것을 남에게 말해 주는 시간이 아닙니다. 학생은 자신의 생각을 다듬고, 정리하여 말이라는 형식으로 세상에 꺼내 놓는 경험을 합니다. 그 과정에서 생각이 한층 정리되고, 말하다 보니 미처 몰랐던 생각의 결을 발견하게 됩니다.

친구들 앞에서 자신의 목소리를 내고, 누군가가 그 이야기를 듣고 반응하는 경험은 학생들에게 '내 생각이 의미 있다'는 감각을 느끼게 합니다. 그것은 배움의 동기를 자극하고, 자존감을 성장시키며, 교실을 말과 생각이 자유롭게 흐르는 살아 있는 공간으로 바꾸어 줍니다. 발표를 통해 학생이 스스로 배움을 완성하는 주체가 될 수 있도록, 교사는 말할 수 있는 용기를 북돋아 주어야 합니다. 학생들이 서로의 생각에 귀를 기울일 때, 교실 전체는 서로의 목소리를 통해 자라고 연결되는 공간이 됩니다.

실천 과제

1. 우리반 학생들이 발표를 경청하여 듣는 태도가 형성되어 있는지 점검해 봅시다. 그리고 함께 발표 경청 규칙을 만들어 보세요.
2. 이번 주 수업 중 어떤 과목의 어떤 차시에서 동반 인터뷰 혹은 칭궁 인터뷰를 적용할 수 있을지 고민해 보세요.
3. 발표 불안을 겪는 학생을 위한 우리반의 대안을 생각해 보세요.

참고 문헌

☞ Brookfield, S. D., & Preskill, S. (2005). Discussion as a way of teaching: Tools and techniques for democratic classrooms. Jossey-Bass.

☞ Vygotsky, L. S. (1978). Mind in society: The development of higher psychological processes. Harvard University Press.

4장
수업 시간에
- 학생과 다른 학생 / 텍스트 / 환경

14차시. 배움을 위한 경쟁 활동과 협력 활동

1. 경쟁 활동과 협력 활동이란?

경쟁 활동은 학생들이 목표를 이루기 위해 상대와 실력을 겨루는 것을 의미합니다(Bailey, R. 2006). 이러한 경쟁 활동은 학교에서 주로 체육 수업, 게임, 놀이, 시험 등에서 나타납니다. 이 과정에서 학생들은 제한된 시간, 점수, 순위 등을 기준으로 성과를 비교하며, 자신이 속한 위치와 결과에 민감하게 반응하게 됩니다. 경쟁 활동은 학생에게 긴장감과 몰입을 유도할 수 있지만, 반복되는 패배 경험이나 비교로 인해 위축감을 느끼는 학생들도 존재합니다.

협력 활동은 공동의 목표를 향해 학생들이 함께 힘을 모으며 과제를 수행하는 것을 의미합니다(Johnson & Johnson, 1994; Slavin, 1995). 학교에서는 모둠 학습, 프로젝트, 집단 토의, 공동 창작 활동 등에서 나타납니다. 이 과정에서 학생들은 서로의 생각을 나누고, 각자의 강점을 살려 과제를 해결하며 함께 결과를 만들어 냅니다. 협력 활동은 학생들에게 소속감과 안정감을 줄 수 있지만, 역할이 불균형하거나 상호 신뢰가 부족할 경우 일부 학생이 소외되거나 활동에 소극적으로 참여하게 될 수 있습니다. 그러나 수업이 과도하게 게임형 경쟁 활동에 치중될 경우, 학생들은 순간적인 재미에는 빠질 수 있으나 배움의 본질과 목적, 그리고 '왜 배워야 하는가'에 대한 깊은 성찰을 경험하기는 어려울 수 있습니다.

2. 경쟁 활동의 목적에 따른 유형

경쟁 활동은 교사가 설정한 목적에 따라 수단으로서의 경쟁 활동과 의미 있는 경쟁 활동으로 분류됩니다.

수단으로서의 경쟁 활동

수단으로서의 경쟁 활동은 경쟁을 재미나 몰입을 위한 수단으로 활용하는 방식입니다. 학생들의 순간적인 집중력을 끌어올리고 수업 분위기를 띄우기 위해 경쟁을 도입하는 경우로, 교사에게는 비교적 손쉽고 즉각적인 수업 몰입 전략으로 인식되기도 합니다.

(1) 활동 설계

수단으로서의 경쟁 활동은 승패가 명확히 갈리는 구조로 설계됩니다. 활동이 끝나면 누가 이겼는지, 어느 팀이 더 점수가 높은지를 확인합니다.

- 문제를 먼저 푸는 팀에게 점수를 주는 **속도 중심 게임**
- 정답 수를 세어 가장 많이 맞춘 모둠이 승리하는 **양적 비교 활동**
- 일정 시간 내에 과제를 마친 팀에게만 기회를 부여하는 **속도 제한형 과제**

(2) 교사의 피드백 방식

수단으로서의 경쟁 활동에서 교사의 피드백은 '정답 여부'와 '속도'에 집중되는 경향이 있습니다. 'OO팀 정답!', '이 팀은 틀렸어요, 다음 팀!' 등과 같은 말이 자주 사용되며, 학생들의 수행 과정보다 정답 도출의 결과에 즉각적으로 반응하게 됩니다. 이러한 피드백은 학생들에게 틀림에 대한 두려움이나 압박감을 주며, 실수나 시행착오를 돌아보는 기회 없이 활동이 빠르게 넘어가게 합니다. 결국 교사의 피드백은 배움을 연결하기보다, 그 순간 게임의 흐름을 정리하는 진행자 역할을 하게 됩니다.

(3) 학생 반응

수단으로서의 경쟁 활동은 대체로 학생들의 몰입도를 높이고 수업 분위기를 고조시키는 데에 효과적입니다. 학생들은 승리를 위한 전략을 짜거나 순발력을 발휘하여 집중하는 모습을 보이기도 합니다. 하지만 이러한 참여는 주로 **속도와 정답**에 반응하는 형태로 나타납니다. 즉, 과정에서의 토론이나 탐구보다는 '누가 먼저, 누가 더 정확하게'를 중심으로 활동이 이루어집니다. 활동이 끝난 뒤에는 결과에 따른 기쁨 또는 아쉬움이 강하게 남고, 이긴 학생들은 만족감을, 진 학생들은 좌절이나 무관심을 보이는 등 경험의 편차가 크게 벌어질 수 있습니다.

수단으로서의 경쟁 활동의 위험성

수단으로서의 경쟁 활동은 학생들에게 일시적인 몰입과 참여를 유도하지만, 그 이면에는 간과하기 쉬운 여러 가지 부작용이 존재합니다. 특히 반복적인 비교와 승패 중심의 구조는 아이들의 정서와 학습에 부정적인 영향을 줄 수 있습니다.

(1) 자기 효능감 저하

반복해서 패배하거나 지는 경험을 한 학생들은 자신의 능력에 대한 믿음, 즉 자기 효능감이 점점 낮아지게 됩니다. 자기 효능감이 낮은 학습자는 도전적인 과제를 피하거나 쉽게 포기하게 됩니다(Bandura, 1997). 경쟁 활동에서 매번 점수가 낮은 학생은 '또 지게 될 거야' 혹은 '나는 어차피 못하니까'라는 회피 전략을 사용하며 수업에 대한 주체성을 잃게 됩니다.

(2) 내재적 동기의 감소

수단으로서의 경쟁 활동은 주로 점수나 우승과 같은 외적 보상에 의존합니다. 이는 학습에 대한 순수한 흥미와 즐거움을 점차 약화시키는 원인이 됩니다. 실제로 경쟁 게임에 익숙해진 학생들은 게임이 없는 날 '오늘은 재미없다'며 학습에 대한 주체적 의욕을 잃기도 합니다. 또한, 처음에는 즐겁게 참여했던 활동도 점수를 따야 한다는 부담이 커지면서 성취에 대한 압박과 긴장이 높아지고, 그 과정에서 본래 느끼던 학습의 즐거움이 점차 사라집니다. 틀리면 탈락하는 게임의 경우, 탈락한 학생들이 단순히 다른 학생의 차례를 지켜보며 학습에 계속 참여하기보다는 '이미 이길 수 있는 기회는 끝났다'는 심리로 수업 흐름에서 이탈하여 잡담하거나 주의를 분산시키는 경우도 있습니다. 이러한 경험이 반복되면 학습 참여 의지가 더욱 약화될 수 있습니다.

(3) 교우 관계 파괴

결과 중심의 경쟁 상황에서는 성취를 위하여 서로 적대적인 분위기를 조성하기 쉽습니다. 한 학생이 점수를 얻으면 다른 학생은 그것을 잃는 구조 속에서, 친구는 더 이상 함께 배우고 도와주는 동료가 아닌 이겨야 할 경쟁자로 인식되고는 합니다. 이로 인해 일부 학생들은 활동 중에 '너 때문에 졌어', '넌 왜 이것도 몰라'와 같은 말을 쉽게 내뱉으며, 같은 모둠 안에서도 느린 학습자에 대한 불만이나 배제가 나타납니다.

특히 서로를 통해 배움을 확장하기보다 실수를 탓하거나 책임을 전가하는 분위기가 형성되면, 학생들 사이에서는 자연스럽게 정서적 거리감이 형성됩니다. 그 결과, 이후 다른 활동에서도 친구에게 도움을 요청하거나 의지하려는 마음이 약해지고, 상호 신뢰와 기대감 역시 줄어듭니다.

의미 있는 경쟁 활동은 단순히 승패를 가르는 것을 넘어, 학생의 성장과 배움을 중심에 두는 경쟁 구조를 의미합니다. 이를 통해 학생들은 공정한 규칙과 협력, 도전 정신을 배울 기회를 갖게 됩니다.

(1) 활동 설계 : 성장 중심, 관계 중심의 경쟁 구조

의미 있는 경쟁 활동은 단순히 승패나 속도, 결과를 가리는 것이 아니라 학생들의 성장, 협력, 자기 도전을 유도하는 방향으로 구성됩니다. 이는 경쟁을 '이기기 위한 장치'에서 '배움의 촉진제'로 전환하는 설계입니다.

- 팀별로 해결해야 하는 협력 중심의 **문제 해결 게임**
- 전략 구성과 역할 분담이 필요한 **단체 경기**

위와 같은 예시에서 경쟁이 의미 있게 일어나기 위해서는 다음과 같은 점이 고려되어야 합니다.

- 결과만으로 순위를 매기기보다, **과정 중심의 평가 요소**를 함께 포함해야 합니다.
- 활동의 규칙은 모든 학생이 참여하고 기여할 수 있도록 설계되어야 합니다.
- 팀별 경쟁 활동의 경우, 각자의 역할이 분명해야 하고, 특정 학생에게만 부담이 집중되지 않도록 구성되어야 합니다.

(2) 교사의 피드백 방식

의미 있는 경쟁 활동에서 교사의 피드백은 결과보다 과정에 초점을 둡니다. 학생들이 활동 속에서 어떤 전략을 사용했고, 어떤 태도로 임했는지를 함께 돌아보도록 돕는 역할을 합니다.

- 질문 중심의 언어 활용

단순히 '맞았다/틀렸다'의 피드백보다는 '이 전략을 선택한 이유가 있을까?', '이 과정을 다

시 시도한다면 어떻게 다르게 해볼 수 있을까?'와 같이 학생들 스스로 생각해 볼 수 있도록 하는 질문 중심의 언어를 활용합니다.

• 태도 중심의 칭찬

경쟁 결과에만 주목하지 않고, '이 모둠은 마지막까지 포기하지 않았어요', '상대 팀의 발표를 경청하는 모습이 인상 깊었어요'와 같은 태도 중심의 칭찬을 병행합니다. 이로써 학생들은 이기기 위해서가 아니라, 함께 배우기 위해 활동한다는 가치를 내면화할 수 있습니다.

• 과정의 가치를 긍정하는 언어

교사는 활동 중 학생들이 실수하거나 어려움을 겪을 때, '좋은 시도였어요. 어떻게 떠올렸나요?', '끝까지 의견을 조율하려고 한 점이 멋졌어요'와 같이 결과가 아닌 과정 속 태도, 시도, 변화를 중심으로 언어를 구성합니다. 이렇게 경험이 언어로 확인될 때, 학생들은 점수나 순위보다 배움의 과정에서 의미를 찾게 됩니다.

(3) 학생 반응

의미 있는 경쟁 활동에서는 경쟁의 결과에 집착하기보다, 어떤 전략을 사용했고 어떤 협력이 있었는지를 함께 나누게 됩니다. 그 과정에서 자연스럽게 학습을 되돌아보는 태도가 형성됩니다.

• 실패 경험에 대한 수용

이기지 못한 학생들도 '다음번에는 우리가 다르게 해볼 수도 있겠다'와 같이 결과보다 과정에 집중한 언어를 사용합니다. 이를 통해 패배에 대한 위축감 대신 반성적 성찰을 시도합니다.

• 다른 학생에 대한 존중과 긍정적 비교

다른 팀에 대해 적대적인 태도를 보이기보다는 '저 팀의 이런 방식이 좋았어요', '다음엔 우리도 저렇게 해볼래요'와 같이 경쟁 상대를 비교의 대상이 아닌 배움의 자극으로 받아들이는 모습이 나타납니다.

 배움이 자연스러운 수업에서 행복한 아이가 자란다

• 자기 효능감 회복 및 강화

승패 외에도 역할 수행, 문제 해결, 협력 과정이 인정받는 구조 속에서 '나는 팀에 이런 점에서 기여했어.' '내 생각이 도움이 되었어'와 같은 긍정적 자기 인식이 자연스럽게 강화됩니다.

• 감정적으로 안정된 참여 분위기

경쟁 상황임에도 불구하고, 실수나 느린 속도에 대한 긴장감이 줄어들고, 느린 학습자들에게도 다시 시도할 기회를 주는 분위기가 형성됩니다.

의미있는 경쟁 활동을 만들기 위한 교사의 노력

의미 있는 경쟁 활동을 만들기 위해, 교사는 먼저 '이 활동을 왜 하는가?'라는 질문을 스스로에게 던져야 합니다. 단순히 재미를 주거나 학생들의 집중을 이끌기 위해서라면 경쟁은 단기적인 효과에 그칠 수 있습니다. 더 나아가, 경쟁을 통해 성취도를 서열화하거나 비교 중심의 분위기를 조장한다면 그 활동은 수업의 본질을 흐릴 뿐 아니라 여러 부작용을 일으킵니다. 따라서 교사는 경쟁이 '배움에 기여하고 있는지'를 꾸준히 점검하고 설계해야 합니다.

(1) 협력 활동으로 전환하기

수단으로서의 경쟁 활동은 학생에게 위축감과 피로감을 남깁니다. 만약 경쟁이 충분한 의미를 갖기 어렵다고 판단된다면, 교사는 같은 활동을 '협력 중심 구조'로 전환하여 모든 학생이 배제되지 않고 참여하며 함께 도전할 수 있는 기회를 마련할 수 있습니다. 다음은 경쟁 활동을 협력 활동으로 전환한 예시입니다.

• 모둠별로 문제를 맞힌 개수를 비교해 순위를 결정하는 활동

→ 반 전체의 목표를 설정하고, 모둠별 점수를 합산해 '목표한 총점'을 넘기기 위해 모두가 노력하는 활동으로 전환.

• 가장 빨리 문제를 푼 팀이 승리하는 속도 중심 게임

→ 모든 모둠이 완수해야 전체 과제가 완성되는 '릴레이 퍼즐' 형식으로 전환.

예 "각 모둠이 제시된 문제를 해결하면 단서를 하나씩 얻게 되고, 마지막 문제는 모든 단서

를 모아야만 풀 수 있어요"

- 많이 맞힌 학생이 우승자가 되는 개인별 퀴즈
→ 학생들이 짝을 이루어 서로 문제를 내고 맞히며, 점수를 합산하는 구조로 전환. 이 경우 서로 학습 내용을 가르치고 배우는 또래 교수가 활발하게 일어나게 됨.
- 먼저 끝낸 팀만 보상을 받는 속도 제한형 과제
→ 시간을 제한하지 않고, 모든 모둠이 과제를 마칠 수 있도록 구성. 느린 모둠은 다른 모둠이 도와줄 수 있는 구조로 전환.

(2) 수업 활동의 목적을 강조하는 발화 사용

재미있는 게임 활동 자체가 목표가 되어서는 안됩니다. 학생들이 재미를 느끼지 못하더라도, 해당 차시의 학습 목표에 적합하다면 그 활동은 여전히 교육적으로 의미가 있습니다. 경쟁 활동에서도 활동 전 교사가 우리가 왜 이러한 게임을 하는지 학생들과 그 목적을 분명하게 공유한다면, 승패가 아니라 게임을 통해 즐겁게 배우는 것이 중요하다는 것을 학생들에게도 알려줄 수 있습니다.

- 영어수업

영어 수업에서는 다양한 게임과 말하기 활동이 자주 활용되지만, 학생들이 게임의 점수나 속도에 몰입하면서 정작 영어 표현을 말해보는 기회는 놓치는 경우가 많습니다. 따라서 게임이 가미된 활동을 하더라도 "정답을 빨리 맞히는 것보다, 영어 문장을 얼마나 많이 말해보았는지가 더 중요해요", "이 게임은 승리보다 우리가 새로운 표현을 자연스럽게 입에 익히는 것이 목적이에요" 등의 발화를 통해 활동 목적을 끊임 없이 강조하는 것이 중요합니다. 게임이 끝난 후에도 "오늘 가장 기억에 남는 문장은 무엇인가요?" 등 표현 중심의 질문을 던지면 학생들은 점수보다 '내가 영어로 무엇을 말해보았는가'에 더 주목하게 됩니다.

- 체육 수업

체육 수업에서는 경쟁이 수업 목표로 포함된 영역이 많기 때문에 학생들이 자연스럽게 승패에 몰두하게 되지만, 단순한 승리보다 '어떻게 이겼는가' 혹은 '어떤 기술이 어떻게 활용되었는가'에 주목하도록 수업 활동의 목적을 강조해야 합니다.

예를 들어 팀별 피구 활동 중 "중요한 건 이기는 것이 아니라, 우리가 배운 공 던지기 자세를 제대로 할 수 있는지 확인하는 겁니다." 혹은 "다른 팀보다 점수를 더 많이 얻었어도, 규칙을 잘 지키지 않았으면 그건 좋은 승리가 아닙니다." 와 같이, 체육 활동의 목적이 기능의 연습, 협동, 그리고 규칙 준수에 있음을 끊임없이 강조해야 합니다.

이렇듯 영어와 체육처럼 활동 중심 수업일수록 '왜 이 활동을 하는지'를 분명하게 짚어주는 교사의 언어는 매우 중요합니다. 이러한 발화는 학생들의 시선을 재미에서 배움으로, 결과에서 과정으로 돌려놓을 수 있습니다.

(3) 과정 중심 피드백 제공

수업에서 경쟁이 도입될 때, 교사의 피드백은 학생들이 어떤 것을 중요하게 여길지 방향을 정하는 언어가 됩니다. 만약 교사가 활동 후 승패와 정답만을 언급하면, 학생들은 점수가 전부라고 믿게 될 수 있습니다. 하지만 결과뿐만 아니라 '과정과 태도'까지도 함께 언급하는 이중 피드백을 사용하면 학생들은 자신이 이긴 이유를 분석하고, 졌더라도 무엇을 배웠는지에 주목할 수 있습니다.

예를 들면 영어 수업에서의 과정 중심 피드백의 예시는 다음과 같습니다.

"이 모둠이 가장 많은 문장을 맞췄어요. 그런데 00는 처음보다 훨씬 큰 목소리로 문장을 말하려고 노력했더라구요. 그게 정말 좋아요" "이번 게임에서는 00가 정답을 제일 많이 말했지만, 그보다 중요한 건 틀려도 계속 영어로 다시 말해보려 한 모습이에요. 정말 멋집니다." 즉, 정답 수를 인정하면서도 용기 있게 말하는 과정과 실수를 두려워하지 않는 태도를 함께 강조합니다.

체육 수업에서도 "오늘은 1팀이 점수에서 이겼지만, 2팀은 끝까지 규칙을 지키고 서로 격려해줬어요. 그 점에서 정말 멋진 경기를 했습니다" "00는 오늘 실점이 있었지만, 넘어지고도 다시 일어나서 뛰는 모습이 가장 인상적이었습니다" 와 같이 태도, 회복력, 협력 등 수업의 목적을 언어로 드러낼 수 있습니다.

또한, 경쟁 활동이 끝난 후 학생들이 서로에게 피드백을 주는 시간을 마련하는 것이 좋습니다. 이때에도 단순한 결과에 대한 평가뿐만 아니라 좋았던 점, 그리고 서로의 노력에 대한 칭찬을 해주는 시간이 필요합니다.

(4) 실패를 허용하는 구조 만들기

의미 있는 경쟁 활동은 학생들에게 실패를 안전하게 경험할 수 있는 기회를 제공해야 합니다. 경쟁 활동에서의 실패는 도전, 탐색, 시도라는 학습 과정의 일부임에도 불구하고, 많은 학생들에게는 그것이 능력 부족이나 낙오자라는 부정적 감정으로 쉽게 연결됩니다. 따라서 교사는 실패를 단순한 패배로 인식하지 않도록 해야 합니다. 오히려 그것이 성장을 위한 디딤돌임을 분명히 하여, 학생들이 실패 속에서도 배움과 변화를 발견할 수 있도록 재구성해 주어야 합니다.

3. 협력 활동의 교육적 의미와 효과

협력 활동이란?

협력 활동이란, 공동의 목표를 함께 학습하고, 서로 도움을 주고 받는 과정을 말합니다. 학생들은 집단 내에서 각자의 역할을 수행하며, 서로의 의견을 나누고 조율하여 공동의 성과를 만들어 냅니다. 이 과정에서 학업 성취뿐 아니라 의사소통이나 갈등 해결과 같은 사회적 기술도 함께 발달합니다. 또한 소속감과 심리적 안정감을 느끼며, 자기주도성과 책임감도 강화됩니다. Vygotsky (1978)는 학습이 개인의 내면에서만 일어나는 것이 아니라 사회적 상호작용을 통해 촉진된다고 보았습니다. 따라서 협력 활동은 단순한 집단 활동이 아니라, 타인과의 상호작용을 기반으로 한 깊이 있는 학습 과정입니다.

협력 활동의 교육적 효과

협력 활동은 단지 함께하는 학습 방식 이상의 의미를 지니며, 다음과 같은 교육적 효과를 가져옵니다.

• 학업 성취 향상

협력 학습은 전통적인 개별 학습이나 경쟁적 학습보다 높은 학업 성취를 이끌어냅니다.
(Johnson & Johnson, 1994)

• 사회적 기술 발달

의사소통, 갈등 해결력, 타인에 대한 존중 등 다양한 사회적 기술을 익힐 수 있는 기회를 제공합니다.

• 정서적 안정감과 공동체 의식

서로 도우며 배우는 과정 속에서 학생들은 소속감을 느끼고, 수업에 대한 심리적 안정감을 갖게 됩니다. 이는 학습의 지속성과 긍정적인 학습 태도 형성에 중요한 역할을 합니다.

• 자기주도성과 책임감 향상

팀 안에서 역할을 수행하며 자신의 노력이 다른 사람에게 영향을 준다는 사실을 깨닫고, 책임감과 주도성을 키웁니다.

협력 활동의 유형

협력 활동은 다음과 같은 유형으로 나타납니다.

(1) 모둠 학습 (Group Work)
- 가장 기본적인 협력 활동으로, 여러 명의 학생이 함께 과제를 수행하는 방식입니다.
- 단순한 조별 활동이 아니라, 공동의 목표와 역할 분담, 성과에 대한 공동 책임이 있는 경우 효과적입니다.
- 긍정적인 상호의존성과 개별 책무성이 중요합니다.
- 예 지역 문제에 대한 신문 만들기, 역사 인물 인터뷰 구성하기

(2) 또래 교수법 (Peer Tutoring)

- 학생이 교사가 되어 다른 학생에게 설명하거나 가르치는 활동입니다.
- 설명하는 학생은 이해한 내용을 자신의 말로 풀어 설명하며 학습에 대한 이해도가 깊어지고, 듣는 학생도 또래의 언어로 더 쉽게 이해할 수 있다는 장점이 있습니다.
- 근접 발달 영역 (ZPD) 이론을 기반으로 하며, 또래 간 상호작용을 통한 발달을 강조합니다.
- 예 교과서 내용을 요약해 친구에게 설명하기

(3) 프로젝트 기반 학습 (Project-Based Learning)

- 특정 주제나 문제를 해결하기 위해 장기적인 프로젝트를 계획하고 실행하는 협력 활동입니다.
- 단순한 지식 습득이 아니라 탐구, 조사, 발표, 제작 등 실제적인 수행과정이 포함됩니다.
- 예 우리 마을 지도 만들기, 사회 문제 캠페인 등

(4) Jigsaw 방식

- 학생들이 각자 한 부분의 내용을 맡아 학습한 뒤, 같은 부분을 맡은 학생들끼리 모여 **전문가 모둠**에서 심화 학습을 진행합니다.
- 전문가 모둠에서 학습한 내용을 원래 모둠으로 돌아가 서로 가르치며, 전체 내용을 완성합니다.
- 모든 학생이 자신의 역할을 책임감 있게 수행해야 전체 수업이 완성되므로 적극적인 협력이 유도됩니다.
- 책임 분담형 협동학습으로, 개별 책무성과 상호의존성이 조화를 이룹니다.
- 예 한국의 4계절을 4명이 나누어 각각 맡고, 같은 계절을 맡은 학생들이 모여 '전문가 모둠'에서 자료를 조사·정리한 뒤, 원래 모둠으로 돌아와 친구들을 가르치며 '우리나라 날씨 백과' 완성하기

협력 활동을 설계하기 위한 교사의 노력

(1) 공동의 목표 설정

협력 활동은 모든 학생이 같은 지향점을 향해 나아가도록 명확한 공동의 목표를 제시해야 합니다. 개인 과제의 단순 나열이 아닌, 각자의 기여가 모여야만 완성되는 공동의 결과물을 상정해야 합니다. 이를 통해 학생들은 '이건 우리가 함께해야만 가능한 일'이라는 인식을 갖게 됩니다.

(2) 역할 분담의 구조화

협력에서 중요한 것은 각자 책임 있는 역할을 맡는 것입니다. 학생마다 맡은 역할이 명확히 주어지고, 그 역할이 전체 흐름에 기여하도록 설계되어야 합니다. 같은 학생이 반복해서 동일한 역할만 수행하지 않도록 주기적으로 역할을 순환시키고 다양한 방식으로 협력에 참여할 기회를 제공합니다.

(3) 상호 의존성의 설계

혼자서는 도달할 수 없고, 함께해야만 완성되는 구조를 과제에 내재시킵니다. 학생들이 서로 조율하고 합의하지 않으면 결과가 완성되지 않도록 설계하여, 자연스럽게 상호작용과 의존을 촉진합니다.

(4) 개인의 기여와 공동의 완성 간의 연결

단순 참여를 넘어 모든 학생이 실질적인 기여를 했다는 감각을 갖도록 합니다. 각자의 아이디어나 작업물이 전체 안에서 중요한 역할을 하고, 그것이 모여 하나의 완성품을 만드는 경험을 제공해야 합니다.

(5) 책임감과 배려심을 성장시키는 기회 제공

협력 과정에서 학생들은 자신의 역할에 대한 책임감을 기르고, 다른 친구들의 의견과 실수를 관용적으로 받아들이는 배려심을 배우게 됩니다. 협력은 단순한 기술이 아니라, 서로를 존중하고 함께 성장하는 관계의 기술임을 경험하게 해야 합니다.

◉ 교과목에서 적용할 수 있는 협력 활동의 예시와 의미

• 미술 – 협동화 그리기

협동화는 하나의 큰 그림을 여러 개로 나누어 각자 그린 뒤, 다시 모아 하나의 완성된 작품으로 만드는 협력 활동입니다. 다음은 협동화가 주는 협력의 의미입니다.

공동의 목표	하나의 완성된 그림이라는 '공동의 목표'를 가지고 함께 작업합니다.
역할 분담	각자가 맡은 부분이 빠지면 전체 그림이 완성되지 않음을 인식합니다.
상호 의존성	그림의 경계선이 연결되어야 하므로 서로 소통하고 맞춰나가야 합니다. 색감, 선의 흐름, 분위기를 조정하면서 자연스럽게 협업이 일어나게 됩니다.
개인의 기여와 공동의 완성	각자의 개성이 반영되지만, 그것이 전체 안에서 조화롭게 어우러지도록 노력합니다.
책임감과 배려심	'내가 대충하면 팀 전체의 작품이 흐트러진다'는 것을 깨닫고, 책임감 있게 참여하게 됩니다. 동시에 옆 친구의 그림에 맞추기 위해 배려하고 조정하는 경험을 하게 됩니다.

교사는 협동화 그리기를 하기 전, 먼저 학생들과 논의하며 전체적인 색감을 정합니다. 그리고 한 그림이라도 완성되지 않으면 우리 반 전체 작품이 완성되지 않는다는 점을 안내하되, 먼저 마친 학생이 아직 완성하지 못한 친구를 도와줄 수 있도록 합니다. 이를 통해 학생들은 협력 과정에서 책임감을 느끼는 동시에, 서로의 결과물을 존중하고 도와주는 배려를 배울 수 있습니다.

• 국어, 영어, 도덕 등 – 역할극

역할극은 정해진 상황이나 주제 속에서 각자 역할을 맡아 대사와 행동을 준비하고, 함께 완성된 장면을 연기하는 활동입니다.

공동의 목표	하나의 장면을 '성공적으로 표현하는 것'이 팀의 공통된 목표입니다. 누구 하나 빠지면 장면이 성립되지 않습니다.
역할 분담	인물별 역할 배정 뿐만 아니라, 연출자, 소품 담당, 기록자 등으로 자연스럽게 역할이 분담되어 개별 책무성이 생깁니다.
상호 의존성	서로의 대사 타이밍, 감정선, 움직임을 맞춰야 하기 때문에 끊임없는 조율과 협의가 필요합니다.
개인의 기여와 공동의 완성	자신의 캐릭터 해석과 연기를 바탕으로 전체 극의 완성도에 기여합니다. 한 명이라도 역할에 소홀하면 극 전체의 완성도가 낮아집니다.
책임감과 배려심	대사를 잊거나 감정을 잘 전달하지 못하면 극 전체가 어색해지고, 다른 친구들의 흐름에도 영향을 줍니다. 서로 기다려주고, 격려해주고, 책임 있게 준비하며 협력하는 태도를 배웁니다.

각자의 연기가 모여 한 편의 연극이 되는 것 처럼, 역할극을 통해 학생 한 명 한 명의 기여가 모여 하나의 결과를 만드는 경험을 할 수 있습니다. 작은 역할이라도 전체 극에 꼭 필요한 부분임을 깨닫고, 서로를 빛내주는 법을 연습하게 됩니다.

확장 예시

- 사회 : 각 지역의 특색을 맡아 표현하고, 이를 이어 붙여 '대한민국 지도' 완성하기
- 도덕 : '우리 반 가치 나무' 만들기 – 각자 가치 문구를 잎사귀에 적어 하나의 나무 완성

4. 정리

'경쟁 교육은 야만이다'라는 아도르노의 말처럼, 무분별한 경쟁 중심 교육은 학생들을 갈라 놓고 순위를 매기며, 배움보다 이김을 더 소중히 여기게 만듭니다. 그 결과 함께 성장해야 할 교실이 때로는 냉정한 경쟁터로 변합니다. 그러나 우리는 수업 몰입도와 아이들 주의를 끌기 위해 경쟁을 너무 쉽게 꺼내 듭니다. 수업의 몰입도를 높이기 위해, 분위기를 환기시키기 위해, 아이들의 주위를 끌기 위해 '경쟁'은 손쉬운 도구처럼 여겨집니다.

하지만 그 과정에서 놓치게 되는 학생들의 마음, 실패를 성찰하기 보다 도전을 포기하는 태도, 친구와 협력하기 보다는 스스로를 고립시키고 서로를 비방하는 모습 속에서, 우리는 수업이 아이들에게 어떤 경험을 남기고 있는지를 되묻게 됩니다.

보다 의미 있고 건강한 경쟁을 위해, 교사는 활동의 구조를 설계할 때 '무엇을 위해 경쟁하는가'를 먼저 고민해야 합니다. 결과가 아니라, 과정에서의 배움과 태도, 긍정적인 관계 맺기에 초점을 둘 수 있다면 경쟁은 '이겨야만 가치 있는 것'이 아니라 '함께하면서 더 성장할 수 있는 기회'가 됩니다. 단지 1등이 되기 위해서가 아니라, 자신의 가능성을 믿고, 친구와 함께 도전하며, 실수에서도 의미를 찾을 수 있는 수업을 만든다면 아이들은 다른 사람과 어깨를 나란히 하면서도 더 멀리 나아갈 줄 아는 사람이 될 것 입니다.

참고 문헌

☞ Adorno, T. W. (1966). Erziehung nach Auschwitz [Education after Auschwitz]. In Gesammelte Schriften, Band 10.2. Suhrkamp.

☞ Bailey, R. (2006). Bailey는 경쟁을 "사회적으로 구성된 상황에서 참가자들이 우열을 가리기 위해 서로 겨루는 활동"이라고 설명합니다.

☞ Bandura, A. (1997). Self-efficacy: The exercise of control. W.H. Freeman and Company.

☞ Deci, E. L., & Ryan, R. M. (1985). Intrinsic motivation and self-determination in human behavior. Springer.

☞ Gillies, R. M. (2007). Cooperative learning: Integrating theory and practice. SAGE Publications.

☞ Holt, John. "아이들은 왜 실패하는가: 교실과 아이들의 내면에 관한 미시사적 관찰기." 서울: 아침이슬, 2010.

☞ Johnson, D. W., & Johnson, R. T. (1994). Johnson 형제는 협동 학습을 "공동의 목표를 달성하기 위해 소집단 내에서 서로 의존하고 상호작용하는 과정"으로 정의하며, 이는 단순한

집단 활동이 아니라 구조화된 협동 과제임을 강조합니다.

☞ Johnson, D. W., & Johnson, R. T. (2009). An educational psychology success story: Social interdependence theory and cooperative learning. Educational Researcher, 38(5), 365-379.

☞ Kohn, A. (1992). No contest: The case against competition. Houghton Mifflin.

☞ Nelson, J., Lott, L., & Glenn, S. (2014). 친절하며 단호한 교사의 비법: 학급긍정훈육법. 에듀니티.

☞ Slavin, R. E. (1995). Slavin은 협력 학습을 "학습자가 공통의 학습 목표를 달성하기 위해 함께 작업하고 책임을 공유하는 과정"이라고 설명합니다.

☞ Vygotsky, L. S. (1978). Mind in society: The development of higher psychological processes. Harvard University Press.

15차시. 학생들 사이의 대화

1. 대화 교육의 필요성

찰스 두히그는 그의 저서 『대화의 힘』에서 공동체와 민주주의가 건강하게 성장하고 유지되기 위해서는 '이해'와 '대화'가 꼭 필요하다고 말합니다. 사람들 사이의 대화는 단순히 정보를 주고받는 행위를 넘어, 서로의 다름을 이해하고 공감하며 함께 살아가기 위한 중요한 수단이라는 것입니다(Duhigg, 2016). 우리가 살고 있는 사회는 다양한 생각과 배경을 가진 사람들로 이루어져 있기 때문에 서로를 오해하거나 갈등이 생기기 쉽습니다. 하지만 대화를 통해 서로의 입장을 듣고 왜 그런 생각을 가지게 되었는지를 이해하면 서로를 존중하는 분위기를 만들 수 있습니다.

흥미로운 점은, 다른 사람과 나누는 대화가 우리의 뇌와 몸에도 영향을 준다는 사실입니다. 진심 어린 대화는 뇌의 공감 능력을 키우고 스트레스를 줄이며 심리적인 안정감을 주는 것으로 알려져 있습니다(Siegel, 2010). 실제로 누군가의 이야기를 진지하게 듣고, 또 누군가가 내 말을 귀 기울여 들어줄 때 우리는 '연결되어 있다'는 느낌을 받습니다. 이런 경험은 세상을 더 따뜻하고 긍정적으로 바라보게 만듭니다.

이처럼 대화는 단순히 말을 잘하는 기술이 아니라, 더 나은 사회를 만들기 위한 중요한 도구입니다. 그래서 학교에서도 '대화 교육'이 꼭 필요합니다. 대화를 통해 우리는 어떻게 상대방을 존중하며 말할 수 있는지, 어떻게 갈등을 평화롭게 해결할 수 있는지를 배우게 됩니다. 다름을 두려워하지 않고 서로에게서 배우는 자세도 기를 수 있습니다.

하지만 실제 수업 시간에 친구들과 대화를 나누라고 하면 어떤 학생들은 어떻게 시작해야 할지 몰라서 머뭇거리거나 겉도는 이야기만 오가는 모습을 보입니다. 때로는 장난스럽게 대화를 이어나가거나 분위기를 망치는 행동이 나오기도 합니다. 듣는 태도만 문제 되는 것이 아닙니다. 어떤 학생들은 랩을 하듯 너무 빠르게 말해 상대방이 이해하기 어렵거나, 목소리가 너무 작아 의사소통이 잘 되지 않는 경우도 있습니다. 이런 상황은 대화의 질을 떨어뜨리고 대화에 흥미를 잃게 만듭니다. 이처럼 학생들에게는 말하는 연습과 듣는 연습이 모두 필요합니다.

모둠 활동 과정에서도 어려움은 나타납니다. 일부 학생이 성실하게 참여하지 않거나 대화를 방해하면서 수업이 흐트러지는 경우가 있습니다. 이러한 경험 때문에 아예 모둠 활동을 시도하지 않는 교사들도 있는데, 이는 협력 학습의 중요한 기회를 놓치는 안타까운 일입니다. 학교에서 가장 많이 말하며 성장해야 할 사람은 바로 학생들입니다(Holt, 2007). 그러나 교사가 수업 시간의 발화를 대부분 차지하고 학생들은 쉬는 시간에만 말할 수 있다면, 그들의 성장은 더딜 수밖에 없습니다. 사실 이런 상황은 학생들이 '좋은 대화가 무엇인지'를 아직 충분히 배우지 못했기 때문에 생기는 자연스러운 현상입니다. 따라서 교사가 안전한 분위기를 마련하고, 의미 있는 대화의 틀을 제공할 때 학생들은 비로소 서로의 생각을 진지하게 나눌 수 있습니다(Alexander, 2008).

2. 좋은 대화란?

학생들에게 "좋은 대화가 무엇일까요?"라고 물으면 흔히 "싸우지 않는 대화요"라고 대답합니다. 그러나 좋은 대화는 그 이상입니다. 좋은 대화는 서로의 생각과 감정을 존중하고, 진심으로 듣고 반응하는 대화입니다. 이는 단순한 언어 교환을 넘어 상호 이해와 공동 의미 구성을 이끄는 과정입니다(Mercer & Littleton, 2007).

좋은 대화의 기술은 저절로 생기지 않습니다. 연구에 따르면 학생들이 대화 기술을 명확하게 배우면 사회적 관계와 학습 참여도가 높아진다고 합니다(Resnick, Asterhan, & Clarke, 2015). 학생들에게 가르쳐야 할 좋은 대화의 핵심 요소는 다음과 같습니다.

1) 서로의 말을 끝까지 듣는 대화
- 말하는 사람을 보고, 중간에 끼어들지 않고 끝까지 듣습니다.
- → "아, 그렇구나." "계속 말해줘."

2) 생각이 달라도 존중하는 대화
- 다른 의견을 '틀렸다'고 하지 않고 받아들입니다.
- → "나는 다르게 생각하지만, 네 말도 이해돼."

3) 질문하며 이어가는 대화

- 상대의 생각에 관심을 보이며 질문합니다.
- → "그 얘기 더 들려줄 수 있어?", "왜 그렇게 생각했어?"

4) 분위기를 지키는 대화

- 장난으로 흐리지 않고 진지하게 대화하며 친구를 비웃지 않습니다.
- → "지금은 서로의 생각을 듣는 시간이에요."

5) 함께 만드는 대화

- 혼자만 말하지 않고 서로의 생각을 이어갑니다.
- → "네 말 들으니까 나도 이런 생각이 났어."

정리하면, 좋은 대화는 '말하는 사람도, 듣는 사람도 마음이 편안해지는 대화'이면서 동시에 '서로의 생각을 나누고 함께 새로운 의미를 만들어가는 대화'입니다. 즉, 좋은 대화는 감정을 나누는 것을 넘어 서로의 생각을 열고 연결하며 함께 성장하게 만드는 과정입니다.

3. 깊은 사고의 대화

일상에서의 대화는 서로를 이해하고 관계를 이어가는 중요한 통로입니다. 그러나 교육 현장에서는 그보다 한 걸음 더 나아가, 사고를 확장하고 깊이를 더하는 '깊은 사고의 대화'가 필요합니다.

깊은 사고의 대화란?

그렇다면 일상을 넘어 교육 현장에서 학생들에게 키워주고자 하는 '깊은 사고의 대화(dialogue for deep thinking)'란 무엇일까요? 수업에서 우리가 길러주고자 하는 대화는 단순한 정보 교환이나 의견 나눔을 넘어서 학생들이 자신의 생각을 탐색하고, 확장하고, 다시 성찰하게 만드는 대화를 뜻합니다. 깊은 사고의 대화란 자신과 타인의 의견이 의미하는 바대로 정확하게 이해하고 새로운 시각이나 질문으로 연결되는 대화입니다. 단순히 '말하는 것'이 아니라, 생각을 더 깊이 파고드는 '탐색 과정'이라고 할 수 있습니다. 실제로 깊이 있는 대화는 학습자에게 비판적 사고, 인지적 유연성, 사회적 협력 능력을 함께 길러준다는 점에서 교육적으로 매우 큰 가치를 가집니다(Wegerif, 2011).

깊은 사고의 대화에는 어떤 특징이 있을까요?

1) 이유를 묻고 근거를 찾는다.
- "왜 그렇게 생각했어?"
- "그 생각은 어떤 경험에서 나왔어?"
→ 학생이 자신의 생각을 구체적으로 말하며 논리와 근거를 다듬게 됩니다.

2) 생각이 다를 때, 서로의 입장을 이해하려고 한다.
- "나는 좀 다르게 생각해. 네 말도 들어볼게."
→ 정답 찾기가 아니라, 다양한 관점을 탐색하는 과정이 중심이 됩니다.

3) 질문이 더 많은 질문을 낳는다.
- "그렇다면 이런 경우엔 어떨까?"
→ 대화를 통해 생각이 넓어지고, 새로운 궁금증이 생깁니다.

4) 말하면서 스스로도 생각이 바뀔 수 있다.
- "처음엔 이렇게 생각했는데, 네 말을 듣고 나니까 조금 달라졌어."
→ 대화가 사고를 유연하게 만들어 줍니다.
깊은 사고의 대화의 예를 살펴볼까요?

• 일반적인 대화

A : 나는 교복이 필요하다고 생각해.

B : 나는 필요 없다고 생각해.

• 깊은 사고의 대화

A : 나는 교복이 필요하다고 생각해. 왜냐하면 옷차림이 통일되면 학생들이 서로 외모로 비
    교하지 않게 되거든.

B : 음, 그런 점도 있겠네. 근데 나는 오히려 개성을 표현할 수 있는 기회를 빼앗는다고 생
    각했어. 너는 교복 대신 어떤 방식으로 비교를 줄일 수 있을 것 같아?

이처럼 서로 질문하고, 이유를 설명하고, 생각을 더 넓히는 방향으로 나아가는 게 '깊은 사
고의 대화'입니다. 깊은 사고의 대화는 '답'을 찾기보다 '이해'와 '탐색'을 향해 나아가는 대화입
니다. 이런 대화를 통해 학생들은 더 넓게, 더 깊게, 그리고 더 유연하게 생각하는 힘을 기르게
됩니다.

> ### 유연성 : 모든 모든 문제에는 3가지 이상의 해결책이 있다
>
> > 1. 소수 x 자연수
> >
> > 다음의 문제를 3가지 방법으로 푸시오.
> >
> > 방법1: 네모칸 그림으로 풀기(1의 크기가 일정하도록)
> >
> > 방법2: 두 수를 곱하고 소수점 찍어서 풀기
> >
> > 방법3: 분수의 곱셈으로 계산하여 풀기
> >
> > ▶ 0.7 × 3 =

수학 문제를 풀 때에도 하나의 답을 얻기 위해 다양한 길이 존재합니다. 소수 곱셈 문
제 0.7×3을 풀 때, 그림을 그려서 풀 수도 있고, 소수 계산으로 풀 수도 있으며, 분수 곱

셈으로도 해결할 수 있습니다. 이렇게 방법은 달라도 답은 같습니다. 이는 단순히 수학적 기교가 아니라, 문제를 여러 관점에서 바라보는 훈련이자 사고의 확장입니다.

인생에서 마주하는 문제도 마찬가지입니다. 어떤 문제든 직관적으로 접근할 수도 있고, 타인과의 대화를 통해 풀 수도 있으며, 도구와 기술(AI를 포함해서)을 활용하여 해결할 수도 있습니다. 같은 문제라도 자기 성찰을 통해 풀거나, 다른 사람과 협력하며 풀거나, 환경의 도움을 빌려 풀 수 있습니다. 중요한 것은 문제를 하나의 각도에서만 보지 않고, 최소한 세 가지 이상으로 접근해 보는 훈련을 갖추는 것입니다.

이러한 태도는 곧 지성의 핵심과 맞닿아 있습니다. 지성이란 단순히 지식을 많이 아는 것이 아니라, 낯설고 당황스러운 상황에서도 자신을 열어두고 새로운 방법을 모색할 수 있는 생활 방식입니다. 지적인 사람은 실패를 두려워하지 않고, 여러 방법을 시도하면서 끝내 길을 찾아갑니다. 반면 시도를 두려워하는 사람은 하나의 방법만 고집하다 실패하면 쉽게 포기해 버립니다.

유연성은 바로 여기에서 힘을 발휘합니다. 문제 해결에는 항상 세 가지 이상의 방법이 있다는 믿음은 우리로 하여금 실패를 견딜 수 있게 하고, 불확실성을 감내할 수 있게 하며, 끈질기게 도전할 수 있게 합니다. 무게중심을 찾기 위해 최소 두 개 이상의 중선을 그어야 하듯, 인생 문제 역시 여러 해법을 그려 보아야 실체에 가까워집니다.

따라서 유연성이란 "모든 문제에는 세 가지 이상의 해법이 있다"는 삶의 태도를 실천하는 것입니다. 다양한 방법을 시도하고, 실패 속에서 배우며, 새로운 길을 탐색하는 과정 속에서 우리는 단순한 정답을 넘어, 삶의 깊은 의미와 지혜를 얻게 됩니다.

깊은 사고의 대화를 이끄는 방법 - 교사와 학생의 상호작용

교사와 학생의 상호작용을 통해 깊은 사고의 대화를 이끄는 방법은 다음과 같이 정리할 수 있습니다. 이 방법은 교사가 학생들의 사고를 확장하고, 의미 있는 대화를 지속할 수 있도록 돕습니다.

1) 열린 질문 사용하기

- '왜', '무엇을', '어떻게'로 시작하는 질문을 사용합니다.
- 예 "왜 그렇게 생각했니?", "이 생각은 너의 경험과 **어떻게 연결돼?**"
- ◆ 팁 : 정답을 요구하는 질문보다, 여러 관점이 나올 수 있는 질문이 더 깊은 사고를 이끕니다.

2) 기다림과 여백 주기

- 학생이 생각할 시간을 충분히 주고, 침묵을 두려워하지 않습니다.
- "잠깐 생각해도 괜찮아. 천천히 말해도 돼." 같은 말로 여유를 줍니다.
- ◆ 팁 : 급하게 대답을 요구하면 피상적인 답만 나옵니다.

3) 생각을 확장하는 질문 던지기

- 학생의 대답을 바탕으로 더 깊이 묻습니다.
- 예 그 말은 어떤 의미야?", "그 생각은 다른 상황에서도 적용될까?", "그게 왜 중요하다고 생각해?", "다르게 생각하면 어떤 점이 보일까?"

4) 연결짓기 유도하기

- 이전 경험, 교과 내용, 사회적 이슈 등과 연결하도록 유도합니다.
- 예 "이 주제를 너희가 전에 배운 내용과 연결해볼 수 있을까?"

5) 다양한 관점 존중하기

- 서로 다른 의견을 말하도록 격려하고, 안전한 분위기를 만듭니다.
- 예 "혹시 다른 생각 있는 사람?", "그와 다르게 느낀 친구도 있어?"
- ◆ 팁 : 반대 의견도 존중받는다는 경험이 사고를 더욱 깊게 만듭니다.

6) 학생에게 질문하게 하기

- 학생이 서로에게 질문해보도록 유도합니다.
- 예 "○○의 말 듣고 궁금한 점 있어?", "너라면 어떤 질문을 던졌을까?"

7) 요약과 되묻기 활용하기

- 학생의 말을 교사가 다시 요약해주거나, 학생이 자기 말을 정리하게 합니다.
- 예 "그러니까 너의 말은 이런 거지?", "다시 정리해서 말해볼래?"

깊은 사고의 대화를 이끄는 방법 - 학생들 간의 상호작용

수업 중 교사와 학생 간의 상호작용만으로 깊이 있는 사고를 이끌어 내는 대화가 충분히 이루어지기는 어렵습니다. 한 명의 교사가 매시간 모든 학생과 의미 있는 상호작용을 나누는 데에는 한계가 있기 때문입니다. 따라서 학생들의 사고를 한 단계 더 확장하기 위해서는 학생들 사이에서 의미 있는 대화가 활발히 이루어질 수 있는 수업 환경을 조성하는 것이 중요합니다. 이를 위해 교사는 단순히 "서로 이야기해 보세요"라고 지시하는 데 그치지 않고, 학생들이 실제로 대화를 지속하고 심화할 수 있도록 구체적인 방법을 제시하며 그 과정을 반복적으로 연습할 수 있는 기회를 제공해야 합니다. 다음에서는 학생들 간에 의미 있는 대화를 활성화하기 위해 교사가 활용할 수 있는 구체적인 전략과 실제 수업 활동 사례를 살펴보겠습니다.

1) 대화의 목적을 분명히 알려주기

- "친구의 의견을 듣고, 그 생각에 내 의견을 덧붙여보자"처럼 목표를 명확히 하면 대화가 더 집중될 수 있습니다.

2) 역할 나누기

- 한 명은 이야기하는 사람, 다른 한 명은 경청하는 사람으로 역할을 나누고 서로 바꿔가며 연습하기
- 토론이나 소그룹 활동 시, 질문자, 요약자, 반론자, 기록자 같은 역할을 정해서 사고의 깊이를 다각화하기
- 예 질문자 : "왜 그렇게 생각했는지 물어볼게요." / 요약자 : "우리가 말한 걸 정리해보면…"

3) 말문을 열어주는 질문 제공하기

- "너는 이 주제에 대해 어떻게 생각해?", "왜 그렇게 느꼈어?", "비슷한 경험이 있어?"와 같은 질문을 교사가 제공해 줌으로써 학생들이 대화를 자연스럽게 이어 가는 데 도움이 됩니다.
- '질문 카드' 나눠주기 : 짝/모둠에 질문 문장 카드를 배포하여 자연스럽게 질문할 수 있도록 도울 수 있습니다. 질문 카드를 학생들과 함께 만들어 볼 수도 있어요.

4) 대화 규칙 만들기

- '장난치지 않고 진지하게 듣기, 비웃거나 놀리지 않고 존중하며 듣기, 말을 끊지 않고 끝까지 듣기'와 같은 기본 규칙을 함께 정하고 지키도록 해 보세요.

5) 또래 피드백과 요약 연습

- 학생들이 서로의 말을 되짚고 요약해보게 합니다.
- "○○의 말을 정리하면 이런 뜻이야?", "내가 이해한 게 맞는지 말해줄래?"와 같은 표현을 사용할 수 있도록 안내합니다.

6) '대화 칭찬 쪽지' 활용하기

- 활동 중 서로의 대화 태도 중 좋았던 점을 포스트잇에 적어 교환하기
- "친구의 말을 끝까지 들어줘서 고마웠어요" 같은 긍정적 피드백이 교실 문화를 바꿔줍니다.

7) 정기적인 '사고의 시간' 마련하기

- 정답을 맞히기보다는, 서로의 생각을 나누는 시간을 수업 안에 정례화합니다.
- 예 '생각 나눔의 시간(Think & Share)', '철학적 질문의 날', '생각 일기 나누기' 등
- '미니 대화 연습' 루틴화하기 : 수업 도입 5분 또는 마무리 5분 동안 '오늘 주제에 대해 짝과 2분간 이야기 나누기'를 매일 반복하면 대화하는 습관이 자연스럽게 형성될 수 있습니다.

8) 느린 대화(Slow Conversation) 유도하기

- 누구나 쉽게 참여할 수 있지만, 생각은 점점 깊어질 수 있는 열린 주제와 확장 가능한 질문을 사용합니다.
- 열린 주제와 질문 예시 : "행복이란 뭘까?", "공정함은 모두에게 같은 걸 주는 걸까, 필요한 걸 주는 걸까?"

'느린 대화(Slow Conversation)'는 요즘 교육에서 점점 더 중요하게 여겨지고 있는 개념입니다. 특히 'Low floor, High ceiling, Wide walls'라는 원리와 연결되며 모든 학생이 참여할 수 있으면서도 생각은 깊이 확장될 수 있는 대화를 의미합니다(Boaler, 2016). 느린 대화는 정답을 빠르게 찾기보다는 천천히 질문하고 여유 있게 생각하고 서로의 말을 곱씹으며 나누는 대화입니다. 즉, 속도보다 깊이, 효율보다 성찰, 말하기보다 듣기를 중심에 둔 대화 방식입니다(Mercer & Littleton, 2007).

느린 대화는 왜 중요할까요? :

- 성취 중심 교육은 빠른 정답을 요구하지만, 느린 대화는 진짜 '생각'을 키워줍니다.
- 말이 느리게 오갈수록, 학생들은 더 잘 듣고 더 깊이 이해하며 더 진심으로 연결됩니다.
- 특히 조용한 아이들, 생각이 깊은 아이들, 언어적 표현이 느린 아이들에게 참여할 틈과 여유를 줍니다.

느린 대화를 교실에서 실천할 수 있는 방법 :

- 질문 후 5~10초의 '사고 정지 시간' 주기
- "누가 먼저 말해도 좋아요"처럼 자발적인 말하기 환경 만들기
- "조금 더 생각해보고 싶다면 나중에 이야기해도 괜찮아요"라고 말해주기
- 종이에 생각을 먼저 써보는 '생각→쓰기→말하기' 단계 거치기
- 빠르게 말하는 것보다, 듣고 연결하는 말하기를 칭찬해주기

정리하면, '느린 대화'는 생각의 속도를 존중해주는 교육입니다.

Low floor로 누구나 말할 수 있게 하고,

High ceiling으로 누구나 깊이 사고하게 하며,

Wide walls로 누구나 자신의 방식으로 표현하게 도와줍니다.

느린 대화가 'Low floor, High ceiling, Wide walls' 원리와 연결되는 이유는? :

개념	의미	느린 대화와의 연결	예시 질문: "우정이란 뭐라고 생각해?"
Low floor	(낮은 진입 장벽) 누구나 쉽게 참여할 수 있는 출발점	대화의 시작은 단순하고 쉬운 질문에서 출발해요. "넌 어떻게 생각해?" 같은 질문처럼요.	어떤 학생은 간단히 "친구랑 사이좋게 지내는 것"이라고 말할 수 있어요.
High ceiling	(높은 확장 가능성) 생각을 깊고 다양하게 확장할 수 있는 여지	대화가 점점 질문을 따라 깊어지면서 학생들은 비판적 사고, 창의적 연결로 나아갈 수 있어요.	다른 학생은 "우정은 신뢰와 용기를 필요로 해. 친구가 잘못했을 때 도 솔직하게 말해줄 수 있어야 하니까." 라고 생각을 확장할 수 있어요.
Wide walls	(넓은 확장성·다양성) 다양한 방식으로 접근하고 표현할 수 있도록 열려 있음	말, 글, 그림, 역할극 등 다양한 표현 방식으로 대화를 이어갈 수 있어요.	또 다른 학생은 자신이 겪은 경험, 읽은 책, 본 영화의 인물로 연결해서 표현할 수도 있어요.

이 모든 반응이 **느린** 대화 안에서는 존중되고, 하나의 생각에서 다음 생각으로 천천히 연결되며 대화가 깊어집니다.

경청하는 힘을 키워서 깊이있는 대화로 이어지게 하기

경청하는 힘을 키우는 것은 깊이 있는 대화로 이어지는 중요한 바탕입니다. 교사가 1대 다수의 대화 방식을 중심으로 수업을 진행하다 보면 학생 개개인의 의견을 세밀히 듣기가 어렵고, 그 결과 학생들은 서로의 이야기에 귀 기울이는 연습을 충분히 하지 못합니다. 이렇게 되면 대화는 표면적 수준에 머물고 깊어지지 않게 됩니다.

먼저, 학생들이 서로의 생각을 주의 깊게 듣는 습관을 기르는 것이 필요합니다. 경청을 통해 상대의 의견을 존중하고 이해하는 과정이 쌓이면, 단순히 자기 생각만 말하는 수준을 넘어 서

로의 생각을 비교하고 차이를 발견하는 단계로 나아갈 수 있습니다. 이 과정은 다름을 부정적으로 보지 않고, 오히려 논리를 확장시키는 기회가 됩니다.

또한 경청이 잘 이루어지는 분위기에서는 학생들이 자신감 있게 의견을 내놓을 수 있고, 이를 토대로 생각이 부딪히면서 새로운 깨달음에 도달하게 됩니다. 결국 경청의 힘은 깊이 있는 대화를 가능하게 하고, 그 속에서 배움이 자연스럽게 이루어집니다.

따라서 교사는 학생 간 1대1 대화나 교사-학생 1대1 대화의 기회를 늘려 경청의 연습을 하게 하고, 그 경험을 확장하여 집단 속에서도 서로를 주의 깊게 들을 수 있도록 지도해야 합니다. 이러한 작은 훈련이 쌓여야 교실 속 대화가 점점 더 깊어지고, 결국 깊이있는 배움으로 이어지게 됩니다.

한 집단의 경청 문화를 가늠하는 가장 확실한 기준은 교사가 그 반에서 가장 약자의 목소리에 얼마나 귀 기울이는가에 달려 있습니다. 함묵증으로 말하지 못하는 친구, 또래에게 무시당하는 친구, 공부가 서툰 친구, 혹은 장애가 있는 친구의 말에 가장 먼저 귀 기울이고 질문을 건네는 교사가 될 때, 교실은 진정으로 경청이 살아 있는 배움의 공간이 됩니다.

4. 정리

학생들 사이의 대화는 단순한 말의 주고받음을 넘어, 서로를 이해하고 함께 생각을 확장하는 중요한 배움의 과정입니다. 특히 깊은 사고의 대화는 학생들이 자신의 생각을 더 분명히 표현하고, 타인의 관점을 존중하며 사고를 유연하게 키워가는 데 큰 힘이 됩니다. 이러한 대화는 학생 스스로가 탐구자이자 사고의 주체가 되도록 하며, 의미 있는 배움이 일어날 수 있는 기반을 만들어 줍니다(Resnick, Michaels, & O'Connor, 2010). 교사는 안전한 분위기를 만들고, 열린 질문과 기다림, 또래 간의 상호작용을 통해 이러한 대화를 촉진할 수 있어야 합니다. 정답을 말하는 것이 아니라 서로를 '이해하고 연결되는 대화'가 이루어질 때, 학생들은 지식뿐 아니라 사람과 세상에 대한 깊은 통찰도 함께 배우게 됩니다. 학교는 그런 대화가 가능한 공간이 되어야 합니다.

깊이있는 대화를 위한 교사의 노력

　　깊이 있는 대화를 위해 교사는 먼저 아이들이 탐구할 수 있는 도구와 자료를 제공해야 합니다. 배움의 재료가 있어야 생각을 이어갈 수 있기 때문입니다. 또한 정답이 정해져 있지 않거나 애매하지만 삶과 연결된 깊이 있는 질문을 던져 주어야 합니다. 이런 질문이야말로 아이들이 단순히 지식을 반복하는 것을 넘어, 스스로 사고를 확장하도록 이끕니다.

　　도구와 문제를 연결할 수 있도록 격려와 안내를 하는 것도 교사의 몫입니다. 아이들이 스스로 의미를 발견할 수 있도록 북돋아 주어야 하지요. 이를 위해서는 여유 있는 시간이 필요합니다. 한 수업에서 한 가지 활동만 하더라도 충분히 깊이 들어갈 수 있도록 수업을 느슨하게 운영하는 것이 도움이 됩니다. 시간과 공간은 맞닿아 있기 때문에, 아이들이 넓은 사고의 공간을 확보하려면 그만큼 충분한 시간적 여유가 보장되어야 합니다.

　　마지막으로 교사는 권위를 앞세워 학생을 압도하기보다, 모두가 평등하게 의견을 제시할 수 있는 분위기를 만들어야 합니다. 존중과 신뢰 속에서 이루어지는 대화만이 아이들의 생각을 진정으로 끌어내고, 깊이 있는 배움으로 이어질 수 있습니다.

실천 과제

1. 짧게 수업 장면을 녹화하고 학생들이 경청, 질문, 이유 설명을 하고 있는지 간단히 체크해보세요.
2. 수업 후 학생들에게 생각을 자유롭게 말할 수 있었는지 물어보고 내 언어습관과 분위기를 점검해보세요.
3. 질문 후 5~10초 기다림과 생각-쓰기-말하기 과정을 도입해 학생이 충분히 생각하고 말할 수 있도록 해보세요.

참고 문헌

☞ Alexander, R. J. (2008). Towards dialogic teaching: Rethinking classroom talk (4th ed.). Dialogos.

☞ Boaler, J. (2016). Mathematical mindsets: Unleashing students' potential through creative math, inspiring messages and innovative teaching. Jossey-Bass.

☞ Duhigg, C. (2016). The power of conversation [대화의 힘]. Random House.

☞ Holt, John Caldwell. (2007). 아이들은 어떻게 배우는가. 서울: 아침이슬.

☞ Mercer, N., & Littleton, K. (2007). Dialogue and the development of children's thinking: A sociocultural approach. Routledge.

☞ Resnick, L. B., Asterhan, C. S. C., & Clarke, S. N. (Eds.). (2015). Socializing intelligence through academic talk and dialogue. American Educational Research Association.

☞ Resnick, L. B., Michaels, S., & O'Connor, C. (2010). How (well-structured) talk builds the mind. In D. Preiss & R. J. Sternberg (Eds.), Innovations in educational psychology: Perspectives on learning, teaching and human development (pp. 163-194). Springer.

☞ Siegel, D. J. (2010). The mindful therapist: A clinician's guide to mindsight and neural integration. W. W. Norton & Company.

☞ Wegerif, R. (2011). Dialogic education and technology: Expanding the space of learning. Springer.

16차시. 긍정적인 피드백/감정살피기

1. 긍정적 피드백이란?

긍정적 피드백이란 학습자의 노력과 성취를 구체적으로 짚어 주며, 이를 통해 학습자가 자신에 대해 긍정적인 인식을 형성하고 지속적인 노력을 이어가도록 돕는 언어적 상호작용을 말합니다. 흔히 사용하는 "잘했어.", "똑똑하네."와 같은 표현은 결과만을 언급하거나 학습자의 성격을 포괄적으로 평가하는 칭찬으로, 긍정적 피드백과는 구별됩니다. 이러한 말은 그 순간 기분을 좋게 해줄 수는 있지만, 학습자의 성장을 위한 방향을 제시하는 데에는 한계가 있습니다.

"잘했어."와 같은 평가 중심의 칭찬은 외부의 기준에 따라 자신감을 북돋아 줄 수는 있어도, 학습자가 스스로를 지탱할 수 있는 내면의 기준을 길러 주지는 못합니다. 반면 긍정적 피드백은 "지난번보다 더 꼼꼼하게 표현했네. 포기하지 않고 끝까지 완성하려 노력했구나."와 같이 학습자의 구체적인 행동과 과정을 되짚어 주며, 그 행동이 지닌 가치를 분명하게 전달합니다.

또한 "방금 한 것 중에서 가장 잘했다고 생각하는 부분은 뭐였어?", "오늘 활동하면서 가장 뿌듯했던 순간이 있었니?"와 같이 질문을 던져 학습자 스스로 긍정적 피드백을 하도록 이끌 수도 있습니다. 이러한 과정을 통해 학습자는 자신이 무엇을 잘했는지, 그것이 왜 의미 있는지 이해하게 되고, 자신의 학습 과정을 자연스럽게 성찰하게 됩니다. 나아가 다음 성장을 향한 방향도 스스로 모색하게 됩니다.

이처럼 긍정적 피드백은 단순한 칭찬을 넘어, 학습자의 구체적인 노력과 과정을 언어로 비추어 주는 상호작용입니다. 이를 통해 학습자는 자신의 성장을 인식하고, 스스로를 믿으며 앞으로 나아갈 힘을 기르게 됩니다.

2. 긍정적 피드백의 필요성

수업을 위해 학생들 앞에 섰을 때 학생들이 반짝이는 눈빛으로 선생님을 바라보고, 수업 목표에 맞게 계획했던 흐름대로 수업이 흘러가고 그 과정을 통해 아이들이 한 걸음씩 성장하는 모습을 보는 것은 교사라면 꿈꾸는 장면일 것입니다. 하지만 현실은 종종 다르기도 합니다. 산만하게 쉬지 않고 몸을 움직이는 아이, 옆 친구와 끊임없이 이야기 나누는 아이 등 다양한 문제 행동이 보이기도 하고 이러한 문제 행동을 지적하다보면 오히려 선생님의 관심으로 받아들여져 문제 행동이 강화되기도 합니다. 이로 인해 교사는 정작 수업의 본래 목표를 놓치기도 하고 수업 전반에서 어려움을 경험하게 되기도 합니다. 이런 상황에서 긍정적 피드백은 학습자의 자기효능감, 자발적 참여, 학습 지속력을 높여 수업의 집중도를 높여주기도 합니다(Hattie & Timperley, 2007; Shute, 2008). 긍정적 피드백은 정서적 안정 및 학습 동기를 제공하기도 하고 학습자가 목표와 현재 수준의 간극을 좁히도록 돕습니다. 이러한 측면에서 긍정적 피드백은 일방적 전달보다 학습자가 자신의 이해를 스스로 돌아보고 피드백을 통해 개선하는데 더 큰 영향을 준다고 합니다. 또한 긍정적 피드백을 통해 실수해도 괜찮다는 심리적 안전함을 학생이 느껴 교사와 학생 간 신뢰를 형성하며 학생이 스스로 긍정적 변화를 만들어가도록 합니다. 이처럼 긍정적 피드백은 학생이 여러 면에서 성장할 수 있도록 지원합니다.

1. 심리적 영역

심리적 영역에서 긍정적 피드백은 학습자가 자신의 능력을 인정받고 있다는 확신을 갖게 하여 자기효능감과 자신감을 높입니다. 이는 곧 학습 의욕과 적극적인 참여로 이어지며, 성취감을 바탕으로 새로운 도전을 시도하도록 만드는 동기 부여의 원천이 됩니다. 또한 긍정적 피드백은 일회성으로 그치는 것이 아니라 지속적으로 제공될 때 내적 동기를 장기적으로 유지하는 힘이 되어 학습자의 꾸준한 성장을 이끌어냅니다.

2. 인지적 영역

인지적 영역에서 긍정적 피드백은 학습 과정 속에서 나타난 성공 경험을 강화하고, 이를 통해 학습자가 자신의 전략을 점검하고 개선하도록 돕습니다. 이러한 경험은 학습의 어려움을 극복하고 새로운 도전을 가능하게 하며, 결과적으로 학습 효과를 극대화합니다. 특히 과정 중심의 피드백은 단순한 결과 확인을 넘어서 학습자가 문제 해결 과정에서 보여준 노력과 시도를 구체적으로 인정하기 때문에 인지적 성장을 촉진합니다.

3. 정서적 영역

정서적 영역에서 긍정적 피드백은 학습자에게 심리적 안정감을 주고 실패에 대한 불안을 완화시킵니다. 막연한 칭찬이 아닌 구체적이고 진정성 있는 칭찬은 학습자가 자신의 노력이 의미 있게 받아들여졌음을 느끼게 하고, 이는 정서적 만족감과 안정감을 형성합니다. 더 나아가 학습자의 특성과 역량에 맞춘 개인별 맞춤 피드백은 교사와 학습자 간의 신뢰를 높이며, 학습자가 안전한 관계 속에서 성장할 수 있도록 정서적 지지를 제공합니다.

긍정적 피드백을 활용할 때에는 몇 가지 주의사항이 필요합니다. 먼저, 과장된 칭찬은 지양해야 합니다. 칭찬은 반드시 진정성을 담아 전달되어야 하며, 지나친 칭찬은 기대에 부응해야 한다는 큰 부담감을 안기거나 칭찬이라는 '보상'이 없으면 행동하지 않으려 하거나, 칭찬해주는 사람의 눈치를 보게 되어 자율성이 낮아지는 등의 부정적 영향을 미칠 수 있습니다. 또한 객관적인 평가가 병행되어야 합니다. 긍정적인 피드백만 제공하기보다 객관적인 평가를 함께 제시함으로써 학습자가 자신의 현재 위치를 정확하게 파악하도록 돕는 것이 중요합니다. 더불어 비판적인 피드백도 균형 있게 제공할 필요가 있습니다. 학습자는 긍정적인 피드백을 통해 자신감을 얻고, 동시에 비판적인 피드백을 통해 부족한 점을 개선하면서 더욱 성장할 수 있기 때문입니다.

3. 긍정적 피드백 방법

구체적인 실천 전략

수업에서 긍정 피드백을 효과적으로 사용하기 위해서는 구체적이고, 즉각적이며, 개인의 특성을 고려한 피드백을 제공하는 것이 중요합니다. 또한, 학생들의 참여를 유도하고, 자기 성장을 돕는 긍정적인 학습 분위기를 조성해야 합니다.

1. 구체적인 칭찬

"잘했어요"와 같은 일반적으로 평가하는 칭찬 대신, "오늘 동화를 끝까지 듣고 내용도 잘 기억했네", "오늘 발표에서 자료 조사를 아주 꼼꼼하게 했다", "친구의 질문에 친절하게 대답하는 모습이 보기 좋았어" 와 같이 구체적인 행동이나 특성을 언급하여 피드백을 제공합니다.

2. 즉각적인 피드백

학생들의 활동이나 과제에 대해 즉각적으로 피드백을 제공하여 학습 효과를 높입니다. 지연된 피드백은 효과가 감소할 수 있습니다. 산만한 아이를 피드백할 경우, 그 아이만의 목표를 세워 목표한 시간만큼 집중하여 상대방 이야기를 들어주는 즉시 "우와 오늘은 친구 이야기 끝날 때까지 잘 기다려 주었네"와 같이 즉시 피드백을 제공합니다. 아직 하려던 시도에 대한 기억, 수행으로 인한 결과 등이 생생하게 남아있을 때 이를 계속적으로 사용할 가능성이 높아지기 때문입니다.

3. 개별화된 피드백

교사는 학생마다 다른 학습 방식과 역량을 고려하여 개별화된 피드백을 제공할 필요가 있습니다. 모든 학생에게 동일한 피드백을 주는 것이 아니라, 각자의 강점과 보완할 점을 파악하여 알맞은 피드백을 제시하는 것이 바람직합니다. 승부욕이 많은 학생의 경우 배려, 양보의 의미를 강조하고, 자신감이 없고 주변 눈치를 많이 보는 학생의 경우 의사 표현을 확실하게 할 때 격려하며 마음을 스스로 더 들여다 볼 수 있게 합니다. 교사는 학생이 잘하고 있는 부분이나 잠재적으로 잘할 수 있는 부분을 중심으로 피드백을 제공할 때, 학생은 이를 바탕으로 자신의 수행을 점차 개선해 나갈 수 있습니다.

4. 성장 중심 피드백

"아니야", "틀렸어"와 같은 부정적인 피드백 대신, "다음에는 이렇게 해보면 어떨까?"와 같이 성장과 발전을 위한 건설적인 제안을 합니다.

5. 과정 중심 피드백

결과뿐만 아니라, 학습 과정에서의 노력을 칭찬하고 격려합니다. 학생들의 꾸준한 노력을 긍정적으로 평가하고, 성장에 대한 동기를 부여합니다.

6. 긍정적인 언어 사용

'~해야만 한다', '그러나~' 와 같은 표현은 학습자에 따라 마치 벌 받는 기분을 느끼게 하거나 부정적 피드백에 초점을 맞추게 할 수 있습니다. 이럴 경우 피드백 제공의 보람이 적어지므로 사용에 유의하도록 하며 사용할 경우 맥락에 맞게 잘 활용하여 건설적인 표현이 기억에 남도록 합니다.

"이 두 블록을 연결하니 설계도처럼 공이 지나가는 길이 잘 만들어졌네. 이런 것을 추가해보는건 어때? 그럼 막힌 부분이 잘 연결될 것 같아."처럼 비판적인 어조보다는 격려와 칭찬의 언어를 사용하여 학생들의 자존감을 높이고, 학습에 대한 긍정적인 태도를 갖도록 돕습니다.

7. 자기 성찰 기회 제공

"오늘 만들기 한 것 중에 제일 마음에 드는 부분은 어디야?", "오늘 쓴 글을 다시 읽어봤을 때 어떤 부분을 보완하면 좋을까?" 등과 같이 학생 스스로 자신의 학습 과정을 되돌아보고 평가할 수 있는 기회를 제공하여 자기 평가를 통해 문제점을 파악하고 개선하도록 돕습니다.

8. 긍정적 학습 분위기 조성

"자기 생각을 분명하게 말해줘서 네가 원하는 것을 잘 알게 되었어", "차분하게 의견을 말해주니 친구들이 이해하기 더 좋았어", "처음 하는 거였는데 용기 있게 도전한 모습이 인상적이었어" 등과 같이 교실 내에서 긍정적인 피드백이 활발하게 이루어질 수 있는 분위기를 조성합니다. 서로 칭찬하고 격려하는 문화를 만들어, 학생들이 자유롭게 학습에 참여할 수 있도록 합니다.

9. 피드백 도구 활용

'끝까지 노력했어요', '친구와 협력했어요' 등의 칸에 스티커를 붙이며 자기 성찰과 긍정 피드백을 경험하게 하거나, 포스트잇에 '설명 덕분에 개념 이해가 잘 됐어' 등과 같은 메시지를 전달하며 학생들이 서로 긍정적 피드백을 주고 받는 경험을 할 수 있습니다. 이처럼 다양한 피드백 도구를 활용하여 학생들의 참여를 유도하고, 피드백을 더욱 효과적으로 전달합니다.

아이들에게 그렇게 많은 칭찬을 해줄 필요가 있을까?

아이들이 오랜 시간 노력 끝에 문제를 풀어내셨다고 해 보겠습니다. 그때 꼭 "잘했다"라는 칭찬이 필요할까요? 칭찬이 없으면 스스로 성취하셨다는 사실을 알지 못하실까요? 어쩌면 그 칭찬은 아이들을 위한 것이 아니라 우리를 위한 것인지도 모릅니다. 아이들의 성과에 끼어들어 그들만의 기쁨을 조금 빼앗고, 자신을 함께 드러내며, 마치 그 영리한 아이들을 길러낸 공이 우리에게도 있는 듯 스스로를 높이는 일이실 수도 있습니다(Holt, 2010).

칭찬은 분명 아이들에게 동기와 격려가 될 수 있지만, 때로는 의도치 않게 아이의 내적 성취감을 약화시킬 위험도 있습니다. 노력 끝에 문제를 해결한 순간, 아이는 이미 자기 안에서 충분한 기쁨과 성취감을 느끼고 있습니다. 그런데 교사의 칭찬이 지나치게 강조되면 아이는 성취의 기준을 자기 내면이 아니라 타인의 인정에서 찾게 될 수 있습니다. 결국 칭찬은 순간의 보상일 뿐, 지속적인 배움의 동력이 되지 못할 수 있습니다. 그렇기에 칭찬보다는 아이가 느낀 과정과 경험을 함께 나누며 성취의 의미를 스스로 깊이 인식하도록 돕는 것이 더 바람직합니다. 남이 주는 자신감이 아니라 내가 만들어 가는 자존감을 쌓아 자기 자신을 스스로 믿도록 하는 것이 중요한 것이죠.

수업 흐름별 긍정적 피드백

긍정적 피드백은 학생이 '정답을 맞혔는가'보다 학습 과정에서 보인 노력, 태도, 전략을 인정함으로써 스스로의 성장 가능성을 인식하도록 돕는 언어적·비언어적 격려입니다.

이는 일회적인 칭찬이 아니라, 수업의 흐름 속에서 언제, 어떤 목적을 가지고 제공되는가에 따라 효과가 달라집니다.

수업 흐름에 따라 긍정적 피드백은
① 사전 피드백(Before Learning)
② 동시 피드백(During Learning)
③ 사후 피드백(After Learning)
으로 나눌 수 있으며, 각 시점은 서로 다른 교육적 기능을 지닙니다.

1. 사전 피드백 (Before Learning)

○목적

• 학생이 도달해야 할 목표와 기대 수준을 미리 안내

• 실패에 대한 두려움을 낮추고 심리적 안전감을 형성

○핵심 포인트

• "잘해야 한다"가 아니라 "시도해도 괜찮다"는 메시지를 먼저 준다.

○적용 방법

• 활동 시작 전, 도전의 의미와 기준을 낮춰 제시

• 선택 가능한 난이도를 제공하여 자기 수준에서 시작하도록 안내

○대표 사례

☞ 완벽 성향으로 도전을 회피하는 유아 지도

"오늘은 처음 해보는 활동이야. 처음부터 잘하는 사람은 없어. 해보는 게 중요해."

가위질 활동을 직선-곡선-접어 오리기 등으로 난이도를 달리 준비해 유아가 자신의 수준에 맞는 활동을 선택하도록 한다.

○효과

• 실패를 위험이 아닌 학습의 일부로 인식

• 부담 없이 참여하며 도전하려는 태도가 형성됨

2. 동시 피드백 (During Learning)

○목적

• 학습 과정 중 긍정적 행동과 전략을 즉시 강화

• 자기조절과 학습 지속력 촉진

○ 핵심 포인트

• 결과보다 지금 하고 있는 '과정'을 말로 붙잡아 준다.

○ 적용 방법

• 활동이 진행되는 동안 구체적인 행동을 즉시 언급

• 실패 상황에서도 재시도와 노력에 초점

○ 대표 사례 ①

☞ 도전을 두려워하는 유아

"지금 선에 맞춰 자르려고 집중하는 모습이 멋지다."

"아까보다 손이 훨씬 안정됐네. 천천히 움직인 덕분이야."

"이번엔 조금 빗나갔지만, 다시 해보려는 용기가 참 좋아."

○ 대표 사례 ②

☞ 산만한 학생

• 학생이 돌아다니다가 자리에 앉는 순간 즉시 말한다.

"지금 자리에 앉아 집중하려는 모습이 정말 좋아."

"네 행동 덕분에 수업이 더 차분해졌어."

○ 효과

• 긍정적 행동이 즉각 강화되어 반복될 가능성 증가

• 실패를 경험해도 학습을 중단하지 않게 됨

3. 사후 피드백 (After Learning)

○ 목적

• 성취와 성장을 정리하여 자기효능감 강화

• 다음 도전으로 학습을 연결

ㅇ 핵심 포인트

"끝났다"가 아니라

☞ "여기까지 왔고, 다음은 여기야"를 알려준다.

ㅇ 적용 방법

• 활동 후, 변화된 모습과 노력의 의미를 언어로 정리

• 다음 활동과 자연스럽게 연결

ㅇ 대표 사례 ①

☞ 완벽 성향 학생

"처음엔 정말 힘들어했는데, 결국 곡선까지 잘라냈네.

포기하지 않는 힘이 ○○이 안에 있다는 걸 오늘 알게 됐어.

다음에는 이 모양으로 작품을 만들어볼까?"

친구들 앞에서 "용기를 낸 ○○에게 박수!"를 제안한다.

ㅇ 대표 사례 ②

☞ 산만한 학생

"오늘은 수업 시작할 때 스스로 자리에 앉아 줘서 고마워.

네가 함께하니까 수업이 더 즐거웠어. 다음 시간도 기대할게."

ㅇ 효과

• 성취감과 또래 인정이 결합되어 자기효능감 상승

• 긍정적 행동이 다음 수업으로 이어질 가능성 증가

정리하며 수업 속 긍정적 피드백은

∨ 시작할 때는 심리적으로 안전하게,

∨ 진행 중에는 지금의 노력을 격려해 주고,

 배움이 자연스러운 수업에서 행복한 아이가 자란다

∨ 마무리에서는 성장과 다음을 연결합니다.

이 세 시점의 피드백이 유기적으로 이어질 때, 배움은 부담이 아닌 도전이 되고, 교실에는 배움이 자연스러운 분위기가 형성됩니다.

4. 정리

긍정적 피드백은 학생이 자신의 이해 수준을 파악하고 다음 도전을 이어가게 하는 정서적 에너지라 할 수 있습니다. 과정과 노력을 구체적으로 인정받는 경험은 학습자가 스스로를 유능한 존재로 인식하게 하며, 이는 장기적인 학습 지속력과 자기주도성을 키워줍니다. 교사가 진정성을 담아 아이 내면을 읽어주고, 즉각적이고 맞춤형으로 제공하는 긍정적 피드백은 단순한 칭찬이 아닌 학습자의 성장 가능성을 열어주는 언어적 자원이 됩니다. 또한 교실 속에서 서로 격려하고 지지하는 문화가 형성될 때, 학생들은 실패를 두려워하지 않고 새로운 탐구에 나설 수 있으며, 그 속에서 사고와 관계, 배움이 함께 확장됩니다. 결국 긍정적 피드백은 지식 전달의 도구를 넘어 학생이 배우고 살아가는 힘을 길러주는 교육의 본질적 실천이라 할 수 있습니다.

마음보듬기 시나리오 설명

학생간의 대화에서도 긍정적 피드백을 나눌 수 있는 '마음보듬기' 활동을 소개합니다.

1. 목적
- 학생들이 감정을 솔직하게 표현할 수 있도록 돕는 과정입니다.
- 상대방의 말을 왜곡 없이 받아들이며 공감하는 경험을 주는 과정입니다.
- 갈등을 비난이나 처벌이 아닌 대화와 합의로 해결하도록 하는 과정입니다.

마음보듬기 시나리오 활동지

2. 진행 단계
1) 사건과 감정 나누기
- 갈등 상황에서 각자 겪은 사건과 느낀 감정을 말합니다.
- 중재자는 상대방이 들은 말을 그대로 따라 말하도록 해서 이해한 내용이 맞는지 확인합니다.

2) 원하는 것 나누기
• 각자 앞으로 상대에게 바라는 행동이나 태도를 말합니다.
• 다시 미러링을 통해 확인하고, 상대가 실행할 수 있는지 여부를 묻습니다.
3) 합의와 마무리
• 서로의 바람이 확인되면 "앞으로 이렇게 하자"라는 약속을 짧게 정리합니다.
• 추가로 더 나누고 싶은 말이 있으면 이야기하고 마무리합니다.
4) 핵심 원칙
• 판단이나 해석을 하지 않고 그대로 말하는 것이 원칙입니다.
• 옳고 그름보다 감정에 집중하는 것이 중요합니다.
• 실행 가능한 해결책을 찾는 것이 필요합니다.
5) 효과
• 학생들이 서로의 감정을 존중하는 태도를 배우게 됩니다.
• 갈등이 감정 싸움으로 커지지 않고 조율될 수 있습니다.
• 교실 분위기가 안전하고 신뢰로운 관계로 바뀌게 됩니다.

실천 과제

1. 수업 후 교사 일기를 간단히 작성하며 내가 사용한 언어가 지적·비판 중심이었는지, 긍정·격려 중심이었는지 점검해보세요.
2. 학생을 관찰하며 현재 이해 수준과 도전 과제를 어떻게 받아들이는지 기록해보세요. 이를 통해 어떤 순간에 긍정적 피드백이 필요한지 알아 봅니다.
3. 수업 준비·쉬는 시간·자유놀이 시간, 일상적 생활 지도 시간 등 짧은 대화 속에서 학생의 행동이나 노력을 구체적으로 언급하며 긍정적 피드백을 의식적으로 실천해보세요.

참고 문헌

☞ Holt, John. "아이들은 왜 실패하는가: 교실과 아이들의 내면에 관한 미시사적 관찰기." 서울: 아침이슬, 2010.

☞ Hattie, J., & Timperley, H. (2007). The Power of Feedback. Review of Educational Research, 77(1), 81-112.

☞ Shute, V. J. (2008). Focus on Formative Feedback. Review of Educational Research, 78(1), 153-189.

17차시. 온작품읽기

온작품읽기 강의_이승효 선생님
https://www.youtube.com/watch?v=z-phuR4lseo

1. 온작품읽기의 의미와 필요성

온작품읽기란?

소설가 김영하 씨는 본인의 작품을 국어 교과서에 게재하는 것을 반대했다고 합니다. 한두 단락을 잘라내어 지문 형태로 싣는 현재의 교과서 구성 방식으로는 온전한 작품 감상이 어렵기 때문입니다. 특히 정해진 답을 찾아내는 것을 미덕으로 여기는 현재 우리나라의 교육 제도상에서는 모두가 서로 다른 감상을 존중받지 못한다는 한계가 있습니다. 우리가 문학 작품을 감상하는 이유에는 천 명이면 천 개의 서로 다른 감상이 존재함을 알고 서로의 다름을 존중하기 위함이 있기에, 이를 위해 온전한 작품을 감상해야 한다는 것이 김영하 작가의 생각입니다.

이와 같이 문학 작품을 온전히 감상하고 삶과 연결하기 위한 수업이 바로 온작품읽기 수업이라고 할 수 있습니다. **온작품읽기란** 수업 시간에 하나의 작품을 깊이 있게 읽어나가는 수업입니다. 비슷한 의미로 쓰이는 여러 용어 중 가장 폭넓은 의미로 쓰이는 용어가 온작품읽기입니다. 온작품읽기에서의 '작품'이란 연극, 영화, 뮤지컬, 노래 등 다양한 예술 작품을 포괄하기 때문입니다. 이러한 온작품읽기 중에서도 특히 텍스트성을 지닌 인쇄물에 한정하여 동화, 소설 등의 글로 된 작품을 읽어내는 수업의 형태를 '온책읽기'라고 하는데, 아마 국어 수업에서 많이 들어보셨을 것 같습니다. 또 **슬로리딩**은 한 작품을 읽되 한 학기, 1년, 길게는 몇 년에 걸쳐 천천히 작품을 곱씹으며 수업 활동을 전개해나가는 방법론을 말합니다. 이 글에서는 그 중 가장 폭넓게 쓰이는 온작품읽기로 용어를 통일하여 논하도록 하겠습니다.

　선생님들은 1년에 몇 권의 책을 읽으시나요? 이 책을 집어드신 선생님들은 평균보다 책을 많이 읽으시는 편일지도 모르겠습니다. 문화체육관광부가 발표한 '2023 국민 독서실태조사' 자료에 따르면 우리나라 성인의 연간 종합독서량은 3.9권으로 전 조사가 이뤄진 2021년보다 0.6권 줄어들었다고 합니다. 같은 자료에서 밝힌 성인 비독서자와 초·중·고등학생 비독서자의 공통적인 독서 장애요인 1위는 '책 이외의 매체를 이용해서'였습니다. 유튜브 등 영상 매체에 길들여진 인구가 많아지면서 책 읽는 인구도 줄어들고 있는 것입니다. 또 교사인 우리가 주목해야 할 부분은 학생 비독서자의 독서 장애요인 2위가 '책 읽기가 재미 없어서'라는 것입니다. 가뜩이나 학업으로 시간이 부족한데 자극적인 영상 매체는 도처에 널려있고, 독서의 재미를 제대로 느껴본 적 없으니 책을 멀리하게 되는 악순환이 일어나는 것이지요.

　그러나 책을 읽는 것과 영상 매체를 통해 정보를 접하는 것은 뇌과학적으로 분명한 차이가 있습니다. 일본의 뇌 영상연구 전문가인 가와시마 류타 도호쿠대 가레이의학연구소 교수는 책 읽기가 '뇌의 전신운동'이라고 합니다. 활자를 읽을 때 뇌의 거의 전 영역이 활성화되기 때문입니다. 그는 본인의 저서 『독서의 뇌과학』에서 하루 2분의 독서만으로도 창의력과 기억력, 집중력을 한번에 키울 수 있으며, 노화된 뇌를 되살릴 뿐만 아니라 치매 환자의 증상이 개선되고, 새로운 지식을 쉽게 받아들이는 상태가 된다고 밝혔습니다. 반면 같은 내용이라도 책 대신 스마트폰으로 읽을 때는 뇌 활성도가 현저히 떨어지며, 장시간 스마트폰을 사용하는 청소년의 뇌 발달이 멈춘다고 합니다. AI 시대에도 인간의 뇌 발달을 위해서 독서는 필수적인 요소라는 것입니다.

　또한 독서를 통해 공감 능력을 키울 수 있습니다. 자밀 자키의 저서 『공감은 지능이다』에 따르면, 이야기책을 탐독하는 아이는 책을 별로 안 좋아하는 친구들에 비해 더 일찍 마음 읽기의 기술을 키울 수 있으며, 적은 분량의 소설도 공감을 증진할 수 있다고 합니다. 한 연구에서는 일부 사람들에게 아랍계 미국인 여성이 인종차별적 공격을 막아내는 소설을 읽히고, 나머지 사람들에게는 같은 내용이 담겨 있지만 대화와 내면의 독백이 제거된 이야기의 개요를 읽게 했을 때 전체적인 이야기를 읽은 사람들은 건조한 개요만 읽은 사람들에 비해 무슬림에게 공감을 더 많이 하고 편견을 덜 보였다고 합니다. AI가 책 내용을 다 요약해주는 세상에서 굳이 온책읽기를 해야 하는 이유가 바로 이것입니다. 미래 세대는 건조한 정보의 홍수 속에서 공감하기 어려워지는 환경에 처해 있는 동시에 고차원적인 문제 해결을 위해 협력해야 하고, 협력의 바탕이 되는 공감 능력이 더욱 필요하기 때문입니다.

이처럼 중요한 독서를 학생들이 평생에 걸쳐 해 나갈 수 있는 힘을 기르려면 무엇보다 **독서에 대한 흥미를 키워주는 것**이 필요합니다. 선생님들께서도 어떤 책이나 영화를 혼자 볼 때보다 다른 사람과 감상을 나눌 때 더 즐겁게 감상한 경험이 있으실 것입니다. 학생들 또한 책을 혼자 읽을 때보다 친구들과 함께 읽을 때 더 흥미를 느낄 수 있고, **본인의 독서 수준보다 더 높은 수준에 도전할 수 있는 기회**를 갖게 됩니다. 이 과정에서 나와 같은 작품을 읽어도 다른 생각을 할 수 있다는 **생각의 다양성**을 깨우칠 수 있습니다. 무엇보다 긴 글을 읽을 기회가 제한적인 아이들에게 친구들과 함께 **한 권의 책을 읽어냈다는 성취감**을 줄 수 있습니다. 그리고 문학 작품을 통해 등장인물의 삶을 간접적으로 체험하면서 **삶에 대한 질문**을 던지고, 깊이 있게 사고해볼 기회를 주게 됩니다.

온작품읽기와 기존의 독서 교육과의 차이점

우리가 경험해 온 기존의 독서 교육은 '계산 가능성'이 핵심인 근대 교육의 맥락에서 문학 작품을 빠르게, 쉽게, 더 효과적으로 생각할 수 있게 하는 사고력 신장의 도구로 활용해왔습니다. 사고력을 종목으로 한 올림픽에서 1등을 하는 선수를 길러내기 위한 독서 교육이었다 할 수 있지요. 하지만 이런 독서교육은 학생들을 '독서 폭식주의'에 빠지게 하고 '지적 허영심'에 부풀게 한다는 한계를 가지고 있습니다. 다독상을 타기 위해 책을 읽는 친구들을 경쟁자로 인식하게 하고, 단순히 읽은 책의 숫자에 집착하게 하면서 내실 있는 읽기가 이루어지지 않는 것이지요.

온작품읽기는 이와 반대로 '**보다 느리지만 깊이 있게 읽기**'를 지향합니다. **언어 기능의 숙달**이라는 지식의 앎과 더불어 문학적 소양 함양이라는 인간의 삶에 대한 탐구를 함께 해 나가는 수업을 지향하는 것입니다. 교과서에 실린 부분만 보았을 때는 흑백 논리에 따라 선악으로 구분되던 인물이, 전체 작품을 읽으면서 **입체적으로 이해될 수 있습니다.** 또한 **인물의 감정선을 따라가면서 깊이 몰입할 수 있습니다.**

2. 온작품읽기 실천 방법

온작품읽기를 위한 도서 선정 기준

온작품읽기를 위한 도서를 선정할 때에는 아래 다섯 가지 기준을 고려해보아야 합니다.

- 교육과정 성취수준에 상응하는가?
- 학생의 발달단계에 적절한가?
- 작품의 예술성과 심미성은 어떠한가?
- 아동의 경험과 맞닿아있는 작품인가?
- 다양한 삶의 모습을 투영할 수 있도록 주제의식이 지나치게 명시적으로 드러나있지 않으며, 삶의 의미를 되새길 수 있는 다양한 주제를 암시적으로 내포하고 있는가?

특히 마지막 기준은 온작품읽기가 교사의 가치관을 주입하는 도구가 되지 않아야 한다는 점을 강조하는 것입니다. 한 작품을 읽어내면서도 각자 다양한 생각을 키워나갈 수 있도록, 너무 교훈을 주입하고자 하는 책은 피하는 것이 좋습니다.

온작품읽기 수업 만능틀

모든 수업에 도입-전개-정리와 같은 큰 틀이 있듯 온작품읽기 수업에서의 만능틀은 읽기 전, 중, 후 활동으로 볼 수 있습니다.

1) 읽기 전 활동 : 작품을 읽기 전 작품과 관련된 배경지식을 활성화하고 작품과 처음 만나는 활동입니다.

- 책 표지 살펴보기
  : 책 표지에는 제목, 책 내용을 가장 잘 나타내는 그림이 들어가 있습니다. 제목과 그림을 통해 책의 줄거리를 유추해 볼 수 있습니다.
- 작가 알아보기
  : 표지 날개의 작가 이력 등을 살펴보거나 작가에 대해 조사해 어떤 주제의 작품을

주로 다룬 사람인지 알아봄으로써 작가가 전하려는 메시지를 유추해 볼 수 있습니다.

- 면지 살펴보기

  : 그림책의 경우 표지 다음의 면지에도 스토리가 담겨있는 경우가 있으므로 면지의 그림을 세심하게 살펴보면서 책 내용을 유추해보게 할 수 있습니다.

- 배경지식 및 경험 연결하기

  : 책에 대해 이미 알고 있는 내용이 있다면 공유하고, 유추한 책 내용과 연관된 각자의 경험을 나눠볼 수 있습니다.

2) **읽기 중 활동** : 작품을 읽는 활동을 중심에 두면서 학생들의 이해를 돕는 활동입니다.

- 등장인물 관계도 그리기

  : 긴 호흡의 소설 등의 작품에서는 등장인물이 여러 명 등장해 학생들이 혼란을 겪을 수 있으므로 가장 중심이 되는 인물을 주축으로 각 등장인물이 어떤 관계를 맺고 있는지 그림으로 나타내 볼 수 있습니다.

- 어려운 단어 찾아보기

  : 학생들이 직접 국어사전을 찾아봐도 좋고, 여러 학생들이 공통적으로 어려워하는 어휘를 모아 뜻을 추론해보고 교사가 대표로 인터넷 국어사전에서 찾아봐도 좋습니다. 책의 맥락 속에서 어휘를 추론해보면서 맥락적 추론 능력을 기를 수 있고, 어휘의 뜻을 정확히 알아보면서 학생들의 어휘력과 내용 이해도가 높아질 수 있습니다.

- 질문하기

  : 책 내용에 대해 학생들이 떠오르는 질문을 모아 함께 답해볼 수도 있고, 교사가 학생들의 이해를 돕는 질문을 할 수도 있습니다. 책에 나온 내용을 확인하는 **사실 질문**, 책에 명시적으로 드러나지 않았지만 내용을 유추할 수 있는 **상상 질문**, 나라면 어떤 선택을 했을지 또는 등장인물의 행동에 대한 나의 생각은 어떤지 평가하는 **평가 질문**을 활용하면 좋습니다. 다만 한 챕터를 읽는 중에 너무 많은 질문을 나누면

이야기의 흐름이 끊길 수 있으므로 중간에 던지는 질문은 2~3개 정도로 제한하고, 한 챕터를 마친 후 갈무리하는 차원에서 질문을 나눠보는 것이 좋습니다.

- 이어질 내용 예상하기

  : 다음 챕터로 넘어가기 전 어떤 내용이 이어질 것 같은지 예상해보면서 학생들의 상상력을 자극하고, 자신이 예상한 내용이 맞을지 확인해보면서 흥미와 주의력을 높일 수 있습니다.

3) 읽기 후 활동 : 작품을 모두 읽은 후 더 깊이 있는 감상으로 나아가는 활동으로, 교과 성취기준과 연계하여 활동을 진행하기 용이합니다.

- 내용 요약하기

  : 3~4학년군에서는 글을 읽고 요약하는 성취기준이 나오고, 5~6학년군에서는 이야기의 구조에 따라 내용을 요약하는 성취기준이 나오는 만큼 성취기준과 연계해 학생들이 읽은 책의 내용을 갈무리해 중요한 내용만 요약해보게 할 수 있습니다.

- 인상 깊은 장면과 이유 나누기

  : 같은 작품을 읽었지만 서로 인상 깊은 장면을 다르게 꼽는 것을 보며 각자의 경험과 가치관에 따라 다른 생각을 가질 수 있음을 학생들이 자연스럽게 깨달을 수 있습니다.

- 토론하기

  : 등장인물이 가지고 있는 내적 갈등이나 외적 갈등 사례를 들어 나라면 어떤 선택을 내렸을지 각자 생각해보고, 각자 지지하는 입장에 대해 논리적으로 토론해볼 수 있습니다. 이 때 누가 이기고 졌다는 것보다 서로 다른 생각을 가질 수 있다는 점을 강조하는 것이 좋습니다.

- 이어질 내용 상상하기 / 결말 바꾸기

  : 작품의 결말 이후 어떤 사건들이 이어졌을지 상상해보거나 결말을 내 마음대로 바꿔보면서 상상의 나래를 자유롭게 펼쳐볼 수 있습니다.

- 등장인물에게 편지 쓰기

: 등장인물의 감정에 공감하고 마음을 나누면서 인물의 감정선을 더 잘 이해할 수 있습니다.

• 역할극하기

: 작품 중 인상 깊었던 장면을 역할극으로 재구성해보면서 작품을 각색할 때 어떤 점이 달라지는지 알 수 있고, 내가 직접 작품 속 인물이 되어봄으로써 작품을 더 깊이 있게 이해할 수 있습니다.

온작품읽기 수업 실천 팁

1) 교과서 속 활동 참고하기

온작품읽기는 쉽게 말해 교수 학습 자료로써 교과서의 단락글이 아니라 온전한 하나의 텍스트를 활용하여 교육과정 성취기준을 달성하는 수업이라고 할 수 있습니다. 따라서 수업을 쉽게 구성하기 위해서는 교과서에 나와있는 활동들을 참고하시면 좋습니다. 교과서에 나오는 토의 토론 활동을 활용한다거나, 낱말을 추론해본다거나, 책의 상황과 관련된 속담이나 관용 표현을 찾아보게 하는 식으로 활동을 구성할 수 있겠지요. 교과서에 실린 활동을 그대로 작품에 적용해봐도 좋습니다.

2) 도서관에 소장된 책 활용하기

온작품읽기를 해보고는 싶은데 어떤 책을 골라야할지부터 막막한 분들도 많으실 것입니다. 요즘은 독서 단원을 대비해서 학교 도서관에 한 학급 분량만큼을 미리 마련해놓은 도서들이 제법 있으니 그런 책들 위주로 읽어보시고, 우리 학급 학생들의 수준과 교육과정 성취기준을 고려하여 도서를 선정하시면 좋습니다. 앞서 말씀드린 것과 같이 교과서 속 활동을 차용하려면 도서를 선택할 때부터 우리가 달성해야 할 교육과정 성취기준이나 교과서 활동 내용과 관련이 있을 법한 도서를 고르는 것이 좋겠지요. 그래도 어떤 책을 고르는 게 좋을지 망설여지신다면 온작품읽기와 관련된 책들을 살펴보시면서 추천도서들을 참고하시거나 이 장의 마지막에 정리된 추천도서 목록을 참고해보시기 바랍니다. 책 내용과 성취기준을 연계해 활동을 구상하기 위해서 수업 전에 선생님께서 책을 먼저 읽어보시는 것은 필수입니다.

3) 다양한 읽기 방법 활용하기

온작품읽기는 미리 책을 읽어오는 것이 아니라 수업 시간에 함께 책을 읽고 같이 그에 맞는 활동을 해야 하기 때문에 어떻게 책을 지루하지 않게 읽을 수 있을지도 선생님들께서 많이 고민하시리라 생각합니다. 아래의 읽기 방법 중 교사가 돌아가며 골라서 활용하거나, 학생들에게 선호하는 읽기 방법을 물어보고 적용해도 좋습니다.

- 교사가 읽어주기 : 한 챕터를 교사가 전부 읽어주는 방식입니다.
- 문단별로 주고 받으며 읽기 : 교사와 학생들이 한 문단씩 주고 받으며 읽는 방식입니다.
- 릴레이 읽기 : 수업 시간에 줄줄이 발표하는 방식과 비슷하게 일정한 방향이나 순서를 정해놓고 일정 수의 문장을 읽고 다음 사람에게 차례를 넘기는 방식입니다.
- 모둠별 읽기 : 몇 문장을 읽고 넘기든, 한 문단을 읽고 넘기든 모둠 내에서 규칙을 정해 순서대로 읽는 방식입니다.
- 짝 읽기 : 모둠별 읽기와 마찬가지로 짝끼리 규칙을 정해 주고받으며 읽는 방식입니다.
- 팝콘 읽기 : 한 사람당 최소 3문장에서 최대 5문장까지 읽고 다음 사람을 지목하는 방식입니다.
- 랜덤 읽기 : 일정 수의 문장을 읽고, 랜덤 뽑기통이나 컴퓨터 프로그램을 활용해 다음 읽을 사람을 뽑는 방식입니다.
- 특정 문자나 기호가 나올 때 넘기기
  : 챕터를 대강 훑어보고 학생들과 함께 합의해서 특정 문자나 기호(쉼표, 느낌표, '요' 등)를 정하고 해당 문자나 기호가 나오면 다음 사람을 지목해서 차례를 넘기는 방식입니다.
- 묵독 : 시간이 부족할 때 주로 활용하는 방법으로 혼자서 조용히 읽는 방식입니다.

교사가 읽어주기, 문단별로 주고 받으며 읽기, 릴레이 읽기, 모둠별 읽기, 짝 읽기는 읽는 순서가 예상이 되기 때문에 책 내용에 좀 더 집중할 수 있다는 장점이 있지만 역으로 예상이 가능하기 때문에 긴장감이 떨어지면서 흥미를 잃는 학생들이 생길 수도 있습니다. 반면 팝콘 읽기, 랜덤 읽기, 특정 문자나 기호가 나올 때 넘기기의 방식은 예상할 수 없기 때문에 학생들이 귀를 쫑긋 세우고 듣게 되는 효과가 있지만 정작 책 내용보다 다음 순서가 누가 될지에만 관심을 기울이게 되는 상황이 생길 수 있습니다. 따라서 학생들의 성향과 학습 상황을 종합적으로 판단하셔서 적절히 골라서 활용하시는 것이 좋습니다.

4) 교육과정 재구성을 통해 충분한 활동 시간 확보하기

이렇게 책도 다 읽고 활동도 하려면 시간이 많이 소요될까 걱정하실 것 같습니다. 네, 시간이 많이 소요됩니다. 저는 보통 읽기 전 활동에 1~2차시, 읽기 중 활동에 책 분량에 따라 다르지만 8~12차시, 읽기 후 활동에 6~8차시 정도를 할애하곤 했습니다. 그래서 반드시 선행되어야 할 것이 교육과정 재구성입니다. 온작품읽기와 통합해서 수업하면 좋을 만한 성취기준 및 교과서 단원을 뽑아놓고 해당 차시를 온작품읽기를 위한 차시로 배정하면 됩니다.

3. 온작품읽기 실천 사례

온작품읽기 실천 사례 – 6학년 1학기『장발장』

먼저 6학년 1학기 국어과 성취기준과 연계한『장발장』온작품읽기 수업 사례를 소개합니다.

(1) 읽기 전 활동

『장발장』의 원전인『레미제라블』은 공간적 배경 자체가 우리와 멀리 떨어진 프랑스이고, 시간적으로도 몇백 년 전을 배경으로 하고 있기 때문에 학생들이 이해하기 어려운 내용이 많습니다. 따라서 유튜브에서 조승연 작가의 프랑스 혁명의 역사에 대한 영상을 보고, 학습지의 OX 퀴즈를 풀어보면서 책의 시대적 배경을 이해하고, 줄거리를 추측해보도록 하였습니다.

읽기 전 활동 참고 영상 썸네일

[독서 단원] 책을 읽고 생각을 넓혀요
- 원전과 역사적 배경 알아보기 -

6학년 2반 ___번
이름 _________

★ '장발장'에 대해 내가 알고 있는 것을 모두 적어 봅시다.

____

____

____

★ 「장발장」의 원전(각색되기 전 원래의 책)인 「레미제라블」이 쓰여진 역사적 배경에 관한 영상을 시청하고, 아래 질문에 답해 봅시다.

번호	문제	O/X
1	'레미제라블'의 작가는 '빅토르 위고'이다.	
2	'레미제라블'의 뜻은 '끔찍한 가난에서 오는 고통'이다.	
3	'레미제라블'에 나오는 혁명은 프랑스 대혁명이다.	
4	프랑스 혁명기의 시민은 평민의 신분을 가지고 농사를 짓는 사람들이었다.	
5	중세 유럽에서 왕들이 상설시장을 개설하고 성벽을 건축하여 도시를 건설한 이유는 보부상들을 유치하여 세금을 걷기 위해서였다.	
6	루이 16세가 삼부회를 소집한 이유는 미국 독립전쟁을 지원하면서 국가 재정이 악화되자 세금을 더 걷기 위해서였다.	
7	루이 16세가 삼부회를 소집했을 때 부르주아들은 충분한 결정권을 가지고 있었다.	
8	삼부회에 소집된 부르주아 대표들은 가난한 소상공인이었다.	
9	프랑스 국기에 파란색, 하얀색, 빨간색이 나란히 있는 이유는 파리의 시민들이 왕을 나라의 중심으로 섬긴다는 의미였다.	
10	나폴레옹은 민주적인 선거를 통해서 황제로 즉위하였다.	
11	나폴레옹이 전쟁에 패배하고 완전한 민주주의가 이루어졌다.	
12	빅토르 위고는 아무나 투표권을 가져서는 안된다고 생각했다.	
13	빅토르 위고가 1832년의 민중 봉기를 배경으로 '레미제라블'을 쓴 이유는 그 봉기만이 순수하게 가난으로 고통받은 민중들의 봉기였기 때문이다.	

★ 「장발장」의 줄거리를 간단히 추측해 써 봅시다.

____

____

읽기 전 활동지

(2) 읽기 중 활동

책을 읽는 동안 루틴 활동으로 새로운 인물이 등장할 때마다 생각그물의 가지를 쳐서 인물들 간의 관계도를 그려보도록 하였습니다. 책 속에 등장하는 인물이 워낙 많고 이름이 모두 프랑스어라 학생들이 내용을 이해하는 데에 어려움이 생길 수 있기 때문입니다.

그리고 육하원칙에 따라 줄거리를 요약해보고, 모르는 낱말이 있으면 뜻을 추론해본 후 사전에서 찾아 적어보도록 하고, 국어 교과서에 나오는 사실, 상상, 적용 질문을 만들어보고 친구들과 생각을 나눠보도록 하였습니다. 특히 학생들이 귀찮아서 모르는 단어를 적지 않고 대충 안다고 하면서 넘어가려고 하기 때문에 학생들이 이해하기에 어렵다고 판단되는 낱말은 선생님들께서 꼭 짚어서 함께 뜻을 찾아보는 것이 학생들의 어휘력 향상에 큰 도움이 될 것입니다.

 배움이 자연스러운 수업에서 행복한 아이가 자란다

[독서 단원] 책을 읽고 생각을 넓혀요
- 등장인물 관계도 그리기 -

6학년 2반 ＿＿＿번
이름 ＿＿＿＿＿＿

★ 장발장을 중심으로 책에 나오는 인물들의 관계를 생각그물로 정리해 봅시다.

미리엘 신부

출소 후 오갈 데 없는
장발장을 도와줌

장발장

[독서 단원] 책을 읽고 생각을 넓혀요
- 매일 독서기록장 -

6학년 2반 ＿＿＿번
이름 ＿＿＿＿＿＿

날짜		읽은 쪽수	

★ 오늘 읽은 내용을 육하원칙에 따라 요약해 봅시다.

언제	
어디서	
누가	
무엇을	
어떻게	
왜	

★ 잘 모르는 낱말을 찾아 적고, 뜻을 추론해본 후 사전에서 찾아 적어 봅시다.

낱말	추론한 뜻	사전에 나온 뜻

★ 오늘 읽은 내용에 대해 세 가지 질문을 만들어 봅시다.

사실	
상상	
적용	

읽기 중 활동 1. 등장인물 관계도 그리기   읽기 중 활동 2. 매일 독서기록장

또 다양한 인물들이 나타나 다양한 갈등의 양상을 들여다볼 수 있는 책인 만큼, 인물들 사이의 갈등이나 한 인물의 내적 갈등이 나타날 때마다 나라면 어떤 선택을 할 것인지 생각해보고, 친구들의 다양한 생각을 들어봄으로써 바람직한 삶의 가치를 내면화하는 태도를 지니도록 했습니다. 제가 특히 인상깊었던 점은 보통 주인공의 반대는 악역이라고 여기기 때문에 자베르 형사를 악역으로 여길 만한데, 한 권의 책을 함께 읽어나가는 과정에서 인물에 대한 입체적인 이해가 이루어져 자베르는 그저 준법 정신과 직업 정신이 투철한 사람이었을 뿐이라고 항변하는 학생들이 많았다는 점입니다. 그리고 이 갈등들에 대해 친구들과 의견을 교류하는 과정에 적극적으로 참여하는 학생들의 모습을 보면서 아주 뿌듯했습니다. 이 활동과 관련된 성취기준은 아래와 같습니다.

[6국05-06] 작품에서 얻은 깨달음을 바탕으로 하여 바람직한 삶의 가치를 내면화하는 태도를 지닌다.

| [독서 단원] 책을 읽고 생각을 넓혀요
- 이야기 속 갈등 상황 토론하기 - | | 6학년 2반 ____번
이름 ________ |

★ 이야기를 읽고 아래 갈등 상황에서 나라면 어떤 선택을 내렸을지 써 보고, 친구들의 의견을 요약해 정리해 봅시다.

1. 내가 미리엘 신부라면 내 은촛대를 훔쳐간 장발장을…

생각한 사람	결정	이유
나라면?		
친구들은	용서한다	
	용서 안한다	

2. 내가 장발장이라면 누명을 뒤집어 쓴 상마티유와 고통 받는 코제트 중…

생각한 사람	결정	이유
나라면?		
친구들은	상마티유에게 간다	
	코제트에게 간다	

3. 내가 마리우스라면 아버지의 유언과 장발장의 목숨 중…

생각한 사람	결정	이유
나라면?		
친구들은	아버지의 유언을 지킨다	
	장발장의 목숨을 지킨다	

4. 내가 자베르라면 장발장을 다시 만났을 때…

생각한 사람	결정	이유
나라면?		
친구들은	장발장을 체포한다	
	장발장을 용서한다	

읽기 중 활동 3. 이야기 속 갈등 상황 토론하기

(3) 읽기 후 활동

책 전체를 읽어낸 후에는 책 전체 내용을 이야기의 구조에 따라 요약해보도록 했습니다. 이 활동에 반영된 성취기준은 아래와 같습니다.

[6국02-02] 글의 구조를 고려하여 글 전체의 내용을 요약한다.

그리고 다양한 인물이 등장하는 만큼 다양한 삶의 가치도 돌아볼 수 있는 책이기 때문에 각 인물들의 상황에 따른 말과 행동을 되돌아보며 각 인물이 중요시하는 가치관이 무엇인지, 그렇다면 내가 가장 동의하는 가치관을 가지고 있는 인물은 누구인지 탐구해봄으로써 학생들 스스로의 가치관을 성찰해볼 수 있는 기회를 제공했습니다. 이 활동에 반영된 성취기준은 아래와 같습니다.

배움이 자연스러운 수업에서 행복한 아이가 자란다

[6국05-06] 작품에서 얻은 깨달음을 바탕으로 하여 바람직한 삶의 가치를 내면화하는 태도를 지닌다.

[6국02-03] 글을 읽고 글쓴이가 말하고자 하는 주장이나 주제를 파악한다.

2. 이야기를 간추려요	6학년 2반 ___번
- 이야기의 구조에 따라 요약하기 -	이름 _________

★ 책을 다 읽은 후 1학기 때 배운 이야기의 구조에 따라 요약해 봅시다.

이야기의 구조	요약하기
	이야기의 사건이 시작되는 부분
	사건이 본격적으로 발생하고 갈등이 일어나는 부분
	사건 속의 갈등이 커지면서 긴장감이 가장 높아지는 부분
	사건이 해결되는 부분

읽기 후 활동 1. 이야기 요약하기

8. 인물의 삶을 찾아서	6학년 2반 ___번
- 인물이 추구하는 가치 찾기 -	이름 _________

★ 「장발장」 속 인물들이 처한 상황, 말과 행동을 살펴보고 인물이 추구하는 가치를 국어(나) 교과서의 붙임6 가치 낱말표에서 찾아 봅시다.

☞ 가치란?(교과서 271쪽)
- ______, ______, ______ 따위를 통틀어 이르는 말로 _________과 관련이 있음.
☞ 가치관이란?
- 사람이 어떤 행동이나 일을 ______하고 ______하는 데 바탕이 되는 ______
☞ 이야기에서 인물이 추구하는 가치를 파악하는 방법(교과서 273쪽)
- 인물이 처한 ______을/를 떠올려 본다.
- 인물이 처한 상황에서 인물이 한 __________을/를 알아본다.
- 인물이 처한 상황에서 그렇게 말하고 행동한 ______을/를 생각해 본다.

인물 이름	상황	말이나 행동	추구하는 가치
장발장			
미리엘 신부			
팡틴느			
마리우스			
자베르			

★ 나와 가장 비슷한 가치관을 가지고 있는 인물이 누구인지 생각해보고, 그 이유를 함께 써 보세요.

____
____

읽기 후 활동 2. 인물이 추구하는 가치 찾기

　그리고 국어 교과서의 양식을 따와서 인물 소개서를 작성하며 바람직한 삶의 가치를 생각해 보도록 했습니다. 이 활동에 반영된 성취기준은 아래와 같습니다.

[6국05-06] 작품에서 얻은 깨달음을 바탕으로 하여 바람직한 삶의 가치를 내면화하는 태도를 지닌다.

　또 책을 읽는 동안 가장 마음이 간 인물을 골라 그 인물에게 마음을 전하는 편지글을 써 보는 활동도 기획했습니다. 이 활동에 반영된 성취기준은 아래와 같습니다.

8. 인물의 삶을 찾아서
- 문학 작품 속 인물 소개하기 -

6학년 2반 ___번
이름 _________

★ 국어(나) 교과서 294쪽의 인물소개서를 참고하여 「장발장」 속 인물 중 한 명을 골라 소개해 봅시다.

「장발장」의 _____________ 을/를 소개합니다.

- 지은이 :
- 이름 :　　　• 성별 :　　　• 직업 :
- 인물에게 일어난 일

- 인물을 말해주는 질문과 대답

- 기억나는 인물의 말과 행동

읽기 후 활동 3. 인물 소개하기

9. 마음을 나누는 글을 써요
- 등장인물에게 마음을 전하는 글쓰기 -

6학년 2반 ___번
이름 _________

★ 「장발장」 속 등장인물 중 한 명을 골라 인물에게 전하고 싶은 마음을 전하는 글을 써 봅시다.

✿ 마음을 나누는 글을 쓰는 방법(교과서 307, 309, 311쪽)
- 마음을 나누는 글을 쓰는 _____을 떠올려 본다.(예 : 엄마의 죽음을 지켜보지 못한 코제트의 슬픔에 공감하고 싶은 상황)
- 나누려는 _____은 무엇인지(예 : 기쁜 마음, 슬픈 마음, 고마운 마음, 미안한 마음 등), ________은 누구인지, 글을 어떻게 ________ 생각한다.
- 누가, 어떤 사람에게 썼는지, 어떤 _____과 _____을 나누느냐에 따라 표현하는 방법을 다르게 한다.
- 일어난 _____, 나누려는 _____, 일어난 사건에 대한 _____이나 _____을 표현한다.
- 편지와 같이 다른 사람에게 글을 쓰는 경우 __________ 사람과 __________ 사람을 밝힌다.

마음을 나누는 글을 쓰는 상황		
나누려는 마음	읽을 사람	글을 전하는 방법
글을 쓰는 목적		

읽기 후 활동 4. 마음을 전하는 글쓰기

　　마무리 활동으로는 연극 단원과 연계하여 각 모둠별로 가장 기억에 남는 장을 골라 극본으로 각색해보고, 직접 배경과 소품, 배경음악 등을 선정하고 준비해서 짧은 역할극을 실연해보는 활동을 했습니다. 아무래도 참고할 만한 원작이 있다 보니 학생들이 극본 각색에 좀 더 쉽게 다가갈 수 있었고, 각 모둠이 실연하는 역할극의 줄거리를 이미 책을 통해 알고 있기 때문에 더 흥미롭게 역할극에 참여하는 모습을 보였습니다. 이 활동에 반영된 성취기준은 아래와 같습니다.

[연극 단원] 함께 연극을 즐겨요
- 낭독극 대본 쓰기 -

6학년 2반 ____번
이름 __________

★ 모둠 친구들과 「장발장」에서 가장 마음에 드는 챕터를 골라 낭독극으로 꾸며 봅시다.

☞ 극본의 3요소 (교과서 189쪽)
- ____ : 인물이 하는 말
- ____ : 인물이 하는 행동. 표정 등을 나타내는 것
- ____ : 인물이 처한 상황을 설명하는 글

챕터 제목	
등장인물	

낭독극 극본 쓰기

읽기 후 활동 5. 낭독극 대본 쓰기

[연극 단원] 함께 연극을 즐겨요
- 낭독극 준비하기 -

6학년 2반 ____번
이름 __________

★ 우리가 쓴 극본을 보면서 낭독극을 준비해 봅시다.
1. 배역 나누기

모둠 친구 이름	맡은 등장인물

2. 배경, 소품, 음악 등 준비하기

준비할 것	필요한 상황 및 목록	맡은 사람
배경		
소품		
음악		

읽기 후 활동 6. 낭독극 준비하기

장발장 온책읽기 워크북

온작품읽기 실천 사례 – 6학년 2학기 『어린 왕자』

2학기 독서 단원 수업을 구상할 때는 작품을 통해 친구들과 대화를 나눌 수 있게 하는 질문

을 많이 제시해보고자 하였습니다. 『어린 왕자』라는 책 자체가 산문시처럼 느껴질 정도로 함축
적인 표현들이 많고, 비유가 많은 책이다보니 학생들끼리 서로 질문하고 대화하는 과정에서 깨
닫는 바가 더 많지 않을까 하는 생각이 들었기 때문입니다. 수업 구상 단계에서 먼저 책을 읽으
면서 각 장별로 아래와 같이 질문을 만들어 보았습니다. 그리고 그 질문에 대해 답할 수 있는 빈
칸을 만들어 소책자를 제작해서 나누어주고 함께 책을 읽으며 답을 작성해나갔습니다.

'어린 왕자'에서 나눌 질문 유형별 예시

질문 유형	예시
깊이 이해하기	• 어른들에게는 왜 그림에 대한 설명이 필요할까요? • 어른들은 처음부터 설명이 필요한 사람들이었을까요? 그렇지 않았다면 무엇이 어른들을 변하게 했을까요? • 터키의 천문학자가 전통의상을 입고 있을 때는 믿지 않던 발표 내용을 양복을 입으니 믿어준 이유는 무엇일까요? • 왕이 별을 '다스리는 것'과 사업가가 별을 '소유하는 것'은 어떤 점이 다를까요? • 글 속에서 '메아리'는 어떤 사람들을 비유하는 것일까요?
인물의 마음 헤아리기	• 어린왕자가 여러 양 그림 중 상자 그림을 가장 마음에 들어 한 이유는 무엇일까요? • 어린왕자는 왜 꽃이 가시 이야기를 했을 때 가엾게 들었어야 했다고 후회하는 것일까요? • 허영심 많은 사람이 진짜로 원했던 건 뭘까요?
문장에 담긴 뜻 추론하기	• '양이 꽃을 먹어버리면 모든 별들이 갑자기 사라져버리는 것과 같다'는 건 무슨 뜻일까요? • 꽃이 하는 말이 아니라 행동을 보고 판단해야 했다는 건 무슨 뜻일까요? 꽃은 어떻게 사랑을 표현하고 있었던 것일까요? • '가장 중요한 것은 눈에 보이지 않는다'는 것은 무슨 뜻일까요? • '길들인 것에 대해 책임이 있다'는 것은 무슨 뜻일까요?
인물의 삶의 가치 찾아보기	• 어른들과 화가를 꿈꿨던 어린 시절 '나'에게 중요한 삶의 가치를 비교해서 써 봅시다. • 새로운 친구에 대한 '나'의 질문과 어른들의 질문에서 중요한 가치가 무엇인지 비교해 봅시다. • '내'가 생각하는 '중요한 일'과 어린왕자가 생각하는 '중요한 일'에는 어떤 차이가 있나요? • 인물(왕, 허영심 많은 사람, 사업가, 가로등 관리인, 지리학자)이 처한 상황에서 어떤 말과 행동을 했는지 살펴보고, 각 인물이 추구하는 삶을 생각해 봅시다.
토론하기	• 신하가 없는 왕은 왕이라고 할 수 있을까요? • '이치에 맞는 명령'은 명령이라고 할 수 있을까요? • 여러분은 명령에 따라 가로등을 끄고 켜는 일이 의미 있다고 생각하나요? 찬성과 반대로 나누어 이유를 들어 토론해 봅시다.
나의 삶과 연결하기	• 내가 꽃처럼 행동했던 때가 있었거나 꽃처럼 행동하는 주변 사람을 본 적이 있다면 이야기를 나눠 봅시다. • 권위를 존중받으려면 어떻게 해야 할까요? • 여러분이라면 장사꾼이 파는 약을 살 건가요? 산다면 어디에 시간을 쓸 건가요? • 내가 '길들이거나 길들여진 것'에는 무엇이 있을까요?

이 활동을 통해 달성하고자 한 성취기준은 아래와 같습니다.

[6국01-03] 절차와 규칙을 지키고 근거를 제시하며 토론한다.

[6국02-01] 읽기는 배경지식을 활용하여 의미를 구성하는 과정임을 이해하고 글을 읽는다.

[6국05-03] 비유적 표현의 특성과 효과를 살려 생각과 느낌을 다양하게 표현한다.

[6국05-05] 작품에 대한 이해와 감상을 바탕으로 하여 다른 사람과 적극적으로 소통한다.

[6국05-06] 작품에서 얻은 깨달음을 바탕으로 하여 바람직한 삶의 가치를 내면화하는 태도를
지닌다.

어린왕자 온책읽기 워크북

4. 정리

교과서 없이 오롯이 내가 선택한 책을 학생들과 나누는 것이 두려우실 수 있습니다. 하지만 누구에게나 처음은 있습니다. 새로운 형태의 수업이라고 겁부터 먹기보다, 내가 재미있게 읽은 책을 학생들과 나누며 작품에 푹 빠져본다는 마음으로 가볍게 임해보시기 바랍니다. 그 과정에서 선생님께는 새로운 수업 도구가, 학생들에게는 평생의 독서 습관을 만드는 디딤돌이 생겨날 것입니다.

좋은 수업은 합창과도 같습니다

좋은 수업은 합창과도 같습니다. 지휘자가 눈빛과 손짓, 그리고 언어로 합창단을 이끌어 가듯 교사는 교실에서 아이들과 언어를 나누며 수업을 이끌어 갑니다. 그러나 합창의 중심이 단원이듯 수업의 중심은 학생입니다. 지휘자가 직접 연주하지 않고 합창단이 노래하듯 교사는 수업을 대신하는 사람이 아니라 학생들이 배움의 무대에서 직접 노래하도록

이끄는 역할을 합니다.

이때 수업의 합창곡이 되는 것은 바로 텍스트입니다. 좋은 합창곡이 단원들을 몰입하게 하듯, 좋은 텍스트는 학생들을 배움의 흐름 속으로 초대합니다. 온작품읽기는 단편적인 텍스트가 아니라 한 권의 작품 전체를 읽으며 학생들이 텍스트와 오랜 시간 머무르고 호흡할 수 있게 합니다. 마치 합창단이 한 곡을 처음부터 끝까지 연습하며 곡에 젖어드는 과정처럼, 학생들도 온작품읽기를 통해 책과 함께 살아가는 경험을 하게 됩니다.

교실에서 교사와 학생들은 같은 공간에서 같은 언어를 나누고, 같은 공기를 호흡하며 책을 중심으로 한 울림을 함께 만들어 갑니다. 온작품읽기는 학생들이 작품 속 세계를 교실 전체와 공유하게 하고, 그 속에서 생각을 나누며 자신의 목소리를 더하는 경험을 제공합니다. 이러한 과정은 합창단이 각자의 음색을 보태 하나의 하모니를 이루는 과정과 닮아 있습니다.

따라서 좋은 수업은 좋은 텍스트와 만나는 온작품읽기에서 출발합니다. 교사는 지휘자로서 학생들을 하나로 모아 책이라는 곡을 함께 연주하도록 돕고, 학생들은 합창단원처럼 작품 속 이야기를 자신의 배움으로 연주합니다. 온작품읽기가 교실을 하나의 합창 무대로 만들 때, 수업은 비로소 학생 주체의 배움으로 충만해집니다.

실천 과제

1. 아래 추천 도서 목록 중 학교 도서관에 있는 책을 찾아 읽어보세요. 그리고 학생들과 함께 읽어보고 싶은 책을 골라 보세요.

늘배움 선생님들의 온작품읽기 활용 도서 추천목록

종류	도서명	저자	주제
	슈퍼거북	유설화	끈기, 자신만의 장점
	수박수영장	안녕달	현실과 환상을 넘나드는 상상
	괜찮아	최숙희	용기, 자신감
	알사탕	백희나	상상, 공감
	마술연필	앤서니 브라운	미술표현
그림책	진정한 일곱살	허은미	자아 탐색
	이게 정말 나일까?	요시타케 신스케	자아 탐색
	이게 정말 사과일까?	요시타케 신스케	고정관념을 깨고 상상하기
	앵거 게임	조시온	감정, 나 전달법
	감정 호텔	리디아 브란코비치	감정

글밥 적은 책	배꼽전설	김명선	자존감, 용기
	가정통신문 소동	송미경	상상, 소통
	만복이네 떡집 시리즈	김리리	결핍과 소원, 극복
	나는 3학년 2반 7번 애벌레	김원아	생명, 동물의 한살이
글밥 많은 책	귓속말 금지 구역	김선희	우정, 관계, 성장
	악플 전쟁	이규희	우정, 관계, 성장
	괭이부리말 아이들	김중미	우정, 관계, 성장
	아름다운 아이	R. J. 팔라시오	외면과 내면, 우정, 성장
	마지막 이벤트	유은실	가족, 죽음
	리얼 마래	황지영	보여지는 나와 실제의 나
	일기 고쳐주는 아이	박선화	비교, 자주, 나다움
	멸망에 투자하세요	황이경	AI, 미래, 진로
	푸른 사자 와니니	이현	자기이해, 공존
	긴긴밤	루리	상처와 연대
	레밍 딜레마	데이비드 허친스	나의 삶에 질문 던지기
	책과 노니는 집	이영서	역사(조선시대 천주교 박해)
	몽실언니	권정생	역사(해방 직후 사회상), 전쟁의 참상

※ 그 외 온작품읽기에 좋은 책 찾는 방법

• 교과서에 단락글이 수록된 작품 전체 활용하기

• 학교 도서관 윤독도서 목록 참고하기

• 국립어린이청소년도서관 사서추천도서 목록 참고하기

  (https://www.nlcy.go.kr/NLCY/contents/C10600000000.do)

• 온작품읽기 및 온책읽기에 관련된 도서에 수록된 작품 참고하기

• 온라인 서점의 교과연계도서 추천 자료 활용하기

  ◦교보문고(https://store.kyobobook.co.kr/recommend/1533/1774)

  ◦알라딘(https://www.aladin.co.kr/events/wevent.aspx?EventId=275691)

  ◦예스24(https://www.yes24.com/product/category/display/001005)

• 교사 자료 공유 커뮤니티(인디스쿨 등)에서 추천 도서 검색하기

2. 교과서에 실린 활동 중 내가 고른 책과 연계할 수 있는 활동들을 골라 보세요. 또는 교과서 활동을 응용해 책을 읽으면서 학생들과 함께 해볼 수 있는 활동들을 생각해 보세요.
예 『몽실언니』안에 쓰인 관용 표현 및 속담을 찾아 뜻 추론해보기

3. 읽기 전, 중, 후 활동 계획을 세워 몇 차시가 필요한지 확인 후 시수 확보 계획을 세워 보세요. 앞서 내가 차용하고자 한 교과서 활동이 들어간 단원의 시수를 모아서 활용하거나 남는 창체 시수를 활용해도 좋습니다.

참고 문헌

☞ 가와시마 류타. (2024). 독서의 뇌과학: 당신의 뇌를 재설계하는 책 읽기의 힘 (황미숙 옮김). 현대지성.

☞ 김원겸, & 이형석. (2019). 슬로리딩, 교육과정을 품다. 에듀니티.

☞ 문화체육관광부. (2024). 2023년 국민독서실태조사 결과 보고서. 문화체육관광부.

☞ 심영택, & 고미령. (2020). 온작품 깊이 읽기. 박이정.

☞ Zaki, J. (2020). The War for Kindness: Building Empathy in a Fractured World. Crown.

배움이 자연스러운 수업에서 행복한 아이가 자란다

18차시. 배움을 내재화하는 학습 정리

1. 배움을 내재화하는 학습 정리의 의미

수업에서 학습 정리라고 하면 무엇이 떠오르시나요? 많은 분들이 수업을 마친 후, 또는 단원 학습을 마친 후 중요한 내용을 강조하며 마무리하는 시간을 떠올리실지도 모르겠습니다. 학생들이 기억해야 할 핵심 키워드가 예쁘게 잘 정리된 자료들과 함께 말이지요. 아니면 학습 정리에 따로 수업 시간을 할애하기보다, 정리는 각 학생의 자율적인 몫으로 맡기며 수업 과정에서 자연스럽게 생략하시는 분도 계실 것 같습니다.

그러나 교사가 무엇을 가르쳤는지보다 학생이 무엇을 배웠는지가 의미있는 학습의 기준이 되는 학습자 중심 수업의 관점에서, 학생을 **학습의 주체**로 만드는 정리 과정은 중요한 수업의 요소입니다. 그 아무리 화려한 수업일지라도 학생이 제대로 배우지 못했다면 소용이 없기에, 교사는 학생이 배운 내용을 스스로 정리하며 자신의 것으로 만들고, 또 새로운 질문을 던지며 배움을 이어 나갈 수 있도록 이끌어야 합니다. 그 과정 속에서 학생은 자신의 학습을 성찰하고 삶과 연결 지으며 지식과 경험을 구성하고 확장해 나갈 수 있겠지요.

"Students should be the owners of their own learning,
actively engaging in the learning process,
co-constructing knowledge,
and developing a strong sense of responsibility for their own growth."

"학생은 자신의 학습의 주인이 되어야 하며,
학습 과정에 적극적으로 참여하고,
지식을 함께 만들어가며,
자기 성장에 대한 책임감을 갖도록 해야 한다."

- OECD (2018). The Future of Education and Skills : Education 2030 - The OECD Learning Compass 2030

OECD Education 2030에서도 불확실성이 증대되는 미래사회에 대응하기 위해 학생이 자신의 학습과 삶을 스스로 이끌어가는 **주도성**(student agency)을 매우 강조하고 있는데, 학생의 능동적이고 책임감 있는 학습을 위해서는 물고기를 잡아 주는 것이 아니라 '**물고기를 잡는 법**'을 가르쳐주어야 합니다. 자신의 인지 과정을 알고 그것을 조절하는 **메타인지**(metacognition)를 길러줌으로써 학생 스스로 무엇을 알고 무엇을 모르는지를 확인하고 부족한 부분을 보완할 수 있도록 하는 것이지요.

이렇듯 일반적으로 학습 정리란 학습 내용을 일반화 및 적용하고 학습 목표에 도달한 정도를 점검하여 보충 및 심화하는 의미를 지니지만(강문정, 2018), 이 장에서는 특히나 '배움을 **내재화**하는 학습 정리'에 초점을 두고 이야기를 나누고자 합니다. 여기서 '내재화'란 수동적인 단순 반복 암기나 필사를 넘어, 능동적으로 배운 내용을 구조화하며 자신의 언어로 재구성하고, 머릿속에서 연결망을 만들어 실제 삶의 맥락으로 확장하는 것까지를 말합니다. 학습 정리 시간을 학생이 배움을 자기의 것으로 만들며 학습의 주체성을 발휘할 수 있는 무대로 함께 만들어 볼까요?

2. 배움을 내재화하는 학습 정리의 필요성

다들 한 번쯤 이런 경험이 있지 않으신가요? 분명히 수업 시간에 열심히 가르쳤고 학생들도 잘 이해했다고 생각했는데⋯ 막상 시험을 봤더니 기본적인 문제도 많이 틀려서 배신감을 느끼셨다거나, 과제를 부여했더니 수행 수준이 기대와 달리 처참해서 회의감이 들었던 적 말입니다. 아니면 수업 직후에는 학생들이 대답을 잘 했었는데 다음 시간에 비슷한 복습용 질문을 던졌더니 마치 처음 듣는 것처럼 멀뚱한 표정을 짓거나 머릿속에 온갖 개념이 섞인 채 헷갈려하는 모습을 보고 당황스러우셨던 경험도 있을 것 같습니다.

학생들 입장에서는 어떨까요? 어쩌면 바로 이 지점에서 학생들이 공부와 멀어지게 되는지도 모르겠습니다. 나름 수업도 성실하게 들었고 어느 정도 안다고 생각했는데 정작 답을 잘 못하겠으면 공부 자체에 어려움을 느끼고 마음의 벽을 쌓게 됩니다. 이처럼 실제로는 충분히 이해하지 못했음에도 자신이 잘 알고 있다고 잘못 믿는 인지적 착각 현상을 '지식의 착각(illusion of knowledge)'이라고 합니다. 학생들은 수업 시간에 이해했다는 느낌을 받았지만, 실제로는 학습 내용이 저장되지 않았고 새로운 상황에 적용할 수 있을 만큼 내재화되지 않았던 것입니다. 지식은 세상의 언어이지만, 지혜는 사람이 경험을 통해서 얻는 개인의 언어입니다. 결국 학생들이 배운 내용을 자신의 언어로 전환해내는 순간이 곧 지혜로 나아가는 길이며, 이 전환이야말로 학습의 핵심이라고 할 수 있습니다.

그렇다면 어떻게 지식의 착각에서 벗어날 수 있을까요? 많은 연구들이 위에서 이야기한 '배움을 내재화하는 학습 정리'의 효과를 증명하고 있습니다. Bjork & Bjork(2011)는 반복 읽기처럼 쉽고 편안한 활동이 아닌, 회상 연습과 같은 '바람직한 어려움'이 있는 활동이 장기 기억과 전이를 촉진한다고 강조하였습니다. Karpicke & Blunt(2011)의 실험에서는, 수업 직후 배운 내용을 자신의 언어로 재구성하고 활용해보는 활동을 한 학생이 단순히 다시 읽기나 반복 청취만 한 학생보다 장기 기억 유지율이 50% 이상 높았고 전이 과제에서도 더 뛰어난 수행을 보였습니다. Hattie(2009)는 학생 스스로 자신의 이해 수준을 점검하고 학습 전략을 조정하는 메타인지 전략이 성취에 매우 강력한 영향을 미친다고 밝혔습니다.

따라서 교사는 학생이 배움을 내재화하는 학습 정리의 방법을 자연스럽게 익히며 실천할 수 있는 수업을 할 수 있어야 합니다. 이는 지식의 착각을 줄이고, 장기 기억과 전이를 촉진하며, 메타인지 능력과 주도성을 키워줌으로써 학생들로 하여금 더 즐겁게 효과적으로 배우며 평생학습의 기틀을 마련할 수 있게 할 것입니다. 더 나아가 교사 또한 학생들의 실제적 이해를 확인함으로써 자신의 수업을 반성적으로 성찰하고 적절한 피드백을 제공하며 수업의 질을 높일 수 있을 것입니다. 수업을 마친 후 학생들이 배운 내용을 자신의 말로 술술 설명하고 새로운 상황에도 척척 적용하는 모습, 상상만 해도 행복하지 않으신가요?

3. 배움을 내재화하는 학습 정리의 실천 방법

그렇다면 배움을 내재화하는 학습 정리를 교실 수업에서 어떻게 실천할 수 있을까요? 학생들에게 너희가 정리의 주인이니 너희가 알아서 배운 내용을 정리하라고 하면 학생들이 바로 잘할 수 있을까요? 아마 꼭 해야 하냐고 물으며 귀찮아하는 학생부터 무엇을 어떻게 해야 하는지 몰라 멍하니 있는 학생까지 머리에 선히 그려지실 겁니다. 이런 모든 학생이 스스로 즐겁게 효과적으로 정리할 수 있도록 만드는 것이 교사의 역할이겠지요. 물론 그 방법에 있어서 정해진 하나의 정답만이 있는 것은 아니겠지만, 앞서 강조한 내용들을 바탕으로 다음과 같은 세 가지 **측면**에서 수업에 구체적으로 활용해 볼 수 있는 방법과 전략을 소개하고자 합니다. 처음에는 교사의 시연에 따라 다양한 정리 방법을 따라해보는 것으로부터 시작할 수 있고, 점차 학생이 스스로 방법을 선택하고 활용할 수 있도록 도와주며 그 속에서 학생의 사고 과정을 살펴준다면 학생은 어느새 정리의 주인이 되어 있을 것입니다.

배움을 내재화하는 학습 정리의 실천 방법 세 가지

1	자신의 언어로 설명하기	능동적으로 지식을 구성하며 다양한 시각화 도구를 통해 구조화하기
2	새로운 상황에 적용하기	점프 과제를 통해 삶의 문제에 적용해보고 문제 만들어보기
3	스스로 꾸준히 점검하기	자신의 이해도를 점검하며 학습 정리를 습관화하기

(1) 자신의 언어로 설명하기

① 능동적으로 지식 구성하기

▶ **책을 덮고 '지식의 착각' 경험하기**

좋아하는 맛집이나 관심 있는 운동 등등 잘 알고 있는 대상 하나를 떠올려보세요. 선생님께서는 그 대상에 대해 바로 잘 설명하실 수 있으신가요? 만약 진짜로 잘 알고 계시다면 술술 자세히 설명하실 수 있으실 것이고, 마음처럼 말이 잘 나오지 않는다면 생각보다 그 대상에 대해 잘 모르고 계신 것일 수도 있습니다. 학생들도 마찬가지입니다. 만약 한 아이돌의 열렬한 팬인 친구에게 그 아이돌의 매력에 대해 설명해달라고 하면 어떨까요? 아마 아무것도 보지 않고도 눈을 반짝이며 귀에 쏙쏙 들어오게 설명해줄 수 있을 겁니다.

그렇지만 나름 공부를 열심히 했다고 생각하는 학생에게 배운 내용을 설명해달라고 하면 어떨까요? 앞서 '지식의 착각' 이야기를 했는데, 사실 스스로 얼마나 착각하고 있는지도 모르는 학생들이 대부분입니다. 특히나 공부와 관련해서는 정해진 모범답안만이 정답이고 틀리고 부족한 답변은 부끄럽다는 닫힌 생각 때문에 더더욱 설명의 시작조차 주저하는 경우가 많지요. 그래서 학생들은 공부할 때 주로 교과서와 참고서를 포함한 책이나 프린트물, 공책 등의 자료에 의존하며, 배운 것을 설명하기 위해서 책부터 보려고 합니다.

물론 책을 보는 자체가 무조건 나쁘다는 것은 아니지만, 자신의 언어로 배운 내용을 설명할 수 있으려면 먼저 책을 덮는 것부터 시작해야 합니다. 만약 학생이 학습 정리의 필요성에 공감하지 못한 채 거부감을 가지고 억지로 참여한다면 결국 주도성을 기반으로 하는 진정한 의미의 학습 정리는 이루어지지 못할 것이기에, **책을 덮고 학생들이 이미 잘 알고 있다고 생각하는 내용에 대해 직접 표현**해보게 하며 현재 자신의 상태를 제대로 느껴볼 기회를 제공하는 것이지요.

예를 들어, 사각형의 둘레와 넓이에 대해 학습하기 전에 여러 가지 사각형의 개념에 대해 표현해보게 하거나, 이차방정식을 공부하기 전에 방정식의 정의에 대해 설명해보게 하는 것, 또는 어떤 글을 읽거나 강연을 들은 후 아무것도 보지 않고 기억에 남는 내용들을 써보게 하는 것 등을 통해 학생들의 제각각인 머릿속을 잠시나마 들여다볼 수 있습니다.

이 과정에서 사다리꼴, 평행사변형, 마름모, 직사각형, 정사각형이 어떻게 생겼는지만 직관적으로 아는 학생과 각 사각형의 개념과 관계를 정확히 아는 학생, 그리고 외운 공식으로 문제 풀이만 할 수 있는 학생과 그 원리까지 깊게 이해하고 있는 학생이 구분됩니다. 심지어 방금 직전에 다같이 읽거나 들었더라도 각 학생의 머릿속에 남은 내용은 천차만별일 수 있다는 사실 또한 경험하게 되지요.

▶ 핵심 키워드를 연결하여 노른자 문장 만들기

그러한 지적 자극을 통해 학생들은 안다고 생각했던 것과 실제로 알고 있는 것이 다를 수 있음을 깨닫게 되는데, 그때 절망하고 끝나는 것이 아니라 능동적으로 구성한 지식의 힘과 진정한 의미의 학습 정리가 주는 쾌감을 느낄 수 있게 하는 것이 중요합니다. 이를 위해 실제 수업에서 가장 쉽게 시도해볼 수 있는 구체적인 방법은 '노른자 문장 만들기'입니다. 수업을 마치기 몇 분 전, 책을 덮고 오늘 수업에서 배운 내용 중에서 가장 중요하다고 생각되는 핵심 키워드를 몇 가지 함께 뽑고, 각 학생이 그 핵심 키워드를 사용하여 자신만의 '노른자 문장'을 만들게 해보세요.

예를 들어, 오늘 과학 시간에 온도가 다른 두 물체가 접촉할 때 두 물체의 온도는 어떻게 변하는지 알아보는 실험을 했다고 생각해봅시다. 수업의 정리 단계에서 책을 보지 않고 갑자기 오늘 공부한 내용을 바로 문장으로 설명해보라고 하면 학생들은 괜히 어려워합니다. 그러나 오늘 공부한 내용 중에 기억에 남거나 중요한 단어, 즉 핵심 키워드를 이야기해보라고 하면 생각보다 잘 참여하지요. 아마 공부와 별로 친하지 않은 학생들도 방금 한 실험을 떠올리며 '온도', '열', '차가운 물', '따뜻한 물' 등의 단어를 떠올릴 수 있을 것이고, 핵심 개념을 파악하는 능력이 뛰어난 학생은 '온도 변화', '열의 이동'이라는 단어까지도 기억해 낼 것입니다. 그렇게 오늘 수업의 핵심 키워드가 몇 가지 모이면, 이제는 개별로 그 단어들을 사용하여 책을 보지 않고 노른자 문장을 만들어 볼 차례입니다. 이 과정에서 각 학생들은 핵심 키워드 간의 관계에 대해 고민해보게 되고, 각 핵심 키워드를 자신의 설명으로 연결하며 오늘의 배움을 정리하게 됩니다.

노른자 문장 만들기 예시

핵심 키워드	온도, 열, 차가운 물, 따뜻한 물, 온도 변화, 열의 이동 등
나만의 노른자 문장 예시	따뜻한 물은 온도가 높고, 차가운 물은 온도가 낮다. 따뜻한 물과 차가운 물이 만나면 온도가 변화한다. 따뜻한 물은 온도가 낮아지고, 차가운 물은 온도가 높아진다. 열은 온도가 높은 곳에서 온도가 낮은 곳으로 이동하기 때문이다.

교사는 학생들이 만든 노른자 문장을 통해 각 학생의 사고 과정과 개념 이해 정도를 확인하여 그에 따른 개별 피드백을 제공하고 그것을 다음 수업에 반영할 수 있습니다. 노른자 문장은 학년과 교과 및 학급 특성에 따라 다양한 방식으로 공유할 수 있는데, 교사나 친구에게 직접 말로 설명하게 하거나 교과서나 공책에 적게 할 수도 있고, 붙임쪽지나 보드판, 패들렛 등을 활용하여 학급 전체 단위로 문장을 나눌 수도 있습니다. 어떤 방식이든 꾸준한 노른자 문장 만들기를 통해 학생 스스로 학습 내용을 더 명쾌하게 설명할 수 있다는 효능감을 느끼며 배움의 주체가 되게 하는 것이 중요합니다.

▶ 풀이 과정을 설명해주는 유튜버 되어보기

학생들이 자신의 언어로 설명하면서도 스스로 몰입해서 재미있게 참여하게 만드는 활동을 하나 소개하고자 합니다. 바로 '나도 일타강사 유튜버' 활동인데, 이름만 들으면 왠지 거창하고 준비가 많이 필요할 것 같지만 학생별 스마트 기기만 있으면 생각보다 간단하게 시도해볼 수 있어서 특히 수학 교과의 정리 활동으로 추천합니다. 수학 교과는 흔히 공부한 개념을 바탕으로 다양한 문제를 풀어보면서 배움을 심화하고 학습을 정리하는 경우가 많은데, 이때도 학생이 주체가 되게 하기 위해서는 문제를 풀기 위해 스스로 사고하는 과정이 매우 중요합니다. 특정 유형의 문제 풀이 방법을 수동적으로 암기하여 당장은 정답을 맞힐 수 있다고 해도, 왜 그렇게 풀 수 있는지에 대한 기초적인 개념 이해가 부실하다면 제대로 배우지 못한 것이지요. 그래서 학생 스스로 자신의 문제 풀이 과정을 설명하는 '나도 일타강사 유튜버' 활동이 배움을 내재화하는 학습 정리에 큰 도움이 됩니다.

먼저 학생들 스마트 기기에 배운 내용으로 풀 수 있는 다양한 유형과 난이도의 문제를 배포하고, 학생들은 주어진 문제 중에서 자신이 설명하고 싶은 문제를 선택하여 풀어 봅니다. 다 풀었다면 이제 풀이 과정을 설명하는 영상을 찍어야 하는데, 영상은 별도로 촬영할 필요 없이 **패들렛** 사이트의 '화면 녹화' 기능을 활용하면 바로 문제가 보이는 창 화면에 설명하는 소리가 같이 녹음된 영상이 자동으로 업로드되어 편리합니다. 영상을 찍을 때, 학생들에게 일타강사의 역할을 강조하며 수학을 잘 못하는 사람도 들으면 쉽게 이해할 수 있도록 **관련 개념과 풀이 과정을 최대한 자세히 하나하나 친절하게 설명**해볼 수 있도록 하는 것이 좋습니다.

그렇게 한 패들렛에 저마다의 문제 풀이 영상이 올라오면, 서로의 영상을 보고 '좋아요'와 '댓글'로 소통할 수 있습니다. 같은 문제도 어떻게 다르게 설명했는지 살펴보고, 특히 여러 가지 방법으로 풀 수 있는 문제의 경우 서로의 창의적인 생각을 들여다보는 것이지요. 예를 들어 색칠된 부분의 넓이를 구하는 문제에서, 전체 사각형에서 빈 부분을 빼서 구하는 방법과 색칠된 부분을 여러 사각형으로 나눈 뒤 더하는 방법의 장단점을 서로 비교해보며 사고를 확장할 수 있습니다.

② 다양한 시각화 도구를 통해 구조화하기

학생들이 자신의 언어로 설명하며 학습을 정리한다고 할 때, 여기서의 '언어'가 꼭 말의 형태일 필요는 없습니다. 오히려 말이든, 글이든, 그림이든, 도식이든 **자신에게 잘 맞고 주제와도 적합한 표현 방식**을 자유롭게 선택할 수 있도록 하는 것이 바람직하지요. 그러나 그렇게 학생들이 자신의 뇌가 선호하는 방식을 찾고 특정 주제에 따라 최적의 도구를 자유자재로 활용할 수 있도록 하려면, 먼저 맘껏 꺼내 쓸 수 있는 **다양한 틀**을 배우고 익히는 준비가 필요합니다. 그 틀은 머릿속에 파편처럼 흩어져 있는 지식을 연결하여 의미 있는 구조로 만들고 개념 간의 위계와 연결 관계를 한눈에 보여줄 수 있어야 합니다. 학생이 설명하고자 하는 내용을 체계적으로 구조화하는 방법을 익혀 점차 스스로 틀을 설계해 나갈 수 있는 힘을 길러주기 위해서는 다음과 같은 연습이 효과적입니다.

▶ 숲을 보는 연습을 통해 전체 구조와 위계를 파악하기

본격적으로 구조화 연습을 시작하기 전, 학생들이 각 교과목의 내용 체계와 교과서의 구성 및 위계에 대해 이해하며 숲을 보는 일은 자신만의 구조를 설계하는 데 있어서 중요한 주춧돌의 역할을 담당합니다. 먼저 학생들이 그동안의 학습 경험을 바탕으로 해당 과목에서 배우는 내용들을 떠올리고, 그것들을 성격에 따라 분류해보게 할 수 있습니다. 좀 더 직관적으로는 해당 과목 교과서의 전체 목차에서 각 단원을 분류해보게 할 수도 있지요. 이를 통해 학생들은 **각 교과목의 영역과 구조**를 자연스럽게 파악하고, 해당 과목에서 무엇을 배우는지에 대하여 자신만의 숲을 구성할 수 있습니다.

예를 들어, 과학의 경우 '운동과 에너지', '물질', '생명', '지구와 우주' 등으로 학습 내용을 분류하면서 각 영역에서 배우는 내용에는 어떤 것들이 있을지, 어떤 기준으로 분류했고 또 공통점은 무엇인지, 나는 어떤 영역이 가장 흥미로운지 등에 대해 생각해보게 하며 과학이 어떤 과목인지에 대한 깊이 있는 이해를 도울 수 있습니다.

또 사회의 경우 크게 '역사', '지리', '사람들' 등으로 학습 내용을 분류하면서 '시간적 맥락과 공간적 맥락 속에서 사람들이 모여 살아가는 방식에 대해 배우는 교과'라는 인식을 가지게

될 수도 있겠지요. 이렇게 각 교과목에서 이미 배웠던 내용과 앞으로 배울 내용들이 자연스럽게 하나의 구조와 체계 속에서 연결되는 과정을 통해 학생들은 개념 간의 관계를 정립해 나갈 수 있습니다.

다음으로, 학생들이 **교과서의 구성과 특징**을 파악하여 능동적으로 학습할 수 있는 기회를 제공해줄 수 있습니다. 먼저 교과서를 훑어보며 학생 스스로 특징을 발견해 보게 할 수도 있고, 거의 모든 교과서의 앞 부분에 설명되어 있지만 대부분 잘 읽지 않고 넘기는 부분에 관심을 가지게 할 수도 있습니다. 학생들이 교과서의 구조와 흐름에 대해 이해하면 교과서는 배움을 내재화하는 학습 정리의 좋은 재료가 될 수 있습니다. "몇 쪽을 펼쳐라, 어디를 봐라" 하는 교사의 지시에 따라서만 수동적으로 학습하는 것이 아니라, 교과서가 왜 이렇게 쓰여졌는지 스스로 생각하며 자신의 지식 구성에 능숙하게 활용할 수 있게 되는 것이지요. 이러한 과정을 통해 학생들은 매 수업 때마다 저마다의 숲과 나무를 동시에 보며 머릿속에서 오늘의 학습 위치를 자연스럽게 인지하게 됩니다.

학생들이 숲을 보는 데 익숙해졌다면, 이를 바탕으로 **위계를 파악**하는 능력도 길러주어야 합니다. 이는 똑같은 수준의 목차를 찾아보는 활동을 통해 연습할 수 있는데, 예를 들어 대단원-중단원-소단원의 구조에 있어서 각 단원과 같은 수준의 목차가 무엇인지를 묻고 답하며 위계란 무엇인지를 이해할 수 있습니다. 성공했다면 한 발짝 더 나아가 각 차시의 세부 내용 안에서도 위계를 파악하는 연습을 해볼 수 있습니다. 예를 들어, [국토의 지역 구분] 안에 '전통적인 지역 구분', '조선 시대의 행정적 지역 구분', '오늘날의 행정구역' 등이 구분 기준으로서 같은 위계에 있다는 것을 능동적으로 찾아내며 전체와 부분의 관계를 파악하는 것이지요. 같은 위계끼리 같은 색으로 표시하며 위계를 간단히 시각화하는 연습을 해볼 수도 있고, 같은 위계에서는 넘버링을 하고 다른 위계에서는 들여쓰기를 하는 일반적인 문서 정리 방식에 대해서도 자연스럽게 소개할 수 있습니다. 이는 구조화의 기본 바탕이 되며, 위계를 파악하는 연습에서 점차 자신만의 위계를 만들어가는 연습으로까지 발전시켜 나갈 수 있습니다.

▶ 시각화 도구의 활용 방법 익히기

이제 각 위계 속에서 중요한 개념과 내용을 찾아 적절하게 관계 지어 보며 그 구조와 흐름을 효과적으로 표현할 수 있어야 하는데, 학생들이 **내용을 구조화하고 사고를 시각화하는 다양한 전략**을 자유롭게 활용하기 위해서는 일상 속 수업에서 꾸준한 연습이 필요합니다.

학년이나 학생들의 발달 수준에 따라 구체적 방법은 다양하겠지만, 기본적으로 **인과 관계, 포함 관계, 열거, 비교 및 대조, 순서 등의 구조**가 학습 내용으로 등장할 때 학생들이 그 구조를 스스로 시각화해보며 직접 지식을 구성할 기회를 제공해줄 수 있습니다.

학생들이 많이 어려워하는 경우 **시범**을 보여주며 같이 해보거나 어떻게 표현하면 가장 알기 쉬울지 질문을 던지며 창의적 사고를 촉진할 수 있습니다. 이때 잘 정리된 좋은 예시도 충분히 제공하여 학생이 자신의 정리와 비교해볼 수 있게 하고, 무엇보다 **풍부한 개별 피드백**을 통해 학생이 다양한 전략을 익힐 수 있도록 도와야 합니다. 왜 이렇게 표현했는지 질문하며 학생이 자신의 사고 과정을 스스로 성찰해 볼 수 있게 하고, 더 한눈에 들어오게 하는 방법은 없을지 의견을 나눌 수도 있지요. 구조화 및 정리 방식에 하나의 정답이 있는 건 아니지만, 학생이 다양한 도구를 자연스럽게 접해보고 직접 써 보며 사용 방법도 충분히 익히고 유용함도 느낄 수 있도록, 그래서 언제든 필요할 때 혼자서도 편하게 꺼내 쓸 수 있도록 이끌어주어야 합니다.

쉽게 시도해 볼 수 있는 구체적인 활동 예시로, 다음과 같은 문장을 주고 저마다 이를 **가장 이해하기 쉽게 구조화**하여 표현해보게 할 수 있습니다. 지금 읽으시면서 선생님도 직접 한번 해보시면 좋겠습니다.

구조화 문제 예시

식약처에서 발표한 내용에 따르면 설 명절 음식은 밀가루 및 식용유를 시작으로 과일 및 채소 등의 농산물, 햄과 어묵 등의 냉장이 필요한 가공식품, 육류, 어패류 순서로 구매하는 게 안전하다. 이는 냉장이 필요 없는 식품부터 시작해 온도에 가장 민감한 어패류를 맨 마지막에 구입하는 방식이다.

   배움이 자연스러운 수업에서 행복한 아이가 자란다

머릿속으로라도 다 해보셨나요? 저는 이렇게 한번 나타내봤는데 어떤가요? 선생님의 생각과 비슷한가요?

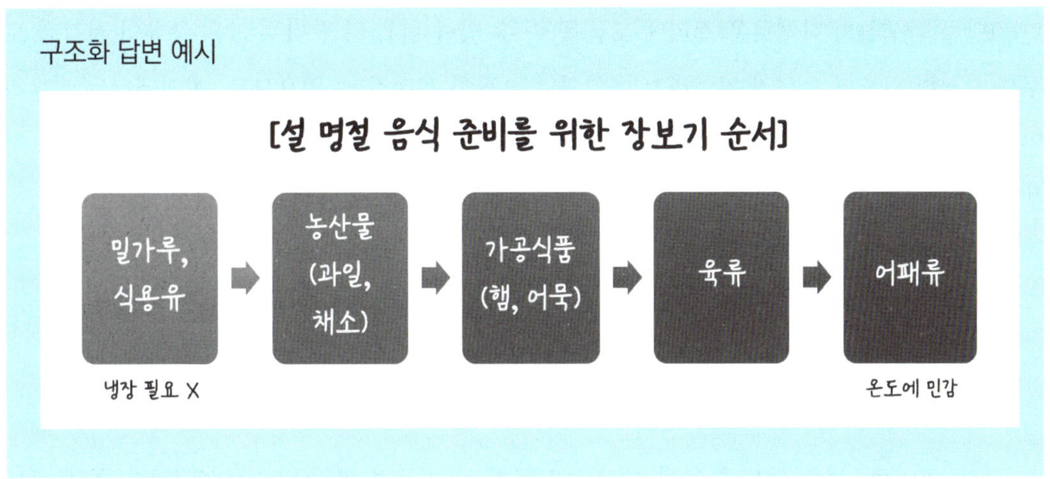

학생들과 실제로 해보시면, 아마 생각보다 학생들의 머릿속이 꽤 다양해서 놀라실 수도 있습니다. 또 아직 구조화가 익숙하지 않은 학생의 경우 그동안 평소 수업에서도 왜, 어떤 어려움을 겪고 있었을지 확인하며 체계적인 연습이 많이 필요함을 실감하실 수 있으실 겁니다. 물론 당연히 저의 구조화 방식이 고정된 정답은 전혀 아니지만, 학생들은 서로의 표현 방식을 비교해 보며 스스로 더 효과적이라고 느끼는 구조화 방식을 자연스럽게 학습할 수 있습니다.

예를 들어 제목이 있는 것과 없는 것, 온도에 대한 보충 설명이 있는 것과 없는 것의 차이를 느끼며 그것을 다음 정리에 반영할 수도 있고, 주로 그림으로 사고하는 친구가 과일, 고기, 물고기 등의 그림을 그려 넣은 것을 보고 표현 방식의 다양성에 대해 생각해 볼 수도 있습니다. 만약 기본적인 '순서'의 틀조차 떠올리기 어려워한다면, '순서도', '포함도', '원그래프' 등의 보기를 주고 가장 적합한 구조가 무엇일지 선택해보게 함으로써 도움을 제공할 수 있습니다.

▶ 다양한 시각화 도구

앞서 순서도로 내용을 표현했던 것처럼, 다양한 시각화 도구에 대해 교사가 이해하고 있으면 그만큼 학생들의 다채로운 정리에 도움을 줄 수 있습니다. 지금 너무 많은 종류의 시각화 도구를 자세히 다루면 오히려 기억하기 어렵거나 본질이 흐려질 수 있으므로, 여기에서는 이론적인 부분보다는 실제 수업과 학습 정리에서 언제든 활용할 수 있는 든든한 후보의 느낌으로 학생들과 연습해 보면 좋은 시각화 도구들을 유형화하여 간략히 소개하겠습니다.

먼저 가장 기본적인 도식으로는 순서도(Flow Chart)와 포함도(Hierarchy Chart)가 있어서 이를 내용에 맞게 조금씩 변형하는 것만으로도 많은 학습 내용을 표현할 수 있습니다.

그림, 아이콘, 색채 등을 활용해 사고를 표현하는 '비주얼 씽킹(Visual Thinking)' 도구도 알고 있으면 좋은데, 미술 시간과 연계하여 직관적인 아이콘을 그려 보게 하거나 스토리보드(Storyboard)로 이야기의 흐름을 각 장면의 그림 위주로 나타내 보게 할 수 있습니다.

수치 등 데이터를 시각화할 때는 먼저 수학 시간과 연계하여 통계적 데이터를 다양한 그래프로 시각화하고, 더 나아가 거기에 디자인적 요소까지 더한 '인포그래픽(infographic)'을 주제로 한 수업을 구성할 수 있습니다. 또 역사적 데이터는 사건을 시간순으로 배열한 타임라인(Timeline)으로, 지리적 데이터는 위치를 표현한 지도 기반 시각화(Map Visualization)로 시각화해볼 수 있습니다.

마지막으로 '그래픽 오거나이저(Graphic Organizers)'는 개념 및 아이디어를 관계 중심으로 구조화하는 시각화 도구입니다. 대표적인 예시로 중심 주제를 가운데 두고 가지를 뻗어나가며 관련 개념을 확장하는 마인드맵(Mind Map)이나, 집합 간 공통점과 차이점을 시각화하는 '벤 다이어그램(Venn Diagram)'이 널리 알려져 있습니다. 여기에 추가적으로 David Hyerle가 고안한 여덟 가지 사고 유형 기반의 그래픽 오거나이저인 씽킹맵(Thinking Maps)의 종류를 정리하면 다음과 같습니다.

씽킹맵의 종류 여덟 가지

1	서클 맵 (Circle Map)		• 정의 : 주제나 개념을 정의, 배경지식 떠올리기 • 중심에 주제나 개념을 두고, 주변에 관련된 정보를 자유롭게 기록 • 예 '환경'에 대해 내가 아는 것 적기
2	버블 맵 (Bubble Map)		• 묘사 : 특징이나 성질을 묘사 • 중심에 핵심 개념을 넣고, 주위의 버블에 그 개념의 특징이나 설명을 연결 • 예 '나의 친구'를 형용사로 표현하기
3	더블 버블 맵 (Double Bubble Map)		• 비교 및 대조 : 두 개념 간의 공통점과 차이점 파악 • 두 중심 버블 사이에 공통점을, 바깥쪽에 각 개념의 차이점을 나열 • 예 강아지 vs 고양이 비교하기
4	트리 맵 (Tree Map)		• 분류 및 범주화 • 큰 범주에서 작은 하위범주로 정보를 분류하며 계층 구조를 시각적으로 표현 • 예 동물 분류하기 : 포유류, 조류, 파충류 등
5	브레이스 맵 (Brace Map)		• 전체와 부분 : 구성 요소 파악 • 전체를 왼쪽에 두고, 오른쪽에 부분 및 구성요소를 분해하여 표현 • 예 자전거 구성 요소 파악하기 : 바퀴, 핸들, 안장 등
6	플로우 맵 (Flow Map)		• 순서 및 과정 • 어떤 사건이나 과정의 순서를 화살표로 단계적으로 표현 • 예 이야기 흐름이나 실험 단계 정리하기
7	멀티 플로우 맵 (Multi-Flow Map)		• 원인과 결과 • 중심에 사건이나 상황을 두고, 왼쪽에는 원인, 오른쪽에는 결과 나열 • 예 중심에 '폭염'을 두고 원인과 결과 분석하기
8	브릿지 맵(Bridge Map)		• 유추 • A : B = C : D의 구조로 유추적 연결을 표현 • 예 '새 : 둥지 = 물고기 : 물' 유추하기

이러한 시각화 도구들을 활용함으로써 학생들은 어떻게 사고하는지를 더욱 체계적으로 배우고 점차 자신만의 구조를 만들어가며 스스로 자신의 학습을 효과적으로 정리할 수 있습니다.

(2) 새로운 상황에 적용하기

① 점프 과제를 통해 삶의 문제에 적용해보기

혹시 '점프 과제'에 대해 들어보셨나요? '점프(jump)'라는 단어가 의미하듯이, 학습자가 현재 수준에서 한 단계 더 높은 단계로 도약할 수 있도록 돕는 도전적인 과제를 점프 과제라고 합니다. 기초적인 학습 후에 도전적인 점프 과제를 제시하면 학생들은 스스로 질문하고 함께 탐구하여 문제를 해결하며 자연스럽게 배움을 삶으로 확장하게 됩니다. 그렇다면 어떤 문제를 점프 과제로 제시할 수 있을까요? 다음과 같은 조건을 충족하면 좋은 점프 과제라고 볼 수 있습니다.

좋은 점프 과제의 조건

현실성	실생활과 연결될 수 있는 과제
복잡성	탐구를 기반으로 고차원적인 사고를 촉진하는 수준 높은 과제
다양성	정답이 고정되어 있지 않고 다양성을 발휘할 수 있는 과제
협동성	혼자 힘으로 해결하기 어렵고 함께 협력해야 해결할 수 있는 과제
창의성	새로운 아이디어를 내며 창의성을 발휘할 수 있는 과제

예를 들어, 초등학교 2학년 수학에서 '분류하기'를 배우며 우리 반 친구가 가장 좋아하는 과자를 의미 있게 분류한 결과를 말하는 점프 과제를 제시할 수 있습니다. 학생들은 일상에서 자주 보던 과자를 어떤 기준으로 분류하면 좋을지 함께 이야기하며 분명하고 의미 있는 분류 기준을 선정하고, 과자에서 정보를 탐색하여 바르게 분류한 뒤 분류한 결과를 세어 그 의미를 발표하게 됩니다. 또 삼각형, 사각형, 원 등 '여러 가지 모양'에 대해 배우고, 침대나 창문 등 '네모의 꿈' 노래에 나오는 각각이 왜 주로 사각형 모양인지, 피자는 왜 주로 원 모양인지 등에 대하여 함께 고민한 결과를 발표하게 할 수도 있지요. 이렇듯 점프 과제를 해결하기 위해서 자연스럽게 학생들이 자신의 언어로 설명하며 협력적 소통이 일어나게 되고, 교사는 직접적인 답을 제시하는 대신 힌트를 제공하며 모두가 더 적극적으로 즐겁게 참여하는 수업을 만들 수 있습니다.

② 문제 만들기 활동으로 역방향 사고하기

문제 만들기 활동은 학생이 학습한 내용을 바탕으로 다른 사람이 풀 수 있는 문제를 직접 설계해보는 방법입니다. 이 과정에서 학생은 어떤 개념이 핵심인지, 어떻게 질문을 구성해야 하는

   배움이 자연스러운 수업에서 행복한 아이가 자란다

지를 고민하게 되고, 자연스럽게 내용을 더 깊이 이해하게 됩니다. 문제는 교과별로 매우 다양한 수준과 형태로 만들어 볼 수 있는데, 읽기 활동의 경우 다음과 같이 블룸의 6단계 교육목표 분류를 바탕으로 학생이 각 단계의 수준에 맞는 문제를 만들어 보도록 구성하면 효과적입니다.

읽기 활동에서의 6단계 문제 만들기

1단계	지식 문제	현재 문장 속에 답이 있거나, 단순히 전에 배운 내용에 대한 간단한 기억을 요구하는 문제 예 이 글의 주인공은 누구인가요?
2단계	이해 문제	배운 내용의 충분한 이해를 토대로 자신의 말로 설명하거나 대답할 수 있는 문제 예 이 글의 중심 생각은 무엇인지 설명해 보세요.
3단계	적용 문제	학습한 내용이나 방법을 새로운 상황에 적용하여 대답할 수 있는 문제 예 'OO'이라는 낱말을 사용하여 문장을 만들어 보세요.
4단계	분석 문제	구조와 관계를 파악하여 근거를 제시하도록 요구하는 문제 예 이 글의 주장에 대한 근거는 무엇인가요?
5단계	종합 문제	창의적으로 새로운 아이디어를 만들어 내도록 요구하는 문제 예 내가 지은이라면 결말을 어떻게 바꾸고 싶은가요?
6단계	평가 문제	가치 판단 및 자신의 의견을 요구하는 문제 예 논제에 대한 자신의 의견을 말해 보세요.

수학 교과의 경우 먼저 기존 문제의 숫자나 소재를 조금씩 변형하여 문제를 만들어 보는 것에서 시작하여 점차 스스로 문제의 상황을 직접 설계해 보도록 함으로써 문제 만들기를 체계적으로 연습할 수 있습니다. 이를 통해 학생들은 학습한 내용을 실생활에서 어떤 문제에 적용할 수 있을지 고민하며 배움을 삶의 맥락으로 확장시킬 수 있습니다.

문제 만들기 활동에서는 자신이 만든 문제의 답과 예시까지 함께 적어보도록 하며 양방향 사고를 촉진하는 것이 좋고, 서로 만든 문제를 공유하고 풀어보는 활동으로 마무리하면 학생들이 더욱 흥미를 가지고 몰입할 수 있습니다.

이해란?

이해란 어떤 대상의 여러 요소들이 서로 어떻게 연결되어 있는지를 알고, 그 전체 구조를 자기 머릿속에 하나의 틀로 세워가는 과정입니다. 다른 사람은 이름이나 목록 같은 정보는 줄 수 있지만, 그 구조 자체를 대신 만들어 줄 수는 없습니다. 결국 자신의 정신적 구조는 스스로 구축해야만 합니다(Holt, 2010). 이해는 단순한 지식의 나열을 넘어 관계

(3) 스스로 꾸준히 점검하기

① 자신의 이해도를 점검하기

배운 내용을 자신의 언어로 설명하고, 새로운 상황에 적용하는 이 모든 과정 속에서 학생들은 자연스럽게 자신의 사고를 성찰하며 스스로 얼마나 이해했는지 점검할 수 있어야 합니다. 지식의 착각 속에서 모두가 단순히 별을 다섯 개 색칠하며 형식적인 자기 평가를 진행하는 것이 아니라, 정말로 내가 어디까지 알고 어디부터 모르는지, 안다면 어느 정도 수준으로 아는지를 스스로 정확하게 인지할 수 있도록 하는 것이지요. 이를 위해서는 학습한 내용 중에서 아직 설명 못 하는 것이 무엇인지를 확인하며 가장 헷갈리는 것, 더 공부할 것 등을 표시하거나 기록해 보게 할 수 있습니다.

특히 문제를 푼 이후에는 오답노트를 작성하며 왜 틀렸는지를 반성하고 복습하는 것이 큰 도움이 되는데, 예를 들어 아래와 같은 양식을 활용할 수 있습니다. 학생들은 틀린 이유를 상세히 분석하여 잘못 이해했던 개념이 있다면 다시 바르게 고치고, 반복되는 실수의 패턴이 있다면 이를 개선하고자 집중적으로 노력하게 됩니다. 이렇게 자신의 부족한 부분을 파악하여 그것을 보완하기 위해 학습 전략을 조절하는 과정 속에서 학생들의 메타인지가 발달합니다.

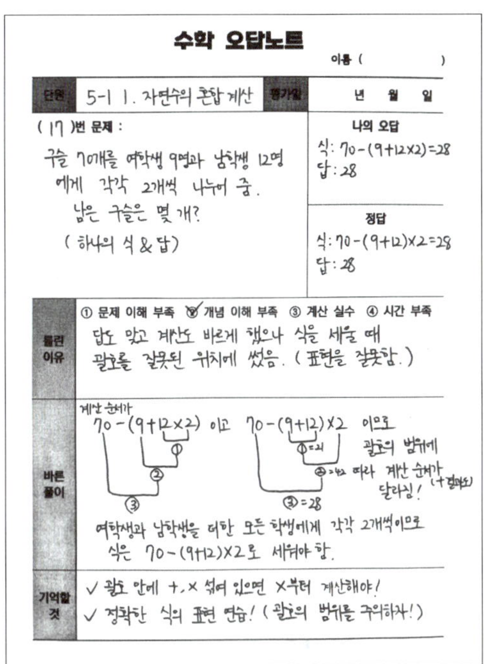

수학 오답노트 예시

② 학습 정리를 습관화하기

지금까지 배움을 내재화하는 학습 정리를 실천하는 여러 가지 방법을 알아보았는데, 아무리 좋은 방법도 일회성 활동에 그치면 효과가 제한적입니다. 따라서 이 모든 내용을 활용하여 우리 교실에 가장 적합한 맞춤 루틴을 설계하고, 그것을 꾸준히 반복하여 일상 속 학습 습관으로 자리 잡을 수 있도록 해야 합니다.

예를 들어, 매 수업의 주요 내용을 한두 문장으로 정리하고 자신의 수업 참여도와 이해도 등을 스스로 평가하는 배움공책을 작성할 수도 있고, 모르는 단어의 뜻과 나만의 예문을 정리하는 어휘공책이나 각종 질문을 기록하는 질문공책을 써볼 수도 있겠지요. 학년에 따라 선택권과 자율성을 부여하는 정도도 조금씩 달라질 것입니다.

먼저 어떤 시간을 확보하여 어느 정도의 간격을 두고 학습을 정리하는 시스템을 마련하면 좋을지, 공책이나 패들렛 등 어떤 도구를 준비하여 어떻게 정리의 과정과 결과를 공유하면 좋을지 등을 고민해 보세요. 그 방식은 교실의 상황과 학습자의 특성에 따라 다양할 수밖에 없겠지만, 학습 정리의 습관화를 위해 다음의 세 가지를 고려하는 것이 필요합니다.

첫째, 학생과 교사 모두가 일상 속에서 꾸준히 무리 없이 운영할 수 있어야 합니다. 둘째, 학생 스스로 작성한 정리를 교사나 또래가 주기적으로 점검하고 피드백하며 정리 활동의 질을 제고할 수 있어야 합니다. 셋째, 학습 정리의 기록을 축적하여 학생 스스로 자신의 성장 과정을 확인할 수 있어야 합니다.

이러한 효과적인 학습 정리가 습관으로 정착되면 학생들은 배움을 내재화하며 진정한 학습의 주인으로 거듭나게 될 것입니다. 물고기 잡는 법을 체득하여 스스로 신나게 물고기를 잡으러 다닐 수 있도록, 행복한 평생 학습자를 기르는 그 여정에 함께 동참해 보시면 어떨까요?

4. 정리

학생은 학습의 주체로서 정리 활동을 통해 배운 내용을 자신의 것으로 만들 수 있어야 합니다. 배움을 내재화하는 학습 정리란 학생이 능동적으로 배운 내용을 구조화하여 자신의 언어로 재구성하고 머릿속에서 연결망을 만들어 실제 삶의 맥락으로 확장하는 것을 말합니다. 이러한 과정을 통해 학생은 자신의 학습을 스스로 성찰하며 메타인지를 기르고 끊임없이 새로운 질문을 던지며 주도적으로 배움을 이어나가는 평생 학습자가 될 것입니다.

여러 연구를 통해 배움을 내재화하는 학습 정리가 장기 기억과 전이를 촉진한다는 것이 증명되었는데, 이를 수업에서 실천해 볼 수 있는 구체적인 방법을 크게 '자신의 언어로 설명하기', '새로운 상황에 적용하기', '스스로 꾸준히 점검하기'의 세 측면으로 나누어 소개하면 다음과 같습니다.

먼저, 학생이 자신의 언어로 설명하게 하려면 먼저 책을 덮고 이미 잘 알고 있다고 생각하는 내용에 대해 직접 표현해 보게 하는 것이 좋습니다. 잘 안다고 생각했지만 사실은 그렇지 않았

  배움이 자연스러운 수업에서 행복한 아이가 자란다

던 '지식의 착각' 현상을 학생 스스로 깨닫게 하고 자신의 언어로 설명하는 것의 의미와 필요성을 자연스럽게 느끼게 하여 앞으로의 능동적 참여를 이끌 수 있기 때문입니다. '노른자 문장 만들기'는 책을 덮고 오늘 수업의 핵심 키워드 몇 가지를 함께 뽑은 뒤 각 학생이 그 핵심 키워드 간의 관계를 자신만의 설명으로 연결하여 정리 문장을 만들어 보는 활동이고, '나도 일타강사 유튜버'는 학생이 자신의 문제 풀이 과정을 설명하는 영상을 녹화하여 서로 공유하는 활동입니다. 학생들이 씽킹맵 등의 다양한 시각화 도구를 자신의 설명에 자유자재로 활용할 수 있도록 하려면 먼저 전체적인 숲을 보는 연습이 필요합니다. 각 교과목의 영역과 구조, 교과서의 구성과 특징, 목차 등을 살펴보며 전체와 부분의 관계를 파악하고 위계에 대해 이해한 뒤, 학습 내용과 관련하여 인과, 포함, 열거, 비교 및 대조, 순서 등의 구조를 시각화해보는 연습을 통해 여러 전략을 익혀 점차 자신만의 구조를 만들어가게 할 수 있습니다.

다음으로, 새로운 상황에 적용하게 하려면 실생활 맥락에서 협력적 탐구를 통해 해결할 수 있는 도전적인 '점프 과제'를 제시하거나, 학생이 학습 내용에 대해 수준별 문제를 직접 설계한 뒤 서로가 만든 문제를 풀어보는 '문제 만들기' 활동을 구성하는 것이 좋습니다.

마지막으로, 스스로 꾸준히 점검하게 하려면 아직 잘 설명하지 못하는 부분을 기록하게 하거나 오답노트를 틀린 이유를 포함하여 작성하게 하고, 우리 교실에 가장 적합한 맞춤 루틴을 설계하여 꾸준한 반복을 통해 습관화하는 것이 좋습니다. 특히 학생 스스로 작성한 정리를 교사나 또래가 주기적으로 점검하고 피드백하며 이 모든 기록이 축적될 수 있는 시스템을 마련하면 정리 활동의 질이 점점 더 향상되며 학생의 배움이 내재화되는 눈부신 성장 과정을 확인할 수 있습니다.

이해를 확인할 수 있는 7가지 모습

내가 어떤 것을 이해했다고 말할 수 있으려면 단순히 지식을 외우는 데 그치지 않고, 그것을 내 말로 설명하고 실제 사례에 적용하며 다른 개념과 연결 지을 수 있어야 합니다. 또한 다양한 방식으로 활용하거나 새로운 상황에서 결과를 예측할 수 있고, 반대로 표현해 보거나 다른 맥락에 맞게 전환할 수도 있어야 합니다(Holt, 2010). 이러한 과정은 머릿속에 전신 모형(mental model)을 형성하는 과정과도 같습니다. 전신 모형은 학습자가 배운 내용을 삶과 연결 지어 스스로 의미를 부여하는 사고 틀이며, 이를 통해 배움은 단편적 지식이 아니라 실제로 살아 움직이는 지혜가 됩니다. 내가 어떤 것을 이해했다고 말할 수 있으려면 다음과 같은 모습이 나타납니다(Holt, 2010).

이해의 모습	설명	예시
(1) 재진술	배운 내용을 자신의 말로 풀어 설명할 수 있다.	'물은 100도에서 끓는다'라는 사실을 '물이 끓을 때는 액체에서 기체로 바뀐다'라고 말할 수 있다.
(2) 예시	배운 개념을 실제 사례로 제시할 수 있다.	'증발' 개념을 배우고 빨래가 마르는 현상을 예로 든다.
(3) 적용	서로 다른 상황이나 환경에 대입해 본다.	'부력'을 배운 뒤 배가 물에 뜨는 경우와 풍선이 공기 중에 뜨는 경우를 모두 설명한다.
(4) 연결	다른 개념과의 관련성을 설명할 수 있다.	'광합성'을 배운 뒤, 그것이 호흡과 에너지 순환과 연결된다는 것을 설명한다.
(5) 활용	배운 내용을 다양한 방식으로 사용한다.	'밀도' 개념을 이용해 무거운 쇠구슬은 가라앉고, 가벼운 나무 조각은 뜨는 이유를 설명한다.
(6) 예측	새로운 상황에서 결과를 예상한다.	'열팽창'을 배운 뒤, 여름에 철도가 휘어질 수 있음을 예측한다.
(7) 전환	배운 내용을 반대로 바꾸거나 다른 방식으로 표현한다.	'빛이 직진한다'를 배운 뒤, 거울에 반사된 빛의 경로를 그려서 표현한다.

실천 과제

1. 시각화 도구를 활용하여 배운 내용을 자신의 언어로 설명할 수 있게 하는 정리 활동을 구성해 보세요.
2. 실생활과 연결되어 협력적으로 탐구할 수 있는 점프 과제를 설계하고 제시해 보세요.
3. 학생 스스로 자신의 이해도를 점검할 수 있는 수업 루틴을 만들어 보세요.

참고 문헌

☞ 강문정. (2018). 역사학습정리를 위한 비주얼씽킹 활용방안. 국내석사학위논문, 서울교육대학교, 서울.

☞ 뉴시스. (2023년 1월 21일). "명절 음식재료 사러 가볼까"…잠깐, 장보기도 순서 있다. 뉴시스.

☞ Bjork, R. A., & Bjork, E. L. (2011). Making things hard on yourself, but in a good way: Creating desirable difficulties to enhance learning. In M. A. Gernsbacher, R. W. Pew, L. M. Hough, & J. R. Pomerantz (Eds.), Psychology and the real world: Essays illustrating fundamental contributions to society (pp. 56-64). Worth Publishers.

☞ Bloom, B. S. (Ed.). (1956). Taxonomy of Educational Objectives: The classification of educational goals. Handbook I: Cognitive Domain. New York: David McKay.

☞ Hattie, J. (2009). Visible learning: A synthesis of over 800 meta-analyses relating to achievement. Routledge.

☞ Holt, J. (2010). 아이들은 왜 실패하는가: 교실과 아이들의 내면에 관한 미시사적 관찰기. 서울: 아침이슬.

☞ Hyerle, D. (2009). Visual tools for transforming information into knowledge. Corwin Press.

☞ Karpicke, J. D., & Blunt, J. R. (2011). Retrieval practice produces more learning than elaborative studying with concept mapping. Science, 331(6018), 772-775.

☞ OECD. (2018). The future of education and skills: Education 2030—The OECD Learning Compass 2030.

☞ Rozenblit, L., & Keil, F. (2002). The misunderstood limits of folk science: An illusion of explanatory depth. Cognitive Science, 26(5), 521-562.

19차시. AI 에듀테크와 함께하는 배움

최섭 선생님의
AI 에듀테크 관련자료
https://bit.ly/sooup7

AI 에듀테크 강의자료
사이트(with XRT)
https://bit.ly/nbai7

1. AI 에듀테크와 함께하는 배움이란?

우리는 100년 뒤에 어떤 지식이 가장 중요할지 예측하기 어렵기 때문에, 언제든 무엇이든 새로 배울 수 있는 역량을 갖추어야 합니다(Holt, 2010). 이러한 역량을 기르기 위해 교사·학생·AI가 상호 협력하며 학습 경험을 더 깊고 풍부하게 만들어 가는 교육 철학이자 실천 방식이 AI와 함께하는 배움입니다. 이 배움의 핵심 의미는 비판적 사고·창의성·협업·의사소통으로 대표되는 4C 역량을 바탕으로 새로운 것을 배우고 적용하는 힘을 기르는 데에 있습니다. 또한 4C 역량의 성장은 학생들이 서로 배우고 함께 문제를 해결할 수 있도록 돕는 협력적 배움의 환경 조성에서 출발합니다.

AI와 함께하는 배움의 의미

4C 역량	정의	학생	교사
비판적 사고 (Critical Thinking)	정보를 분석하고 평가하며, 문제를 해결하는 능력	- AI가 제공하는 깊은 개념과 다양한 관점을 통해 정보 분석, 평가, 결론 도출 능력 향상	- AI를 통해 수업 피드백을 받아 자신의 수업을 비판적으로 성찰하고 개선
창의성 (Creativity)	새로운 아이디어를 생성하고, 기존의 방법을 개선하는 능력	- AI를 활용해 자신의 속도로 학습하며, 창의적 학습 방법을 모색하고 아이디어를 구체화	- AI를 활용해 다양한 관점의 수업 자료, 질문, 사례를 브레인스토밍하고 원하는 영상/이미지를 생성
협력 (Collaboration)	다양한 관점을 가진 사람들과 효과적으로 협력하는 능력	- 개별화된 가정교사 역할 - AI 플랫폼을 통한 다른 학생과의 협력 강화	- AI를 교육자료 도우미로 활용하여 행정 시간을 단축하고, 핵심 교육 활동에 집중하며 교육 의지와 역량을 증대
의사소통 (Communication)	명확하고 효과적으로 생각과 정보를 전달하는 능력	- AI가 제시하는 다양한 관점을 제시 - 다른 학생과 의사소통하는 능력을 기르는데 도움을 줌	- AI가 학생의 학습 상황을 분석하여 학생의 어려움을 빠르게 파악하고, 적절한 도움을 제공하며 효과적인 개별 피드백 제공

비판적 사고 (Critical Thinking)

AI는 학생들에게 깊은 개념과 다양한 관점을 제공하여, 정보를 분석하고 평가하는 능력을 향상시킵니다. 예를 들어, 학생들은 AI가 제시하는 다양한 자료를 통해 주어진 문제를 다각도로 분석하고, 결론을 도출할 수 있습니다. 교사 역시 AI를 통해 수업에 대한 피드백을 받아 자신의 교육 방식을 비판적으로 성찰하고 개선할 수 있습니다.

창의성 (Creativity)

AI는 학생들이 각자의 속도에 맞춰 학습을 진행하면서 창의적인 학습 방법을 탐색할 수 있도록 지원합니다. AI는 학생들이 아이디어를 구체화하고 새로운 접근 방식을 모색하는 데 필요한 다양한 도구와 자료를 제공합니다. 또한 교사는 AI를 활용하여 수업 자료를 창의적으로 개발하고, 학생들과 함께 다양한 관점에서 브레인스토밍을 진행하며, 필요한 시각 자료나 영영상, 이미지, 3D 모형 등을 빠르게 생성할 수 있습니다.

협력 (Collaboration)

AI는 개별화된 학습을 제공하면서 학생들이 학습 목표를 달성할 수 있도록 협력하는 관계를 형성할 수 있게 합니다. 학생들은 AI와 함께 각자 맞춤형 학습을 하며 협력적인 학습 환경을 조성합니다. 교사는 AI를 교육 자료 도우미로 활용하여 수업준비 시간을 효율적으로 만들고, 핵심 교육 활동에 집중하면서 학생들의 학습 의지와 역량을 증대시킬 수 있습니다.

의사소통 (Communication)

AI는 학생들이 다양한 관점에서 의견을 나누고 토론에 참여하며, 서로의 생각을 이해하도록 도와줍니다. 이를 통해 학생들의 의사소통 능력이 자연스럽게 향상 됩니다. 또한 교사는 AI가 제공하는 실시간 학습 분석을 바탕으로 학생들의 어려움을 빠르게 파악하고, 그에 맞는 적절한 피드백을 제공하여 효과적인 개별 지도를 할 수 있습니다.

2. AI 에듀테크와 함께하는 배움의 필요성

최근 인공지능 기술의 발전은 교육 현장에 혁신적인 변화를 가져왔습니다. AI가 교육에 적용되면 개별화 교육의 많은 부분이 자연스럽게 이루어지고, AI 디지털 교육자료를 활용한 수업이 좋은 수업으로 이어질 것 같은 분위기가 형성되기도 했습니다. AI는 단순히 채점이나 행정 업무를 대신하는 도구를 넘어서, 교육에서 좋은 배움과 대화를 이끌어내는 중요한 보조자 역할을 할 수 있습니다. 교사가 학생들과 더 깊은 대화를 나누고, 눈을 마주칠 수 있는 시간을 지원하기 위해서 AI가 교육에 들어올 필요가 있는 것입니다.

예를 들어, 구글 클래스룸을 통해 과제를 디지털로 제공하면서, 칼라로 된 양질의 활동지를 빠르게 학생들에게 나눠줄 수 있었습니다. 예전에는 일일이 자료조사를 해가며 표를 만들어야 해서 시간이 너무 많이 걸려 좋은 활동지를 제공하기가 어려웠는데, 이제는 "태양계의 행성을 비교해 표로 만들어줘"라는 질문을 AI에 입력하니 아래 활동지 그림 처럼 1분 만에 자료가 정리되어 교사의 수업준비 시간을 크게 줄여주었습니다. 이렇게 절약된 시간은 학생들과 눈맞춤을 하고, 교사와 학생의 진정성 있는 대화와 소통을 가능하도록 만들고 있습니다.

2, 활동(1) 행성의 특성

	행성	질량 (지구 질량)	반지름 (지구 반지름)	밀도 (g/cm³)	자전 주기	공전 주기 (지구년)	위성 수	표면 온도 (°C)	표면 조건	대기 성분	자기장	지구 중력의 배수
지구형 행성	수성	0.055	0.383	5.43	58.6일	0.24	0	-173 ~ 427	고체	거의 없음	없음	0.38
	금성	0.815	0.949	5.24	243일	0.62	0	464	고체	이산화탄소, 질소	약함	0.9
	지구	1	1	5.52	1일	1	1	-88 ~ 58	고체, 액체	질소, 산소	있음	1
	화성	0.107	0.532	3.93	1.03일	1.88	2	-153 ~ 20	고체	이산화탄소, 질소, 아르곤	약함	0.38

	행성	질량 (지구 질량)	반지름 (지구 반지름)	밀도 (g/cm³)	자전 주기	공전 주기 (지구년)	위성 수	표면 온도 (°C)	표면 조건	대기 성분	자기장	지구 중력의 배수
목성형 행성	목성	317.8	11.21	1.33	0.41일	11.86	79	-108	기체	수소, 헬륨	강함	2.53
	토성	95.2	9.45	0.69	0.45일	29.46	83	-139	기체	수소, 헬륨	강함	1.07
	천왕성	14.5	4.01	1.27	0.72일	84	27	-197	기체	수소, 헬륨, 메탄	강함	0.89
	해왕성	17.1	3.88	1.64	0.67일	164.8	14	-201	기체	수소, 헬륨, 메탄	강함	1.14

AI로 뽑아낸 태양계 행성 비교 표
태양계의 행성의 크기 알아보기

저는 AI 강사로 저를 소개할 때 "AI 어깨 위에서 수업하는 선생님"이라는 표현을 씁니다. 이는 아이작 뉴턴이 "거인의 어깨 위에 올라서 있었기에 더 멀리 볼 수 있었다"라고 말한 것을 응용한 것입니다(Westfall, 1980). 교사가 AI라는 거인의 어깨 위에 서게 될 때, 단순한 반복 업무에서 벗어나서 더 깊이 있는 교육을 제공하는 시간을 확보할 수 있게 됩니다. AI는 교사를 대

배움이 자연스러운 수업에서 행복한 아이가 자란다

체하는 존재가 아니라, 학습의 취약점을 분석하고 실시간으로 피드백을 제공하는 보완자이며, 이를 통해 교사의 전문성을 확장시킬 수 있습니다. AI가 반복적인 일을 대신 처리해 줄 때, 교사는 학생의 정서적 지원, 사고 확장, 관계 형성에 더 많은 시간을 쓸 수 있는 것입니다. 결국 교사는 AI를 통해 확보된 시간으로 학생들의 눈을 한 번 더 바라보고, 영혼의 교감을 나눌 수 있게 되는 것이지요.

하지만 교사 입장에서는 여전히 새로운 것에 대한 두려움도 큽니다. AI가 잘못된 정보를 알려줄 수 있다는 불안, 그리고 굳이 왜 써야 하는가에 대한 의문도 남아 있습니다. 실제로 교사가 충분히 사용해 보지 않고 아이들에게 먼저 경험하게 하는 것에 대한 주저함도 큽니다. 결국 AI를 어떻게 도입할 것인가에 대한 고민이 남아 있으며, 여기에 AI 디지털 격차 문제까지 더해집니다. 모든 학생이 똑같이 AI를 활용할 수 있는 것은 아니기 때문에, 이를 어떻게 해소할 것인가가 중요한 과제인 것입니다.

AI는 모든 아이들의 참여를 도울 수 있는 가능성을 지니고 있습니다. 칸아카데미의 창시자 살만 칸은 "AI가 모두에게 알렉산더 대왕을 가르쳤던 아리스토텔레스처럼, 1:1 개인 튜터링 모델을 제시해 준다"고 강조했습니다(Khan, 2024). 이 말처럼 AI는 교실 안에서 학생 한 명 한 명의 배움을 세심하게 지원할 수 있는 새로운 가능성을 열어 줄 것입니다.

아리스토텔레스와 알렉산더 대왕
Aristóteles ensinando Alexandre, de Jean Leon Gerome Ferris, 1895.

4C 역량과 AI의 연관성

인도 IIT 출신 판카즈 대표는 미래에는 시험을 잘 보는 암기도 중요하지만 진짜 공부인 4C를 기르는 것이 중요하다고 이야기합니다. 4차 산업혁명 시대에서 창의성(Creativity), 협력(Collaboration), 비판적 사고(Critical Thinking), 의사소통(Communication)이라는 4C 역량은 매우 중요합니다. 비영리 교육단체인 P21이 제시한 교육 프레임워크에서 4C는 21세기 학생들이 효과적으로 변화하는 세상에 적응하고 문제를 해결하는 데 필요한 핵심 역량으로 강조되고 있습니다.

4C 역량의 정의

4C 역량	실제 예시 능력
비판적 사고 (Critical Thinking)	뉴스 기사를 읽고 사실과 의견을 구분하기, 실험 결과를 여러 각도에서 해석하기, 인터넷 정보의 신뢰성을 판단하기
창의성 (Creativity)	과학 프로젝트에서 독창적인 가설 세우기, 미술 시간에 새로운 표현 기법 활용하기, 생활 속 문제를 해결할 발명품 구상하기
협력 (Collaboration)	모둠별 프로젝트에서 역할 나누어 수행하기, 토론에서 서로 다른 의견을 조율하기, 함께 계획을 세우고 결과를 공유하기
의사소통(Communication)	발표 시간에 핵심 내용을 간단히 정리해 말하기, 글로 자신의 생각을 논리적으로 표현하기, 친구의 의견을 경청하고 적절히 질문하기

AI와 함께하는 배움은 이러한 4C 역량을 강화하는 중요한 방법이 될 수 있습니다. AI는 비판적 사고(Critical Thinking), 창의성(Creativity), 협력(Collaboration), 의사소통(Communication)이라는 4C 역량을 키우는 데 중요한 역할을 하는 것입니다. AI는 학생들이 각자의 학습 속도에 맞춰 문제를 해결하고, 다양한 자료와 관점을 제공하여 비판적 사고를 발전시킬 수 있도록 돕습니다. 또한, AI는 창의적이고 협력적인 학습 환경을 조성하며, 학생들이 서로의 아이디어를 공유하고 의사소통 능력을 향상시킬 수 있게 합니다. 예를 들어, AI에듀테크 교육을 통해 개별화된 학습을 제공하여 학생들이 자신만의 방식으로 학습할 수 있도록 지원하며, 다양한 관점에서 문제를 분석하고 해결하는 능력을 기를 수 있습니다. 또한, AI를 통해 학생들은 다양한 배경을 가진 동료들과 협력하여 아이디어를 교환하고 학습할 수 있습니다. 교

사는 AI를 활용하여 학생들의 학습 진행 상황을 실시간으로 파악하고 피드백을 제공하며, 협력적이고 창의적인 학습을 이끌어낼 수 있습니다.

따라서, AI와 함께하는 배움는 4C 역량을 강화하고 21세기 교육에서 중요한 역할을 할 수 있는 방법입니다. AI는 학생들이 실생활 문제를 해결하는 능력을 향상시키고, 창의적이며 협력적인 사고를 촉진하는 도구가 될 수 있는 것입니다.

3. AI 에듀테크와 함께하는 배움을 위한 교사의 노력

교사의 태도

학교에 오는 이유는 단순히 지식을 배우기 위해서가 아니라, 친구들과 선생님과 함께 도우면서 함께 성장하기 위함입니다. 따라서 교실 속에서는 허용적이고 협력적인 분위기가 무엇보다 중요합니다. 특히 AI를 활용하는 수업에서는 더욱더 디지털 격차로 인해 소외되는 학생이 생기지 않도록 세심한 배려가 필요합니다. 일부 학생이 AI 사용에 익숙하지 않아 절망감을 느끼지 않도록 교사는 '함께 가고, 함께 도와주며 챙겨주는' 분위기를 만들어야 합니다. 아이러니하게도, 기계나 도구를 활용한 학습이 원활히 이루어지려면 오히려 인간적인 따뜻함과 배려가 강조되어야 하는 것입니다.

이와 함께 교사가 반드시 고려해야할 할 중요한 태도 중 하나는 **AI 리터러시**입니다. 이는 AI 기술과 정보를 윤리적이고 책임감 있게 활용하는 능력을 말하며(Rheingold, 2012), 개인의 디지털 활동이 사회적·법적·윤리적 측면에서 어떤 영향을 미치는지 이해하는 힘을 포함합니다. 구체적으로는 디지털 환경에서 타인의 권리를 존중하고, 허위 정보를 유포하지 않으며, 사이버 폭력을 예방하고 프라이버시를 보호하는 책임 있는 행동이 요구됩니다.

AI와 에듀테크 도구를 사용할 때에는 긍정적이고 열린 자세를 갖되, 동시에 그 부정적 가능성에 대해서도 경계해야 합니다. 선정성, 폭력성, 예측 불가능한 결과, 초상권·저작권 침해와 같은 문제를 사전에 인지하고 대비하는 것이 필요한 것입니다. 일부 플랫폼은 필터링 기능을 제공하기도 하지만, 결국 이를 사전에 확인하고 관리하는 것은 교사의 몫입니다. 나아가 교사는 이러한 윤리적 고려 사항을 학생들에게 적극적으로 교육하여, 디지털 사회에서 책임감을 갖고 행동할 수 있도록 지도해야 합니다.

즉, AI와 함께하는 교육은 기술 활용 능력만으로 완성되지 않습니다. 협력적이고 허용적인 교실 분위기와 더불어, 사회적 책임을 바탕으로 한 AI 리터러시 교육이 함께 이루어질 때 비로소 의미 있는 배움으로 이어질 수 있는 것입니다.

교사의 말

보통의 교실과 마찬가지로 AI를 쓰는 교실에서도 교사의 말 한마디가 수업의 분위기를 바꿉니다. 아니 오히려 더욱더 AI를 잘 사용하려면 교사의 언어가 중요합니다. AI는 그 자체로 중요한 도구지만, 학생들이 그것을 어떻게 활용할지에 대한 교사의 말과 태도는 학생들의 경험과 배움을 결정짓는 핵심 요소가 됩니다.

따라서, 교사의 언어는 단순한 지시가 아니라, 학생들에게 AI를 어떻게 활용할 수 있을지에 대한 방향성을 제시하고, 창의적이고 비판적인 사고를 자극하며, 협력적인 학습 환경을 조성하는 중요한 도구입니다. 교사의 말 한 마디로 수업의 흐름이 바뀔 수 있으며, AI가 제시하는 정보뿐만 아니라 학생들이 그 정보를 어떻게 활용하고, 생각하고, 표현할지를 안내하는 중요한 역할을 합니다.

4C 역량을 기반으로 교사가 AI 수업 중에 학생들에게 어떤 방식으로 말을 전할 수 있는지 고민해 보았습니다. 각 역량에 맞는 교사의 말은 학생들이 보다 효과적으로 AI와 함께 학습하고, 창의적이고 협력적인 환경을 만들 수 있도록 돕는 데 중요한 역할을 합니다.

4C 역량	정의	실제 예시 능력
비판적 사고 (Critical Thinking)	잘못된 부분 확인	AI를 사용할 때, AI가 준 정보에서 잘못된 부분은 없는지 고민해보세요.
	여러 번 질문	AI가 한번에 나에게 맞는 정보를 주기 힘들다는 사실을 알고, 여러번 다른 각도로 물어보아요.
	피드백 활용	AI가 제공하는 피드백을 보고, 여러분이 놓친 부분을 스스로 찾고 더 나은 방법을 고민해보세요.
창의성 (Creativity)	도구 활용	AI는 우리가 효율적으로 학습할 수 있도록 돕는 도구입니다. 하지만 진정한 배움은 여러분의 생각에서 나옵니다. 이제 그 도구를 어떻게 활용할지 고민해봐요.
	상상력 필요	AI는 우리가 할 수 없는 작업을 대신해 주지만, 여러분의 사고를 확장하는 데에는 여러분의 노력과 상상력이 필요해요.
	새로운 창작	AI가 설명하는 자료를 그대로 복사하는 것이 아니라, 그 자료를 바탕으로 새로운 것을 만들어보세요.
	스스로 문제 해결	AI는 여러분 각자에게 맞춤형 학습을 제공하지만, 여러분이 스스로 문제를 풀어보는 과정이 가장 중요합니다.
협력 (Collaboration)	친구 배려	AI를 처음 다루는 옆의 친구들은 옆에서 참여하지 못하고 슬퍼할 수 있어요. 주변 친구들 모두를 챙기고 도와주면서 함께 배워나가요.
	함께 활용	AI를 도구로 사용하여 그 도구를 어떻게 활용할지 함께 고민하고 서로 도와가며 학습해보세요.
	친구 도와주기	AI를 활용해서 어떻게 다른 친구들을 도와줄 지 생각해 보아요.
의사소통 (Communication)	설명하기	AI가 설명해준 내용을 친구에게 말로 설명해봅시다.
	의견 나누기	서로 다른 의견을 제시하는 친구들과 AI를 활용하여 어떻게 효과적으로 소통할 수 있을지 고민해보세요.
	선생님도 질문	선생님도 모르는 것이 있을 수 있습니다. 선생님도 궁금한 점은 AI에게 한번 물어볼까요?
	속도 맞추기	AI와 함께 학습하는 동안에도 각자 속도에 맞춰 학습할 수 있는 기회를 갖도록 하세요.

AI 교육 활용 방법

상황	활용 가능한 툴	활용 방법	학습 콘텐츠/효과
개별 학습 지원	칸 아카데미 (Khan Academy)	수학 학습 등에서 학생들이 스스로 학습할 수 있는 기회를 제공	자기 주도 학습 강화, 기초 학습 보완
몰입형 체험 학습	VR 기기 + 실감형 콘텐츠	디지털 교과서와 연계하여 몸속 탐험 등 VR 체험 제공	높은 몰입감, 체험 중심 학습
소통·협업	구글 클래스룸 (Google Classroom)	과제 제출, 실시간 피드백, 협업 기능 활용	원활한 소통, 학습 진도 관리
창의적 활동	ChatGPT, Gemini 등 생성형 AI	그림 그리기, 글쓰기, 창작물 제작 등 창의적 활동 지원	창의력 발휘, 자기 표현 능력 향상
학습 관리	구글 클래스룸, Khanmigo, Study Fetch	학습 자료 배포, 진행 상황 점검, 과제 피드백 제공	체계적 학습 관리, 맞춤형 피드백

AI와 에듀테크를 교실에서 활용하는 방법은 다양합니다. 먼저, 수학 학습을 위해 **칸 아카데미**와 같은 플랫폼을 활용하면 학생들이 개별적으로 학습할 수 있는 기회를 얻어 자기 주도 학습 능력을 기르고 기초 학습을 보완할 수 있습니다. 또 **VR 기기**를 통해 디지털 교과서와 연계된 실감형 콘텐츠를 학습에 접목시키면 몸속 탐험과 같은 체험 중심 학습을 통해 학생들에게 높은 몰입감을 제공합니다. 소통과 협업의 측면에서는 **구글 클래스룸**을 활용하여 학생들이 과제를 제출하고 교사가 실시간으로 피드백을 제공할 수 있어 원활한 소통과 학습 진도 관리가 이루어집니다. 창의적 활동을 위해서는 ChatGPT나 Gemini 같은 생성형 AI를 활용해 학생들이 그림을 그리거나 글을 쓰는 등 창작 활동을 경험하도록 도울 수 있으며, 이를 통해 창의력과 자기 표현 능력을 키울 수 있습니다. 마지막으로, **구글 클래스룸, 칸아카데미의 칸미고, Study Fetch**와 같은 관리 도구를 사용하면 학습 자료 배포, 진행 상황 점검, 과제 피드백을 체계적으로 수행할 수 있어 교사가 학생들의 학습을 보다 효율적으로 관리하고 지원할 수 있습니다.

에듀테크 도입 수업 전개

AI 에듀테크가 잘 활용되면 수업이 종적으로도, 횡적으로도 확장되어 훨씬 더 흥미로운 배움의 장이 될 수 있습니다. 그러나 실제로 적용해 보면 학생 한 명, 한 명을 세심하게 챙기기가 쉽지 않습니다. 교사 1명이 20명이 넘는 학생들을 가르치다 보니 여건상 에듀테크를 수업에 자연스럽게 녹여내기가 어려운 경우도 생깁니다. 기술을 활용하면 분명 많은 이점을 얻을 수 있지만, 이를 학생들에게 어떻게 효과적으로 적용할지 고민하는 과정은 결코 단순하지 않습니다. 따라서 에듀테크를 수업에 도입할 때는 몇 가지 단계를 마련해 학생들이 기술을 올바르게 활용할 수 있도록 안내하는 것이 필요합니다.

AI 에듀테크 도입 수업 단계

수업 단계	설명	4C 역량
1. 기술 소개 및 목적 설명	- 새로운 기술을 소개 - AI 에듀테크 기술의 목적 설명	비판적 사고
2. 기술 활용 방법 안내	- AI 및 에듀테크 기술 활용 방법 설명 - 기술을 통해 무엇을 배울 수 있을지 안내	비판적 사고
3. 시연	- 교사의 기술 시연 - 화면 공유 및 미러링을 사용	의사소통
4. 학생들의 기술 시도	- 학생들의 기술 시도 - 협력적 상호작용을 도움	협력, 창의성
5. 문제 해결을 위한 학생 참여	- 기술을 사용하며 겪을 수 있는 문제 해결 - 문제를 해결하는 방법을 찾아보기	비판적 사고
6. 소그룹 활동	- 소그룹으로 나누어 협동/ 실험하거나 문제 해결하기	협력
7. 수업 마무리 및 경험 공유	- 수업 마무리 - 어려움을 겪고 극복한 경험 공유	의사소통

AI 에듀테크 도입 수업에서 가장 중요한 것은 학생들이 기술을 두려워하지 않고, 창의적으로 활용할 수 있는 분위기를 만들어주는 것입니다. 첫 번째 단계는 새로운 기술이나 프로그램이 우리 반에 도입될 때, 그 기술이 왜 필요한지, 그리고 어떻게 수업에서 활용될 수 있는지를 학생들에게 간단히 설명하는 것입니다. 이렇게 학생들이 기술에 대한 필요성을 이해하고, 그 도구를 어떻게 활용할지에 대한 기대감을 가지게 됩니다.

다음으로 그 기술을 어떻게 활용할 것인지 설명하고, 학생들에게 실습 기회를 제공합니다. 이때 중요한 점은 먼저 교사가 기술을 시연해 보이며, 학생들이 어떻게 따라 할 수 있는지 시각적으로 보여주는 것입니다. 이 과정에서 학생들은 새로운 도구에 대한 두려움을 조금씩 극복하고, 실제로 기술을 사용하는 경험을 하게 됩니다. 또한, 학생들이 직접 시도할 수 있는 기회를 주고, 처음에는 어려워하더라도 친구들의 시도를 보며 자신감을 얻을 수 있습니다.

특히 VR 수업처럼 장비를 사용하는 경우, 장비 착용에 어려움을 겪는 학생들이 있을 수 있습니다. 이런 상황을 미리 대비해, 한 명의 학생이 시범을 보이며 다른 학생들이 겪을 수 있는 문제들을 미리 경험하도록 도와줄 수 있습니다. 이러한 시연을 통해, 학생들은 실수를 두려워하지 않고, 서로 도와가며 문제를 해결하는 방법을 배웁니다.

또다른 중요한 점은 소그룹 활동을 통해 학생들이 협력하며 실험할 수 있는 분위기를 만드는 것입니다. 교사는 디지털 기술에 대한 이해도가 각기 다른 학생들이 협력하면서 서로 도와가며 배울 수 있도록 지원합니다. 이 과정에서 학생들은 서로의 경험을 공유하고, 협력하는 방법을 배우며, AI와 에듀테크를 더 잘 활용할 수 있는 기회를 갖게 됩니다.

협력하며 VR 수업을 하는 아이들

마지막으로, 수업을 마친 후에는 학생들이 겪었던 어려움과 그것을 어떻게 극복했는지 공유하는 시간을 가집니다. 이렇게 서로의 경험을 공유하면서, 다음에 또 새로운 도구를 접할 때 두려움 없이 임할 수 있도록 돕는 것이 이 단계의의 목표입니다. 학생들은 자신이 경험한 어려움을 친구들과 공유하며, 문제를 해결하는 방법을 배우고, 자신감을 얻습니다. 이 과정이 반복되면서, 학생들은 기술을 도구로서 용기있게 활용하고, 더 나아가 자신의 창의적 사고와 협력, 의사소통 능력을 발전시킬 수 있습니다.

결국, AI 에듀테크는 단순히 학습을 도와주는 도구일 뿐만 아니라, 학생들에게 중요한 4C 역량을 발달시킬 수 있는 중요한 기회를 제공합니다. 교사는 이러한 도구를 어떻게 잘 활용할지 고민하고, 학생들이 도전적인 상황을 두려워하지 않고, 창의적이고 협력적인 학습 환경에서 성장할 수 있도록 돕는 역할을 해야 합니다.

AI 디지털 교육자료의 새로운 가능성

'학생 개인의 능력과 수준에 맞는 다양한 맞춤형 학습 기회를 지원할 수 있도록 다양한 학습 자료 및 인공지능 기반 학습 지원 기능'을 탑재한 AI 디지털 교육자료가 2025년 3·4학년군 수학, 영어, 정보 교과에 도입되었습니다. 등장과 동시에 학교 현장에서 3·4학년을 기피하는 현상이 발생하는 등의 웃지 못할 해프닝을 가져온 AI 디지털 교육자료를 실제로 활용해본 경험을 바탕으로 학급 내에서 디지털 교육자료를 어떻게 도입했는지 그 과정과 교육적 함의를 살펴보겠습니다.

▶ 교육디지털원패스와 AI 디지털 교육자료 포털 서비스 이용 동의 거치기

AI 디지털 교육자료 사용에 앞서 각종 교육 서비스를 연동하여 이용할 수 있도록 지원하는 교육디지털원패스 가입과 디지털 교육자료 포털 서비스 이용을 위한 동의서를 수합하여야 합니다. 학부모님들께 온라인 알리미와 가정통신문 등을 통해 이를 안내하고 가정 내에서 가입과 동의 절차를 완료하도록 독려하는 절차가 디지털교과서 활용을 위해 넘어야할 가장 큰 산이었습니다. 또한 철저한 보안원칙에 따라 알파벳 대·소문자와 숫자를 조합하여 계정 비밀번호를 설정한 경우에는 학생들이 학교에서 스스로 비밀번호를 치고 로그인을 하는 것부터 막혔던 적도 있었습니다. 그러나 교사가 가정과 연계하여 가정에서 로그인 해보기 등의 과제를 주고, 창체 및 교과 연계 활용 디벗 수업을 꾸준히 진행해 감에 따라 학생들의 어려움이 점차 해소되는 모습을 볼 수 있었습니다. 특히 디벗을 처음 접하는 3학년의 경우 한글 타자 연습을 꾸준히 실시하는 것이 굉장히 중요하며 각종 로그인을 위해 한글-영어 변환 기능을 확인하여 알파벳을

쳐보는 연습도 꼭 선행되어야 하겠습니다. 디지털 교육자료 사용 한 달이 경과한 지금 "오늘은 디지털 교육자료로 수업을 시작하겠습니다."라는 교사의 말 한마디에 3학년 학생들도 스스로 디벗을 꺼내고 디지털 교육자료에 접속하여 수업을 시작할 준비를 마칩니다.

AI·디지털 자료 활용을 위한 학생 및 학부모 동의서 예시

▶ 진단평가 및 형성평가부터 활용해보기

처음 AI 디지털 교육자료를 접속하게되면 무엇을 먼저 눌러야할지 모를 정도로 방대한 기능들에 혼란스러움을 느낄 수 있습니다. 학생과 교사 모두를 위한 AI 디지털 교육자료 도입 활동으로 평가 기능을 먼저 활용해볼 것을 추천합니다. AI 디지털 교육자료의 가장 큰 특징은 교과서 자체에 AI에 의한 학습 진단과 분석, 개인별 학습 수준과 속도를 반영한 맞춤형 학습 제공 기능이 탑재되어 있다는 점입니다. 특히 단원 도입 전 실시하는 진단 평가는 AI 디지털 교육자료 내 모든 단원에서 기본적으로 제공되고 있으며 교사와 학생 모두 쉽게 찾아 접속할 수 있습니다. 또한 학생들이 풀이를 마침과 동시에 평가 결과가 학생과 교사 모두에게 제공됩니다. 문단 나누기 평가를 실시해보며 교사는 AI 디지털 교육자료가 제공하는 데이터의 양태를 살펴볼 수 있고 AI 디지털교과서를 활용한 평가와 수업이 어떻게 이루어지는지에 대한 감을 잡을 수 있습니다. 학생들 역시 문제를 풀며 AI 디지털 교육자료가 제공하는 기능들을 자연스럽게 접하고 활용해보는 한편 교육자료가 제공하는 자신의 학습 데이터를 읽는 연습을 할 수 있습니다. 진단평가 이외에도 차시 마무리의 단계에서 제공되는 차시 형성평가를 활용해볼 수도 있습니다. 차시 형성평가 역시 모든 차시에 제공되고 있으며 자동 채점 후 학생들의 결과에 따라 오답 유사 문제 혹은 심화 문제 등의 맞춤형 문제가 즉시 제공됩니다. 학생들은 자신의 학습 과정과 속도에 따라 개별 학습을 진행할 수 있고, 교사는 학생들의 학습 데이터를 살펴 피드백을 제공할 수 있습니다. 실제로 교사는 대시보드를 통해 평균 정답률과 풀이 시간, 오답률 높은 문제와 같은 학급 단위의 분석 결과를 확인할 수 있으며 학생 개별 풀이와 같은 질적 데이터 또한 확인

   배움이 자연스러운 수업에서 행복한 아이가 자란다

할 수 있습니다. 문단 바꾸기 속에서 교사는 데이터 분석가이자 데이터 분석 결과를 활용하여 학생의 학습을 돕는 조력자의 역할을 수행하게 됩니다. AI 디지털 교육자료를 도입하는 초기에는 서책형 교과서로 먼저 학습을 한 후 차시 마무리 단계에서 수학익힘책과 형성 평가를 AI 디지털 교육자료로 실시하는 방법도 하나의 대안이 될 수 있습니다.

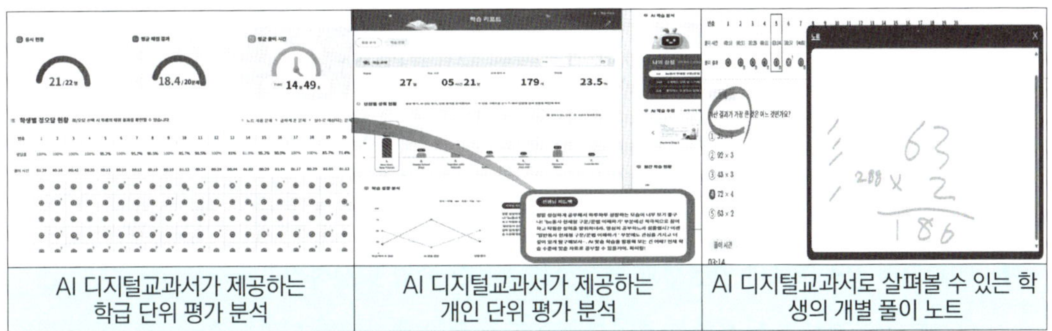

AI 디지털교과서가 제공하는 학급 단위 평가 분석	AI 디지털교과서가 제공하는 개인 단위 평가 분석	AI 디지털교과서로 살펴볼 수 있는 학생의 개별 풀이 노트

교육부(2023). AI 디지털교과서 추진방안(안) 이미지출처 :천채교과서 AIDT

전통적 지필평가와 비교했을 때 평가지 출제와 배부, 채점과 결과 확인 등에 필요한 시간이 압도적으로 단축되기 때문에 교사들은 AI 디지털 교육자료가 제공하는 데이터를 분석하여 학생들에게 제공할 피드백의 방식과 내용을 보다 더 고민할 수 있게 됩니다. 또한 AI 디지털 교육자료에서 실시된 평가 데이터를 기반으로 학생의 성취수준을 설명하는 교과평어를 생성할 수 있어 생활기록부를 작성할 때에도 참고할 수 있습니다.

▶ 학습 데이터를 활용한 다양한 학습 지원 방법 모색하기

학생 학습 과정 및 평가 데이터를 누적하여 생성된 대시보드를 통해 학생 학습에 대한 양적, 질적 데이터를 교사와 학생은 물론 학부모에게도 시각화하여 제공할 수 있습니다. 학생은 자신의 학습 성장 추이, 과목별 성취도, 학습의 취약점과 개선할 점 등을 스스로 확인할 수 있으며, 가정에서도 학교에서 이루어지는 학생의 학습 과정을 파악하여 학생에게 적절한 학습 계획을 수립하고 필요한 부분을 지원할 수 있습니다. 교사는 학생의 학습 데이터를 바탕으로 수준별 과제를 제공할 수 있으며 AI 디지털 교육자료 내의 맞춤형 학습, 개별 피드백, AI 튜터 기능을 활용하여 학생들의 개별 맞춤형 학습을 지원할 수 있습니다. 100명의 학생에게 100개의 교과서를 제공할 수 있는 것입니다.

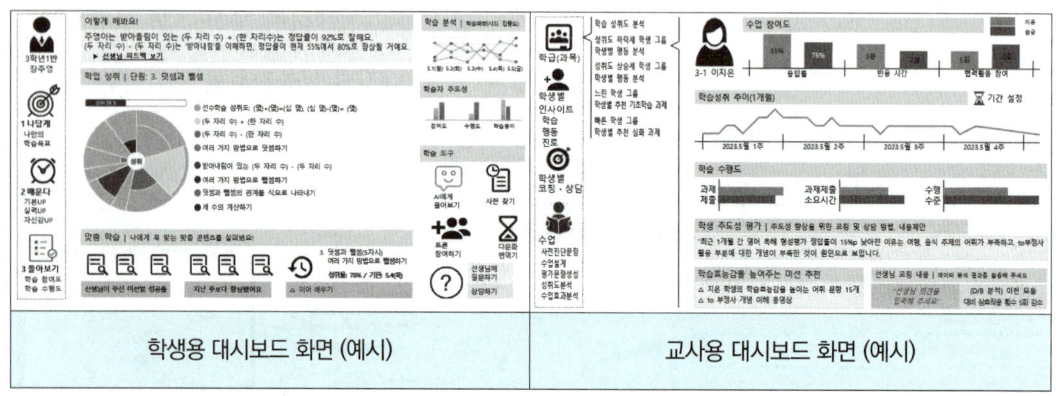

학생용 대시보드 화면 (예시)	교사용 대시보드 화면 (예시)

이미지출처 : 교육부(2023). AI 디지털교과서 추진방안(안)

▶ AI 디지털 교육자료의 연결성과 확장성을 활용한 수업 혁신하기

AI 디지털 교육자료는 디지털 환경에서 작동하기 때문에 다양한 디지털 학습 도구와의 연결이 용이합니다. AI 디지털 교육자료 자체에서 제공되는 각종 공학 도구 및 디지털 학습 도구에 손쉽게 접근할 수 있는 것은 물론, 교과서 페이지 재구성을 통해 교사가 선별한 학습 도구 및 자료와 빠르게 만날 수 있습니다. 영어과에서는 AI 기술을 활용하여 학생의 억양, 발음 등을 분석하고 교정하거나 챗봇 대화를 통해 말하기와 쓰기를 맞춤형으로 지도할 수 있습니다. 또한 학생들의 학습 상황을 실시간으로 모니터링하며 학생의 학습을 돕는 기능도 제공됩니다.

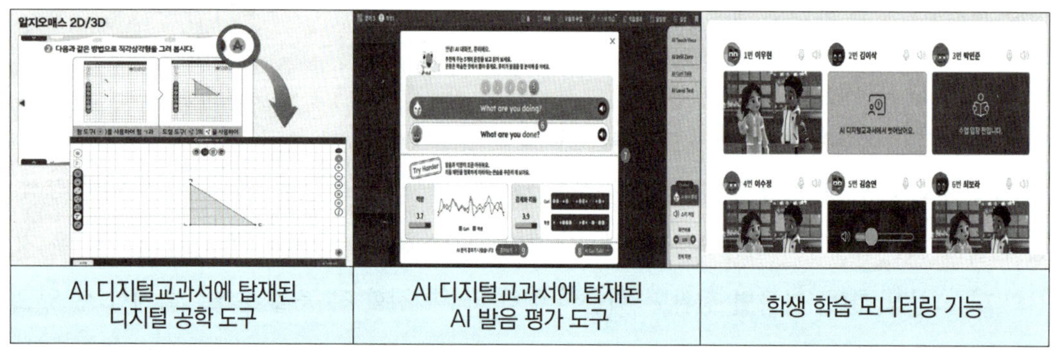

AI 디지털교과서에 탑재된 디지털 공학 도구	AI 디지털교과서에 탑재된 AI 발음 평가 도구	학생 학습 모니터링 기능

이미지출처 : 아이스크림 AIDT

▶ 교사의 전문성을 발휘하여 적재적소에 활용하기

다양한 기능들이 탑재되어 있는 AI 디지털 교육자료이지만 AI 디지털 교육자료 활용 그 자체가 의미 있는 수업을 담보하는 것은 아닙니다. 의미있는 수업을 위한 가장 중요한 첫 단추는 '이 수업에서 학생들은 무엇을 학습해야 하는지, 이를 돕기 위한 가장 효과적인 방법은 무엇인지에 대한 교사의 진지한 고민과 선택입니다. 계획하고 있는 수업에서 AI 디지털 교육자료가 적절한 도구라는 판단을 했으면 그 이후에는 언제, 어떻게 활용할지 그 방법론을 고민할 차례입니다. 단원 전반에서 활용할지, 차시 단위로 활용할지, 학습 활동에서 활용할지, 평가와 피드백에 활용할지와 같은 방법론적인 부분이 세심하게 고려되지 않으면 학생들은 AI 디지털 교육자료의 화려한 기능만을 체험할 뿐, 진정한 의미의 학습에까지 이르지 못하게 됩니다. AI 디지털 교육자료가 제공하는 다양한 기능들을 숙지하고 적재적소에 배치하여 활용하는 교사의 전문성이 무엇보다 중요한 까닭입니다.

4. 정리

AI는 교사의 눈과 귀를 확장하여 미처 발견하지 못했던 학생들의 잠재력을 발견하게 하고, 개별화된 학습 지원을 가능하게 합니다. 이러한 협력을 통해 교사는 단순한 지식 전달자를 넘어, 학생들의 성장을 촉진하고 영감을 주는 멘토로서의 역할을 더욱 강화할 수 있습니다. 궁극적으로 AI와 함께하는 배움은 학생들이 능동적으로 학습에 참여하고, 실패를 두려워하지 않으며, 끊임없이 도전하고 성장하는 행복한 학습자로 자라날 수 있는 허용적이고 지원적인 학습 환경을 조성합니다.

교구 활용

1) 교구의 의미

좋은 수업이 성취기준이라는 재료를 교사라는 솜씨 좋은 요리사가 잘 재구성해서 만들어낸 요리라면, 교구는 그 과정에서 재료의 맛을 더 끌어올려주는 조미료라고 할 수 있을 것입니다. 학술적으로 정의해본다면 교구란 일반적으로 구체적 조작물이나 가상현실의 자료를 포함한, 교육적인 목적으로 주로 손으로 만지면서 유목적인 활동을 하기 위한 조작물(Kennedy, 1986, p.6; Moyer, Bolyard, & Spikell, 2002, p. 373)이라고 할 수 있습니다. 영어과에서 활용하는 알파벳 카드나 단어 카드, 수학과에서 수 개념과 양감 형성을 위해 활용하는 연결큐브, 과학과의 실험 교구 등 물리적으로 다룰 수 있는 교수 학습 자료 등이 모두 교구에 해당한다고 볼 수 있습니다.

2) 교구를 효과적으로 활용하기 위한 조건 7가지

1. 1인 1교구 제공 : 교사와 학생 간 라포를 형성하는 것과 같이 교구와 학생 사이에도 라포를 형성할 시간적 여유가 필요합니다. 교구의 용도와 사용 방법을 스스로 만지면서 탐색하고 교수 학습 내용을 교구를 통해 탐구할 수 있는 시간을 주기 위해 1인 1교구가 필요합니다.

2. 한 가지 교구를 다양한 용도로 활용하기 : 요즘은 워낙 교구들이 다양하게 잘 나오지만, 환경을 위해서도, 학생들이 한 번 익숙해진 교구를 다방면으로 활용함으로써 효율적인 탐구를 하기 위해서도 한 번 사용한 자료를 다시 의미 있게 활용하는 것이 필요합니다. 예를 들어 생태계의 서식지를 알아보기 위한 카드를 서식지에 따른 분류나 카드놀이, 생태 피라미드 만들기에 활용하거나, 교과서 진도를 다 나간 후 교과서 삽화를 오려 수업 정리 활동에 사용할 수 있습니다.

3. 불필요한 요소를 덜고 교구를 학생 수준에 맞춰 재구성하기 : 각도기에 보면 순방향과 역방향으로 숫자가 쓰여있는데, 처음 각도기를 접하는 어린 학생들의 입장에서는 이 두 가지 숫자가 각각 무엇을 의미하는 것인지 파악하기 어려워 혼란스럽게 느낄 수 있습니다. 따라서 OHP 종이를 이용해 학생들 스스로 간단한 정보만 있는 간이 각도기를 만들어보도록 함으로써 각도기의 원리를 스스로 깨우치게 하고, 구성을 단순화하여 각도를 더 쉽게 알아보게 할 수 있습니다.

4. 적절한 시기에 제공하기 : 교사는 학생 한 명 한 명 관찰하며 도구나 환경이 갖춰지지 않은 것을 예민하게 파악하여 도움을 제공해야 합니다. 예를 들어 학생이 활동지를 제대로 작성하고 있지 않을 때 학생의 수업 태도를 지적하고 다그치는 것이 아니라, 교사가 유심히 관찰하고 연필이 없어서 활동지를 작성하지 못한다는 것을 파악하여 연필을 제공할 수 있어야 합니다.

5. 학생들이 준비하고 만든 교구를 활용하기 : 가족 사진 등 학생들이 직접 가져온 자료나, 다소 미흡하더라도 학생들이 직접 만든 자료를 수업에 활용하면 학생들의 참여도

를 높일 수 있습니다.

6. 학생들이 머릿속에 그리고 있는 바를 표현해낼 수 있는 적절한 교구를 제공하기 : VR 수업으로 관찰한 세균을 그림으로 표현하는 수업을 할 때, 교사는 VR로 관찰한 세균을 실감나게 표현하려고 하는 의도가 있었지만 학생들은 실감나게 표현할 수 있는 도구가 주어지지 않아 표현에 어려움을 겪은 사례가 있습니다. 이 때 학생들에게 VR로 관찰한 것을 그대로 구현해낼 수 있는 3D 도구가 주어졌다면 학생들은 훨씬 더 동기부여가 되어 수업에 적극적으로 참여할 수 있었을 것입니다.

7. 수업 의도에 맞는 교구 제공하기 : 수업 시간에 쓰기 능력을 배양하기 위해 책 만들기 활동을 하면서 기타 꾸미기에 많은 시간을 할애하는 것은 수업 의도에 벗어난 자료를 제공하는 것입니다. 눈에 보이는 그럴듯한 결과물을 만들려고 애쓰기보다는 결과가 나오지 않더라도 수업 의도에 맞는 자료를 제공하는 것이 더 중요합니다. 또한 수업 재구성을 위해 교과서를 활용하지 않을 수 있지만, 학생들에게 활동지 등 그 외의 어떤 자료도 제공되지 않을 경우 학생들은 익숙하지 않은 상황에 불안해하고, 교사만 바라보며 집중하기가 쉽지 않아 수업과 관련 없는 행동을 하게 되기 쉽습니다. 따라서 학생들이 구체적인 조작 활동이나 손으로 쓰기 등 무언가를 할 수 있는 적절한 학습자료가 제공되어야 합니다. 한편 역할극과 같은 활동에서는 학생들의 흥미와 참여를 불러일으킬 수 있는 핵심 자료 하나만 잘 준비해도 성공적인 수업이 될 수 있습니다.

실천 과제

1. AI 기반 에듀테크 도구를 통해서 수업자료를 제공해 봅시다.
2. 학생들이 스스로 학습하고 질문할 수 있는 AI 튜터링 시스템을 도입하여, 필요한 학습 지원을 받을 수 있도록 해 봅시다.
3. 자신의 수업을 녹화 또는 녹음하고 AI 분석 기능을 활용하여, 학생들의 말, 교사의 발문, 수업 진행 방식 등을 객관적으로 분석하고 개선점을 찾아봅시다.

참고 문헌 ————————————————————————————————

☞ Holt, John. "아이들은 왜 실패하는가: 교실과 아이들의 내면에 관한 미시사적 관찰기." 서울: 아침이슬, 2010.

☞ Kennedy, M. M. (1986). The role of manipulatives in teaching mathematics. Journal of Educational Research, 79(1), 6-12.

☞ Khan, S. (2024). Brave new words: How AI will revolutionize education (and why that's a good thing). Penguin Random House.

☞ Moyer, P. S., Bolyard, J. J., & Spikell, M. A. (2002). What are the effects of manipulatives on students' achievement in mathematics? A meta-analysis. Journal of Research in Mathematics Education, 33(4), 373-384.

☞ Partnership for 21st Century Learning. (n.d.). Framework for 21st century learning. Retrieved from https://www.marietta.edu/sites/default/files/documents/21st_century_skills_standards_book_2.pdf

☞ Rheingold, H. (2012). Net Smart: How to Thrive Online. MIT Press.

☞ Westfall, R. S. (1980). Never at rest: A biography of Isaac Newton. Cambridge University Press.

참고 사이트 ————————————————————————————————

☞ '한국을 뛰어넘는 인도의 남다른 교육열' 인도에서 세계 1% 천재가 계속 쏟아지는 진짜 이유 (판카즈 대표 1부) https://www.youtube.com/watch?v=3pwCSQumq3U

☞ 서울대, 하버드MBA 출신이 말해주는 서울대, 하버드의 독특한 공부법, 시간관리 비법 (판카즈 대표 2부) https://www.youtube.com/watch?v=Vxjj6HeqSP4

☞ 칸 미고
https://www.khanacademy.org/teacher/khanmigo-tools
https://youtube.com/shorts/0XmEPkDWpS0?si=StOJuW8gFSHFTOaG

☞ 스터디 펫치
https://www.studyfetch.com/platform/studyset/681745bbff06133f45b72d72/chat/new

배움이 자연스러운 수업에서 행복한 아이가 자란다

5장
수업에서 나오며 - 수업 열매 맺기

20차시. 수업 협의회와 수업성찰
- 수업 연구회 및 연수 참여

1. 수업 성찰이란?

수업 성찰이란?

수업 성찰이란 교사가 수업을 마친 후 자신의 수업 과정을 되돌아보며 의미를 찾고 개선점을 모색하는 활동입니다(Schön, 1983). 단순히 수업을 잘했는지, 못했는지를 판단하는 것이 아니라, 수업 속에서 드러난 학생의 반응, 질문, 몰입 정도를 세심하게 살펴보는 과정인 것입니다(Van Manen, 1991). 수업은 영혼의 교류이기에 작은 눈빛 하나, 고개 끄덕임, 짧은 속삭임 같은 순간에도 배움의 신호가 담겨 있습니다. 교사가 수업을 관찰하며 이러한 배움의 신호를 놓치지 않고 바라본다면, 수업성찰은 단순한 지식 전달과정을 확인하는 장이 아니라 학생의 삶과 연결된 살아 있는 배움의 장을 공유하는 기회가 될 수 있습니다. 따라서 수업 성찰은 교사의 성장을 위한 학습 과정이자, 학생의 배움을 더 깊이 이해하기 위한 실천이라고 할 수 있습니다.

2. 수업 성찰의 필요성

교학상장을 위해

이황 선생님은 "배운 다음에야 자신의 부족함을 알게 되고, 가르친 다음에야 자신이 깨친 지식의 문제점을 알게 된다."고 말씀하였습니다(김종원, 2025). 그는 내면에서 홀로 교학상장을 실천하며 배우고 가르치기를 반복했습니다. 이는 곧 스스로 수업을 성찰하며 새로운 관점을 얻는 과정이기도 했습니다. 평생토록 자신이 가진 지식을 의심하고 다시 점검했던 이황 선생님처럼, 교사 역시 자신의 수업을 끊임없이 돌아보며 부족한 점을 성찰할 필요가 있습니다.

수업 성찰의 목적은 단순히 교사의 실력을 높이는 데 있지 않습니다. 그것은 더 자연스러운 수업을 통해 아이들이 행복하게 배우는 교실을 만들어 가는 데 있습니다. 교사는 성찰을 통해 자신의 말투와 행동, 수업 운영 방식을 점검하면서 학생의 성장을 돕는 길을 찾아야 합니다. 수업은 매우 예민한 유기체이므로 아이들의 질문을 대하는 태도, 실수를 바라보는 시선 하나가 교실의 분위기를 바꿀 수 있습니다. 학생들이 배우는 과정에서 어려움이 있을 때, '틀렸어'가 아니라 '어디에서 주춤거릴까?'라는 관점에서 바라보면 아이는 존중받는 경험 속에서 배움의 기쁨을 느낍니다. 교사가 성찰을 거듭할수록 교실은 신뢰와 대화가 살아 있는 배움의 공간으로 변화합니다. 따라서 수업 성찰의 진정한 목적은 아이와 교사가 함께 성장하며 살아 있는 배움터를 이루어 가는 데 있다고 할 수 있습니다.

작은 학생의 반응도 놓치지 않는 수업의 전문성

알렉산더 플래밍이 페니실린을 발견한 계기는 거창한 계획이 아니라, 실험실에서 우연히 마주한 작은 '이상함'이었습니다. 세균을 배양하던 접시에 곰팡이가 자란 장면을 보고도 그냥 실패로 넘기지 않고, 푸른 곰팡이 주변에서 세균이 멈춰 선 이유를 끝까지 추적했습니다. 그 작은 관찰과 질문이 결국 인류의 의학을 바꾼 항생제 '페니실린'의 발견으로 이어졌다고 합니다 (Fleming, 1929). 교실에서도 마찬가지입니다. 아이들의 사소해 보이는 질문, 작은 목소리, 잠깐의 반응이 자연스러운 배움의 실마리가 될 수 있습니다. 교사가 이를 놓치지 않고 귀 기울일 때, 교실은 보다 자연스러운 수업의 장이 될 수 있는 것입니다.

하품하는 아이를 보며 '무례하다'고 단정짓는 대신, '수업 템포가 느렸을 수 있었겠다.'라고 다르게 바라볼 수 있는 시선은 곧 디테일까지 챙기는 전문성과 연결됩니다. 수업에서 전문성은 지식이나 기법의 화려함에만 있는 것이 아니라, 흐름과 속도를 균형 있게 조절하는 능력에서도 드러납니다. 수업 분량이 과하지도 모자라지도 않게 중용을 지키고, 수업 시간 내에 마무리가 가능하도록 양과 템포를 세심히 조정하는 것이 필요합니다. 이를 위해 교사는 수업 계획 단계에서 머릿속으로 시뮬레이션을 하고, 순간순간 아이들의 피드백을 반영해야 합니다. 예를 들어, 달의 위상 변화를 배울 때 한 아이가 벌떡 일어나 자신의 위치를 바꾸며 위상의 연속성을 관찰하는 모습에서, 학생들은 교사의 분절된 위상변화 설명보다 스스로 연결한 경험을 통해 더 자연스럽게 배운다는 점을 깨닫고 수업에 즉시 반영할 수 있습니다.

아이와 함께 성장하는 교사의 길은 이러한 작은 디테일을 소홀히 하지 않는 데 있습니다. 질문 하나, 반응 하나를 그냥 지나치지 않고 교육적 의미를 찾아내며, 동시에 수업의 흐름과 템포를 균형 있게 이끌어 가는 과정이 바로 수업 전문성의 깊이를 쌓아가는 길입니다. 결국 전문성이란 큰 성과를 내는 능력 이전에, 작은 것을 세심하게 바라보고 해석하는 힘에서 비롯되는 것입니다.

교사는 함께할 때 더 성장할 수 있다

교사는 혼자일 때보다 함께할 때 더 크게 성장할 수 있습니다. 김종원 작가님은 "그 일에 대해 치열하게 아파한 사람만이 가장 뜨겁게 고민하고, 가장 뜨겁게 고민한 사람이 현실의 고통을 해결할 답을 찾는다."고 하였습니다. 수업에서 힘들고 가장 많이 아파했던 교사만이 진심으로 수업을 고민하고, 결국 좋은 수업의 답을 찾을 수 있습니다. 그래서 교사들이 모여 수업을 나누고, 서로의 고민과 아픔을 나눌 때 그 속에서 더 깊은 성찰이 이뤄집니다.

교사의 수업을 함께 논하는 수업협의회는 단순한 평가의 자리가 아니라 함께 성장하는 자리입니다. 교사는 협의를 통해 자신의 수업을 되돌아보고, 동료의 수업을 보며 또 다른 관점을 얻습니다. 나의 작은 실수와 부족함은 다른 교사의 조언 속에서 성찰로 이어지고, 나의 강점은 동료에게 새로운 아이디어가 됩니다. 결국 함께하는 수업협의회는 교사 개인의 실력을 넘어, 모두가 성장하며 아이들이 행복하게 배우는 교실을 만들어 가는 길이 됩니다.

3. 수업 성찰을 위한 교사의 노력

스스로 하는 수업 성찰

교사는 수업을 하면 바로 그 수업이 잘되었는지, 아니면 어딘가 어긋났는지를 압니다. 지난 4교시 과학 수업 시간에 평소 나와 잘 맞고 활발한 아이들이 갑자기 대답을 하지 않고 반응이 시큰둥하게 달라졌습니다. 다른 반 친구들과는 무난하게 수업이 이루어졌지만, 가장 적극적인 아이들이 조용해진 것입니다. 점심시간에 혼자 면벽수련하며 밥을 먹으면서 곰곰이 중얼거리며 성찰을 했습니다. 이유를 되짚어 보니, 오랜만에 정답을 맞히는 형식의 질문을 하면서 아이들이 틀렸을 때 "땡이다, 틀렸다"라고 말했던 것이 원인이었습니다. 그 순간 아이들이 위축되었고, 수업의 흐름도 달라진 것입니다. 그리고 활동 순서와 활동지 발문도 다시 점검했습니다. 곧이어 이어질 5교시에도 같은 수업이 있었기 때문에, 어떻게든 패인을 분석하고 방법을 고쳐야 했습니다. 그래서 점심시간 내내 혼자 수업을 되새기며 다음 시간의 수업을 준비했고, 이러한 작은 성찰로 다음 수업은 조금 더 자연스럽게 서로 주고 받으면서 배우는 수업을 할 수 있었습니다. 아래는 제가 이후에 수업 성찰을 하며 썼던 것입니다. 이 양식에 국한되지 않고 편하게 기록하시면서 자기성찰하시면 되겠습니다.

자기 수업 성찰

때: 2024.12.24.수.

곳: 서울길원초등학교 과학2실

대상: 4학년 O반

과목: 과학

주제: 화산의 긍정적인 영향과 부정적인 영향

내용: 아이들과 과학 수업을 하는데, 평소 나와 제일 잘 맞고 활발한 반 아이들이 이번 수업에서는 갑자기 반응이 달랐다. 다른 반 친구들과는 무난하게 수업이 이루어졌지만, 가장 활발한 친구들이 대답을 잘 하지 않았다. 이유를 생각해 보니, 오랜만에 정답을 맞히는 형식의 질문을 하면서 아이들이 틀렸을 때 "땡이다, 틀렸다"라고 말했던 것이 원인이었다. 평가하고 판단하는 순간 아이들이 위축되었고, 수업의 흐름도 달라진 것 같다.

또한, 오늘 수업에서는 교과서를 먼저 읽고 활동지로 이어갔는데, 교과서의 내용이 활동지와 너무 직접적으로 연결되어 있다 보니 아이들의 사고가 제한되는 모습을 보였다. 교과서에서 제시된 의견을 그대로 받아들이는 방향으로만 생각하게 되었던 것이다. 그래서 수업 활동 순서를 바꾸어 교과서를 나중에 활용하고 수업 시작 단계에서 곧바로 활동지를 통해 질문을 던지자 훨씬 더 다양한 의견과 질문이 나오는 것을 볼 수 있었다.

활동지 문제를 구성할 때 난이도가 높을 경우, 아이들이 생각의 발판을 마련할 수 있도록 간단한 키워드나 힌트를 함께 제시하는 것이 도움이 된다고 느꼈다. 이러한 작은 장치만으로도 아이들의 사고가 막히지 않고 더 풍부하게 확장될 수 있었다.

저는 초임 시절 아이들에게 큰 피드백을 받은 경험을 한 적이 있습니다. 1년 차 교사였을 때, 학생들에게 "선생님께 바라는 점이 있으면 한 가지씩 적어보라"는 활동을 했습니다. 자신 있게 아무도 개선점을 쓰지 않을 것이라 생각했지만, 많은 학생들이 저의 말과 행동에서 받은 상처와 불만을 솔직하게 적어냈습니다. 나름 열심히 가르쳤다고 자부했던 제 자신에게는 충격이었고, 동시에 미숙한 저로 인해 더 큰 상처를 받았을 학생들에게 미안한 마음이 들었습니다. 그때 가장 마음에 남았던 말은 혼내기 전에 "왜 그랬니?"라고 한 번만 물어봐 달라는 부탁이었습니다. 학생들의 모든 행동에는 이유가 있었고, 저는 그 이유를 들어보지도 않고 화부터 냈던 것이었습니다. 아이들이 원했던 것은 혼나지 않는 것이 아니라, 자신들의 이야기를 들어주고 의도를 이해해 주는 것이었습니다. 시간이 없다는 이유로 귀 기울이지 못했던 순간들이 떠올라 부끄럽고 미안한 마음이 들었습니다. 아래와 같은 질문을 통해 아이들에게 수업 평가 설문 받을 수 있습니다. 공유하는 양식에 국한되지 않고 편하게 수업의 피드백을 받으시면 되겠습니다.

학기말 수업 평가 설문

1. 나는 수업시간에 배우는 주제의 본질(이유)을 알고 있나요?

2. 나는 수업에서 다루는 주제에 대해서 깊이 생각하고 성장했나요?

3. 나는 나의 생각과 느낌을 정확하게 표현했나요?

4. 나는 모둠의 모든 친구들과 나의 생각을 나누었나요?

5. 나는 모둠의 친구들과 선생님을 사랑으로 도와주었나요?

6. 이번 학기 수업에서 가장 재미있었던 활동은 무엇이었나요?

7. 이번 학기 수업에서 가장 어려웠던 부분은 무엇이었나요?

8. 선생님의 설명은 이해하기 쉬웠나요?

9. 이번 학기 수업 전체를 한 마디로 표현한다면 어떤 말이 어울릴까요?

10. 선생님께 바라는 점이 있다면 무엇인가요?

수업협의회를 통한 수업 성찰

실제 학교 현장에서는 수업을 5분 정도만 보고 겉으로 인사하는 것을 예의로 여기거나, 협의회에서 아무 말도 하지 않는 것을 배려라고 착각하는 경우가 많습니다. 하지만 진정한 성찰은 수업을 볼 때 쉬는 시간 준비과정부터 끝까지 집중해서 보고, 협의회에서 내가 배운 점을 솔직하게 나누며, 서로의 고민을 함께 꺼내놓을 때 일어납니다. 마치 견습 의사가 집도의의 수술 장면을 지켜보며 의술을 배우듯, 교사도 동료의 수업을 진하게 40분 동안 지켜보고 그 속에서 성찰할 때 살아 있는 배움의 과정을 배울 수 있습니다. 수업을 온전히 볼 수 있는 기회가 있다면 수업 시작 5분 전에 미리 가서 전체를 보고, 협의회까지 참석하여 수업자의 철학까지 공유하여 온전한 배움을 가져가시길 추천합니다.

하지만 수업을 공개하다 보면, 수업에 진정한 도움을 주려는 마음에서가 아니라 오히려 수업자를 깎아내리거나 자기 우월감을 드러내기 위해 발언하는 경우가 있습니다. 이런 분위기가 확산된다면, 공개 수업을 한 교사는 상처를 입게 되고, 결국 서로의 수업을 자유롭게 나누기 어려운 교직 문화가 굳어지게 될 것입니다. 따라서 수업협의회가 진정한 성장이 되기 위해서는 몇 가지 바른 태도가 반드시 필요합니다.

(1) 수업자에게 조언하기보다는 내가 배운 점을 중심으로 말하기
(2) "만약 나라면…"과 같은 가정적 발언 피하기
(3) 개인 질문이 아니라 모두가 함께 생각할 문제로 확장하기
(4) 침묵하지 말고 모두 참여하며, 발언을 독점하지 않고 대화 나누기

함께 철학을 나누는 믿을 만한 수업 동료들과는 수업협의회를 진행할 수도 있습니다. 서울 북부 배움의 공동체 수업연구회에서는 다음과 같은 흐름으로 연구를 이어갑니다. 먼저 식사와 근황을 나누며 시작하고, 이어서 수업자가 자신의 의도를 설명하며 수업을 함께 관찰합니다. 이후 모둠별 협의가 이루어지고, 이를 토대로 전체 공유와 컨설팅이 진행됩니다. 다음으로 수업자가 성찰하는 시간을 가지며, 마지막에는 다음 수업을 위한 사전 협의로 마무리합니다. 수업디자인이나 수업협의록 예시가 필요하신 선생님께서는 아래 QR을 통해 확인하실 수 있습니다.

최섭 수업협의회 공유

수업협의회 순서

- -5:30~6:00: 식사 및 근황토크
- -6:00~6:50: 수업자 의도 및 수업 관찰
- -6:50~7:20: 모둠 협의
- -7:20~7:40: 전체 공유 및 컨설팅
- -7:40~7:50: 수업자 성찰
- -7:50~8:00: 다음 수업 사전 협의회

수업협의회 장면

4 정리

"헤맨 만큼이 내 땅이다"라는 말처럼, 교사의 성장은 수업 속에서 부딪히고 고민하며 얻은 성찰의 결실입니다. 작은 눈빛과 목소리를 놓치지 않는 섬세함, 아이들의 솔직한 피드백을 받아들이는 용기, 동료와 함께하는 수업협의회 속에서 나누는 배움이 전문가로서의 교사의 땅을 넓혀 줍니다. 결국 교사의 성장은 혼자가 아니라 함께할 때 깊어지며, 많이 헤매고 치열하게 고민할수록 아이들과 웃는 행복한 교실로 이어집니다.

실천 과제

1. 성찰일지를 써보고 스스로 자기가 성찰하며 자기 피드백을 해 보세요.
2. 학기말에 아이들에게 설문을 돌려 피드백을 받아보세요.
3. 다른 선생님의 수업을 쉬는 시간부터 수업 전체를 온전히 보고 협의회에서 배운 점을 나눠보세요.

참고 문헌

☞ 김종원. (2025). 부모의 질문력. 다산북스.

☞ Fleming, A. (1929). On the antibacterial action of cultures of a Penicillium, with special reference to their use in the isolation of B. influenzae. British Journal of Experimental Pathology, 10(3), 226–236.

☞ Schön, D. A. (1983). The reflective practitioner: How professionals think in action. Basic Books.

☞ Van Manen, M. (1991). The tact of teaching: The meaning of pedagogical thoughtfulness. State University of New York Press.

21차시. 나만의 빛깔을 찾아가는 교사의 전문성

선생님은 어떤 고민을 가지고 이 책을 읽기 시작하셨나요? 이 책을 펼치기 전과 이 책을 여기까지 읽은 지금, 교사로서 조금 더 성장했다고 느끼시나요? 혹시 이 책에 나오는 이야기들이 마치 대단한 수업 전문가만 할 수 있는 것처럼 멀게 느껴지지는 않으셨는지 모르겠습니다. 수업을 더 잘하고자 하는 마음으로 이 책을 읽고 계신 그 자체만으로도 선생님은 이미 교사의 전문성을 향한 발걸음을 내딛고 계시다고 확신하며, 마지막으로 교사로서의 전문성을 갖추기 위한 여정에 대해 함께 나누어 보려고 합니다.

선생님에게 있어 교사로서 좋은 하루는 어떤 날인가요? 교직의 문화와 구조를 심층적으로 분석함으로써 교직 연구의 토대를 세운 Lortie에 따르면, 이 질문에 대한 교사들의 공통적인 답변은 결국 '성공적인 수업'과 관련되어 있었습니다. 학생들이 수업에 집중하며 적극적으로 참여하고 즐겁게 열심히 공부한 날, 학생들과 잘 통했고 효과적으로 가르쳤다는 성취감을 느끼는 날. 상상만 해도 행복하지 않으신가요?

그런 날만 계속되면 참 좋을 텐데, 현실은 그렇게 쉽고 간단하지만은 않은 것 같습니다. 개인적으로 신규 발령을 받은 첫 해, 교사로서의 '무능감' 때문에 가장 힘들어하고 괴로워했던 기억이 납니다. 수업 중 갑자기 교실 밖으로 뛰쳐나가는 학생을 만났을 때의 당황스러움이란……. 나름 열심히 하고는 있는 것 같은데 학생들은 내 맘처럼 따라주지 않고, 수업에 대한 효능감이 흔들리자 마치 답이 없는 문제 앞에 홀로 놓인 것처럼 모든 것이 위태로웠지요.

사실 교사로서 수업을 더 잘하고 싶은 마음은 당연한 본능이겠지만, 실제로 전문성을 갖춘 교사가 되는 일은 매우 막막하고 어렵게 느껴지기도 합니다. '전문성이 뛰어난 교사'라고 하면 어떤 모습이 떠오르시나요? 주위에 내 자녀를 맡기고 싶은 선생님이 계신가요? 따뜻한 그림책으로 마음을 어루만져주실 것 같은 선생님, 재밌고 신나는 놀이로 높은 집중도를 보장해주실 것 같은 선생님, 깊이 있는 탐구로 논리적인 사고력을 키워주실 것 같은 선생님….

수학처럼 하나의 정답이 있지는 않겠지만, 저마다의 빛깔로 아이들과 함께 반짝이는 수업을 만들어가시는 전문가 선생님들이 계실 것입니다. 아이들은 매년 선생님마다의 다른 빛깔을 조화롭게 경험하며 다채롭게 배울 것이고, 선생님도 매년 함께 성장하며 자신만의 전문성을 키워가겠지요. 이 책에서도 좋은 수업을 만들어가기 위한 여러 방법을 소개했지만, 우리 모두는 이를 시도해보고 또 나의 것으로 만들어가며 끊임없이 성장해가는 과정 중에 있을 것입니다.

이렇듯 교사의 전문성은 고정불변의 완성형이 아닌 성장의 과정 그 자체로, 나만의 빛깔을 찾아가며 교사로서의 전문성을 키워가는 그 여정과 그렇게 전문성을 갖춘 교사의 모습을 다음의 한 문장으로 정리해 볼 수 있습니다.

> 교사의 전문성은 (1) 자신의 교육 철학을 바탕으로, (2) 자신만의 수업 강점을 찾아가며, (3) 이를 살아있는 수업 속에서 학생 맞춤으로 유연하게 발휘하고, (4) 그 수업을 꾸준히 기록 및 성찰하며, (5) 더 나아가 이 모든 과정과 고민을 다른 교사들과 함께 나눔으로써 계속 성장해 나가는 것에 있다.

1. 철학이 있는 교사

신규 시절, 여러 좋은 연수를 듣고 책을 보고 그 수업을 따라해보았습니다. 그런데 그 선생님의 수업은 성공적인데, 제 수업은 엉망이더군요. 왜 그럴까 무엇이 다를까 고민한 결과, 답은 철학이었습니다. 평소 말과 행동을 통해 선생님의 철학과 교육관이 학생들에게 충분히 전달된 뒤에 수업을 하는 것과 그 과정이 생략되고 그 수업 하나만 가져오는 것은 달랐습니다. 그 때부터 고민을 하기 시작했습니다.

- 나는 어떤 철학을 가진 사람일까?
- 교육이란 무엇일까?
- 나에게 수업이란 어떤 의미일까?

- 교사는 어떤 사람이고, 학생은 어떤 존재일까?
- 가르치고 배운다는 것은 무슨 의미일까?

나만의 답을 찾는 과정이 필요했습니다. 이 질문에 대한 답이 한 문장으로 명확히 정리될 때 수업 철학이 만들어진다고 생각합니다. 하지만 이 질문들은 너무나도 큰 질문들이라, 답을 생각하기 어려웠습니다. 그 때 도움이 되었던 게 다음의 작은 질문들 입니다.

- 선생님은 왜 가르치는 사람이 되기로 하셨나요?
- 선생님을 만든 선생님은 어떤 선생님인가요?
- 선생님이 어렸을 적 원했던 선생님은 어떤 선생님인가요?

이 질문들에 대한 답이 훨씬 쉬웠고, 그 답을 통해 힌트를 찾아 큰 질문들에 대한 답을 찾아갈 수 있었습니다. 그 답들이 선생님이 교직 생활에서 흔들릴 때 길을 잃지 않을 수 있도록 붙잡아주는 닻이 되어줄 것입니다.

저의 이야기를 잠시 들려드리겠습니다. 저는 어렸을 적부터 꿈이 많은 아이였고, 그 많은 꿈 중 하나가 선생님이었습니다. 친구들이 저에게 무언가를 물어보았을 때 제가 알려주는 것을 듣고 "아하!"라고 말할 때의 쾌감이 좋았지요. 가장 기억에 남는 선생님은 초등학교 2학년 때 담임 선생님이셨는데, 그 분이 나눠주시던 스티커에 적힌 '더불어 함께 하는 삶'은 제 인생에도 큰 영향을 미쳤습니다. 제가 원했던 선생님은 '나를 사랑할 수 있게 해주는 선생님'이었습니다. 저는 저를 사랑하는 법을 모른 채 어른이 되었고, 저 자신에 대해 알아가고 사랑하게 되는 데 긴 시간을 썼습니다. 그래서 저는 교직에 나올 때 '아이들이 스스로를 사랑할 수 있게 해주자.', '자신의 감정을 잘 알고 다룰 수 있게 해주자.'라는 다짐을 하게 되었습니다. 어린 시절 저에게 필요했던 어른이 되어주자고 마음 먹었던 것입니다.

그러나 막상 교직에 나오니 시행착오의 연속이었습니다. 2학년 때 선생님처럼 스티커로 보상을 해보았는데, 종업식 전날 "이제 상관없으니까 규칙 안 지켜도 되겠다."라는 아이의 말에

    배움이 자연스러운 수업에서 행복한 아이가 자란다

뒤통수를 얻어맞은 듯 멍해졌습니다. 그 뒤로 저는 학급 내에서 최대한 보상을 쓰지 않기로 다짐하게 되었습니다. 또 저는 아이가 스스로를 사랑할 수 있게, 감정을 잘 알고 다룰 수 있게 해주려고 열심히 노력했습니다. 그런데 가정과 협조가 잘 되지 않을 때, 방학이 지나고 원래의 모습대로 돌아간 아이를 보면서 좌절하기도 했습니다. 그럼에도 이러한 순간마다 제가 길을 잃지 않도록 힘이 되어주었던 것은 처음에 분명히 세웠던 저만의 교육철학이었습니다.

선생님이 생각하시는 좋은 수업은 어떤 모습인가요? 그 좋은 수업이 선생님의 교실에서 이루어지고 있나요? 선생님이 수업을 통해 학생들에게 길러주고자 하는 핵심 역량은 무엇인가요? 선생님을 이루는 핵심 가치관이 무엇이냐에 따라 좋은 수업의 기준이 달라질 수 있습니다. 수업 시간에 선생님은 끊임없이 선택의 순간에 놓이게 되고, 선생님의 수업관이 명확해야 그 선택들이 추구했던 한 방향으로 이어질 수 있습니다. 선생님은 어떤 가치관을 추구하시나요? 아래 표를 보고 나는 어떤 가치관을 중시하는 지 생각해보세요.

주제별 생각해볼 가치관

분위기	정돈된	활발한
교과서	교재의 하나일 뿐	모든 내용을 꼭 가르쳐야 한다
동기유발	매 차시 필요하다	안 하고 넘어가도 괜찮다
발표	큰 목소리로 또박또박 말해야 한다	목소리가 아닌 다른 방식도 괜찮다
수업 난이도	성취도가 낮은 학생에게 맞춰야 한다	성취도가 보통인 학생에게 맞춰야 한다
수업 도중 돌발 질문	학습 목표에 효율적으로 도달하는 것이 중요하다	수업 도중 돌발 질문도 배움이기에 함께 논의할 수 있다

이러한 자신만의 수업관은 고정불변이지 않고, 다양한 교직경험이 쌓이며 조금씩 달라질 수 있습니다. 실제 사례를 소개하자면, 한 선생님은 신규교사 시절에 모두가 조용히 교사의 말에 집중하는 것이 수업에서 매우 중요하다고 생각했습니다. 그 분이 발령 초기에 맡았던 초등학교 1학년 학급에서는 기초 습관이 전혀 잡히지 않은 채 수업 시간에 자리에 앉아 있는 것조차, 아니 교실에 있는 것조차 어려워하는 학생이 매우 많았기에 학생들의 상호작용을 최소화하며 교사 중심의 설명과 안내로 학습 목표를 달성하는 것이 효과적인 수업의 방식이라 여겼던 것이지요. 그러나 점차 다양한 경험이 쌓이면서 그러한 방식이 원래 생각했던 바람직한 교육의 모습과 연결되는지, 아니면 어떤 부분을 놓치고 있지는 않았는지, 머리로 중요하게 생각하는

것과 실제로 중요하게 강조하는 것 사이의 괴리는 없는지 본질적인 질문을 던지게 되었습니다. 그 결과 스스로 고민해왔던 정말 좋은 수업을 실천하기 위해 두려움을 이기고 학생들끼리의 활발한 상호작용을 통한 탐구를 이끌고 계시다고 합니다.

저는 수업에 아무 관심도 흥미도 없는 학생을 만나며 그 선생님과 비슷한 고민을 하고 성장했던 경험이 있습니다. 기존에 해왔던 수업 방식을 고집하기 보다 어떻게 하면 이 아이를 조금이라도 더 참여시킬 수 있을지를 우선으로 고민하자 이 친구가 몸을 움직이면서 활동하거나 친구들과 함께 하는 활동들에는 참여도가 높다는 사실을 발견할 수 있었습니다. 그리고 이 학생뿐 아니라 다른 학생들에게도 교사의 언어보다 다른 학생의 언어가 더 전달력이 좋은 것 같다고 느끼게 되었습니다. 그래서 하루에 한 번 이상은 모둠 활동을 넣으려고 계획하고 매 차시마다 짝 활동을 넣으려고 최대한 노력해보았습니다. 국어 수업에서 글을 읽더라도 혼자 읽는 활동보다 모둠 친구들끼리 돌아가며 읽는 방법을 사용하기도 했고, 수학 수업에서 전 학년에 배웠던 내용들을 떠올려보고 돌아다니면서 서로 설명해주며 배경 지식을 일치화하는 활동을 구성하기도 했습니다. 무언가를 하려고 하면 방법이 보이고, 하지 않으려고 하면 핑계를 찾는다는 말이 있습니다. 조금만 더 고민하면 방법을 찾을 수 있었고, 스스로의 교육 철학에 따라 가장 중요한 것을 위해 다른 것들을 조금씩 상황에 맞게 변화시키며 점차 저의 수업관을 형성해 나갈 수 있었습니다.

물론 이 모든 수업 방식에서 정답은 없습니다. 그러나 선생님이 각 주제에 대해 고민해 보는 것과 고민하지 않고 되는 대로 수업하는 것에는 큰 차이가 있기에 한 번쯤 멈추어 생각해보시기를 바랍니다. 다시 한 번 여쭤어 보겠습니다. 현재 선생님의 모습은 원래 꿈꾸던 선생님과 가까운가요? 혹시 놓치고 있었던 부분은 없나요? 제가 여러 시행 착오를 겪으면서 저에게 맞는 방식을 하나씩 찾아가고 있듯이, 선생님도 질문에 답을 해보며 선생님만의 수업 철학을 다져 나가시기를 추천합니다.

 배움이 자연스러운 수업에서 행복한 아이가 자란다

덴마크 교사들의 철학(Bernsen, 2020)

1. 학생은 무엇보다 먼저 한 인간입니다. 공부보다 중요한 것은 교사와 학생 사이의 관계이며, 친밀감과 신뢰 속에서만 진정한 배움이 이루어질 수 있습니다.

2. 수업 진도를 나가기 전에 '왜'를 묻는 시간이 필요합니다. 왜 우리가 교실에 앉아 있는지, 왜 영어·수학·과학을 공부해야 하는지 충분히 질문해야 합니다.

3. 학생을 경쟁의 도구로 만들지 않아야 합니다. 경쟁은 나만을 위한 것이 아니라 나와 공동체 모두의 성장을 위한 좋은 경쟁이어야 합니다.

4. 상위 10퍼센트에 들지 않아도 괜찮습니다. 뒤처진 학생까지 끝까지 돌보며, 모두가 크고 작은 성취감을 느끼고 주눅 들지 않도록 해야 합니다.

5. 학생들 사이의 배려와 협력이 무엇보다 중요합니다. 배움은 대화와 협력 속에서 이루어지며, 말하기보다 중요한 것은 경청입니다.

6. 교실에서 권력은 교사만의 것이 아니라 교사와 학생이 함께 나눠 가져야 합니다. 교사의 자율권이 존중되듯 학생의 자율권도 보장되어야 하며, 학생은 젊은 어른으로 존중받아야 하고 비판적 사고를 길러야 합니다.

7. 학생들에게는 스스로 선택하는 경험이 반복적으로 주어져야 합니다. 자기 주도적으로 살아갈 힘을 기르며, 동시에 선택의 결과에 책임을 지는 자세를 배워야 합니다.

8. 시험을 위한 수업이 아니라 삶을 위한 수업을 지향해야 합니다. 수업은 실생활과 연결되어야 하며, 호기심이 최고의 교과서입니다. 교과서를 넘어 학생들의 질문에 집중해야 합니다.

9. 인생이 통합적이듯 학교 수업도 통합적이어야 합니다. 교사는 정치와 음악, 영어와 과학을 아울러 사고하고 가르칠 수 있어야 합니다.

10. 교실은 입시를 위한 전쟁터가 아니라 웰빙을 경험하는 생활 공동체입니다. 학교와 교실은 집처럼 편안하고, 따돌림과 폭력이 없는 안전한 공간이어야 합니다.

11. 학교는 단순히 민주주의를 가르치는 곳이 아니라 민주주의를 실천하는 삶의 현장이 되어야 합니다. 학생들은 학교 운영에 참여할 수 있어야 하며, 이를 통해 민주주의를 경험해야 합니다.

2. 나만의 수업 강점을 가지고 있는 교사

한 연수에서 이렇게 퇴근 후에도 모여서 공부하는 이유가 무엇인지 공유한 적이 있습니다. 그 때 한 선생님께서 교실에서는 다양한 문제 상황이 발생할 수밖에 없고 그 때마다 대처하기 위한 자기만의 공구가 많으면 많을수록 좋다고 하셨습니다. 그 공구들을 늘리기 위해 연수에 참여하는 것이라고요. 그렇게 선생님들마다 가지고 계신 여러 가지 공구 중에서도, 나만의 뾰족한 무언가가 나의 수업 강점이 되겠지요. 선생님은 선생님만의 수업 강점이 있으신가요?

같은 교과서를 가지고도 선생님마다 다른 수업을 합니다. 자신만의 수업 강점이 있는 선생님은 그 강점을 적극 활용해 어떤 수업이든 녹여서 활용할 수 있습니다. 한 선생님은 그림책을 통해 아이들의 마음을 열고, 동기유발로 활용하거나 국어 교과서 텍스트 전체를 그림책으로 바꾸기도 합니다. 어떤 선생님은 연극을 활용하여 국어 수업에서 교과서를 실감나게 읽게하고, 사회 시간에서 퀴즈를 멈춤극 형태로 진행하기도 하시고, 체육 시간에 연극을 활용하여 몸을 적극적으로 활용하는 법을 알려주기도 합니다. 어떤 음악 선생님은 1년 동안 매 수업 시간 시작마다 리코더를 불고, 점차 단계를 높여가면서 이중주로 발표회를 진행하며 아이들에게 정서적 안정감과 자신감을 심어주기도 합니다.

이렇게 다양하게 강점을 갖춘 선생님들을 보면서 저도 저만의 수업 강점을 갖추어야겠다고 생각했습니다. 그래서 이 선생님들께 어떻게 이런 강점을 갖추게 되셨는지 여쭤보았습니다. 그랬더니 공통적인 답변이 "내가 좋아하는 것을 아이들과 함께 한다."는 것이었습니다. 자연을 사랑하는 선생님은 어떻게 아이들이 자연과 친해지게 할지 고민하다가 교실에서 식물을 기르며 이를 수업과 연결하기도 하고, 교정에 있는 나뭇잎으로 피리를 만들어주시기도 했습니다. 보드게임을 좋아하는 선생님은 재밌는 보드게임의 요소를 수업에서 어떻게 활용할까를 고민하시고, 돌아가면서 그림을 그려 속담을 알아맞히는 활동을 하는 등 대부분의 수업을 게이미피케이션하여 학생들이 배움을 더욱 즐길 수 있도록 하시기도 했습니다. 여행을 좋아하시는 선생님은 이를 학생들과 나눌 방법을 고민하시다가 여행에서 보고 듣고 겪은 모든 것들을 생생하고 풍부하게 수업의 자료로 활용하시는 이야기꾼이 되기도 하셨지요.

   배움이 자연스러운 수업에서 행복한 아이가 자란다

이러한 소재의 측면 뿐만 아니라 내면적으로 수업에서의 훌륭한 태도를 강점화한 선생님도 계십니다. 교사의 이러한 태도는 잠재적 교육과정으로서 학생들의 가치관, 신념, 행동 방식 등에 영향을 미치게 됩니다. 앞서 다룬 선생님반만의 허용적인 분위기, 학생 한 명 한명에 대응하는 발화, 협력적인 분위기 등은 선생님의 태도를 통해 만들어집니다. 선생님이 학생 한 명 한 명의 개성과 의견을 존중하며 끝까지 경청하는 태도, 학생들의 변화를 세심하게 알아차리는 관찰력, 약속이나 규칙을 지속적으로 지키는 일관성, 따뜻하고 부드러운 표정으로 괜찮다고 말해주는 다정함, 교사 스스로 끊임없이 배우고 성장하려는 열정, 분위기를 밝게 유지하는 유머와 학생의 말과 행동에 대한 풍부한 리액션… 선생님은 스스로 교사로서의 강점이 무엇인지 알고 계신가요? 선생님은 교실에서 특히 어떤 강점을 잘 발휘하실 수 있을까요?

교사가 배우는 내용을 얼마만큼 좋아하는지가 아이들이 내용을 얼마만큼 좋아하는지를 결정하게 됨을 저는 현장에서 체감할 수 있었습니다. 여러분도 애정을 가지고 신나서 이야기하는 사람을 보면 함께 푹 빠지지 않으시나요? 선생님은 무엇을 좋아하시나요? 좋아하는 것을 교실과 수업 상황에 어떻게 가져올 수 있을까요? 또 선생님이 고유하게 가지고 있는, 혹은 발전시킬 수 있는 태도적 자질에는 어떤 것들이 있을까요? 선생님이 좋아하는 것을 수업에서의 강점으로 발전시키면 그것은 선생님만의 특별한 매력이자, 어느 수업에서나 적용할 수 있는 든든한 뿌리가 될 것입니다.

3. 살아있는 맞춤형 수업을 할 수 있는 유연한 교사

선생님께서는 지금 수업하고 계신 반 학생들의 특성에 대해 얼마나 알고 계신가요? 각 학생이, 그리고 그 학생들이 모인 각 학급 공동체가 어떨 때 가장 효과적으로 잘 배우는지 설명하실 수 있으신가요? 한번은 교사가 아닌, 회사에 다니는 친구와 각자의 직장생활에 대한 이야기를 하다가 친구에게 교직은 가르치는 내용도 그렇고 결국 일정하게 같은 것이 반복되지 않냐는 말을 들은 적이 있습니다. 선생님도 그렇게 생각하시나요?

저는 교직이 그러한 단조로움과는 거리가 매우 먼, 매우 생동적이고 다채로운 특성을 지닌다고 생각합니다. 작년과 같은 학년 및 과목을 맡게 되었더라도, 아니면 직전 수업과 같은 차시를 바로 그 다음 교시에 다른 반에 들어가 수업한다고 하더라도, 심지어 국가 교육과정과 교과서는 똑같다고 하더라도, 선생님의 수업 자체는 그때마다 모두 다 조금씩 다르지 않으신가요?

물론 큰 활동의 흐름과 목표는 같을 수 있겠지만, 전문성을 갖춘 교사일수록 '지금, 여기, 우리'에게 가장 효과적인 방식으로 그 순간 주어진 모든 것을 수업의 재료 및 도구로서 자유자재로 활용하며 순발력 있고 유연한 수업을 진행할 수 있을 것입니다. 수업은 처음부터 교사가 가르치는 것이 아닌 학생이 배우는 것이고, 교사 혼자 할 수 있는 것이 아닌 학생들과 함께 만들어가는 것이기 때문입니다.

예를 들어, 선수 학습에 대한 학생의 이해 정도에 따라 학생이 이전 내용을 충분히 복습한 채 새로운 내용을 배울 수 있도록 차시를 재구성할 수도 있고, 학생들이 선호하는 발표 방식을 활용하여 보다 적극적인 참여를 이끌 수 있습니다. 평소 학생들의 관심사를 파악하여 학생들이 좋아하는 아이돌 이름이나 캐릭터 이름을 수업 중 다양한 예시에 사용하는 것만으로도 학생들의 집중도가 더 높아지고, 실제 우리 교실에서 일어나는 일들과 배움을 연결지으면 더할 나위 없이 살아 있는 수업이 되겠지요.

실제로 학교의 정수기가 높이 설치되어 있어 물통 안이 보이지 않아 물을 넘치게 따를 뻔 했다는 학생의 지나가는 말이 수업 아이디어가 되어 이를 사회의 '인권'이나 미술의 '유니버설 디자인' 등과 연계하여 '모두가 더 편하게 이용할 수 있는 학교 만들기 프로젝트' 수업을 진행하기도 했고, 과학 수업을 시작해야 하는데 아직 계속 거울로 자신의 피부를 살피고 있는 학생을 보고 여드름에 효과적이라고 광고하는 '약산성 폼클렌징' 이야기로 '산과 염기' 단원 학습을 시작하기도 했습니다. 교실에서 실시간으로 일어나는 모든 말다툼은 곧 국어와 도덕 수업의 생생한 재료가 되기도 했지요.

 배움이 자연스러운 수업에서 행복한 아이가 자란다

이렇듯 학생들의 실제 삶에서 보고 듣는 것을 활용하여 동기 유발을 하는 것, 학생들의 깊이 있는 학습이 이루어지고 있는 특정 활동에 조금 더 시간을 할애하는 것, 시간이 부족할 때 발표 방식을 조정하는 것, 학생들의 상태에 따라 시간표를 조정하는 것, 날씨 등의 우연적인 상황이나 엉뚱한 질문을 수업에 반영하는 것 등등… 전문성을 갖춘 교사는 수업의 살아 있는 현장 속 주어진 모든 것에서 배움의 가능성을 발견하고 이를 교육과정과 조화롭게 연결하며 가장 효과적인 방식으로 학생들의 의미 있는 배움을 이끌 수 있어야 합니다.

세계적으로 논의되고 있는 여러 미래교육의 방향에서도 공통적으로 학생의 개별성과 주도성(agency)을 강조하며 교사를 정해진 틀에 따라 단순히 지식을 전달하는 사람이 아닌, '탐구 디자이너', '조력자', '수업 설계자' 등 학생의 상황에 따라 순발력 있고 유연하게 맞춤형 수업을 할 수 있는 전문가로 보고 있습니다.

세상에 같은 수업은 없습니다. 같은 학년을 대상으로 같은 수업을 진행해도 학생에 따라 천차만별이고, 또 같은 학생들과 매일 함께하더라도 주변의 온갖 영향을 시시각각 받으며 어디로 흘러갈지 모르는 것이 실제 수업의 묘미이지 않나요? 이 변화를 오히려 즐기며 오늘도 살아 움직이는 맞춤형 수업을 만들어갈 때 교사의 전문성은 더욱 신장될 것입니다.

4. 기록하고 성찰하는 교사

선생님은 첫 날 어떻게 선생님을 소개하시나요? 학생들끼리의 좋은 관계를 형성하기 위해서는 어떤 활동을 하시나요? 개학식마다는 어떤 수업을 하시나요? 경력이 어느 정도 있는 선생님께서도 "올해는 선생님 소개를 어떻게 해야 하나?", "여름 방학이 끝나고 개학식 때 뭐하지?" 하는 고민을 반복하시더군요. 저의 경우에도 2월에 어떤 일들을 해야 3월 맞이가 편안할지를 매년 고민하게 되면서, 이를 해결하기 위해 기록을 시작했습니다. 그러자 매년 돌아올 일들에 대한 부담이 훨씬 줄어들었습니다. 큰 틀을 잡아주는 저만의 보물창고가 있으니 학년과 상황에 맞게 융통성을 발휘하여 내용을 조금씩만 가감하면 되었지요.

3월 첫 주 CHECKLIST

3월				
	이사	☑ 물건 배치 바꾸기 ☑ 거울, 휴지통, 청소도구 체크	☑ 청소 ☑ 책걸상 개수 확인 및 정리	☑ 그림책/ 보드게임/ 예전 자료/ 체육 교구/ 미술 교구/ 학습 자료
	0. 학급 운영	☑ 0-1. 교육 철학 질문 ☑ 0-2. 교육 철학, 학급 경영관 ☑ 0-3. 유라쌤 학급경영관 학습지 ☐ 0-4. 학부모님께 드리는 편지 학급 소개, 학급 운영 방안, 연락, 부탁, 수업 안내, 준비물 ☐ 클래스팅 안내 ☐ 학급 명부(누가기록표) ☐ 책 - 버츄, 명불허전, 학운시, 6학년 달일해도 괜찮아, 그마음	☑ 첫 날 읽을 그림책 ☑ 첫 날 1. 시업식 + 그림책 읽기 2. 선생님 소개 + 집중 3. 1명씩 이름 부르며 인사, 사진 + 선생님께 알려드리는, 교과서 4. 배부, 안내, 알림장, 매일 필수 준비물, 줄 서기, 간단 청소	<알림장> ☑ 배부 - 학사력, 학생교육기초자료, 학부모님께 편지 ☑ 안내 - 학급 임원 선거 ☑ 준 - 영어, 과학 교과서 필통, 알림장, L자 파일, 급식 ☑ 숙제 - 가족에게 선생님에 대해 설명하기(그림책, 지우개, 중요한 가치), 올해 나의 목표(할 수 있는 것, 매일 하면 되는 것)
	1. 환경	☑ 앞 게시판 꾸미기(함성소리, 벚꽃 가랜드) ☑ 뒤 게시판(가랜드, 꿈은 이루어진다, 압정, 안내 메모 홀더) ☑ 감정 출석부, 의견, 미덕, 아침 활동, 다했어요, 시간표, 날짜, 폭수	☑ 1. 앞 - '환영합니다' 플로터 ☑ 2. 앞 - 올해의 가치 ☑ 3. 학급 안내판 ☑ 4. 사물함 이름표(번호표) ☑ 5. 뒷 게시판 이름표 ☑ 6. 자리 배치표	☑ 7. 신발장 이름표(번호표) ☑ 8. 시정표 인쇄 ☑ 9. 아침 인사 ☑ 선생님 소개서 부착 ☑ 칠판 할 일 적기 ☑ 시간표
	2. 첫날	☑ 음악 틀어놓기 ☑ 반갑게 인사하기 ☑ 할 일 안내 ☑ 지켜보기 ☑ 첫 주 활동 목록 짜기	☑ 1. 문장 완성 검사 ☑ 이야기 : 아름다운 실수 + 지우개 ☑ 2. 선생님 소개 -완벽한 선생님(매직, 포스트잇) -중요한 가치 5가지 -간단 퀴즈	☑ 3. 선생님께 알려드리는+이름, 사진 ☑ 놀이 A와 B + 실상화 - 한 걸음, 두 걸음 술래잡기 - 최면술사(1분간, 번갈아) ☑ 첫 날 배부 : 가통, 공책, 연필 ☑ 알림장 - 내어쓰기 숫자 아래 숫자, 파란색, 자기 자리 청소

3월 체크리스트 기록 예시

또 어느 날, 분명히 매일 반복되는 수업이 어느 정도 안정적으로 잘 흘러가고 있는 것 같기는 한데 무언가 교사로서 제자리 걸음을 하는 기분이 들어 지루함을 느꼈습니다. 같은 수업을 여러 번 할 기회가 부족했어서인지 내 수업이 발전을 하고 있기는 한 건지 의문이 들기도 했고, 만약 그렇다 해도 그 속도가 너무 느려 눈에 잘 보이지 않았습니다. 저의 성장과 수업에서의 발전을 눈으로 보고 확인하고 싶었고, 그에 대한 답도 바로 기록이었습니다.

그렇다면 무엇을 어떻게 기록하는 것이 좋을까요? 이 부분이야말로 선생님의 특성에 따라 잘 맞는 방법이 다양할 것입니다. 오프라인으로 교무 수첩에 간단하게 적는 방식은 직관적이라는 장점이 있고, 노션이나 블로그, SNS 등을 활용한 디지털 기록은 검색해서 찾아보기 용이하다는 장점이 있습니다. 어떤 형식이든 일단 선생님께서 편안하게, 그리고 꾸준히 활용하실 수 있는 도구를 선택하시는 것이 좋습니다.

도구보다 더 중요한 것은 기록의 내용일 텐데, 관련하여 먼저 저의 사례를 소개하고자 합니다. 저는 주간 학습 계획을 활용하여 일주일동안 할 수업들을 요일에 따라 배치하고, 간단하게 수업에서 할 발문과 자료 등을 정리해놓았습니다. 그러자 주로 어떤 방법으로 동기 유발을 하는지, 짝이나 모둠 활동의 비중은 어느 정도인지를 한눈에 볼 수 있었습니다. 하지만 이것만으로는 충분하지 않았습니다. 계획은 계획일 뿐, 실제로 수업을 하면 돌발 상황이 생기기도 하고 제 예상과 다르게 흘러가니까요. 그래서 수업이 끝난 후에 계획과 달라진 점을 적었고, 비로소 진정한 의미와 발전이 있었습니다. 실제 수업을 통해서만 깨달을 수 있는 것들을 기록하며 같은 실수를 반복하지 않을 수 있었지요.

앞서 계속 언급 되었듯 수업을 실천하고 난 뒤에 돌아보는 것까지가 수업의 완성인데, 돌아볼 때 머릿속으로만 떠올려보는 것보다 기록을 남기는 것이 훨씬 더 효과가 좋고 나중에도 활용할 수 있습니다. 수업이 끝나고 어느 부분이 예상대로 되지 않았는지를 기록을 바탕으로 확인하고 정리할 수 있지요. 이때 기록 및 성찰에 도움이 되는 예시 주제와 질문은 다음과 같습니다.

기록 및 성찰 주제별 예시 질문

성찰 주제	예시 질문
수업 시간 배분	왜 활동 시간이 부족했을까? 왜 활동 시간이 많이 남았을까? 다음에 시간이 남을 때 어떤 추가 과제를 주면 좋을까?
오개념 발생	왜 이러한 오개념이 생겼을까? 오개념 발생을 줄이려면 어떤 부분을 개선해야 할까? 다음 시간에 어떻게 오개념을 수정해줄 수 있을까?
수업 환경	왜 다른 모둠이 발표할 때 집중하지 못했을까? 학생들을 산만하게 만든 요인은 무엇일까? 어떻게 제거 또는 대체할 수 있을까? 교재의 수가 너무 많았을까? 활동지의 배분과 수거가 제대로 되지 않은 것일까?
발문	왜 원하는 답변이 바로 나오지 않았을까? 교사의 발문이 지나치게 모호했을까? 학생들의 수준에 맞는 언어로 어떻게 바꿀 수 있을까?
상호작용	모둠 활동에서 더 활발하게 상호작용하게 하기 위해 어떤 환경을 조성해주어야 할까? 모둠 활동에서 더 경청하게 하기 위해 어떤 방법을 알려주면 좋을까?

이렇게 저만의 주간학습계획과 실제의 수업 운영을 기록하며 도움을 받다가, 각 과정에서 어떤 고민을 했는지까지 구체적으로 드러나면 좋겠다는 생각이 들어 블로그 기록을 시작했습니다. 첫 날 선생님 소개를 어떻게 했는지, 어떤 고민의 과정이 있었고 어떤 내용을 말했는지 최대한 자세히 적었습니다. 아예 똑같은 수업을 반복하지는 않더라도 학년에 따라 아이들에게 맞는 내용을 그 중에서 골라서 또 새롭게 적용해보며 점점 더 발전시켜 나갈 수 있을 테니까요. 이렇게 기록이 쌓이면 아주 든든한 나만의 아카이브 자산이 됩니다.

첫 날 – 선생님 소개

첫 날 선생님 소개를 어떻게 할지 진짜 고민을 많이 했다.

하루에 많은 것을 우겨 넣는다고 아이들이 다 기억하는 것도 아니고,

그렇다고 내가 중요하게 생각하는 점들을 전달하지 않자니, 첫 날이 그래도 아이들이 가장 집중하는 날인데 싶고.

그래서 절충했다.

1교시는 시업식과 그림책을 읽어주었다.

이 그림책도 엄청난 고민의 끝에서 나왔다.

그림책을 본격적으로 사 모은 지 3년.

정말 좋은 그림책이 많은데 올해 아이들은 어떤 메시지를 던져줘야할까 고민이 되었다.

(나는 그래서 전 담임들에게 가서 아이들 정보를 많이 물어보는 편)

대략 30권 정도 되는 책 중에 후보에 올랐던 책들은

1. 에드와르도 세상에서 가장 못된 아이

2. 절대로 실수하지 않는 아이

3. 폭풍이 지나가면

4. 파랗고 빨갛고 투명한 나

5. 다섯 손가락

6. 빨간 벽

7. 점

8. 아름다운 실수

9. 소년과 두더지와 여우와 말

이렇게 9권이었다.

모두 올해 아이들에게 필요한 말, 고학년 아이들에게 적합한 책이었다.

'아름다운 실수'와 '소년과 두더지와 여우와 말' 중에 끝까지 고민하닥

소년과 두더지와 여우와 말은 너무 길고, 아이들이 스토리를 이해하기 힘들고, 주제가 너무 많아서

결국 작년에 읽어주었던 아름다운 실수로 결정!

이 책을 읽고 전해주고 싶었던 메시지는 3가지다.

- 실수는 누구나 해. 실수해도 "괜찮아. 그럴 수도 있지."라고 말하는 반

- 살다 보면 좋은 일만 일어나는 것은 아니야. 그래도 포기하지 말고 우리 방법을 찾아보는 반 "오히려 좋아. 할 수 있어!"라고 말하는 반

- 실수는 새로운 시작이기도 해. 너희의 지금부터를 볼거야! 이전의 모습은 잊고 서로를 새롭게 알고 이해하는 반

첫 날 선생님 소개 블로그 기록 예시

한 발짝 더 나아가, 사실 기록의 방식 중에서 가장 추천드리고 싶은 것은 수업 촬영입니다. 처음에는 자신의 말과 행동을 여과 없이 보는 것이 부끄러울 수 있지만 그만큼 객관적으로 나의 수업을 스스로 비평할 수 있습니다. 수업 시간에 미처 다 관찰하지 못했던 학생들의 반응을 자세히 살필 수도 있지요. 나의 시선, 동선, 표정, 목소리 등을 포함하여 내 수업에서의 강점과 보완할 점은 무엇인지, 아이들이 어디에서 헤매는지, 어떤 상호작용과 소통이 일어나고 있는지, 발문을 어떻게 발전시켜 나가면 좋을지 등을 발견하고 성찰하며 수업에서의 엄청난 성장을 이룰 수 있습니다.

완벽한 수업은 없습니다. 그렇기에 수업에서의 아쉬움을 점차 줄여나갈 수 있는 가장 좋은 방법은 기록과 성찰이 아닐까요? 하루에 1%씩 성장하면 1년 뒤에 37배로 성장한다는 말이 있습니다. 하루의 수업에서 하나만 남긴다는 생각으로, 하루에 1%씩 성장한다는 마음가짐으로 하다보면 어느새 훌쩍 성장한 나의 모습을 발견할 수 있을 것입니다. 선생님께서 지금 바로 활용하실 수 있는 방식을 찾아 하루에 수업 하나라도 기록하고 성찰해보세요. 수업에서의 깨달음이 누적될수록 선생님 스스로와 학생 모두에 대한 이해도가 높아지고 이 모든 과정은 보물같은 선생님의 성장 일지가 될 것입니다.

5. 함께하며 성장하는 교사

하나하나가 다 막막하던 신규 시절, 1학년 학생들에게 바르게 줄 서기를 가르치는데 나름 직접 시범도 보여가며 "사뿐사뿐 걷기"를 설명했는데도 무언가 신통치 않고 학생들이 실천을 어려워해 고민이었던 적이 있습니다. 이를 옆 반 베테랑 선생님께 털어놓자, 선생님께서는 아이들이 "사뿐사뿐"이라는 말의 뜻을 이해하려면 "걸을 때 머리가 위아래로 흔들리지 않아야 한다"는 설명이 효과적이라는 팁을 전수해주셨습니다. 더하여 선생님께서는 줄 서기를 처음 가르치실 때 함께 복도 바닥에 그어져 있는 선을 오른쪽 발로 밟으면서 걷는 연습을 한다고도 이야기해 주셨지요. 바로 고개를 끄덕이게 되더군요. 이 날을 시작으로 저는 많은 동료 선생님들께 질문하고 깨달음을 얻으며 성장했습니다.

수업 철학을 세우고, 나만의 수업 강점을 가지며, 유연하게 맞춤형 수업을 실천하고 이를 꾸준히 기록 및 성찰하는 교사가 되었습니다. 그러나 이 모든 과정을 혼자서만 한다면 이는 작심삼일에 그치기 쉽습니다. 너무 외롭고 지치는 나머지 왜 이렇게까지 해야 하는지 회의감이 들면서 좋은 수업에 대한 의욕과 기준 자체가 저하될 위험도 있지요.

개인적인 경험을 고백하자면, 그렇게 꿈꾸던 교사가 되었는데도 괴로움에 몸부림치던 첫 해가 있었습니다. 지금 생각하면 정말 쉽지 않은 게 맞았던 아이들이 모여있었고, 나름대로 할 수 있는 시도는 다 해보고 있는데 학생들이 맘처럼 따라주지 않자 모든 문제가 나의 무능으로부터 기인하는 것만 같아 자괴감과 절망감이 몰아쳤습니다. 지금도 이미 몸이 열 개라도 모자라는 것 같은데 내가 무엇을 더 어떻게 했어야 했는지 답이 없는 물음만 던지며 몸과 마음이 나날이 지쳐가던 그때, 제가 버틸 수 있는 힘을 주셨던 건 동학년 선생님들이셨습니다. 신규가 너무 잘해서 매일 놀란다는 격려와 응원도, 고경력이지만 비슷한 문제를 겪고 있다는 공감과 위로도, 그리고 물음표를 느낌표로 바꿔주는 대화와 도움도… 아무리 현실이 각박하게 느껴지더라도 든든한 우리로서 함께하니 어떤 힘과 용기와 의욕이 마구 샘솟았습니다.

선생님은 수업에 대한 이야기를 함께 나눌 사람이 있으신가요? 여기까지 읽으셨다면 교사로서의 전문성을 키워나가는 과정은 그 성격 자체가 매우 유기적이고 실천적이라는 사실을 알게 되셨을 것입니다. 단순히 하나의 정답이나 지식을 아는 것이 아니라 스스로 수업이라는 복잡한 과제를 성공적으로 수행할 수 있는 역량을 길러야 하지요. 따라서 '백문이 불여일견', 수업의 공식 백 가지를 듣는 것보다 한 편의 좋은 수업을 직접 보며 경험하는 것이 더 와닿을 수 있습니다. 그래서 교사로서 성장하기 위한 가장 좋은 방법은, 이 모든 성장의 과정을 누군가와 적극적으로 함께하는 것입니다.

서로의 고민과 다양한 해결책을 나누는 가운데 돈 주고도 살 수 없는 다른 선생님들의 교육

   배움이 자연스러운 수업에서 행복한 아이가 자란다

적 경험과 자산이 담긴 생생한 이야기들을 들을 수 있습니다. 또 서로의 수업에서 배울 점을 찾아 내 수업에 맞게 변형하여 적용해보며 스스로에게 가장 잘 맞는 방식을 찾아갈 수 있지요. 다른 선생님들의 교육 철학과 방식, 아이들을 바라보는 시선과 아이들 수준에 맞추어 말하는 방법 등에서 인사이트를 얻을 수도 있고, 반대로 나도 다른 선생님에게 그런 존재가 될 수 있음을 느낄 때 스스로의 성장을 확인하고 기뻐할 수도 있습니다.

함께 성장하기 위한 구체적인 방법은 다양합니다. 먼저 학교 내의 동학년 혹은 동교과 선생님들과 같이 학년 교육과정을 재구성하거나 수업 연구를 하고 수업 자료를 개발할 수 있습니다. 수업 후 학생들이 가지는 오개념이나 시행착오 과정 등을 나누며 바로 가까이에서 수업을 발전시켜 나갈 수 있지요. 또 학교 안이나 밖에서 마음이 맞는 선생님들끼리 모여 교원학습공동체를 구성하거나 관심 주제에 따라 다양한 연구회에 참여할 수도 있습니다. 오프라인 연수를 통해 학생의 입장에서 수업을 체험해보며 놀이 등을 더 쉽게 수업에 적용해 볼 수도 있고, 블로그 등의 온라인 커뮤니티에서는 시공간의 제약을 너머 더욱 다양한 선생님들을 만날 수 있습니다. 그리고 이 책과 같이 각 선생님의 수업 이야기가 집약적으로 소개되어 있는 다양한 책들을 읽으며 수업의 지평을 넓혀갈 수도 있습니다.

자신의 교실 속에서만 머무른다면 교사는 외딴 별과 같습니다. 혼자 머리를 싸매며 고민해봐도 각자의 한정된 경험과 지식 속에서는 한계가 있지만, 여러분의 옆에는 항상 그 길을 함께하는 수많은 동료 선생님들이 계십니다. 우리는 저마다 다른 아름다운 빛을 뿜어내는 별입니다. 그런 별들이 이어져 별자리가 되고, 은하수가 되어 더욱 의미있게 빛날 수 있게 되기를 기대합니다.

6. 정리

이렇게 어느덧 좋은 수업을 만들기 위해 고민하며 함께 걸어온 여정의 끝에 도달했습니다. 하지만 이것은 끝이 아니라, 또 다른 시작입니다.

교사의 전문성이란 어느 날 완성되고 끝나는 것이 아니라, 나의 철학과 수업, 성찰과 나눔이 쌓여 만들어지는 살아 있는 과정이라는 사실을 우리는 함께 확인했습니다. 이 여정을 혼자 걷기란 참 어렵고, 그래서 서로의 수업 경험을 나누며 함께 성장하는 일은 매우 소중합니다.

선생님은 자신만의 수업 빛깔을 찾으셨나요? 각자가 지닌 고유한 색은 모두 다르지만, 그 색들이 만나면 마침내 아름다운 무지개를 이루게 됩니다. 누구의 색이 더 빛나거나 덜 빛나는 것이 아니라, 서로 다른 색이 곁에 있을 때 더욱 선명해지는 무지개처럼요.

이 책은 단지 몇 사람의 이야기를 담았지만, 이렇게 저희의 빛깔을 나눌 수 있어서 기뻤습니다. 그 이야기가 누군가에게 연결되고, 또 다른 교사의 목소리로 이어지기를 바랍니다. 지금 이 **책을 읽고 계신 선생님**, 선생님께서 다음의 수업 이야기를 써내려갈 **새로운 저자**가 되어 주시기를 바랍니다.

우리 모두의 수업이, 그리고 당신의 수업이 누군가의 배움에 빛이 되고, 다른 누군가에게 용기가 되기를 바라며 이 글을 마칩니다.

실천 과제

1. 선생님은 왜 가르치는 사람이 되기로 했는지 초심을 돌아보며 수업 철학을 생각해보세요. 철학이 바뀐 과정이 있다면 함께 생각해보시면 더욱 좋습니다.
2. 선생님이 좋아하는 것을 생각해보고, 어떻게 교실로 가져올지 방법을 생각해보세요.
3. 선생님이 가르치는 학생들의 학습자 특성을 정리해보고, 이를 수업에 어떻게 반영할지 생각해보세요.
4. 선생님에게 맞는 기록 방식은 무엇일까요? 고민해보고 수업에 대한 기록을 남겨보세요. 시작이 반이랍니다.
5. 선생님이 실천할 수 있는 함께 성장하는 방법은 무엇이 있는지 생각해보고 실천해보세요.

참고 문헌

☞ Bernsen, M. (2020). 삶을 위한 수업: 행복한 나라 덴마크의 교사들은 어떻게 가르치는가 (오연호, 역). 오마이북.

  배움이 자연스러운 수업에서 행복한 아이가 자란다

장	차시	주제	체크리스트/실천과제
1장. 수업뿌리 다지기	1	배움이 자연스러운 수업이란?	내가 생각하는 배움이 자연스러운 수업이 무엇인지 알고 있다. ☐ 내가 수업을 사랑하지 못하는 가장 큰 걸림돌은 무엇인가요? ☐ 내가 생각하는 배움이 자연스러운 수업이란 무엇인가요? ☐ 나는 수업에서 어떻게 할 때 가장 큰 보람과 효능감을 느끼나요?
	2	허용적인 분위기	허용적인 수업 분위기는 신뢰, 정중한 언어, 사려 깊은 교육을 바탕으로 만들어진다는 사실을 안다. ☐ 수업 중 학생의 실수에 대해 내가 자주 하는 반응을 돌아보고, 대체 가능한 긍정 언어 3가지를 기록해 보세요. ☐ '틀려도 괜찮은' 교실을 만들기 위해 이번 주 수업에서 실천할 수 있는 작은 말투 변화를 계획해 보세요. ☐ 수업 녹화나 녹음을 듣고 내 말투와 반응을 분석해보는 셀프 피드백 시간을 가져 보세요.
2장. 수업에 들어가며 – 수업준비	3	교육과정 재구성	교육과정 재구성은 교사의 자율성과 창의성을 실천하는 과정임을 안다. ☐ 교과서 목차를 훑어 보세요. 제목만 보고 단원 내용을 알 수 없다면 지도서의 단원 도입 부분을 보고 어떤 내용을 다루고 있는지 간단히 단원명 옆에 메모해 보세요. 그리고 그 중 함께 묶어서 다루면 더 효과적일 만한 내용이 무엇이 있을지 생각해 보세요. ☐ 학교 행사와 계기교육주간을 쭉 적어보세요. 그 행사나 계기교육과 연계할 수 있는 성취기준이 무엇이 있을지 생각해 보세요. ☐ 상대적으로 가볍게 훑고 지나가도 될 차시와 더 오랫동안 깊이 경험하게 하고 싶은 차시가 무엇이 있는지 살펴 보세요.
	4	프로젝트 수업	학생들의 삶과 연결된 배움인 프로젝트 수업을 안다. ☐ 교과서를 펼쳐놓고 하나의 주제로 엮으면 좋을 차시들이 무엇이 있을지 생각해보세요. 그 교과들을 엮어서 어떤 실제적인 프로젝트를 만들어낼 수 있을지 생각해 보세요. ☐ 요즘 우리 반 학생들이 관심 있어 하는 주제와 연결시킬 수 있는 성취기준에 무엇이 있을지 생각해보세요. 그 관심사를 어떻게 실제적인 결과물로 만들어낼 수 있을지 생각해 보세요. 예 학교 운동장에서 공놀이를 하지 못해 불만이 많은 학생들 → 선생님들과 학부모님들을 설득할 수 있도록 운동장 활용 방안을 제안하는 프레젠테이션 준비하기

2장. 수업에 들어가며 – 수업준비	5	개별화 수업	개별화교육과 보편적 학습설계를 수업 설계에 반영하는 방법을 안다. ☐ 우리 반 학생들의 학습자 특성을 고려하여 한 단원의 수업 디자인시에 학생들의 수준 차이에 따라 학습 자료나 활동을 어떻게 차별화할지 작성해 보세요. (**예** 과학 수업에서 도움 영상 자료를 추가 제공 또는 수학에서 쉬운 문제와 심화 문제 제공 등) ☐ 학생들에게 다양한 형태의 선택권을 제공하는 내용을 포함한 수업을 설계해 보세요. (**예** 보고서 작성, 포스터 그리기, 요약하기 등 다양한 형태로 결과물을 제출하기)
	6	수업 계획	수업 계획은 수업의 질과 방향을 결정하는 중요한 나침반임을 이해한다. ☐ 수업에 들어가기 전에 이번 시간에 교사가 꼭 전하고 싶은 메시지(목표)를 학생들에게 이야기해 보세요(활동지에 기록하거나 수업 시간에 직접 말하기). ☐ 한 차시에서는 단원의 핵심 개념에 맞는 질문을 최소 3개 준비해 보세요. ☐ 플레밍의 학습 유형 22가지를 참고하여 우리 반 학생들의 학습자 특성을 분석해 보세요.
	7	활동지구성	활동지는 교사의 창작의 기쁨이자 학생들의 배움을 돕는 중요한 도구임을 안다. ☐ 지도서에서 해당 단원의 성취기준을 확인하고, 교과서 활동 중 '반드시 해야 하는 활동'과 '하면 좋은 활동'을 구분해 보세요. ☐ 교과서 활동지나 다른 학습 자료에서 학생들이 주도적으로 학습할 수 있도록 배치된 다양한 비계(scaffolding)를 찾아 보세요. ☐ 교과서 활동의 수행 방법을 학생들이 수업 목표에 더 잘 집중할 수 있도록 변경해 보세요.
	8	자리 배치 및 소집단 활동 구성	교실 자리 배치와 집단 활동 방식은 학생들의 시선과 목소리를 바꾸는 힘이 있음을 안다. ☐ 학생들과 다양한 기본 배치 방법을 바꾸는 연습을 해 보세요. ☐ 학생 특성을 다양한 능력 범주에서 생각해 보세요. 각 학생마다 학습 능력, 다중지능, 의사소통 능력을 얼마나 가지고 있는지 고민해 보세요. ☐ 모둠 구성 시 모둠 세우기 활동과 모둠 마무리 활동을 진행해 보세요.

3장. 수업 시간에 – 학생과 교사	9	협력적인 분위기	협력적 분위기는 학생들이 의사소통과 문제 해결 능력을 키우는 기반임을 안다. □ 학생들의 성취에 내가 자주 하는 피드백을 점검하고, 협력과 과정을 강조하는 대체 언어 3가지를 기록해 보세요. □ 수업에서 학생들이 서로 도움을 주고받을 수 있도록 하는 구체적인 연결 언어나 활동을 계획해 보세요. □ 한 주동안 수업에서 학생 상호작용의 빈도와 질을 관찰하고, 협력적 분위기 조성을 위한 개선점을 기록해 보세요.
	10	수업 발화	교사의 수업발화는 신뢰와 협력의 교실 문화를 만드는 힘이 있음을 안다. □ 학생들의 서로 다른 생각을 연결짓는 발화를 연습해 보세요. □ 의견이 갈린 상황에서 되돌리기 발화를 사용해 보세요. □ 틀려도 괜찮다는 허용적 분위기를 만드는 발화를 시도해 보세요. □ 어려워하는 학생과 조용한 학생을 위한 개별 지원 발화를 준비해 보세요.
	11	자연스러운 동기유발	공감이 있을 때 학생은 수업의 주체로 서고 자발적으로 참여한다는 것을 안다. □ 수업 주제와 관련된 학생들의 일상, 관심사, 고민을 반영한 질문을 3개 이상 만들어 보세요. □ 새로운 단원에 들어가기 전 단원의 개관을 학생들과 함께 살펴보고 이야기를 나눠 보세요. □ 이번 주 학생의 질문, 실수, 참여에 대해 즉각적으로 긍정적인 피드백을 3번 이상 실천해 보세요.
	12	질문	질문은 학생들의 삶과 연결된 깊이 있는 배움을 가능하게 한다는 것을 안다. □ 차시를 선정하고 '도입–개념 형성– 사고 확장 – 성찰 ·정리'의 네 단계에 맞는 좋은 질문을 각각 한가지씩 만들어 보세요. □ 하루 동안 모든 수업의 마무리 단계에서 성찰적 질문을 던져 보세요. □ 나만의 'See-Think-Wonder' 질문판을 만들어 보세요.
	13	좋은 발표란	발표는 학생 스스로 배움을 완성하는 힘을 기르는 길임을 안다. □ 우리반 학생들이 발표를 경청하여 듣는 태도가 형성되어 있는지 점검해 봅시다. 함께 발표 경청 규칙을 만들어 보세요. □ 이번 주 수업 중 어떤 과목의 어떤 차시에서 동반 인터뷰 혹은 칭궁 인터뷰를 적용할 수 있을지 고민해 보세요. □ 발표 불안을 겪는 학생을 위한 우리반의 대안을 생각해 보세요.

4장. 수업 시간에 – 학생과 다른 학생/ 텍스트/ 환경	14	배움을 위한 경쟁 활동과 협력 활동	**건강한 경쟁은 학생들이 실수에서도 배움을 찾을 때 가능하다는 것을 안다.** □ 이번 주에 진행한 활동 중 경쟁적 요소가 있는 활동의 경우, 어떻게 협력 중심 활동으로 전환할 수 있을지 구체적인 방법을 생각해 보세요. □ 게임이 포함된 활동을 했을 때, 정리 단계에서 '누가 이겼는지' 보다 '무엇을 배웠는지'를 강조하였나요? 그 외 어떤 말을 하면 의미 있는 경쟁이 될 수 있을지 생각해 보세요. □ 활동 후 학생들과 함께 서로의 협력 과정에 대해 피드백 나누기 시간을 가져 보세요.
	15	학생들 사이의 대화	**학생들 사이의 대화는 탐구와 성찰을 촉진하여 학습의 주체로 성장하게 한다는 것을 안다.** □ 짧게 수업 장면을 녹화하고 학생들이 경청·질문·이유 설명을 하고 있는지 간단히 체크해 보세요. □ 수업 후 학생들에게 생각을 자유롭게 말할 수 있었는지 물어보고 내 언어습관과 분위기를 점검해 보세요. □ 질문 후 5~10초 기다림과 생각-쓰기-말하기 과정을 도입해 학생이 충분히 생각하고 말할 수 있도록 해 보세요.
	16	긍정적인 피드백/ 감정살피기	**긍정적 피드백은 교실을 격려와 지지의 문화로 바꾸는 힘이 있음을 안다.** □ 수업 후 교사 일기를 간단히 작성하며 내가 사용한 언어가 지적·비판 중심이었는지, 긍정·격려 중심이었는지 점검해 보세요. □ 학생을 관찰하며 현재 이해 수준과 도전 과제를 어떻게 받아들이는지 기록해보세요. 이를 통해 어떤 순간에 긍정적 피드백이 필요한지 알아보세요. □ 수업 준비·쉬는 시간·자유놀이 시간, 일상적 생활 지도 시간 등 짧은 대화 속에서 학생의 행동이나 노력을 구체적으로 언급하며 긍정적 피드백을 의식적으로 실천해 보세요.
	17	온작품읽기	**온작품 읽기는 학생들에게 즐거운 배움과 평생의 독서 문화를 길러준다는 것을 안다.** □ 학교 도서관에 있는 책 중에서 학생들과 함께 읽어보고 싶은 책을 골라 보세요. □ 교과서에 실린 활동 중 내가 고른 책과 연계할 수 있는 활동들을 골라 보세요. 또는 교과서 활동을 응용해 책을 읽으면서 학생들과 함께 해볼 수 있는 활동들을 생각해 보세요. □ 읽기 전, 중, 후 활동 계획을 세워 몇 차시가 필요한지 확인 후 시수 확보 계획을 세워 보세요. 앞서 내가 차용하고자 한 교과서 활동이 들어간 단원의 시수를 모아서 활용하거나 남는 창체 시수를 활용해도 좋습니다.

	18	배움을 내재화하는 학습 정리	학습 정리는 학생이 메타인지를 기르고 주도적으로 배움을 이어가게 한다는 것을 안다. ☐ 시각화 도구를 활용하여 배운 내용을 자신의 언어로 설명할 수 있게 하는 정리 활동을 구성해 보세요. ☐ 실생활과 연결되어 협력적으로 탐구할 수 있는 점프 과제를 설계하고 제시해 보세요. ☐ 학생 스스로 자신의 이해도를 점검할 수 있는 수업 루틴을 만들어 보세요.
	19	AI 에듀테크와 함께 하는 배움	AI가 교육에서 배움과 대화를 이끌어내는 도구로서 사용될 수 있음을 안다. ☐ AI 기반 에듀테크 도구를 통해서 수업자료를 제공해 보세요. ☐ 학생들이 스스로 학습하고 질문할 수 있는 AI 튜터링 시스템을 도입하여, 필요한 학습 지원을 받을 수 있도록 해 보세요. ☐ 자신의 수업을 녹화 또는 녹음하고 AI 분석 기능을 활용하여, 학생들의 말, 교사의 발문, 수업 진행 방식 등을 객관적으로 분석하고 개선점을 찾아 보세요.
5장. 수업에서 나오며 –수업 열매 맺기	20	수업 협의회와 수업성찰 – 수업 연구회 및 연수 참여	교사의 성장은 자기 자신의 수업에 대한 섬세한 관찰과 학생·동료의 피드백을 받아들이는 과정임을 안다. ☐ 성찰일지를 써보고 스스로 자기가 성찰하며 자기 피드백을 해 보세요. ☐ 학기말에 아이들에게 설문을 돌려 피드백을 받아 보세요. ☐ 쉬는 시간부터 수업 전체를 온전히 보고 협의회에서 배운 점을 나누어 보세요.
	21	나만의 빛깔을 찾아 가는 교사의 전문성	나는 나만의 교사 전문성을 찾아가고 있다. ☐ 선생님은 왜 가르치는 사람이 되기로 했는지 초심을 돌아보며 수업 철학을 생각해 보세요. 철학이 바뀐 과정이 있다면 함께 생각해보시면 더욱 좋습니다. ☐ 선생님이 좋아하는 것을 생각해보고, 어떻게 교실로 가져올지 방법을 생각해 보세요. ☐ 선생님이 가르치는 학생들의 학습자 특성을 정리해보고, 이를 수업에 어떻게 반영할지 생각해 보세요. ☐ 선생님에게 맞는 기록 방식은 무엇일까요? 고민해보고 수업에 대한 기록을 남겨 보세요. 시작이 반이랍니다. ☐ 선생님이 실천할 수 있는 함께 성장하는 방법은 무엇이 있는지 생각해보고 실천해 보세요.

저자 소감

최섭_서울길원초

"수업은 영혼의 대화입니다."

아이들과 자연스러운 수업을 하며 사랑을 교류하는 것만큼 행복한 일은 없습니다. 혁신학교 서울유현초에서 10년 동안 이어 온 수업협의회 기록이 이렇게 한 권의 책으로 결실을 맺을 수 있도록 힘을 보태 주신 여러 선생님들께 깊이 감사드립니다. 또한 이 책이 세상에 나오기까지 함께해 주신 가나출판 대표님과 편집자님께도 진심으로 감사드립니다. 아울러 행복한 교사를 꿈꾸며 교직에 새로 발을 들이는 이정민 선생님께, 사랑을 담아 이 책을 바칩니다.

오현진_서울대도초

여러 선생님들과 함께 글을 써 내려가며, 다시금 '교사'라는 직업의 본질과 수업이라는 행위가 얼마나 깊고 소중한 것인지 되새길 수 있었습니다. 특히 수업 속에서 아이들이 성장하고, 그 성장을 통해 교사 또한 성찰과 기쁨을 얻는 과정은 이 책의 핵심 메시지이기도 합니다. 이 책이 날마다 마주하는 선생님들의 고민에 조금이나마 도움이 되기를 바랍니다.

이푸른_서울인왕초

'가르치는 사람'인 교사로서 가장 본질적인 활동이 바로 수업임에도 불구하고 각종 업무와 상담 등에 치이다보면 뒷전으로 밀리기 쉬운 것이 또 수업인 것 같습니다. 책을 쓰면서 여러 선생님들과 수업에 대해 다양한 이야기를 나누는 과정이 저에게 큰 도움이 되었듯, 그 결과물인 이 책이 수업에 대해 고민하시는 많은 선생님들께 길잡이가 되면 좋겠습니다.

주세빈_서울수송초

천방지축 어리둥절 빙글빙글 돌아가는 학교의 일상 속에서, 교사와 학생 모두를 더 행복하게 만드는 열쇠는 결국 좋은 수업에 있다고 느낍니다. 오늘도 수업의 마에스트로로서 아름다운 배움의 하모니를 이끌어내고 계시는 모든 선생님들을 진심으로 존경하며, 그 멋진 여정에 함께할 수 있어서 참 감사합니다. 이 책을 통해 더 많은 분들이 좋은 수업에 대한 고민과 경험을 나누며 함께 성장하는 기쁨을 누릴 수 있게 되기를 기대합니다.

이승효_서울옥수초

미래의 나를 위해, 옆에 두고 다시 볼 책을 쓰고 싶었습니다. 여러 선생님들의 경험과 노하우, 배움과 성찰이 한데 모여 쓰면서도 많이 배웠습니다. 저뿐만 아니라 수업에 관해 고민이 있는 주변 선생님들께도 도움이 될만한 책이 나와 기쁩니다. 이 글을 보시는 분들이 자신만의 수업 철학을 만드시는데 도움이 되는, 선생님도 아이들도 다정하게 어루 만져주는 책이 되기를 바랍니다.

고경욱_서울묘곡초

이 책은 더 나은 수업을 향한 고민을 선생님들과 나누는 과정에서 탄생했습니다. 그 여정 속에서 저는 저자인 동시에 한 명의 독자로서 새로운 가능성과 도전의 영역을 발견했습니다. 이 책에 담긴 고민의 흔적들이 선생님들께도 더 즐겁고 의미 있는 수업을 위한 나침반이 되어주기를 바랍니다.

최예람_서울대명초

수업의 안과 밖에서 학생들을 끊임없이 만나는 동안, 어떻게 해야 학생들이 행복하게 성장할 수 있을지 늘 고민하게 됩니다. 각자의 교실에서 저처럼 고군분투하시며 고민하시는 선생님들께 이 책이 '혼자가 아니야, 같이 고민하고 걸어보자'고 내미는 손길이 되어주길 바랍니다. 좋은 선생님들과 함께 고민할 수 있어서 감사했습니다.

유경아_서울한강초

이 책을 쓰는 동안, 수많은 아이들의 얼굴과 그들과 나눈 순간들이 떠올랐습니다. 누군가의 교직 첫해가 조금 더 따뜻하고 단단해지길 바라며 이 책이 선생님들의 하루 끝에 위로가 되고 내일을 향한 용기를 북돋아주는 동반자가 되었으면 좋겠습니다.

민지영_서울응봉초

가르치는 일의 기쁨과 슬픔 그 어딘가에서 헤맬 때마다, '교사는 이 세상 누구보다 사랑받는 존재'이며 교사의 일은 결국 '받은 사랑을 학생들에게 돌려주는 일'이라고 하셨던 존경하는 선배님의 말씀을 기억합니다. 좋은 수업과 학생들의 성장을 위해 고민하시고 노력하시는 모든 선생님의 걸음걸음에 늘 사랑이 함께 하리라 믿습니다.

김수민_서울잠원초

신규 시절, 아이들을 보내고 나면 매일같이 머리를 싸매다가 결국 옆 반 선생님을 찾아가곤 했습니다. 그때마다 돌아오는 대답은 늘 놀라웠습니다. 단순한 이론을 넘어, 아이들과 함께한 수많은 시간과 경험이 빚어낸 지혜가 고스란히 담겨 있었으니까요. 이 책이 선생님들께 그런 책이 되었으면 합니다. 고민이 생겼을 때, 옆 반 선생님께 다가가 꿀팁을 듣는 것처럼 언제든 편안하게 펼쳐 볼 수 있는 책, 내일을 준비하는 마음에 든든한 힘이 되어주는 책이기를 바랍니다.

박대명_의정부호동초병유

교실에서 유아들과 생활하며 언어가 아이의 성장에 얼마나 큰 힘이 되는지 중요성을 알게 되었습니다. 아직 부족하지만 저와 같은 고민을 시작하신 선생님들께 작은 위로와 도움이 되기를 바라며 이 글을 썼습니다. 긍정적 피드백을 통해 성장이 이루어지는 따뜻한 교실을 만들어 가는데 작게라도 도움이 되는 책이 되기 바랍니다.

김이진_서울안천초

교단에 서는 것만으로도 떨렸던 초임교사 시절, 저의 가장 큰 소망은 '수업을 잘 하고 싶다'는 것이었습니다. 그 소망을 이루기 위해 다양한 시도와 시행착오를 거듭해왔고, 그 과정에서 얻은 경험과 배움을 이 책에 담았습니다. 지금 이 순간에도 좋은 수업을 위해 고심하고 계실 선생님들께 작은 도움이 되기를 바랍니다.